Joseph Alexander Helfert

Aus Böhmen nach Italien, März 1848

Joseph Alexander Helfert

Aus Böhmen nach Italien, März 1848

ISBN/EAN: 9783743329034

Hergestellt in Europa, USA, Kanada, Australien, Japan

Cover: Foto ©ninafisch / pixelio.de

Manufactured and distributed by brebook publishing software (www.brebook.com)

Joseph Alexander Helfert

Aus Böhmen nach Italien, März 1848

Aus

Böhmen nach Italien

März 1848

Frankfurt am Main
Joh. Christ. Herrmann'sche Verlagsbuchhandlung.
E. Buchland.

Prag   Wien
F. Tempsky.   1862.   C. Gerold's Sohn.

Inhalt:

Es gibt eine dreifache Weise, Selbsterlebtes, Mitempfun-
denes für das heranwachsende Geschlecht und die Nachwelt nutz-
bringend anzulegen.

Die erste ist jene der französischen Memoiren mit dem
großen englischen I in jeder dritten Zeile. Sie schickt sich,
unseres Bedünkens, nur für Persönlichkeiten, die sich in ein-
flußreichen Stellungen bewegten oder die, ohne selbst einen her-
vorragenden Posten eingenommen zu haben, durch eine Ver-
kettung der Umstände in die unmittelbare Nähe bedeutender
Ereignisse geschoben wurden.

Einen zweiten Weg hat neuester Zeit mit ungemeinem
Glück und Geschick Hackländer betreten. Dieser geistvolle Berichterstatter benützt sein eigenes Ich und seine persönlichen Wech-
selfälle nur als die Kette, an deren einzelne Glieder er die großen
weltgeschichtlichen Schauplätze, Heldengestalten, Thatsachen reiht,
in deren Mitte er, ohne im geringsten betheiligt zu sein, so glücklich war sich bewegen zu können. Hackländer würde, wenn ihn
sein Stern mit dem Vorwurf der folgenden Bogen in Verbindung
gebracht hätte, den Leser ohne Zweifel zuvörderst mit den Eindrücken bekannt machen, die ein mehrwochentlicher Aufenthalt
in Böhmen's Hauptstadt bis zu dem Abend des eilften März

in ihm zurückgelassen, er würde ihm die Gestalten und Gefühle der Personen, in deren Gesellschaft er unmittelbar darnach die Reise auf der Nordbahn unternommen, in bezeichnender Weise vor Augen führen, er würde, am 13. März in der Residenz eingetroffen, zwar nicht ein Bild, ein einheitliches zusammenhängendes, aber er würde Bilder, fesselnde charakterisirende, von den vielverschlungenen Auftritten und Vorfällen jenes denkwürdigen Tages liefern u. s. f.

Eine von den beiden vorerwähnten abweichende Methode haben wir einzuhalten versucht, indem wir, unsere eigenen Erlebnisse völlig beiseite lassend, die gesammelten Erfahrungen nur als die Unterlage benützten, worauf wir die Umrisse unseres Gemäldes entwarfen, die empfangenen Eindrücke nur gleich Farben auf die Palette legten, womit wir es ausführten.

Ein solches Verfahren war zumal bei der Schilderung eines Tages geboten, der für alle Zeiten als der Ausgangspunkt einer großartigen Wendung der Geschicke Oesterreichs dastehen wird, dessen Einzelnheiten aber zu vielgestaltig, zu vielverbreitet waren, als daß sie irgend ein Einzelner, und wäre er die Beweglichkeit selber gewesen, alle unmittelbar in sich aufnehmen konnte. Und doch hatten alle diese wenn auch oft unscheinbaren Einzelnheiten ihre ernste Bedeutung! Nichts ist klein, was so Großes zur Folge gehabt. Das haben wir von Anfang her gefühlt und es bereitete uns ein Vergnügen ganz eigener Art, in Zeiten von Aufregung und Kampf mit Hast ergriffene Wahrnehmungen in ruhigeren Tagen durch die Erlebnisse anderer Schicksalsgenossen zu berichtigen, mit den Offenbarungen einer allmälig anwachsenden Literatur zusammen zu

halten und die aus den verschiedensten Quellen geschöpften Nach=
richten zu einem ineinandergreifenden Ganzen zu gestalten, das
seine bleibende Stelle in den Annalen der Völkergeschichte zu
finden hat

Der dritte Abschnitt des vorliegenden Werkes unterscheidet
sich von dem ersten und zweiten im Ursprung und in der Be=
handlung. Wir kennen Venedig aus früherer und aus späterer
Zeit. Aber gerade in den entscheidenden Tagen, deren Er=
zählung die größere Hälfte dieses Bandes füllt, hatte uns Dienst=
pflicht auf einen andern Boden gestellt, was für Leser, die
eine vor Jahren erschienene Schrift: „Mailand und der lom=
bardische Aufstand, März 1848" ihrer Theilnahme gewürdigt
haben, keiner näheren Erklärung bedarf. Es ist uns seit langem
aufgefallen, daß die venetianer Ereignisse der Jahre 1848 und
1849, so bedeutungsvoll, doppelt bedeutungsvoll seit dem be=
klagenswerthen Verluste des schönen Bruderlandes, in den
Geschichtsbüchern bei weitem nicht mit jener eingehenden Auf=
merksamkeit behandelt werden wie jene der Lombardei. Auch
die Quellen fließen hier im Verhältniß spärlicher. Uns ist eine
einzige Schrift bekannt, die den „Abfall von Venedig" zum
ausschließlichen Vorwurf hat, während wir deren für Mai=
land und die lombardischen Städte eine ganze Reihe kennen.
Es ist dieß Steinbüchel's „Der Fall Venedig's in den März=
tagen und die Lage Italiens zu Oesterreich" (Wien, Volke,
Mai 1848), dessen Schilderungen in allem, wovon er unmittel=
barer Augenzeuge war, von einer lebendigen das Gepräge der
Wahrhaftigkeit an sich tragenden Plasticität sind, so daß wir
ihnen vielfach wortgetreu folgen zu können glaubten. An aus=
reichendem authentischen Quellenstoffe fehlt es keineswegs, in

welcher Beziehung wir nur von der einen Seite die Carte
segrete e atti ufficiali della Polizia Austriaca in Italia (Capolago, Tipografia Elvetica, 1852) Vol. III, von der andern
das Bulletino uffiziale und das Bollettino settimanale der
provisorischen Regierung von Venedig, vor allem aber die reich=
haltige Raccolta per ordine cronologico ecc. (Venezia, Andreola,
1848—1849. VIII Tomi; hieher gehört der erste Theil des
ersten Bandes) anzuführen brauchen. Interessante Episoden
schilderten Henri Giles in der Donauzeitung vom 2. April
1848, ein ungewisser F. B. in der A. A. Z. a. o. B. vom
29. und 30. April, ein „in Venedig zurückgehaltener pensio=
nirter Officier" in Frankl's Abendzeitung Nr. 8 und andere,
die in diesem Werke gelegentlich angeführt werden. Denn
gerade der Umstand, daß wir den „Abfall von Venedig" auch
nicht theilweise als Augenzeuge beschreiben konnten, hat uns
unwillkührlich nicht nur in der Benützung der Quellen zu jenem
Mißtrauen, welchem der den Historikern des naiven Alterthumes
unbekannte Gebrauch der „Citate" seinen Ursprung verdankt,
geführt, sondern auch von der monographischen Behandlung des
Stoffes, der unsere früheren Arbeiten angehören, auf die prag=
matische geleitet, die uns nöthigte, in frühere Zustände zurück=
zugreifen, aus denen sich der scheinbar unerwartet hereinbrechende
Zusammensturz erklären mußte.

23. Februar 1862.

G. v. S.

I.

Der eilfte März 1848 in Prag.

Schon in den letzten Tagen des überlangen Faschings — Ascher-
mittwoch fiel auf den 8. März — liefen Gerüchte durch die Stadt,
daß die Abfassung und Absendung einer Adresse an den Kaiser im
Werk sei, welche die Wünsche des böhmischen Landes und Volkes in
einer Reihe von Petitionspunkten enthalten sollte. Von wem der
Anstoß zu solchem Vorhaben ausgegangen sei, wer die Adresse ab-
fassen werde, wer sie absenden oder überbringen solle, wußte niemand
zu sagen.

Bald kamen Anzeichen bestimmteren Inhalts, obgleich ebenso
unbekannter Quelle und Urheberschaft. Es war dieß ein Aufruf mit
Einladung nachfolgenden Inhaltes:

> Bürger der Hauptstadt! Die Ereignisse zu Paris, die wie ein
> elektrischer Schlag ganz Europa durchzuckten, haben in Deutsch-
> land eine Aufregung erzeugt, deren Folgen außer dem Kreise
> menschlicher Berechnung liegen. Deutschland rüstet seine Heere,
> Deutschland bewaffnet seine Bürger. Und vielleicht nur zu bald
> werdet auch ihr in die Lage kommen, kräftig und ernst zu zeigen,
> daß ihr, eurer Geschichte eingedenk, berufen seid, eure Rechte und
> Ansprüche geltend zu machen, auf daß euer Patriotismus dem
> Throne eine feste Schutzwehr sei gegen fremde Invasion. Dabei
> ist es aber vor allem nöthig, euren Herd zu bestellen, euch im
> Innern zu kräftigen, damit ihr nicht im Strudel allgemeiner
> Verwirrung kraftlos versinket.
> Auf euch, Bürger der Hauptstadt, ist der Blick des ganzen

1*

Landes gerichtet, zu euch tönt der Nothschrei eurer Brüder von den Gränzen unseres Vaterlandes herüber, die Zahl der Proletarier wälzt sich wie eine drohende Lawine, die sich stündlich vergrößert, gefahrdrohend über's ganze Land; Handel, Industrie, Gewerbe sind in's Stocken gerathen.

Wer soll dann den Besitzenden gegen die Eingriffe der Besitzlosen — und ihre Zahl ist groß — schützen? Wie ist dem allgemeinen Uebel der immer steigenden Noth, die alle Bande der gesellschaftlichen Ordnung lockert, abzuhelfen? Welchen Damm wollt ihr der vielleicht nur zu bald hereinbrechenden Fluth entgegensetzen, welche die Stürme im Norden, im Westen, im Süden immer drohender aufwühlen und vor sich hertreiben? Woher wollt ihr die Kraft schöpfen, den Pflichten der Bürger eines großen Staates zu entsprechen?

Diese Fragen richtet an euch das Vaterland, das Volk, Europa. Und mit der Beantwortung derselben zu zögern, wäre ein Verbrechen, welches auf euch den Fluch der Jetzt- und Nachwelt laden würde.

Vor allem müßt ihr dem Namen „Bürger" jene Geltung verschaffen, die ihm eine weise Staatseinrichtung zuerkennen muß.

Ihr müßt aus eurer Passivität heraustreten und das euch gebührende Recht ansprechen, an den Staatsgeschäften thätigen Antheil zu nehmen. Ihr müßt euch in den Stand setzen, euer Eigenthum gegen jeden wie immer gestalteten Eingriff zu schützen, und überhaupt kräftig dahin wirken, daß durch eine freie, würdige, offene Besprechung eurer Zustände und Angelegenheiten die Theilnahme des Volkes geweckt, das Bewußtsein der Nationalität zum Gemeingut aller Classen der Bevölkerung werde, wodurch die ganze Nation wie durch einen Zauberschlag auf die möglichste Stufe der Intelligenz, der Moralität und des Patriotismus gehoben wird, auf daß sie des Vertrauens der Regierung würdig deren Stütze sein könne.

Bürger der Hauptstadt! dieses erreichet ihr:
1. durch ein geregeltes, den Verhältnissen des Landes entsprechendes Gemeindewesen;
2. durch Einberufung der Stände mit Beiziehung der Deputirten aller königlichen Städte und würdige Vertretung des Bauernstandes;
3. durch allgemeine Volksbewaffnung;
4. durch Aufhebung der wie ein Alp auf der freien Entwicklung der Nation lastenden Censur.

Ueberlegt, prüfet Bürger der Hauptstadt und versammelt euch den 11. März Abends 6 Uhr im Wenzelsbade zur allgemeinen Berathung.

Dieser Act, Bürger, ist gesetzlich und nothwendig.

Blieb der Ursprung dieses Schriftstückes in ungreifbares Dunkel gehüllt, so fand dessen Verbreitung in nicht minder mysteriöser Weise statt. Einzelne kalligraphirte Exemplare prangten als Anschläge an Straßenecken — nur kurze Zeit, da sie schnell herabgerissen wurden. Andere gelangten unter Adresse in die Wohnung verschiedener Personen theils im Wege der Stadtpost, theils durch unbekannte nach der Abgabe schnell sich entfernende Ueberbringer. Keine der Einladungen trug eine Unterschrift oder Chiffre oder auch nur allgemeine Bezeichnung ihrer Veranlasser.

Die Eindrücke, welche dieser räthselhaften Kundmachung folgten, waren verschiedener Art. Anfangs schüttelten einige mit ungläubigem Lächeln den Kopf, erklärten die ganze Sache für eine Mystification, für einen gnädigen Scherz, den sich irgend ein aberwitziger Mensch mit der Bevölkerung Prag's erlaube. Desto lebhafter beschäftigte die Einbildungskraft anderer das Zustandekommen und das muthmaßliche Ergebniß der angekündigten Versammlung; viele fürchteten es, nicht wenige ersehnten es als den Ausgangspunkt einer neuen Zeit. Bald waren alle Gemüther zwischen Neugierde, Zweifel, Erwartung, Besorgniß in unruhige Bewegung versetzt. Die einen grollten über die eben verbreitete Nachricht, die Versammlung sei von der Polizei untersagt worden; die andern schlugen die Hände über den Kopf zusammen bei der gegentheiligen Versicherung, es werde der Abhaltung von Seite der Behörden kein Hinderniß in den Weg gelegt werden. Kommt sie aber zu Stande, welches wird ihr Ausgang sein? Wird sie friedlich ablaufen? Wird es nicht zu einem traurigen Zusammenstoß kommen? Schon die Wahl des Ortes erfüllte die Aengstlicheren mit banger Ahnung. Das Wenzelsbad liegt in einem entlegenen Stadttheile, einerseits oberhalb jener Quartiere, die von der ärmeren Bevölkerung der obern Neustadt, von den schwierigen, als entschlossen bekannten Podskalisten bewohnt werden, andrerseits in unmittelbarer Nähe derselben Karlscaserne, die man seit den Jahren des berüchtigten Drucker-Strikes in unangenehmer Erinnerung hatte.

Nicht minder als die Bevölkerung waren die Behörden durch eine Erscheinung außer Athem gesetzt, für deren Behandlung sich aus den Registraturen kein „Simile" auftreiben ließ. Einige Empfänger jener anonymen Einladungen waren damit gerades Weges auf die Polizeidirection gelaufen. Zwischen dieser, dem Magistrat, dem General-commando und dem Landespräsidium fanden gegenseitige Beschikungen und Berathungen statt. Am 9. März erschien eine Kundmachung der k. k. Stadthauptmannschaft, worin der Versuche einzelner Indivi-duen gedacht wurde, „durch Maueranschläge und Briefe ruhige und ordentliche Bewohner aufzureizen und zu Zusammenrottungen einzu-laden"; es wurde, hieß es darin weiter, „gegen alle ohnehin streng ver-botenen Zusammenrottungen die gesetzliche Vorkehrung getroffen, deren Anwendung jedoch in dem Augenblicke überflüssig erscheine, wenn die rechtlichen Bürger und alle Bewohner der Hauptstadt in ihrem ange-bornen Sinne für Aufrechthaltung der Ruhe, Sicherheit und Ordnung in dem Kreise ihrer Haushaltung darauf sehen, daß diese in der ge-genwärtigen Zeit vorzugsweise nothwendige Handhabung festgehalten werde" u. s. w. Die ganze Veröffentlichung war, wie aus dieser Probe zu ersehen, in jenem kraft- und saftlosen Tone abgefaßt, der dem be-sorgten Theile der Bevölkerung keine Ermuthigung, dem vorwärts drängenden keine Einschüchterung bringen konnte, und in einem Styl, der als Muster von Geschraubtheit und Satzwidrigkeit der Laune übelwol-lender Spötter einen willkommenen Tummelplatz bot. Das alte Sy-stem hatte seine Schreiber nur für den Dienst im Bureau eingeschult; sie bewegten sich unbeholfen über den ungewohnten Boden, sobald sie in die Lage kamen, ihre Waare auf offenem Markt loszuschlagen. Daher haben selbst in minder aufgeregten Zeiten solche Stylübungen bei dem größten Theil der Bevölkerung die entgegengesetzte Wirkung von dem zur Folge gehabt, was sie bezweckt. Und nun gar in diesem kritischen Momente! Kein Mensch glaubte es, oder doch kein Mensch las es aus dieser auf Stelzen einherstolpernden Kundmachung heraus, daß die öffentliche Sicherheitsbehörde den Ernst und die Kraft habe, einer wirklichen Demonstration mit Entschiedenheit in den Weg zu treten. Die Wogen der allgemeinen Stimmung gingen bereits so hoch, daß das Rüstzeug des abgenützten Regierungsmechanismus keinen schützen-den Damm mehr schaffen konnte. Aus dem schüchternen Auftreten, ja beinahe völligen Ansichhalten der öffentlichen Organe war es heraus-zufühlen, daß sie selbst das Zutrauen zu sich eingebüßt hatten. Die

Gewalt der Polizei war vollends auf null gebracht. Man sprach laut an öffentlichen Orten, was man sich früher kaum in seinen vier Wänden in's Ohr zu raunen getraute. Jedes Kaffeehaus, jedes Gastzimmer war zu einem politischen Clubb, die Billards und Speisetische waren zu Lese- und Rednerbühnen geworden. Was und wie es kommen werde, wußte niemand; aber daß etwas kommen müsse, nicht ausbleiben könne, machte sich immer mehr in der allgemeinen Ueberzeugung geltend.

Am folgenden Tage, Freitag den 10. März, wurden von beiden Seiten Schritte gemacht: von der einen, um ausgiebigere Hebel zur Hintanhaltung des gefürchteten Ereignisses in Bewegung zu setzen, von der andern, um auch die gering geachtete Schranke eines polizeilichen Verbotes bei Seite zu schaffen. Eine friedliebende Stimme ließ sich mit dem Vorschlage hören, in jedem Armenbezirke durch die Armenväter zwölf ehrbare Männer zu erkiesen, die durch vernünftige Rede auf die Bevölkerung abmahnend und beruhigend einwirken sollten. Dieser Vorschlag bot den Spöttern noch reichlicheren Stoff zu ironischen Glossen als die gestrige Kundmachung. „Wir haben circa 220 Armenbezirke", sagten sie; „folglich werden heute 2640 Friedenspredigten deutsch und böhmisch abgehalten werden, nach prophylaktischer Methode. Wer doch Stenograph wäre, sie aufzuzeichnen und herauszugeben zur Beruhigung Europa's! Das Rednertalent der gewählten Prediger ist außer Zweifel. Sind sie doch durch unsere Presse, durch unser Communalwesen, durch unsere Oeffentlichkeit seit Jahren vorbereitet worden zu der erhabenen Mission! Wir sind von heute ab ruhig im Gemüth. Vor diesen Predigten stürzt Revolutions- und Fortschrittstaumel frommgläubig nieder wie die Mauern Jericho's vor dem Schmettern der Posaunen Josua's und alles bleibt beim lieben Alten." Im Publicum trug man sich mit den verschiedensten Gerüchten über die Vorkehrungen, die von Seiten der Behörden eingeleitet worden. Der Bürgermeister, hieß es, habe die Zunftvorsteher und Commandanten der Bürgergarde vor sich geladen. Er gab ihnen die beruhigende Versicherung: „alle Vorsichtsmaßregeln seien getroffen, um jede ungehörige Kundgebung einiger unbekannten Ruhestörer im Keim zu ersticken". Aber die vorgerufenen Bürger waren durch diese Er-

öffnung keineswegs zufrieden gestellt. Sie meinten, daß unter den
außerordentlichen Zeitumständen, wie sie jetzt immer beunruhigender sich
gestalten, weder der Inhalt dessen, was zur Besprechung kommen solle,
noch das gewählte Mittel gewaltsames Einschreiten räthlich erscheinen
lasse; sie baten, der anonym angesagten Besprechung kein Hinderniß
in den Weg zu legen; sie stellten sogar an den Bürgermeister die
Zumuthung, selbst die Versammlung mit seinem Ansehen und seinem
Vorsitz zu unterstützen; ein Bürgermajor setzte überdieß die Nothwendigkeit auseinander, zur Aufrechthaltung der Ordnung die bestehenden
Bürgergarden durch nicht-uniformirte Compagnien zu verstärken. Nach
mehrerem Hin- und Herreden wurde endlich beschlossen, daß sich der
Bürgermeister von den Repräsentanten der Stadt begleitet zum Oberstburggrafen verfügen und dessen Ansicht und Befehle entgegenneh-
men wolle.

Es ward Abend und Morgen und der eilfte März, ein
Samstag, war da. Alle Hoffnungen und alle Befürchtungen der letzt
verflossenen Tage schraubten sich auf den Gipfelpunkt hinauf, sanken
und schwollen, sowie eine neue Kunde drückender oder ermuthigender
Art in Umlauf gesetzt wurde. Das beklemmende Gefühl hier banger,
dort gespannter Erwartung lagerte über der ganzen Stadt. Der furchtsame Theil der Bevölkerung quälte sich mit übertriebenen Besorgnissen
ab, schenkte den abenteuerlichsten Sagen über den eigentlichen Zweck
des angekündigten Meetings blinden Glauben. Auf Concentrirung der
gemeinen Volksclassen sei es abgesehen, darum habe man den Samstag
gewählt, wo bald Feierabend gemacht werde; der Name „Bürger-
Versammlung" sei nur Vorwand, eine Proletarier-Versammlung
wolle man zu Stande bringen und man könne froh sein, wenn das
Ding mit einem bloßen Nachtkrawall ablaufen werde. Andere ver-
stiegen sich in ihren thörichten Einbildungen noch höher, versicherten,
eine Podskaler Garde solle angeworben werden, die Versammlung werde
das Signal zu einem blutigen Losbruch sein u. dgl. Jedem Besonneneren mußte der Gedanke sich aufdrängen, daß für ein solches Vorhaben ein Ort in unmittelbarer Nähe einer stark besetzten Caserne doch
gar zu schlecht gewählt wäre. Aber wer einmal der Furcht die Zü-

gel schießen ließ, fand sich in seinen Schreckbildern nur bestärkt, als von verschiedenen Seiten mit Bestimmtheit versichert wurde, das Militär sei consignirt, an jeden Mann eine Anzahl von zwölf Patronen vertheilt, die Kanonen vor den Hauptwachen seien geputzt und in gehörigen Stand gesetzt worden.

2.

Das Dunkel, das über den Veranstaltern der Versammlung schwebte, war noch immer nicht aufgehellt und ist es bis auf den heutigen Tag nicht völlig. Nur Muthmaßungen sind gestattet, die sich zu einem hohen Grade von Wahrscheinlichkeit steigern lassen.

In den letzten Jahren vor 1848 hatte sich in Prag eine Genossenschaft gebildet, die unter dem Namen „Repeal" ziemlich offenkundig war. Sie hatte auch ursprünglich keinen Grund hinter dem Berge zu halten, da sich ihre äußere Erscheinung auf Zusammenkünfte an unverdächtigen Orten beschränkte und inner den Schranken anständiger Unterhaltung hielt. Die Mitglieder gehörten ausschließend dem slavischen Elemente an und waren meist jüngere Leute von unbekannten Namen, Studenten oder den Studien kaum entwachsen. Erst kurz vor oder im Jahr 1847 nahm die Sache einen bedenklicheren Charakter an, als sich einige reifere Männer von ausgesprochen destructiver Gesinnung oder sonst anrüchigen Rufes in die Gesellschaft mischten und darin bald Tonangeber wurden. Um diese Zeit schlug der Repeal seinen beständigen Sitz in einer auf dem Grünmarkt gelegenen Kneipe „zur Wage" auf. Er nahm nun nicht blos in nationaler Hinsicht eine gereiztere Färbung an, sondern wurde zugleich ausgesprochener Standartenträger der modernen liberalen Ideen, obgleich auch für diese nationale Unterlagen gesucht wurden. Die „Repealisten", wie sie in den bekannten Kreisen allgemein geheißen wurden, fingen an sich durch verwegene Rede und entschiedenen Widerspruch gegen die bestehenden Verhältnisse auszuzeichnen; sie machten sich in allen Kneipen und Kaffeehäusern bemerkbar, wo sie politische Fragen aufgriffen und Wortkämpfe darüber eingingen. Das Staatslexikon von Rotteck und Welker war Quelle und Richtschnur ihrer publicistischen Weisheit; Huß, Žižka, Prokop waren die Vorbilder ihres nationalen und politischen Strebens, das Erwachen des böhmischen Löwen, das Herausbrechen der geharnischten Ritter aus dem Berge Blanik, der Haß gegen Wien und alles Deutsche die Lieblingsthemata ihrer Lieder, ihrer Philippiken, ihrer patriotischen Phantasien. Ihre Führer behandelten nationale Stoffe in volksthümlich gehaltenen Flugschriften, die jenseits der Gränze gedruckt, aber im Lande vorzüglich durch die Bemühungen der Repealisten zahlreich verbreitet wurden.

Aehnlichen Ursprungs und zuerst gleich dem Repeal ganz unverfänglichen Treibens bestanden unter der halbgebildeten Classe des Gewerbstandes, namentlich den Gesellen, kleinere Verbrüderungen von streng nationaler Färbung, die in Wirthshäusern zusammenkamen, meist ihre besondere mit patriotischen Abzeichen und Bildern ausgeschmückten Versammlungsorte hatten, böhmische Lieder sangen und überhaupt eine sich weit versteigende und manche lächerliche Seite bietende Vorliebe für alles Nationale zur Schau trugen. Die Mitglieder gaben sich altböhmische vollklingende Namen wie Břetislav, Svatopluk, Bořivoj; sie reinigten die Sprache von fremden oder vermeintlich fremden Stoffen, und man kann sich vorstellen, was für Wunderdinge von Wortbildung aus der Werkstätte solcher Etymologen und Philologen hervorgingen. An Sonntagen wurden Ausflüge unternommen, an denen die Weiber und Töchter theilnahmen, dabei Fahnen in den Landesfarben vorangetragen, nationale Gesänge angestimmt, oder es kamen mehrere dieser Vereine zu einer gemeinschaftlichen „Beseda" im Saale des Wenzelsbades zusammen. Von politischen und socialistischen Tendenzen irgend welcher Art scheinen sie durchaus frei geblieben zu sein, bis der Umschlag, welchen der Repeal durch das Eindringen gefährlicher Elemente erfuhr, auch auf die Handwerkerverbindungen seine Rückwirkung äußerte. Es ist wahrscheinlich und naheliegend, daß der Repeal für die Pläne, die in seinem Schoße noch schwankend und unausgegoren der Entwicklung entgegenharrten, jene Vereine in das Interesse zu ziehen und zur Ausführung bereit zu

halten suchte. Die aus der Mitte des Repeals hervorgegangenen Flugschriften fanden keine eifrigeren Leser als die patriotischen Meister und
Gesellen; politische Fragen wurden in handwerksmäßiger Weise abge-
handelt, an die Stelle der heitern Geselligkeit von ehedem traten mitunter handgreifliche Erörterungen, und durch die Macht seiner Lungen-
flügel wie seiner Fäuste machte nachgerade ein Mann von sich reden,
der binnen kurzem noch weiter in den Vordergrund treten sollte. Es
war dies Peter Faster, früher Kaffeesieder in dem sogenannten,
zuerst von den Repealisten besuchten slavischen Kaffeehause im Königs-
bade, später Gastwirth zur goldenen Gans auf dem Roßmarkt, ein
Mann ohne Bildung und Manieren, ohne Ueberlegung und Rücksicht, aber von ausgibiger Gestalt und eben so ausgiebiger Stimme,
überspannt und eitel.

Seit lange schon, gewiß seit Anfang der vierziger Jahre, bezeichnete eine prophetische Ueberlieferung das Jahr 1848 als den Zeitpunkt allgemeinen Umschwunges. Es ließ sich mit Klarheit kein nähe-
rer Grund dafür angeben. Am meisten mochte das fünfhundertjährige
Gedächtniß des für Böhmen so bedeutungsvollen Jahres 1348 Anlaß
geboten haben, eines Jahres, das die Stiftung der Prager Universität,
die Erweiterung Prag's durch die Neustadt, die Grundsteinlegung zu
Böhmens berühmtester Kronfeste u. a. verherrlichten. Selbst unter
dem gediegeneren Theile der jungen Welt, der mit den Ideen und Versammlungen der Repealisten nichts gemein hatte, setzte sich die er-
wartungsvolle Ueberzeugung fest, die Regierung werde zu Ehren so
glorreicher Erinnerungen mit irgend einem entscheidenden Acte hervortreten, wobei namentlich an Erleichterung der Censurverhältnisse gedacht wurde. Als daher das verhängnißvolle Jahr herangekommen,
verdoppelten die Repealisten ihre Rührigkeit. Mit jeder neuen Nachricht, die von Westen anlangte, wuchs ihre übermüthige Zuversicht.
Sie stürmten in allen Kaffeehäusern herum, wo immer lauter, immer
herausfordernder ihre kecken Reden ertönten. Alle Gründe sprechen
dafür, daß die Idee und das Programm zur Versammlung im Wenzelsbad aus ihrer Mitte ausging und von ihnen jene geheimnißvollen
Vorbereitungen getroffen wurden, die das Publicum und die Behörden
der Stadt so lebhaft beunruhigten. Es müssen sich aber die be-

jahrteren Glieder des Repeal entweder von Anfang nicht betheiligt oder streng im Hintergrund gehalten und andere handelnde Personen vorgeschoben haben. Thatsache ist es mindestens, daß keiner von jenen den ganzen 10. und bis zum Abend des 11. März hindurch ein Lebenszeichen von sich gab, vielmehr lauter blutjunge Menschen ohne alle Erfahrung und mit allen Wahrzeichen unbesonnener und unsinniger Erhitzung als Agitatoren sich bemerkbar machten.

Diese hatten anfangs ungeheuren Muth; sie wollten bewaffnet erscheinen, um jeden Versuch, der von den öffentlichen Organen gemacht würde, das Zustandekommen zu hindern, mit Gewalt zurückzuweisen. Doch als die Stunde der Entscheidung heranrückte, überkam sie etwas kühlere Ueberlegung. Sie trauten sich die Fähigkeit und das Ansehen nicht zu, um in einer zahlreichen Versammlung den Ton anzugeben, den Gang der Verhandlungen zu leiten. Sie wandten sich an Personen von gewiegterem Alter und bekannteren Namen außerhalb des Repeals, und machten diesen das Anerbieten, Vorsitz und Führung zu übernehmen; sie selbst wollten sich still verhalten und nur die Sorge, daß die Versammlung nicht gestört werde, auf sich nehmen. Allein keiner von allen, die sie in solcher Weise angingen und mit Botschaften beschickten, mochte sich zu der Rolle herbeifinden. Der eine erklärte unbedingt, um die Sache nichts wissen zu wollen, nachdem er Einblick in die Plan- und Rathlosigkeit gewonnen, worin das ganze Unternehmen schwankte. Der zweite bemühte sich, sie von ihrem Vorhaben abzubringen, ihnen die folgenschwere Verantwortlichkeit eines Schrittes vorzuhalten, dessen Gewicht auf den Ruf der gesammten böhmischen Nation fallen und die mißtrauischen Vorurtheile nur bestärken müßte, mit denen sie ohnedieß sattsam von allen Seiten verfolgt werde, vor allem aber ihnen den wahnsinnigen Gedanken zu benehmen, als ob sie im Stande wären, mit bewaffneter Hand auch nur der kleinsten Abtheilung disciplinirter Truppen ernstlichen Widerstand entgegen zu setzen. Ein dritter ließ sich schmiegsamer finden und stellte über ihre Bitte die Punkte zusammen, auf welche sich die zu berathende Petition zu beschränken hätte; doch zu persönlicher Theilnahme und Mitwirkung wollte auch er sich nicht herbeilassen, dafür sollten sie sich um jemand andern umsehen. Der war wohl nicht schwer zu finden. Peter Faster's pöbelkundiger Name, seine breite Stirne, seine Stentorstimme, sein Ruf als tüchtiger Dreinschlager eigneten ihn durchaus für die Rolle eines Mauerbrechers; seine Eitelkeit war schnell von dem schmeichelhaften Gedanken bezwungen, als erster Redner zu glänzen, und weitere Bedenklichkeiten kannte der Mann nicht. Doch die jungen Leute mochten selbst fühlen, daß ihr Auserwählter wohl hinreichend dazu tauge, um mit dem Kopfe durch die Wand zu rennen und den Anfang zu machen, daß sie aber gegenüber den gebildeten Ständen, von denen sie immer auf einige Theilnahme rechnen zu dürfen glaubten, einer Persönlichkeit von minder rauhen Formen bedürften, um die gestellte Aufgabe zu einem anständigen Schluß zu führen.

Nach einer solchen wurde gleichzeitig auch von andrer Seite gesucht. Die sinkende Muthlosigkeit der Regierungsorgane gegenüber der steigenden Macht des öffentlichen Geistes ließ jenen nicht die Kraft, das Abhalten der Versammlung einfach zu verbieten. Dagegen wurde an indirecte Vorsichtsmaßregeln aller Art gedacht. Die Garnison hatte Bereitschaft. Dem Wirth des Wenzelsbades kam der Befehl zu, die Schlüssel zum Saale niemandem auszufolgen. Die Vorsteher und Aeltesten der Zünfte sowie andere angesehene Bürger empfingen Weisungen, sich von jeder Betheiligung fern zu halten. Um aber auch dem Falle, daß die Versammlung dennoch zu Stande käme, nach Thunlichkeit vorzubauen, versuchte man einen vertrauenswürdigen Mann zu gewinnen, der sich in die Versammlung begebe und durch sein Auftreten verhüte, daß selbe nicht der Führung rücksichtsloser Brauseköpfe anheimfalle und einen schlimmen Ausgang nehme. Der Bürgermeister bat den allgemein geachteten Dr. Strobach zu sich und trug ihm dieß Anliegen vor. Strobach aber erklärte sich hiezu nicht herbeilassen zu können, es würde ihm denn ein schriftlicher Auftrag ertheilt, wozu sich wieder der Bürgermeister nicht verstehen wollte.

Unter diesen auf beiden Seiten fruchtlosen Bemühungen war der Nachmittag des 10. und der Vormittag des 11. März verstrichen. Nur wenige Stunden fehlten noch zum Beginn des angesagten Meeting, als die Veranstalter desselben den letzten Versuch machten, einen geeigneten Sprecher zu finden. Alois Pravoslav Trojan, Concepts-

14

practicant beim Prager Fiscalamt, böhmischer Literat, seit längerer
Zeit bekannt durch seine Thätigkeit im Gewerbverein, besonders seit
den durch ihn vorwärts getriebenen Verhandlungen über die Errichtung einer böhmischen Gewerbschule, wurde von einer aus drei jungen Menschen bestehenden Deputation in seiner Wohnung aufgesucht
und ihm dieselbe Bitte vorgetragen, die schon von so viel andern ab-
geschlagen worden war. Auch Trojan weigerte sich anfangs und suchte
sie zu überreden, von ihrem Vorhaben ganz abzustehen. Die guten Leutchen
schienen durch das oftmalige vergebliche Anklopfen etwas mürbe geworden zu sein; sie erklärten, daß sie die Voreiligkeit ihres Schrittes ein-
sähen, daß sie ihn, wenn es noch möglich wäre, gern ungeschehen machen würden; allein sie seien schon zu weit gegangen, die ganze Stadt
wisse und spreche davon, gewiß werde eine große Anzahl sich an dem
festgesetzten Ort einfinden; den Gedanken gewaltsamen Widerstandes
wollten sie ohne weiters fallen lassen, im Gegentheile dafür sorgen,
daß niemand mit einer Waffe auf dem Platze erscheine; auch hätten
sie bereits den Vorsatz gefaßt, sich in die Berathung nicht zu mischen,
sondern das Wort erfahreneren Personen zu überlassen; desto dringender müßten sie aber wünschen, daß sie von diesen nicht im Stich
gelassen würden, und ihn bitten, ja beschwören, bei allem, was ihm
theuer, ihnen behilflich zu sein und in der Versammlung zu erscheinen,
auf daß ein schlimmer Ausgang verhütet werde. Durch ihre Bitten
ließ sich Trojan zuletzt erweichen und versprach zu kommen.

3.

Die Stunden des Nachmittags rückten vor und mit ihnen kam
der Zielpunkt aller Erwartungen und Befürchtungen immer näher. Die
Gewölber wurden früher als sonst geschlossen. Mit ängstlicher Spannung
sah ein großer Theil der Einwohner dem Ende des Tages entgegen;
der Stadtvorstand, erzählte man sich, nahm unter Thränen von Frau

und Kindern Abschied, bevor er sich auf den Posten begab, auf den ihn seine Pflicht rief.

Es war kein einladender Abend. Den Schnee auf den Straßen hatte die mildere Temperatur aufgelöst und in patschigen Koth verwandelt; der Himmel war trüb verhangen und durch die nieselnde Atmosphäre ging ein unangenehmer Wind. Aber jene göttliche Kraft, die den Menschen vom Thier unterscheidet, seinen Geist vorwärts treibt und sich auf der höchsten Stufe als Wahrheitstrieb, auf der untersten als Neugierde kennzeichnet, trug auch hier über die schwärzesten Besorgnisse und das ungünstigste Wetter den Sieg davon. Durch die Breite- und Brennte-Gasse strömten einzelne Leute und kleinere Gruppen zahlreich gegen den Viehmarkt, dessen an die Hurtische Gasse gränzender Theil sich, sobald der Abend zu sinken begann, mit einer allmälig wachsenden, obgleich ruhigen, ja theilnahmlosen, offenbar mehr durch die Erwartung des unbekannten und noch immer kaum geglaubten Ereignisses herbeigezogenen Menge füllte, durch welche kleine Cavalleriepiquets unangefochten und unanfechtend streiften. Allmälig schob sich ein Theil des Gewühls in die Hurtische Gasse, wo das offene Thor der Karlscaserne in den weiten Hofraum und auf die darin in Bereitschaft aufgestellte Mannschaft, darunter Cavallerie mit den Zügeln ihrer Pferde im Arm, blicken ließ, und weiter in die unter einem rechten Winkel gegenüber der Caserne abfallende Seitengasse, in welcher das Wenzelsbad und der vor demselben befindliche geräumige Garten liegt. Nur die kühnsten wagten sich anfangs in den Garten selbst, und es war beinahe sechs Uhr Abends, als noch kaum ein paar hundert Menschen in der Nähe des Gebäudes versammelt waren, deren Zahl aber mit jedem Augenblicke durch neue Ankömmlinge sich mehrte. Sie verhielten sich still, und nur von der Caserne her, deren oberes den Garten beherrschendes Stockwerk in allen Fenstern von feiernden Soldaten dicht besetzt war, schallte lautes Singen, dazwischen Rufen und einzelne Kraftwitze, von schallendem Gelächter gefolgt, herüber.

Eine halbe Stunde über die anberaumte Zeit war verstrichen; die Gruppe um das Haus wurde dichter; aber die Mehrzahl befand sich noch immer in der Gasse außerhalb des Gartens, zum größten Theile Personen den bessern Ständen angehörig, Studenten und Bürger, doch auch Mützenträger und gemeinere Leute darunter. Noch zeigte sich weder Licht noch Leben im Innern des Gebäudes; der Eingang zum Saal war und blieb verschlossen. Die siebente Stunde kam heran. Die Meinung jener, die nicht aufhörten zu versichern, aus der ganzen Sache werde nichts, die Behörden seien dagegen eingeschritten, schien sich zu bewähren; nicht wenige verließen den Ort und begaben sich nach Hause. Von Polizeileuten in Uniform war nichts zu sehen; von einem Einschreiten des Militärs fürchtete man nichts. Dagegen verbreitete sich die Nachricht, große Scharen von Podskalisten und anderem Pöbel stünden mit bewaffneten Fäusten in Bereitschaft, um jede versuchte Störung zurückzuweisen, es sei aber zu ihnen geschickt worden, daß sie sich ruhig verhalten und keine Voreiligkeit begehen. Noch auf dem Platze selbst wurde von den Repealisten, die sich durchaus nichts zuzutrauen schienen, unter den Anwesenden um Redner geworben.

Endlich gegen sieben ein halb Uhr öffneten sich von innen die Zugänge zum Saal; Faster hatte, wie verlautete, durch Zureden und durch die Einschüchterung, daß die Leute vor dem Hause Thüren und Fenster einzubrechen drohten, den Wirth zur freiwilligen Herausgabe der Schlüssel vermocht. Den Saal füllte anfangs nur spärlich die geringere Zahl der Leute, die zuvor in Gruppen das Haus umstanden hatten; eine einzige Oellampe brannte mit kümmerlichem Schein. Die Anwesenden gingen hin und her, niemand wußte oder sagte, was eigentlich vorgehen sollte. Nach einer Weile ward ein Tisch hereingebracht und in die Mitte gestellt. Alles drängte sich heran, man glaubte, daß von da aus, wie es in diesen Tagen in den Gast- und Kaffeehäusern Sitte war, jemand zur Versammlung sprechen werde. Die Erwartung wurde aber getäuscht; nur ein Licht ward gebracht und auf den Tisch gestellt, den Raum etwas mehr zu erhellen.

Zu derselben Zeit befanden sich, um in der Nähe des Schauplatzes und im Fall der Noth gleich bei der Hand zu sein, in einem Zimmer des neustädter Rathhauses (Criminalgerichtsgebäudes) der Stellvertreter des Stadthauptmanns, der Bürgermeister, der Appellationsgerichtspräsident und einige andere Personen versammelt, denen durch vertraute Leute, die sie am Ort des Ereignisses hatten, von Viertel-

stunde zu Viertelstunde über das, was vorging, Nachricht hinterbracht
wurde. Der Oberstburggraf befand sich für den gleichen Zweck in
einem Privathause auf dem Viehmarkt. Die Dämmerung war hereingebrochen, als an die Thüre jenes Zimmers im Criminalgebäude von
außen geklopft wurde; es mußte ein zweitesmal geklopft werden, ehe
„herein" gerufen wurde und der Bürgermeister dem Eintretenden rasch
bis an die Thüre mit der Frage entgegenschritt, was er wünsche
und suche. Es war Trojan. Der Bürgermeister athmete voll Befriedigung auf, daß sich doch jemand aus freien Stücken an ihn wende,
nachdem er sich ohne Erfolg an andere gewendet. Trojan fragte, ob
die Versammlung erlaubt sei; der Bürgermeister zuckte mit den Achseln:
„Es hat niemand um eine Erlaubniß angesucht!" Jener fragte weiter,
ob sie untersagt sei; dieser machte dieselbe Bewegung und sagte: „Es
sind alle Maßregeln getroffen, der geringsten vorfallenden Unordnung
gemessen zu begegnen." Nun eröffnete Trojan seine Absicht, sich in die
Versammlung zu begeben, worin ihn der erfreute Bürgermeister bestärkte
und ihn bat, dem Gang der Verhandlung eine solche Richtung zu
geben, daß alle Gefahr abgewendet werde. Mit der Erklärung, sein
Bestes versuchen zu wollen, doch sich zu nichts verbinden zu können,
da er nicht wisse, ob es ihm überhaupt gelingen werde, zum Wort zu
kommen und auf die Versammlung einzuwirken, verließ Trojan die
besorgten Herren und machte sich auf den Weg ins Wenzelsbad.

Dort hatten sich die Räume allmälig gefüllt und da auch Leute
der geringeren Classe zugeströmt kamen, wurde der Andrang bald so
groß, daß der Saal die Masse derer nicht fassen konnte, die hinein
wollten. Es war bereits gestopft voll und immer noch drängte es
vom Eingang her, bis es der wohlmeinenden Vorstellung eines Herrn
gelang, ein Häuflein stämmiger Gesellen als Schutzwehr zu gewinnen,
die an der Thür festen Stand faßten und den weitern Andrang ab-
wehrten. So mußte ein großer Theil der Gekommenen außerhalb
des Gebäudes bleiben und dort das Ergebniß dessen abwarten, was
sich drinnen entwickeln sollte.

Die eine Seite des Saales nahm eine erhöhte, durch eine Brüstung abgeschlossene Bühne ein, sonst für das musicirende Orchester,
an diesem Abend für eine andere Art handelnder Personen bestimmt.

2

Denn auf dieser Gallerie und auf dem Aufgang zu ihr wurden nun einige Männer sichtbar, aus deren Reihen Peter Faster hervortrat, ein Stück Papier in der Hand. Der Anblick der durchaus anständigen und selbst aus Personen der höheren Stände bestehenden Versammlung mochte den Volksmann etwas beirren; er stotterte einen zusammenhanglosen Unsinn als Einleitung heraus, und das in einem so erbärmlichen Böhmisch, daß einzelne Stimmen unten nicht an sich halten konnten, Berichtigungen hinauf zu rufen; dann schritt er zu den Petitionspunkten selbst. Er war damit nicht weit gekommen, als ein anderer hervortrat, Fastern das Papier, wie es schien, nicht ohne dessen Widerstreben, aus der Hand nahm und die Verhandlung von vorn begann — Trojan, der kurz zuvor in den Saal gekommen und durch die von der Bühne hinabgerufene Frage: ob er nicht anwesend? auf die Gallerie citirt worden war. Trojan machte die Anwesenden aufmerksam, wie die Versammlung eigentlich eine ungesetzliche sei, da sie kein Recht der Vertretung habe; wie trotzdem von Seiten der Behörden so viel Mäßigung bewiesen worden sei, der Abhaltung kein Hinderniß in den Weg zu legen; wie es daher als Pflicht erscheine, solcher Schonung durch Anstand und ruhige Führung der Debatte zu entsprechen. Der letztern Mahnung bedurfte es übrigens nicht besonders. Ein großer Theil der Versammelten war, wie wir gesehen, mehr aus Neugierde gekommen; für alle war, was da vorging, wenn nicht dem Inhalt nach, so doch in der Form bis dahin neu und unerhört, und an und für sich bedarf die kühlere Natur des Pragers bedeutender Reizmittel, um in einen nennbaren Hitzgrad versetzt zu werden. All das bewirkte, daß die Worte des Sprechers namentlich zu Anfang nichts weniger als durch allgemeinen Zuruf begrüßt wurden, sondern nur hie und da vereinzelte Stimmen sich schüchtern hervorwagten, die größere Masse stumm horchend und schauend blieb.

Trojan ging zur Verlesung der einzelnen Punkte über, was er in böhmischer und deutscher Sprache that und jedem Absatze eine kurze Erklärung beifügte. Der erste betraf die Gleichstellung beider Landessprachen. Ein Deutschböhme, an der Aussprache kenntlich, rief: „Čech a Njemec jedno tjelo! — Böhmen und Deutsche sind ein Leib!" Beifall. Trojan ließ durch Händeaufheben abstimmen, und damit kein

Unterschleif geschehe und jemand in übertriebenem Eifer durch Aufhebung beider Hände sich doppeltes Stimmrecht zueigne, bat er, die
Hand mit dem Hut in die Höhe zu halten. In solcher Weise ging
es auch mit den übrigen Punkten her, die einer nach dem andern von
Trojan abgelesen, in's Deutsche übertragen, erläutert und von der Versammlung angenommen wurden. Der zweite Punkt beantragte die
Aufhebung der Robot und erfreute sich der ungetheiltesten Zustimmung;
nur der Zusatz, den Trojan hinsichtlich der Nothwendigkeit einer billigen
Entschädigung formulirte, erregte ein hörbares Murren einiger Repealisten auf der Gallerie; dessenungeachtet wurde der Grundsatz angenommen. Der Reihe nach und ohne bemerkenswerthe Zwischenfälle
gingen die weitern Anträge durch. Sie betrafen: Aufrechthaltung
und Sicherstellung der staatsrechtlichen Verbindung von Böhmen,
Mähren und Schlesien durch einen jährlich, abwechselnd in Böhmens
und Mährens Hauptstadt einzuberufenden Landtag; Ausdehnung der
Landesvertretung auf Städte und Landbezirke; freie Gemeindeverfassung;
selbständige Verwaltung des Gemeindevermögens; freie Wahl der
städtischen und Gemeinde-Beamten; Gleichstellung aller Confessionen;
Unabhängigkeit des Richterstandes; Oeffentlichkeit und Mündlichkeit des
Gerichtsverfahrens; Preßfreiheit mit Repressivmaßregeln gegen Mißbrauch; eigene verantwortliche Centralstellen für die Landesverwaltung
mit dem Sitze in Prag; Volksbewaffnung; Aufhebung der Verzehrungssteuer; Verbesserung des Tax- und Stempelgesetzes; allgemeine Militär-
pflichtigkeit, Auswahl durch Losung, vierjährige Capitulationszeit;
Sicherstellung der persönlichen Freiheit, niemand soll derselben beraubt
werden ohne vorausgegangenen gerichtlichen Ausspruch. Nachdem alle
Punkte verlesen worden, ruft aus den Zuhörern eine Stimme hinauf:
„Associations- und Petitionsrecht"; Zustimmung. Trojan fügt den Punkt
seinem Verzeichnisse an.

Nun machte der Sprecher den Vorschlag, behufs der Abfassung
der Petition und deren Ueberreichung an Se. Majestät einen Ausschuß
von mehreren Vertrauenspersonen zu wählen. Der Gedanke fand
Beifall, und sogleich wurde des Antragstellers Name als der erste
gerufen. Trojan nahm die Aufforderung mit Dank an, jedoch wie
er erklärte nur unter der Voraussetzung, daß ihm als untergeordnetem

2*

Beamten von seinen Vorgesetzten die Erlaubniß nicht werde versagt werden. Der zweite aufgerufene und durch Acclamation angenommene Name war der Faster's. Darauf wurden der Reihe nach bald von der Gallerie bald aus dem Parterre Namen gerufen und durch „Bravo!" „Ja!" Aufheben der Hüte angenommen. In die Versammlung war allgemach etwas Muth und Lebendigkeit gekommen. Die ersten so gewählten und von Trojan aufgemerkten Personen waren fast durchaus „Blastenci", was jenem Anlaß gab, die Versammlung zu erinnern, daß man bedacht sein möge, auch die deutsche Nationalität und über-haupt die verschiedenen Stände zu berücksichtigen. Er brachte nun selbst einige Namen vor und ließ über dieselben wie früher durch Aufheben der Hüte abstimmen. Gegen einen erhob sich vielfacher Widerspruch; er gehörte einem Manne an, der durch seine sarkastischen Ausfälle gegen die böhmische Nationalität in auswärtigen Blättern bekannt war; Trojan wußte aber zu beschwichtigen und die Zustimmung durchzusetzen. Eben so gab es Aergerniß, als der Name eines jüdischen Banquiers gerufen wurde; der Sprecher erinnerte, daß man ja kurz zuvor die Gleichstellung aller Confessionen angenommen habe und doch nicht unmittelbar darauf thatsächlich diesen Grundsatz werde verläugnen wollen; hierüber ging auch dieser Name durch. Es wurden mehrere aristokratische Namen vorgeschlagen. Bei einem derselben erhob sich eine auffallend geringe Anzahl Hände und Hüte; Trojan legte es als eine zweifelhafte Mehrheit aus und bat diejenigen, die dagegen seien, um ihre Erklärung; da erhob sich eine noch geringere Anzahl von Hüten und der Sprecher erklärte die Wahl für angenom-men. So kamen an zwanzig Ausschußmänner zusammen und es war so ziemlich gelungen, allen Rücksichten Rechnung zu tragen. Es waren, außer den beiden voran genannten, die Grafen Buquoy, Albert Deym, Franz Thun Sohn; die Doctoren und Advocaten Frič und Pinkas; Med. Candidat Ruppert; vom Handelsstande von Lämmel und Batka; aus der Mitte des stadtsäßigen Bürgerthums die Müller-meister Wáwra und Wyskočil, die Braumeister Wanka und Wyssin, der Holzhändler Dietrich und noch sechs bis sieben andere.

Trojan eilte zum Schluße, ermahnte die Versammelten in der-selben Ordnung und Ruhe, die sie bisher beobachtet, auseinander zu gehen und erklärte die Verhandlung für beendet. Aber nun war den Leuten, die sich anfangs nur mit offenbarer Verlegenheit hervorgetraut hatten, erst recht der Kamm gestiegen. Faster murrte und zeigte sich ungehalten gegen Trojan, „der ihnen eigentlich alles verdorben habe". Noch mehr ereiferte sich Sabina, der sich bis dahin auf dem Aufgang zur Gallerie gehalten hatte, jetzt aber eine fulminante Rede loslassen wollte. Trotz des dadurch hervorgerufenen vernehmlichen Wortwechsels auf der Gallerie räumte die Mehrzahl den Saal, darunter Trojan selbst. Nur ein kleinerer Theil blieb zurück, vor dem Sabina, während schon die Lichter fortgetragen wurden, die Bedeutung des Tages und die Verheißungen der Zukunft mit stark aufgetragenen Farben in der ihm eigenen heftigen Sprache schilderte und wiederholten Slavaruf von den wenigen erntete, die bis zuletzt aushielten und darnach ohne Störung den Saal verließen.

So ward die St. Wenzelsversammlung geschlossen. Die Gespräche der freudig erregten Theilnehmer bewegten sich auf dem Nachhauseweg nicht so sehr um den Inhalt dessen, was vor sich gegangen war; das allgemeine Thema bildete vielmehr die Verwunderung, wie man jetzt so frei sprechen und ganz förmlich Politik machen könne. Trojan begab sich auf das neustädter Rathhaus, wo ihn der Bürgermeister mit den wärmsten Ausdrücken dankender Anerkennung empfing, beifügend, Trojan habe nicht nöthig ihm Bericht zu erstatten, da man alle zehn Minuten Auskunft über den Stand der Dinge erhalten habe. Der Meinung Trojan's, daß es zur Sicherung der Würde und Ordnung der fernern Verhandlungen am gerathensten erscheine, dieselben auf dem altstädter Rathhause abführen zu lassen, pflichtete der Bürgermeister vollkommen bei und wollte sich darüber nur vorläufig der Zustimmung des Oberstburggrafen versichern. Es verabredeten daher, da auch Trojan denselben Gang sich vorgenommen hatte, beide eine Stunde am nächsten Tage, wo sie in den Gemächern des Landeschefs zusammentreffen wollten.

Von den Persönlichkeiten, die in der nachfolgenden Zeit am meisten von sich reden gemacht, war, soviel wir bemerken konnten, am Abend des eilften März keine am Ort der Entscheidung. Weder Palacky noch Strobach wurde beobachtet; Rieger war, wenn wir gut unter-

richtet sind, von seinem aus Gesundheitsrücksichten ihm angerathenen
Aufenthalte in Venedig noch nicht heimgekehrt; Brauner gab einige
Zeit später sein Bedauern kund, daß ihn ein Fußleiden an jenem
Tage genöthigt habe, das Zimmer zu hüten. Dagegen war, während
die Dinge im Wenzelsbade vor sich gingen und ein sorgsam beobachtender
Kreis auf dem Rathhause der Neustadt beisammen saß, noch an einem
dritten Orte der Stadt eine Anzahl von Personen versammelt, denen der
Ausgang des vielbesprochenen Ereignisses nichts weniger als gleich-
giltig war. Die Bürger-Ressource faßte viele Gäste, welche an diesem
Abend mit dem Geist weit oben hinter dem Viehmarkt, aber zu behutsam
waren, um leiblich dort zu erscheinen, sondern es vorzogen, das zweifelhafte Ergebniß in gesicherten Räumen abzuwarten. Als es sich nachher
zeigte, daß dieses wider alle Erwartung ausfiel, und die Dinge plötzlich
eine andere Wendung nahmen, fanden es einige der Herren angezeigt,
sich vor der Oeffentlichkeit mit allerhand widrigen Zufällen zu entschuldigen, warum sie am 11. März nicht im Saale des Wenzelsbades zu sehen gewesen. —

Wie am Vormittage darauf alle gewählten Ausschußmitglieder
von der ihnen gewordenen Berufung unterrichtet wurden und nur der
durch Gichtleiden in seinem Zimmer gehaltene Graf Buquoy die persönliche Theilnahme ablehnen mußte; wie Nachmittag am 12. März der
Ausschuß seine Sitzungen auf dem altstädter Rathhause eröffnete, Graf
Albert Deym den ihm zuerkannten Vorsitz übernahm, dagegen Graf
Franz Thun aus seiner Eigenschaft als Mitglied der Stände Anlaß
nahm, seine Betheiligung zu verweigern und auszutreten; wie aus der
Mitte des Ausschußes jene wiederholten Petitionen und in deren Folge
jene Allerhöchste Erledigung vom 8. April hervorging, welche durch
die ganze Zeit der Bewegung den böhmischen Reformern als die gesetzliche
Grundlage ihrer Bestrebungen galt; wie der gewählte und bald um's
doppelte verstärkte Bürgerausschuß immer größere Gewalt an sich zu
reißen wußte, bis diese durch den mächtigeren Nationalausschuß gebrochen
ward, das alles haben wir nicht Zeit abzuwarten; wir müssen auf
einen anderen Schauplatz eilen und im Fluge aufnehmen, was sich
dort begibt.

II.

Der dreizehnte März 1848 in Wien.

Am Abend desselben Tages, da in Prag das erste Ereigniß in die Oeffentlichkeit getreten war, an welches Glied um Glied sich der fortschreitende Verlauf der ferneren Geschehnisse knüpfte, hatte in Wien die letzte Berathung eines kleinen Kreises von Studierenden der Rechte und der Medicin stattgefunden und war in diesem der Entwurf einer Adresse zum Abschluß gekommen, die am folgenden Sonntage im großen Universitätssaale vorgelesen und unterzeichnet, dann in die Hände des Monarchen überbracht werden sollte.

Sonntag den 12. März gab es in der Aula eine zahlreiche Versammlung der Studierenden, in welcher der Petitions-Entwurf von einem Studenten verlesen, und Absatz für Absatz von den anderen mit lautem Beifall begrüßt wurde. Jetzt fanden sich die Professoren Hye und Endlicher ein; ersterer bemächtigte sich des Wortes, hielt den Studierenden in warmer Ansprache das ungesetzliche, das gefährliche ihrer Unternehmung vor, suchte sie von ihrem Vorhaben ganz abzubringen. Aber das war nicht möglich durchzusetzen; es erhob sich ein Sturm von Einsprache und Unbändigkeit dagegen, und Hye konnte nichts besseres thun, als die weitere Verhandlung selbst in die Hand zu nehmen und die Adresse nochmals vorzulesen, die wie das erstemal Punkt für Punkt mit stürmischem anhaltenden Zuruf angenommen

ward. Mit Mühe gelang es, die Zeichnung der Adresse durch massenhafte Unterschrift der jungen Leute hintanzuhalten. Nur die fort-
gesetzte Ueberredung Hye's erwirkte zuletzt die Uebergabe des Schriftstückes in seine und Endlicher's Hände; beide mußten bündigste Ver-
sprechungen geben, die Adresse unmittelbar an die Person des Kaisers
gelangen zu lassen und gegen die Versicherung, daß sich die Studierenden
ruhig auseinander und nach Hause begeben wollten, den erhaltenen
Bescheid unverzüglich bekannt zu machen. Es war den beiden Professoren auch in der That vergönnt, in der sechsten Abendstunde die
Adresse Sr. Majestät zu überreichen und eine freundliche Aufnahme,
obgleich keine bestimmte Antwort zu erlangen.

Wie dem anziehenden Sturme unruhig flatternde Vögel, dräuende
Wolken am Himmel, aufwirbelnde Staubsäulen auf der Erde, vom
jagenden Winde gepeitscht, so eilen auch dem Hereinbrechen politischer
oder socialer Ungewitter bedenkliche Anzeichen aller Art, drohende
Gerüchte, Warnungen und Zusagen von mehr oder minder bestimmter
Fassung voraus. Namentlich war es eine im Jahre 1848 überall
bestätigte Wahrnehmung, daß der Losbruch jeder Emeute oder Revolution eine geraume Zeit, bevor er wirklich stattfand, angesagt, ja
auswärts als bereits geschehen verkündet wurde. Norddeutsche Blätter
brachten ihren Lesern die Neuigkeit einer aufständischen Bewegung in
Wien gute acht Tage vor dem dreizehnten März. In Wien selbst trug
sich schon zehn Tage vorher ein großer Theil der Bevölkerung mit
dem Gerede, daß es am 13. März zu einer großartigen Demonstration
kommen werde. Es mochte dieses Datum nicht ohne Bedeutung für
jene erscheinen, die sich erinnerten, daß vor mehr als hundert Jahren
ein dreizehnter März es war, an welchem d e r Kaiser das Licht der Welt
erblickt hatte, dessen Name mit allem zusammenhing, auf was sich
die Blicke und die Wünsche der österreichischen „Liberalen" seit lange
hefteten. Doch trat noch ein anderer Umstand hinzu. Man wußte,
daß auf diesen Tag die Eröffnung der landständischen Sitzungen
anberaumt sei, und mit freudiger oder furchtsamer Vorahnung setzte
man dieses Ereigniß und den Schauplatz, wo es stattfinden sollte,
mit der angekündigten Revolution selbst in Verbindung. Mehrere
Mitglieder der auswärtigen Diplomatie — so versichert die den höheren

Kreisen angehörende Stimme, welche sich über die „Genesis der Revolution in Oesterreich" hörbar machte — luden sich zu dem gegenüber vom Ständehause wohnenden belgischen Gesandten ein, um aus den Fenstern seiner Wohnung auch einmal eine Wiener Emeute mit anzusehen. Damen vom höheren Adel, die in der Nähe dieses Gebäudes wohnten, äußerten Furcht vor der nahe bevorstehenden Ständeversammlung; andern wurde von ihrem Arzt gerathen, sich auf wahrscheinliche Unruhen in den Tagen um die Mitte März gefaßt zu halten. Es fehlte auch nicht an directen Warnungen vor den kommenden „Idus des März". Dem Fürsten Metternich kamen zahlreiche anonyme Drohbriefe zu. Einem der höchstgestellten Glieder des Kaiserhauses wurde die Kunde zugeschickt, daß die Erwirkung einer Constitution im Werk sei. Als Curiosum wurde nach der Hand in Wien erzählt, in den letzten Tagen vor dem 13. März sei aus der Mitte der Studierenden bei dem Portier des Justizpräsidenten ein Brief abgegeben worden, der die vollständige Namhaftmachung aller betheiligten Personen enthalten habe; durch Verlegen und Vergessen aber sei derselbe erst am darauf folgenden Mittwoch in die Hände des erstaunten Adressaten gekommen. Was alle Welt wußte, konnte unmöglich den Behörden bei aller Schläfrigkeit des gealterten Systems verborgen bleiben. Die Vorsicht beim Erscheinen der Stände, die Entwicklung der militärischen Maßregeln am Tage der Entscheidung sprechen dafür. Die einzige Polizei trug eine merkwürdige Blödsichtigkeit zur Schau. Am Morgen des 12. hatte der niederösterreichische Regierungspräsident eine Berathung eingeleitet, ob und was für besondere Maßregeln gegen einen nach allen Wahrzeichen bevorstehenden Losbruch zu ergreifen wären; es wurde ihm aber von den polizeilichen Organen mit der bestimmten Versicherung erwidert, daß nichts zu besorgen und daher auch nichts vorzukehren sei.

Die Anzeichen mehrten sich, je näher der verhängnißvolle Tag heranrückte und Sonntag Abends zweifelte kein Mensch in ganz Wien, daß es am dreizehnten „losgehen" werde. „Morgen werden die Studenten anfangen", ging es von Mund zu Mund. Wohlgekleidete Männer erschienen in den öffentlichen Gast- und Kaffeehäusern und richteten an die Anwesenden ungescheut die Aufforderung, sich am nächsten

Morgen beim ſtändiſchen Gebäude einzufinden, gleich darauf fortſtürmend, um dieſelbe Aufforderung an einen andern Ort zu tragen. Eine Anzahl Studierender fand ſich Abends in der Aula zuſammen und Sendlinge von dieſer eilten in die Nacht hinein von Haus zu Haus ihrer bekannten Mitſchüler, um ſie für den nächſten Morgen Glocke acht auf die Univerſität zu beſcheiden, wo man den Bericht Hye's ver-nehmen und das weitere beſtimmen wolle.

2.

Der Morgen des dreizehnten März brach an, trüb und düſter wie eine Ahnung.

Es war lange nicht acht Uhr, und ſchon wogte es in den beiden Bäckerſtraßen, auf dem Univerſitätsplatz, in dem und um das Gebäude der Hochſchule auf und ab und aus und ein, durcheinander wie ein Bienenſchwarm. Die aufgeregte und unruhige Haltung der anſtändig gekleideten jungen Leute ließ kaum die Studenten von geſtern und ehegeſtern wieder erkennen; ſie ſchienen über Nacht andere geworden. Inmitten ihres bewegten Gewühles waren ſpärlich einzelne jener licht-ſcheuen Geſtalten zu bemerken, die man zu gewöhnlichen Zeiten kaum in minder belebten Stadttheilen zu ſehen bekommt, die aber immer und überall wie aus der Erde wachſen, wo die ſchwüle Atmoſphäre ein herannahendes Ungewitter vorausfühlen läßt. Auch „Vertraute" der Polizei waren auf dem Platze; einer, von den Studenten erkannt, da er wie es heißt gerade ſich etwas anmerken wollte, mußte ſich mit Gewalt fortſchaffen laſſen. Die Mienen der jungen Leute deuteten auf fieberhafte Unruhe und ernſte Entſchloſſenheit zugleich, die auch Ton und Inhalt ihrer Geſpräche verrieth; aber keiner, ſei es Zufall oder, wie von mehreren Seiten verſichert wird, ausdrückliche Verabredung, um auch den Schein eines beabſichtigten Gewaltſchrittes fern zu halten, trug das kleinſte Stöckchen in der Hand. In dem Hörſaale der Statiſtik gab es etwas zu lesen. Ein Aufruf war daselbst angeschlagen; wechselnde Gruppen, unter denen sich von Zeit zu Zeit einer zum Vorleser aufwarf, umstanden ihn; in flüchtiger Eile nahmen sich mehrere davon Abschriften und trugen sie fort zu weiterer Verbreitung. Er begann mit den Worten: „Brüder! Wir zeihen die beiden Staatsminister Metternich und Sedlnitzky: 1. des Hochverrathes an Fürst und Vaterland; 2. der Bestechung; 3. der Bestehlung der öffentlichen Cassen als Ursache der ungeheuern Schuldenlast, die Oesterreich drückt" und so fort in gleichem Geist und Styl bis 7., wornach der Schluß folgte: „Auf Brüder, nieder mit ihnen, wer es redlich meint mit Oesterreich!"

In den philosophischen Hörsälen, die sich im gegenüberliegenden Gebäude auf demselben Platze befanden, gingen die Achtuhrvorlesungen unter schwankender und unterbrochener Aufmerksamkeit der Schüler vor sich. Mehr als einmal wurde die Thüre des Hörsaals von außen geöffnet und Stimmen riefen hinein: „Geht fort auf die Universität!" Die Professoren selbst konnten nicht umhin, mitten aus ihrem Gegenstand heraus auf die Stimmung und die zu erwartenden Schritte des Tages abzuschweifen. In der „Logik" war Religionstunde und der frivole Füster, zu allem eher als zum Priester und Katecheten geschaffen, suchte wie er selbst erzählt „den Lehrgegenstand so interessant als möglich zu machen"; er forderte seine Schüler auf, wer Lust habe fortzugehen, möge es thun; er sprach, es müsse endlich doch dazu kommen, daß Reformen vorgenommen werden, man könne von dem Kaiser, dessen Güte man rühmen höre, erwarten, er werde den Wunsch des Volkes erhören. „Wie ich nur den Namen des Kaisers aussprach", versichert der Demagog im Talar, „vernahm ich gleich Zischen und Scharren mit den Füßen. Man durfte nicht mehr von ihm sprechen, so groß war die Aufregung und die Wuth, vor allem gegen Fürst Metternich." In der „Physik" hatte der ehrliche Kunzek den Vortrag. Er war Professor in Lemberg gewesen und hatte dort mit eigenen Augen das Unglück über junge Leute hereinbrechen gesehen, die sich mit jugendlicher Unbesonnenheit in den Strudel eines revolutionären Unternehmens gestürzt. Die Erinnerung daran trat lebhaft vor seine Seele und ihm bangte um diejenigen, die er jetzt zu seinen Füßen sitzen sah. Er malte ihnen mit warmen Farben die Folgen eines

unbedachten Schrittes vor; er beschwor sie, abzulassen von einem un-
überlegten Vorhaben. Die Studenten fühlten den Ernst seiner väterlichen Ermahnung, Thränen mischten sich in seine Worte. Aber
nachdem die Stunde zu Ende und sie hinunter gekommen auf den
Platz, den ihre älteren Collegen erfüllten, da war bald alles vergessen
und sie schwammen mit dem Strom.

Im Universitätsgebäude selbst war von Vorlesungen keine Rede.
Zur bestimmten Stunde hatte sich Hye im großen Saale, der sogenannten Aula, eingefunden, bei weitem der geringere Theil der Studenten folgte ihm dahin. Die meisten blieben draußen; nach dem,
was er gestern gesprochen, wußten sie vorher, was er vorbringen würde
und waren entschlossen, ihm nicht zu folgen. Hye begann zu berichten,
welchen Erfolg seine und Endlicher's Bemühungen um eine Audienz
beim Kaiser gehabt: die Adresse sei von Allerhöchstdemselben gnädigst
aufgenommen, die Erwägung der darin enthaltenen Bitten zugesagt
worden. Er hob die Bedeutung dieser kaiserlichen Huld hervor und
betonte auf das wärmste, daß es sich nun gezieme, in Ruhe und Ordnung auseinander zu gehen und die Antwort abzuwarten, die ohne
Zweifel binnen wenigen Tagen herabgelangen müsse. Doch nicht so
meinten die erhitzten jungen Leute. Das sei nichts, hieß es; die
Wünsche des Volkes dürfen nicht länger überhört werden; rasch müsse
man sie zur Entscheidung bringen; jetzt sei die Zeit zu handeln und
den Ständen komme es zu, den ersten Schritt zu machen; diesen
müsse man die Forderungen persönlich an's Herz legen. Hye versuchte, was
in seinen Kräften stand, die Ausführung dieses Entschlusses zu hindern,
das Getöse der empörten Wogen ließ es zu keiner zusammenhängenden
Rede kommen, mit Mühe nur konnte er seiner Stimme Durchbruch,
seinen Worten Gehör verschaffen. „Meine Herren", rief er mit der
äußersten Anstrengung über die bewegte und laute Versammlung hin,
„wir feiern heute den größten Tag in der Geschichte Oesterreich's.
Wien, die Monarchie, Deutschland, ganz Europa sieht in diesem
Augenblicke auf uns. Lassen Sie uns zeigen, daß wir den Fortschritt auf dem Wege der Ruhe, der Ordnung, des Gesetzes suchen...."
Es war alles umsonst. „Landhaus" scholl es von diesem Orte, „Landhaus" von jenem, „Landhaus" unmittelbar unter dem Katheder. Von

den Juristen, die sich vom ersten Augenblick an durch größere Mäßigung auszeichneten, fühlten sich nicht wenige ergriffen, der eindringlichen Abmahnung ihres Professors nachzugeben; viele waren schon auf dem Wege zur Thüre hinaus in die Vorlesesäle des zweiten Stockes; aber halb durch Ueberredung, halb mit Gewalt wurden sie von den Heftigeren zurückgehalten und der Tumult ward dadurch nur größer. Mit aufgehobenen Händen beschwor Hye den ungesetzlichen Schritt zu unterlassen; seine Bitten verhallten; immer wieder und immer stärker ertönte der Ruf: „Zum Landhaus!" Es war kein Halten mehr, man drängte zur Thüre hinaus auf die Straße hinunter, und bald wälzte sich der Ström in langer Reihe, wohl mehr als tausend Köpfe stark, durch die Bäckerstraße, über den Hohenmarkt, Judenplatz, Hof dem Landhause zu. Die Fenster der Häuser wurden aufgerissen; „sie kommen, sie kommen" tönte es vor ihnen her, neugierig freudige Blicke flogen dem ungewohnten Schauspiel entgegen, folgten nach, wo der Zug in ruhiger und anständiger Haltung vorbeischritt....

Der Zusammentritt der niederösterreichischen Stände, ursprünglich für den 22. März angesagt, später auf den 15., zuletzt beim steigenden Drange der Ereignisse auf den 13. voraus verlegt, hatte um 9 Uhr zu beginnen und als der nächste Zweck war die Berathung einer Adresse erklärt worden, die man vor die Stufen des allerhöchsten Thrones bringen wollte. Die Gerüchte waren bekannt, die sich unter der gesammten Bevölkerung an den Eintritt dieses Vorhabens knüpften, und man hatte darum, entgegen dem Prunk und der feierlichen Auffahrt, womit sonst die Eröffnung der ständischen Versammlung begangen zu werden pflegte, die Vorsicht getroffen, daß man sich für dießmal einzeln und zu Fuß in bürgerlicher Kleidung einfinden wolle.

Schon vor der anberaumten Stunde sammelten sich Gruppen, fast durchaus den bessern Classen angehörend, in der Nähe des Landhauses. Sie trugen das Gepräge gewöhnlicher Neugierde, man blickte umher und schien sich zu fragen, was da eigentlich kommen solle. Die Fenster der umliegenden Häuser füllten sich allmälig mit Zuschauern beiderlei, größtentheils weiblichen Geschlechts. Die Menge auf der Straße wuchs mit jedem Augenblick, doch war von eigentlichem

Gedränge keine Rede; man konnte die Herren- und die einmündenden Gassen ohne sonderliche Behinderung durchschreiten. Das große Thor des Ständehauses war geschlossen.

Jetzt kam die Spitze des Studentenzuges angerückt. Es wird erzählt, ein Polizeibeamter sei der einzige gewesen, der sich an den Zug mit der Aufforderung „auseinander zu gehen" gewagt habe; doch statt aller Antwort habe man ihn einfach bei Seite geschoben und, ohne sich weiter um ihn zu kümmern, den Weg ruhig fortgesetzt. Das Gewühl wurde nun immer dichter und bald war nicht blos der Platz vor dem Ständehause und das auf die Stirnseite desselben mündende Strauchgäßchen, sondern auch die Herrengasse gegen den Michaelerplatz zu und auf die Freiung hinaus, die Landhausgasse und der Minoritenplatz von flutendem Gedränge erfüllt, das sich um das ständische Gebäude am heißesten zusammenballte, weiter davon mehr verdünnte und lüftete. Es waren nur Hüte und gute Röcke zu zählen, die ärmere Classe war schwach vertreten, fast gar nicht bemerkbar. Frauen gab es wie überall, wo es zu schauen gibt, doch nicht besonders zahlreich.

Von der Polizei war wenig, vom Militär nichts zu sehen. Letzteres war schon auf den Beinen, aber noch entfernt von diesem Schauplatze. Kurz vor neun Uhr waren die Casernen allarmirt worden und augenblicklich war alles in eiliger, hin und wieder, wie es bei solcher Gelegenheit nicht anders geht, unordentlicher Bewegung. Eine halbe Stunde darauf zogen die ersten Colonnen von verschiedener Richtung gegen die Stadt, woselbst sie die Thore, sowie die Zugänge zur kaiserlichen Burg besetzten, aber nicht absperrten; die Leute konnten frei aus- und eingehen, die Burg nach allen Richtungen durchstreifen.

Die Bewegung der Studenten hatte auch die Augen der politischen Behörde auf sich gezogen. Man wollte, wie am gestrigen Tage, die Vermittlung von Professoren in Anspruch nehmen. Allein war der Versuch an sich ein trostloser, jetzt, wo sich die jungen Leute nicht mehr beisammen auf der Aula, sondern verstreut unter dem anderen Publicum auf der Gasse befanden, so mußte er um so mehr durch die Persönlichkeit verunglücken, die man für solchen Zweck auserkoren hatte. Der schon genannte Professor Füster war es, der von einem Sendboten der Regierung auf der Straße getroffen und mit dem

Wunsche bekannt gemacht wurde, daß er sich schleunigst in die Herrengasse verfüge und die Studenten dahin bringe, sich zu zerstreuen,
widrigenfalls man mit allem Nachdruck gegen sie einschreiten werde.
Hören wir von Füster selbst, wie er die ihm gewordene Mission auf-
faßte: „Gehe ich nicht hin, dachte ich mir, und siegt die Regierung,
dann ist diese einzige Weigerung hinlänglich, mich auf die Festung zu
bringen. Gehe ich hin und spreche ich zu den Studenten im Sinne
der Regierung, dann würde ich meiner Ueberzeugung untreu werden
und mich noch überdieß verhaßt und lächerlich machen." So hielt er
sich denn den Spruch der Bibel vor Augen: Seid klug wie die
Schlangen u. s. w., ging in die Nähe des bezeichneten Ortes, gab sich
aber keine sonderliche Mühe, an den eigentlichen Brennpunkt zu kommen, und noch weniger Mühe, einen einzigen Studenten zu warnen
und nach Hause zu schicken, sondern beschränkte sich darauf, das Treiben
mit anzusehen, so lange es ihn interessirte und ergötzte.

3.

Das unbewaffnete Heer der Studenten war nun vollständig an
Ort und Stelle. Vor dem Landhause, wohin der allgemeine Ruf
ergangen, war man angelangt, aber jetzt wußte man erst recht nicht,
was anfangen. Plan war keiner gefaßt, Sprecher, Leiter hatten sich
noch nicht hervorgethan. Die Glieder des Landtages waren vereinzelt
und unbemerkt durch die Menge eingetroffen, oben im Saale war die
Einleitung der Verhandlungen im Zuge.

Da öffnete sich mit einem das große Thor des ständischen Gebäudes und ein erster Schwarm drang in den rings eingeschlossenen
Hof. Im Grunde desselben befindet sich ein Brunnen, zur Winters-
zeit mit hölzerner Verschalung bedeckt; zu beiden Seiten desselben führen Glasthüren in das Stiegenhaus, durch das man in die Säle des
ersten Stockwerkes gelangt. Der eingedrungene Schwarm füllte kaum

den dritten Theil des Hofes und damit war die Verlegenheit, was sich da entwickeln solle, nicht gehoben; denn zu einer Demonstration gehört dichtes Gedränge, in der Mitte eines hellen Haufens kommt und wächst der Muth des Volksmanns. Die Verlegenheit währte nicht lange; neue Gruppen schoben sich nach und bald war der innere Raum nicht angefüllt, sondern überfüllt. Jetzt fand sich auch ein Beginner. Ein junger Mann begehrte zu sprechen und allsogleich überragte er, auf den kräftigen Schultern von vier Studierenden emporgehoben, die Mann an Mann gedrückte Menge. Seine blassen, wohlgeformten, obgleich etwas in's Breite gehenden Gesichtszüge von schwarzem Haupt- und Barthaar umrahmt, trugen den Ausdruck ruhigen Ernstes, aber zugleich den unverkennbaren Typus morgenländischer Abstammung. Mit einer Stimme, die gleich der Miene seine innere Bewegung verrieth und bei dem murmelnden Getöse sich kaum der nächsten Umgebung hörbar machen konnte, begann er mit der Aufforderung, vor allem zum Beweise, daß man keine illoyalen Absichten hege, sondern nur Erlangung des Rechtes wünsche, dem hohen Kaiserhause ein herzliches Lebewohl zu bringen. „Nicht Revolution zu predigen ist meine Absicht, nein, um das Beste der Nation zu befördern, erhebe ich mein Wort. Was ich im Namen meiner gedrückten Mitbrüder zu verlangen habe, ist Freiheit der Presse, Lehr- und Lernfreiheit, Errichtung einer Nationalgarde, Vertretung des österreichischen Volkes beim deutschen Bunde" — und noch eine Reihe jener Punkte, die in den letzten Tagen das Feldgeschrei aller auswärtigen politischen Blätter gebildet hatten. „Es lebe die Freiheit! Nieder mit jenen, die uns ohne Unterlaß knechten wollen. Das Volk ist die Stütze des Thrones, darum Einigkeit und Verbrüderung unter Oesterreich's Völkern. Hoch leben die freiheitsluftigen Brüder im Osten, die constitutionellen Magyaren! Hoch leben die heißblütigen Brüder im Süden, die strebenden Italiener!" Jedes dieser Hochs wurde mit vielstimmigem Echo zurückgegeben; es waren Gedanken, die man in Oesterreich noch nicht in dieser Weise laut vernommen hatte, die aber bei der ansteckenden, aus dem Westen von Tag zu Tag näher herandrängenden politischen Aufregung in aller Hirn brannten. Die Arme der Umstehenden streckten sich dem Redner entgegen. Die lebendige Tribune,

von der herab er sprach, blieb nicht auf einem Platz; immer auf den
Schultern der jungen Leute ward er im wogenden Gewühl gegen die
Mitte, dann gegen den Ausgang des Hofes getragen, fortwährend
die Menge anredend. Das Damoklesschwert der Polizei, sagte er
zuletzt, schwebe vielleicht in diesem Augenblicke über seinem Haupte —
„Nein, nein!" rief man ihm zu, „alle für einen, einer für alle!" —;
aber er wolle sich nicht unter der Menge verbergen; auf daß man
seinen Namen wisse, er heiße Fischhof. „Hoch Fischhof!" war die
schallende Antwort auf diese Erklärung.

Der Anstoß war gegeben und nun jagte es auf dem brennenden Geleise immer stürmischer vorwärts. Ein Sprecher verdrängte
den andern, die statt der lebendigen beweglichen Tribune die hölzerne
feste wählten, welche ihnen das Bretterdach des Röhrkastens gönnte.
Einer derselben ließ sich, was man die Wünsche des Volkes nannte,
von unten herauf nennen und bot das in solcher Art empfangene mit
stärkerer Stimme öffentlich aus, Stück für Stück nacheinander, sowie
nicht sowohl ihm, als dem, was durch seinen Mund ging, mit lautem Beifall zugeschlagen ward. All' das wurde aber nur von der
nächsten Umgebung vernommen; denn die unaufhörliche lärmende Unruhe verursachte, daß die etwas ferner Stehenden die Leute auf dem
Brunnen wohl sahen, aber nicht hörten. Im Hof, in der Einfahrt,
vor dem Hause hatte nachgerade das Gedränge den höchsten Grad
erreicht. Wer draußen war, wollte hinein, um Zeuge zu sein, was
da vorgehe. Wer eine Zeit lang drinnen war, strebte hinaus, um
auf Augenblicke freier athmen zu können. Man konnte nicht eine
Minute lang ruhigen Stand halten. Die Fläche der Kopf an Kopf
geballten Masse schwankte wie die wogende See oder ein von leich-
tem Winde überflutetes Saatfeld unaufhörlich hin und her. Durch
den Haupteingang kam stoßweise immer ein neuer Schub von ein-
dringenden oder hinausdrängenden Leuten; jede solche Bewegung
pflanzte sich dort im Hofe, hier auf der Gasse bis zu den entferne-
sten Enden des Gewühles fort. Dazwischen allerhand Vorfälle, das
Geschrei und die Verwirrung vermehrend. Draußen wurde man einzelne Polizeisoldaten gewahr; Spott und Schimpf scheuchte sie vom
Platz: „Geh heim, Numerirter!" schallte es jedem nach. Einzelne

3*

Frauen steckten mitten im heißesten Gewühl und hielten allen Abmahnungen zum Trotz so lange Stand, bis eine und die andere ohnmächtig hinausgeschafft werden mußte. Auch andere Ausweisungen als
solche mildherzige fanden statt, wenn jemand Ausdrücke wagte oder
Bedenken äußerte, die mit dem herrschenden Ton aufgeregter Begeisterung nicht zusammenstimmten.

Drei bis vier Redner mochten gesprochen haben, da rief Goldmark,
wie Fischhof Doctor der Heilkunde und von gleichem Stamm: „Meine
Herren, wir sprechen in lauter Monologen, schauen wir lieber ein Zwei-
gespräch mit den Ständen anzuknüpfen." Ein zündender Funke fiel
dieses Wort in die Gemüther der Menge und hundert Stimmen riefen:
„Montecuccoli!" „Dobblhof!" „Schmerling!" Als keiner der Gerufenen
sich zeigen wollte, drückte alles nach dem Aufgang in den Ständesaal,
Fischhof an der Spitze: „Kommen die Stände nicht zu uns, so gehen
wir zu den Ständen!" Die Bewegung wurde so laut und heftig, daß
die weiter rückwärts Befindlichen nicht wußten, was und wem es gelte; sie
glaubten, es gehe an eine Erstürmung des Ständesaales. Die Vordersten
waren inzwischen die Stiegen hinauf in den rothen Vorsaal gelangt, die
nachdrängenden Massen hatten bald den Saal, die Gänge, die Treppen
angefüllt und immer noch wirkte der Druck des Nachschubes gegen
vorwärts; es war ein heftiger Tumult. Da trat Graf Montecuccoli
von der entgegengesetzten Seite in den Saal; er war Landmarschall
der niederösterreichischen Stände, vor kurzem mit Beibehaltung dieser
Würde zum Staatsminister zur Schlichtung der italienischen Wirren
ernannt, Träger eines Namens von beliebtem Klang. Er näherte sich
freundlich und fragte um das Begehren. „Herr Graf," nahm Fischhof
das Wort, „wir sind hier im Namen des Volks, das unten in dichten
Massen versammelt steht, um Ihnen seine Sympathien zu beweisen
und Sie durch seine männliche und entschlossene Haltung in Ihrem
Kampfe zur Wiedererlangung der so lange vorenthaltenen Rechte zu
unterstützen. Seine Wünsche sind in den Petitionen der Bürger und
der Studirenden ausgedrückt." Es war kaum möglich, bei dem Tumult,
bei dem Schreien der von außen nachdrängenden, von innen zurück-
dämmenden Menge sich vernehmbar zu machen. Graf Montecuccoli
stieg auf einen Stuhl, um von allen gesehen und so viel als möglich

Denn vom Thore her drängte sich plötzlich ein junger Mann durch die Menge, Freude strahlte von seinem Gesichte und „Kossuth's Rede", rief er, über dem Kopf ein Bündel Papiere schwingend. Diese Rede, deren Inhalt so ungeheures Aufsehen durch ganz Oesterreich gemacht hatte, war von einem Dr. Kálazdy Moriz auf Ansuchen mehrerer Freunde wörtlich in's Deutsche übersetzt worden und durch einen Dr. Martin in die Hände des Mediciners Maximilian Goldner gekommen, der sie jetzt triumphirend in den Hof des Landhauses brachte. Schnell machte man ihm Platz und hob ihn auf das Brunnendach. Er entfaltete das Papier und sagte, daß er die Rede mit Uebergehung der Stellen, die von keiner Beziehung auf die hiesigen Verhältnisse seien, vorlesen wolle. Donnerndes Bravo schallte durch die Luft und gleich darauf von allen Seiten der gebieterische Ruf nach Ruhe. Er begann zu lesen. Doch seine Stimme war schwach, vor Hast und Aufregung zitterte er am ganzen Leibe. Man sah sich um einen Stellvertreter um und alsbald hatte sich einer gefunden in der Person des Juristen Putz aus Tirol. Rasch ward ihm in die Höhe geholfen und mit vollerer, aber dennoch merklich befangener Stimme begann er zu lesen. Goldner machte aufmerksam, daß die Einleitung nicht interessiren dürfte; allein er wurde überstimmt. „Nur von Anfang! von Anfang!" rief man und so geschah es.

Selbst der Titel wurde gelesen. Dem Beginn hörte man mit stiller Aufmerksamkeit zu; er bezog sich zumeist auf landtagliche Vorgeschehnisse und finanzielle Zustände, deren Verständniß die Mehrzahl der Horchenden nicht im Vorrath hatte. Desto lauter wurde die Theilnahme, als die Rede einen allgemeineren Gesichtskreis zu beherrschen begann und Worte fielen, deren Deutung jedem verständlich, deren verwegene Nacktheit jedem neu war. Wir lassen diese Rede, die in der Geschichte des österreichischen März zweimal eine folgenreiche Rolle

gespielt hat, das erstemal am dritten, da sie im Saale des Landhauses zu Preßburg in ungarischer Sprache gehalten, das zweitemal am dreizehnten, da sie im Hofe des Landhauses zu Wien in deutscher Uebersetzung gelesen wurde, ihrem vollen Inhalte nach folgen, unterbrochen, abgebrochen, fortgesetzt und vollendet unter all den Zwischenfällen, die sich während ihrer Ablesung ereigneten und wohl die doppelte Zeit ihrer ursprünglichen Dauer in Anspruch nahmen.

„Wörtliche Uebersetzung der von Kossuth am 3. März am Landtage zu Preßburg gehaltenen Rede."

„Mit Dank nehme ich die Motion des Raaber Comitats-Deputirten an, obgleich ich in der Ueberzeugung, daß die obschwebenden außerordentlichen Umstände sich über die speciellen Gegenstände zu erheben gebieten, von seiner Motion nur die Veranlassung nehmen will, um die löbl. Stände zu bitten, daß sie im Gefühle der ungeheuren Verantwortlichkeit des Augenblicks die Landtagspolitik zu jener Höhe erheben wollen, welche die Zeit uns vorschreibt.

Von diesem Gesichtspunkte ausgehend, will ich mich in keine Zergliederung der Bankverhältnisse einlassen. Ich werde nicht jene verfehlte Politik erörtern, der gemäß diese auf die Emission eines neuen Papiergeldes gerichtete Bankinstitution schon in ihrem Ursprunge ein Schritt war, der, mit ungeheuren finanziellen Opfern erkaufend, was die Regierung ohne diese Opfer mit sicherem Erfolg hätte erreichen können, schon bei seinem Beginn den Keim in sich trug, daß die Monarchie nicht nur aus ihren Schulden sich nicht herausarbeiten wird, was besonders in den Jahren 1817—25 sehr leicht hätte geschehen können, sondern in neue und immer neue Lasten sich verwickeln muß. Auch in die Zergliederung jener Verhältnisse will ich mich nicht einlassen, welche zwischen den in Umlauf befindlichen verzinslichen Banknoten und den verzinslichen Anlehen des Staats darum obwalten, weil die Obligationen dieser letzteren zum großen Theile die Deckung der erstern bilden und die Werthverminderung dieser auch die Hypothek für jene vermindert. Und zwar will ich aus zwei Gründen in diese Erörterung nicht eingehen.

Erstens deßhalb, weil ich überzeugt bin, daß die in Bezug auf den Banknotenwerth entstandene Beunruhigung verbunden mit der einfachen Interpellation des Raaber Comitats hinreichend sein wird, um dem Monarchen die Ueberzeugung beizubringen, daß, wenn das geringste Mißtrauen gegen ein finanzielles Institut, das wie die Wiener Bank so sehr mit den Privatver-

hältnissen verflochten ist, im Publicum Platz zu greifen anfängt,
man dasselbe augenblicklich zerstreuen müsse, indem sonst die
Folgen unberechenbar wären. Zerstreuen läßt sich dasselbe aber
nicht durch Verordnungen und Rescripte, nicht durch was immer
für vorgeschützte Verheimlichungen, sondern nur dadurch, wenn
der Stand der Dinge offen, ohne Rückhalt und erfolgreich dem
Publicum unterbreitet wird. Daß die Regierung dies so auf-
faßt, dafür gilt mir der Umstand als Beweis, daß von Seiten
der Bankdirection schon heute früh glaubwürdige Ausweise über
den Stand der Bank mehrern aus dem Deputirtenstande com-
municirt wurden, welche darthun, daß die bis zum Werth von
24 Mill. emittirten Banknoten gedeckt sind und überdies ein
Activvermögen von 30 Mill. vorhanden ist. Ich will glauben,
die Regierung werde die Nothwendigkeit fühlen, daß es im eigenen
Interesse ihre unerläßliche Pflicht sei, diesen beruhigenden Ausweis in beglaubigter Form zu veröffentlichen und daß es ein
großer Fehler wäre, dies unter dem Vorwande unterlassen zu
wollen, weil die Wiener Bank ein Privatinstitut und deßhalb
der Regierung nicht verantwortlich sei. Denn das Publicum kennt
sehr wohl jene Solidarität, in welcher die Bank zur Regierung
steht, indem dieses Institut bezüglich der Banknoten-Emmission
nichts anderes ist, als eine wenn auch mangelhafte doch ergänzende Institution im Finanzsystem der Monarchie.

Der zweite Grund, warum ich in eine tiefere Zergliederung
dieser Verhältnisse nicht eingehen will, ist der, weil ich weiß,
daß, insofern der Börsencurs der Staatspapiere als Barometer
für den Stand der Dinge betrachtet werden kann, im J. 1830
die Sachen noch viel schlechter standen als jetzt, und ich überhaupt davon überzeugt bin, daß die Wiener Bank gegenwärtig
noch in keiner Gefahr schwebe, die eine begründete Beunruhigung
verursachen könnte, und daß eine solche Gefahr nur dadurch herbeigeführt würde, wenn durch eine falsche Politik der Staat von
Tag zu Tag in größere Opfer gestürzt werden sollte, deren un-
vermeidliche Folge ein neuer Staatsbanquerott sein müßte. Wenn
die Politik eine weise Richtung einschlägt, dann können wir nach
meiner Ansicht über die Bank beruhigt sein und deßhalb wünsche
ich, die Aufmerksamkeit der löbl. Stände auf jene Punkte zu
richten, welche das Zunehmen der Gefahr unserer öffentlichen
Zustände zu fördern im Stande sind. Im allgemeinen genommen bin ich der Ueberzeugung, daß, nachdem wir sehen, welchen
Einfluß die österr. finanziellen Verhältnisse auf unsere Geld- und
Besitzverhältnisse auszuüben vermögen, wir bei dem Wunsch eines
Bankausweises nicht stehen bleiben können, sondern daß wir die
Verrechnung der ungarischen Staatseinnahmen und Bedürfnisse,
die Unterordnung der ungarischen Finanzen unter eine constitu-

tionelle Manipulation, mit einem Worte ein selbstständiges unga-
risches Finanzministerium verlangen müssen. Sonst kann die
ohne unsere Mitwirkung verfügende fremde Macht unsere Geldverhältnisse in endlose Verwirrung stürzen. Wenn wir dagegen
ein verantwortliches Finanzministerium haben, können wir bei
einem rationellen Haushalte für den Glanz des Thrones, für die
Lebensbedürfnisse, für die Erfüllung aller unserer rechtmäßigen
Verpflichtungen Sorge tragen und die Geldverhältnisse unserer
Mitbürger gegen alle gefährlichen Fluctuationen sicher stellen.

Von den Bankverhältnissen will ich also nur so viel sagen,
daß die beiden nöthigen Schritte schon geschehen sind, der eine,
daß das Publicum über den Stand der Bank officiell beruhiget
werde, der andere, daß zur Einlösung der Banknoten in Silber
in allen Theilen des Landes wirksame Maßregeln ergriffen
werden. Wenn hiezu die Richtung der Regierungspolitik zweckmäßig geändert wird, so hoffe ich, daß das Vertrauen zurückkehren werde, dessen Wiederherstellung das Interesse unseres
eigenen Beutels, aber auch das Interesse der Dynastie erheischt.
Ich richte daher meinen Vortrag auf die Untersuchung der Ent-
stehungsquellen dieser Uebel und auf die Bezeichnung der Heil-
mittel.

Schon als ich zu Beginn des Landtags eine Antworts-
Adresse beantragte, hielt ich es für meine Pflicht, in eine Zergliederung der Lage unseres Landes einzugehen, in Bezug sowohl
auf unsere inneren Angelegenheiten, als auch auf jene Beziehungen, welche gemäß der pragmatischen Sanction zwischen uns
und dem österreichischen Kaiserstaate obwalten. Ich sprach meine
Ueberzeugung aus, daß wir so lange nicht vollkommen beruhigt
sein können über die Zukunft unseres Vaterlandes, so lange
unseres Königs Majestät nicht in allen seinen Herrscherbeziehun-
gen constitutionelle Regierungsformen umgeben."

Allgemeiner Beifall folgt dieser Stelle und unterbricht auf eine
gute Weile die Vorlesung.

„Ich sprach meine Ueberzeugung aus, daß ich auch in Hinsicht jener Reformen, die unsere Nation erwartet, dem Vaterlande nicht die Sicherheit geboten sehe, ihre Richtung werde
eine constitutionelle, ihr Erfolg werde ein der nationalen Freiheit
günstiger sein, so lange das Regierungssystem der mit uns unter
einem Monarchen stehenden Nationen der Constitutionalität straks
zuwiderläuft, so lange jener Staatsrath, der die gemeinschaftlichen Angelegenheiten der Monarchie ordnet und auf die innern
Angelegenheiten selbst unseres Vaterlandes einen gesetzwidrigen
aber überwiegenden Einfluß übt, sowohl im Princip als in Verfassung und Richtung anticonstitutionell ist."

Beifallssturm übertäubt die Fortsetzung der Rede mehrere Minuten lang, bis er sich vor dem dazwischen schallenden Gebote: Ruhe! Ruhe! allmälig legt.

„Ich sprach meine Ueberzeugung aus, daß die Mannigfaltigkeit der Interessen, die zwischen uns und den übrigen Nationen der Monarchie obwalten, ohne den Verlust unserer Selbstständigkeit, Freiheit und unseres Wohlstandes nur auf der Basis einer die allgemeinen Gefühle verschwisternden Constitution auszugleichen sei."

Erneuerte Unterbrechung. Bravo! bravo! Constitution! tönt es und wiedertönt es aus jedem Munde.

„Ich warf einen schmerzlichen Blick auf den Ursprung und die Fortpflanzung des Wiener bureaukratischen Regierungssystems, ich enthüllte, wie sie das Gebäude ihrer erlahmenden Macht auf den Ruinen der unterdrückten Freiheit unserer verbrüderten Nachbarn errichtete, und herzählend die verderblichen Folgen dieses unheilvollen Regierungsmechanismus und hineinblickend in das Buch des Lebens, wo die fatalistische Logik der Ereignisse die Enthüllung der Zukunft verkündet, prophezeite ich im Gefühl treuer und warmer Anhänglichkeit an die Dynastie, daß derjenige der zweite Gründer des Hauses Habsburg sein werde, der das Regierungssystem der Monarchie in constitutioneller Richtung reformiren und den Thron des erlauchten Herrscherhauses auf die Freiheit seiner treu ergebenen Völker unerschütterlich gründen wird."

Nichts gleicht dem jubelnden Taumel, den diese Worte erregten, man klatscht Beifall, ruft, schwenkt die Hüte. Der Redner, halb erschöpft von Anstrengung aber schon bedeutend muthiger geworden durch den Erfolg seiner Vorlesung, bittet um ein Glas Wasser; man reicht es ihm aus dem unter ihm hinfließenden Brunnen und er schwingt es hoch mit dem Rufe: „Das ist ein klarer, lauterer Quell, mit ihm trinke ich auf das Wohl der Versammlung!" Lauter Beifall. „Oesterreich, das constitutionelle, das freie, das einige Hoch!" Von allen Seiten stürmisches Hoch! „Hoch das erlauchte Kaiserhaus! Ferdinand hoch!" Die eingewurzelte, bis dahin noch durch keinen Makel befleckte Liebe des Österreichers zu seinem Herrscherhause bricht stürmisch aus, die Hüte werden geschwenkt und fort und fort tönt es: „Hoch! hoch!" Die in den Hof gehenden Fenster des Landhauses hatten sich nach und nach mit Zuschauern gefüllt. Auch viele ständische Mitglieder hatte das in den Berathungssaal dringende Getöse dessen, was im Hofe vorging, herausgelockt. Ihre Mienen drückten Neugierde, Verwunderung aus, hier von ruhiger Betrachtung, dort von bewegter Theilnahme getragen. Der ehrwürdige Prälat von Melk war unter den ersten bemerkbar. Als das Lebehoch auf den Kaiser und dessen Haus ausgebracht wurde, wehte er mit dem Tuche. „Hoch Franz Carl! Hoch Franz Joseph, unser Thronfolger!" ruft wieder Putz und überströmender Jubel begrüßt seine Worte. „Hoch Stephan! Hoch Johann!" Es brauchte lange, ehe der Sturm sich einigermaßen legte und noch länger, bis so viel Ruhe eintrat, als der Vorleser brauchte, um sich wieder vernehmlich zu machen.

„Kaum drei Monate sind seit diesen meinen Worten verflossen; von Weisheit gestützte Throne sind in diesen drei Monaten zusammengestürzt und Völker haben ihre Freiheit wieder erlangt, deren so nahe Zukunft sie früher nicht einmal träumten. Wir aber wälzen seit drei Monaten unermüdet den Stein des Sisyphus und der Schmerz über die Unbeweglichkeit umhüllt meine Seele mit drückender Bekümmerniß. Blutenden Herzens sehe ich so viel edle Kraft, so viel große Fähigkeiten sich abmühen an einer undankbaren Arbeit, die den Qualen einer Tretmühle gleich kommt. Ja, auf uns ruht der schwere Fluch eines erstickenden Qualms; aus der Beinkammer des Wiener Systems weht eine verpestete Luft uns an, die unsere Nerven lähmt, unsern Geistesflug bannt."

Das war so recht eine Kernphrase nach dem Geschmack des Augenblicks. Mit tobendem Beifall wird die Wiederholung der Stelle verlangt, jeder Satz mit erneuter Wollust eingeschlürft und von neuem beklatscht.

„Wenn mir aber bis dahin nur deßhalb bangte, weil es mich schmerzte, des Wiener Systems wegen unsern Fortschritt zu unersetzlichem Schaden des Vaterlandes über die Maßen gehemmt zu sehen, und weil ich wahrnahm, daß jener Zwiespalt, der zwischen der absolutistischen Tendenz des monarchischen Systems und der constitutionellen Richtung der ungarischen Nation seit drei Jahrhunderten aus einander klafft, bis heute noch nicht ausgeglichen ist und, ohne die eine oder die andere Richtung aufzugeben, nicht ausgeglichen werden kann: so bangt mir jetzt nicht deßhalb allein, sondern auch darum, daß jene Politik der bureaukratischen Unbeweglichkeit, die in dem Wiener Staatsrathe sich verknöcherte, die Monarchie in Verwirrung stürzen, die

Zukunft unserer geliebten Dynastie in Frage stellen, unser Vaterland aber, das daheim mit sich so viel zu thun hat und dazu
aller seiner Kräfte und jeden Hellers bedarf, in erschöpfende
Opfer, in endlose Leiden verwickeln muß."

Beifall; die Stelle muß wiederholt werden.

„Ich sehe die Sachen so, und weil ich sie so sehe, halte
ich es für meine unerläßliche Pflicht, die löbl. Stände ehrer-
bietigst zu ersuchen, ihre Aufmerksamkeit auf diesen Zustand und
auf die Vorbeugung der unserem Vaterlande deßhalb drohenden
Uebel verbreiten zu wollen. Uns, löbl. Stände, die wir von
der Nation beauftragt sind, über ihre Gegenwart zu wachen
und ihre Zukunft sicher zu stellen, uns ist es nicht erlaubt, mit
geschlossenen Augen zu warten, bis die Würfel gefallen sind,
die unser Verderben besiegeln, bis die Wucht der Ereignisse gleich
einer stürmischen Fluth die Wogen über unserem Haupt zu-
sammenschlägt und die Reue ob des unsäglich schweren Verlustes auf der Oberfläche des Oceans erscheint, wo sich die Geschichte der Völker abspiegelt. Denn wenn wir nicht trachten,
dem Uebel vorzubauen, dann wären wir vor Gott, der Welt
und unserem Gewissen verantwortlich für all jenes Unglück, das
aus der Versäumniß folgen würde. Wenn einmal in Folge
einer schiefen Politik die Zeit friedlicher Ausgleichungen, die Zeit,
das Schicksal zu befragen, abgelaufen ist und die Würfel unwider-
ruflich gefallen sind, wenn wir es versäumt, zur Vorbeugung
dessen das frei erhobene Wort der Vertreter der Nation in die
Wagschale zu werfen; wenn wir die Verwicklungen dahin kommen
lassen, daß uns nur die Wahl bleibt zwischen Verweigerung und
Opfern, deren Ende allein Gott sieht: dann, löbl. Stände, ist die
Reue zu spät, den unthätig verscherzten Augenblick kann selbst
der Allmächtige nicht wieder zurückbringen. Ich mindestens
will als Deputirter an der Verantwortlichkeit verspäteter Reue,
wenn ich auch als Landessohn ihre Folgen mit zu erdulden
haben werde, nicht Theil haben."

„Mögen sich die löblichen Stände an die Zeiten der französischen Revolution erinnern. Was hatten wir Ungarn mit den
inneren Angelegenheiten der französischen Nation zu schaffen?
Unser Landtag war 1790 beisammen, aber unsere Väter dehnten
ihr Augenmerk nicht auf die internationale Politik aus. Und was
war die Folge? Ein fünfundzwanzigjähriger mit den ungeheuersten
Opfern geführter Krieg ist der Nation aufgelastet worden; das
Blut der Nation floß in Strömen, ihr Hab und Gut wurde
in den Strudel hineingezogen, und was mußte trotz all'dem
unsere Väter treffen? Sie mußten die Flucht des königlichen
Hauses sehen, die siegreichen Waffen des fernen Westens auf

den Boden des Vaterlandes getragen, diese Stadt selbst, den gewohnten Sitz unserer Gesetzgebung in der Gewalt des fremden Siegers; sie mußten die dem Sturze nahe Monarchie von dem Gnadenwink des stolzen Triumphators abhängig sehen, sehen die beklagenswerthen finanziellen Wirren, welche bei dem engen Verband mit der Monarchie die schrecklichen Schläge zweier Staatsbanquerotte unser armes Vaterland schwer empfinden ließen. Und bei all diesem Unglück hatten wir nicht einmal den Trost, sagen zu können: Wir haben unsere Stimme noch zur rechten Zeit in die Wagschale der Geschicke geworfen. Gebe Gott, daß man nicht dereinst auch über diesen Landtag ähnliches sagen könne; gebe Gott, daß nicht dereinst auf unsere Seelen der reuevolle Gedanke falle, daß wir der Monarchie und dem königlichen Throne das Verderben nahen sahen und dennoch nicht mit männlicher Entschiedenheit auftraten, es abzuwenden, jedenfalls aber unser Andenken vor dem Vorwurf einer Pflichtversäumniß rein zu erhalten."

„Darum, löbliche Stände! würdigen wir die Zeitbegebenheiten, erheben wir unsere Politik auf das Niveau der Umstände, schöpfen wir Kraft aus dem Gefühle der unerschütterlichen Treue für die Dynastie zu einer großartigen, der Zeitlage entsprechenden Entschiedenheit."

„Ich will die Verhältnisse, wie sie in der Monarchie und im Auslande obwalten, nicht zeichnen, denn sie sind bekannt; aber meine feste Ueberzeugung will ich aussprechen, daß die wahre Quelle aller Wirren im Wiener Regierungssysteme liege, und mit Bangigkeit spreche ich die Ueberzeugung aus, daß dieser verkehrten Politik, die mit den Interessen der Nation und den rechtmäßigen Forderungen einer vernünftigen Freiheit schnurstrafs im Widerspruch ist, anzuhängen soviel hieße, als die Zukunft der Dynastie zu compromittiren."

Lauter allgemeiner Beifall.

„Widernatürliche politische Systeme können sich, ich weiß es, wohl durch eine Zeit erhalten, denn zwischen der Geduld der Nationen und ihrer Verzweiflung ist ein langer Weg. Aber es gibt politische Systeme, die dadurch, daß sie lange dauerten, an Kraft nicht gewonnen, sondern verloren haben, und endlich kommt der Augenblick, wo es gefährlich wäre, sie noch länger aufrecht halten zu wollen; denn ihr langes Leben hat sie zum Tode reif gemacht."

Endloser Beifall; Wiederholung der Stelle, abermaliger Sturm. Die Stimmung der Gemüther schlägt nun schon allgemach in einen gereizten Ton über, einzelne Rufe: „Nieder mit Metternich!" lassen sich vernehmen, obgleich noch wenige den Muth haben, in den Ruf einzustimmen.

„Antheil kann man am Tode nehmen, aber ihm ausweichen nicht! Ich weiß es, daß es sowohl einer veralteten Politik als einem alten Manne schwer fällt, sich von der Idee eines langen Lebens zu trennen."

Der Sturm bricht von neuem los, stärker als früher, dreimal wird die Wiederholung der Stelle verlangt.

„Ich weiß es, daß es schmerzlich ist, ein Stück nach dem andern einstürzen zu sehen von dem Gebäude, das ein langes Leben aufbaute;"

Neuer Losbruch, Wiederholung der Stelle —

„wenn aber das Fundament schlecht war, ist das Fatum des Einsturzes unausweichlich" —

Erhöhtes Entzücken darüber, daß „das Fatum des Einsturzes unausweichlich." „Nieder mit Metternich!" rufen mehrere Stimmen; der beifällige Zuruf findet kaum ein Ende. —

„und wir müssen das Schicksal der Dynastie und das Wohl der Nation, nicht aber die Schwächen eines sterblichen Menschen im Auge haben."

Man muß sich denken, daß während dieser ganzen Zeit das dichtgedrängte Parterre des Hofes in unaufhörlicher Bewegung war, die sich vom Eingange, durch welchen Hof und Straße in stetem Verkehr mit einander waren, zeitweise bis auf den unteren Theil der Aufgangsstiegen fortsetzte. Dazwischen Fischhof, der immer wieder den Versuch erneuerte, die Zwölferwahl zu Stande zu bringen, was jetzt, wo die Vorlesung beinahe die ganze Aufmerksamkeit verschlungen hatte, eine trostlose Sache war. Als Episoden fielen einzelne Wortwechsel vor zwischen älteren Leuten, die sich, freilich am unrechten Orte — denn wer hieß sie hier sein? — über das endlose Drücken, Stoßen, Drängen beklagten, und jüngern Studenten, die ihnen zornig erwiderten: „Wir vertreten hier allgemeine Interessen, da muß sich der Einzelne wohl solche Kleinigkeiten gefallen lassen!" Auf den Gängen im ersten Stockwerk war es ruhiger geworden und die in den Hof führenden Fenster, obgleich dicht besetzt, faßten beinahe nur stille Zuschauer. Im

Hof unten fiel es mißliebig auf, daß von dort her der Beifall sehr schütter und lau war und viele theilnahmlose Physiognomien mit stolzer Kälte auf das tolle Treiben unten herabsahen.

Der Vorleser war bis zur letzt angeführten Stelle gekommen, als plötzlich aus einem der Hoffenster eine Stimme sich hörbar machte: „Von den Herren Ständen" und herab flog ein Blatt Papier auf die Köpfe der wogenden Menge. Hundert Arme streckten sich gleichzeitig in die Höhe, es aufzufangen und von Hand zu Hand fand es seinen Weg bis zu den beiden jungen Männern über dem Brunnen. Putz überflog es und wollte lesen, allein da erhob sich ein fürchterlicher Lärm, aus dem niemand klug werden konnte. Die Rede Kossuth's hatte alles erhitzt, man wollte die Gluth nicht durch einen Zwischenfall dämpfen lassen, während andrerseits viele die Neugierde stachelte, was das herabgeflogene Blatt enthalte. So entstand ein tumultuarischer Stimmenkampf zwischen jenen, die das Blatt gelesen, und den andern, welche die Fortsetzung der Rede nicht unterbrochen wissen wollten. Der Vorleser war in entschiedener Verlegenheit und wußte sich nicht anders zu helfen als daß er abwechselnd das herabgeworfene Blatt und die Rede emporhielt, um zu sehen, wofür sich die mehreren Stimmen aussprächen. Das war aber unmöglich zu entscheiden, denn für beides erhob sich wildes Geschrei in gleich homerischem Maßstabe. Endlich machte sich die Mehrheit entschieden für Kossuth's Rede geltend, und Putz fuhr, nachdem auch das unwillige Murren der Ueberstimmten sich gelegt hatte, fort wie folgt:

„Ewig möge das Vaterland bestehen und ewig der Glanz jener Dynastie, die wir als unser Herrscherhaus anerkennen. Die Männer der Vergangenheit werden in einigen Tagen in's Grab gehen, aber der hoffnungsvolle Sprosse des Hauses Habsburg Franz Joseph" —

Lange dauernder stürmischer Jubel; die Hüte werden geschwenkt, der höchste Grad von Enthusiasmus erfüllt die ganze Versammlung.

— „der bei seinem ersten Auftreten die Liebe der Nation erwarb, erwartet das Erbe eines glänzenden Thrones, der seine Kraft aus der Freiheit schöpfen wird, der sich aber bei diesem unglücklichen Mechanismus der Wiener Politik in seinem Urglanze schwer erhalten würde."

Die ganze Stelle wird unter jubelnder Begeisterung nochmals gelesen.

„Die Dynastie muß zwischen ihrem eigenen Wohle und der Erhaltung eines entarteten Regierungssystems wählen und dennoch fürchte ich, wenn die loyale Aeußerung der Nation nicht dazwischen tritt, daß die verknöcherte Politik in einer neuen Ausgabe der in Gott · seligen heiligen Allianz auf Rechnung der Dynastie noch einige Tage fortzuvegetiren suchen wird."

Beifall und Wiederholung.

„Sie, die nichts zu vergessen pflegt, vergißt doch das eine gern, daß auch bei der ersten Auflage der heiligen Allianz nur die Begeisterung der Völker es war, welche die Throne rettete, eine Begeisterung, deren Grundlage das Versprechen der Freiheit bildete."

Gewaltiger Jubel unterbricht die Vorlesung. Die Stelle wird zum zweiten, zum drittenmale gelesen und immer noch begehrt man Wiederholung. Dazwischen der vielstimmige Ruf: „Ruhe! Ruhe!" der die Unruhe noch vermehrt. Nach lang anhaltendem Treiben legt sich der laute Sturm und der Vorleser kann fortfahren:

„Für eine Dynastie, die sich auf die Freiheit ihrer Völker stützt, wird immer Begeisterung entstehen; denn vom Herzen treu kann nur ein freier Mensch sein."

Dreimal gelesen und bejauchzt.

„Der gedrückt wird, dienet, wie er eben muß. Für eine Bureaukratenherrschaft kann keine Begeisterung entstehen."

Jetzt ließ sich zum zweitenmale eine Stimme aus den Fenstern im ersten Stock vernehmen, die in beinahe zornigem Tone verlangte: man möge denn doch das von den Ständen erhaltene Blatt lesen. Hierüber brach der frühere Sturm des Stimmenzwiespaltes neuerdings los und schon entschuldigt sich Putz mit Achselzucken gegen das Fenster, aus welchem die Forderung erklungen war, als solche nochmals mit lauter Stimme wiederholt wurde, worauf auch im Hof die für die Bekanntgebung des Zettels stimmende oder richtiger brüllende Partei die Oberhand erhielt. Putz erhob das Papier, beschwichtigte die anders Meinenden, indem er zeigte und sagte, daß es nur wenig enthalte und begann zu lesen. Es war der Entwurf einer an den Kaiser gerichteten Bittschrift des Inhalts: „Se. Majestät wolle geruhen zu

befehlen, daß ein Ausweis über den Bank- und Staatshaushalt vor-
gelegt, deßgleichen anzuordnen, daß ein ständischer Ausschuß aller Provinzen zusammenberufen werde zur Berathung zeitgemäßer Reformen
und Mitwirkung bei der Gesetzgebung." Unglücklicher konnte der Zeitpunkt zu einer solchen Mittheilung nicht gewählt sein. Die innere
Temperatur hatte durch die Vorlesung von Kossuth's entflammender
Rede einen solchen Höhepunkt erreicht, daß Form und Inhalt der
eben verlesenen Petition von der allerunangenehmsten Wirkung sein
mußte. Nach den Himmeln, in die man sich durch den feurigen
Schwung des ungarischen Agitators versetzt fühlte, der trockene Boden
prosaischer Nüchternheit! Und dazu — so mußte es jedem in dieser
exaltirten Stimmung erscheinen — dieses engherzige Maß der Anforderungen! Bankausweis! Berathende Mitwirkung! Das Blatt war
kaum zu Ende gelesen, als ungetheilter Unwille losbrach. Von allen
Seiten erscholl der Ruf: „Das ist nichts! nichts! zerreißen!" Dazu ein
Zischen, Pfeifen, Heulen, als ob die Meute der wilden Jagd losgelassen wäre. Putz stand unschlüssig, was zu thun. Da sah man
einen jungen Mann, den Mediciner Hermann aus Mähren, das Brunnendach hastig erklimmen; oben angelangt, riß er das Blatt Putz aus
der Hand und rief mit lauter Stimme: „Meine Herren, Sie haben
gehört, was man uns vorschlägt, kann uns das genügen?" Nein!
Nein! von allen Seiten. „Ich erkläre hiermit, Angesichts der ganzen
Versammlung, Angesichts des österreichischen Volkes, daß keiner unserer
Wünsche erfüllt sei, und vernichte feierlich den Erlaß!" Mit diesen
Worten zerriß er das Papier in hundert kleine Stücke und warf diese
unter die Menge, daß sie wie plötzliches Schneegestöber hinab flatterten,
unter allgemeinem Jubel von jedem, der ein Theilchen erhaschen konnte,
aufgefangen und als Denkzeichen zu sich gesteckt. Als der Sprecher
in fanatischer Entrüstung vom Brunnen hinabsprang, hob man ihn
auf die Schultern und trug ihn umher. Der Zorn der leicht ent-
flammten Menge lohte nun gegen die Stände: „Sie meinen es auch
nicht gut mit uns!" schrie man. „Hinunter mit ihnen!" Andere ge-
dachten des Sprechers, der soeben die Tribune verlassen und riefen
sich zu: „Hermann müssen wir retten; wenn wir nicht durchdringen,
ist er verloren." Es war ein fürchterlicher Tumult. Putz wollte be-

schwichtigen, allein die Ruhe, die er früher mit einem Wink der Hand zu erreichen im Stande war, schien nicht wiederkehren zu wollen.

5.

Die Stände in ihrem Saale hatten die Verhandlung der Petitionen begonnen, die von verschiedenen Seiten an sie gelangt waren, und setzten sie fort, so gut es bei dem Lärm gehen wollte, der vom Hof her mit gedämpftem Nachhall bis in den Berathungssaal sich hörbar machte. Als es draußen immer ärger zuging, sandten sie hinaus, um die Deputation zu vernehmen, die aus der Mitte der Tumultuanten hatte gewählt werden sollen. Aber das war eben nicht möglich gewesen und Fischhof's Bemühungen befanden sich noch im ersten Stadium, als die Deputation vortreten sollte. Es blieb daher nichts übrig, als eine schnelle Auswahl aus den Personen zu treffen, die sich an den Fenstern und in den Gängen nächst dem Saale befanden, wobei man sich, wie es hieß, bemühte, nach Möglichkeit die verschiedenen Nationalitäten, Stände und Confessionen zu berücksichtigen; und was den letzten Gesichtspunkt betrifft, so muß man gestehen, daß jedenfalls dem mosaischen Glauben in hinreichendem Maße Rechnung getragen wurde.

Was wir hier niederschreiben, ist frei von Nebenrücksicht und Parteilichkeit, es ist einfach dem wahren Stande der Thatsachen entnommen. Aber das Hervortreten des jüdischen Elements vom ersten Beginn der Wiener Revolte ist ein zu bedeutsames Moment, als daß wir es mit Stillschweigen übergehen dürften. Die beiden Männer, die bis dahin im Landhause den Anstoß zu allen wichtigeren Schritten gegeben, waren hebräischen Namens; jener, der Kossuth's Rede auf den Kampfplatz gebracht, desgleichen; den Tiroler Putz führte nur sein wohlklingendes Organ zu dem Geschäft, Herold dessen zu sein, was Goldner eingeleitet; die nachmaligen Redner vor den Ständen, die Hauptpersonen der kommenden Scenen gehörten zum überwiegenden Theile

4*

dem alten Testament an. Und was von Leuten ihrer Nation nicht
wirklich geschehen, das schrieben israelitische Schreier und Schreiber in
den darauf folgenden Tagen Leuten ihrer Nation großsprecherisch zu,
und ganz Wien glaubte es und ganz Wien sang Evoe den übrigge-
bliebenen und Weh den gefallenen Helden des zum zweitenmal
auserwählten Volkes.

Das Ergebniß der im ersten Stockwerk getroffenen Auswahl wurde
der Versammlung im Hofe zugerufen und die Anfrage gestellt, ob
man es zufrieden sei, daß die Deputation bei den Ständen vortrete.
„Ja! ja! bravo!" scholl es zurück und die zwölf wurden eingelassen.
Die andern blieben vor dem Saale und mehrere unter dem Commando Goldmark's hielten den Eingang besetzt, um jeden weitern Zutritt abzusperren.

Jetzt aber war auch Fischhof in Eile mit seiner Auswahl unten
im Hofe zu Stande gekommen und eine zweite Zwölferzahl setzte sich
von dort aus in Bewegung, während die erste sich bereits in der Mitte
der ständischen Versammlung befand. Eine große Masse drängte sich
jener nach, dem Aufgang über die Stiegen zu. „Gleich zu Anfang",
drückt sich ein jugendlicher Berichterstatter naiv aus, „wurden die Glasthüren zertrümmert, um dem moralischen Eindrucke, den unser Auftreten machte, größere Kraft zu verleihen" (!). Man kann sich vorstellen, wie es weiter zuging, die Treppen hinauf bis zur Thüre, die zu
den ständischen Sälen führt. Hier aber wurden die vordersten durch
Goldmark aufgehalten: „er habe sein Ehrenwort gegeben, niemand
einzulassen, da sich die Deputirten des Volks schon im Berathungs-
saale befänden."

Was jetzt folgte, drängte sich in Zeit und Raum schnell auf-
einander. Wenige Minuten gleichzeitig an verschiedenen Punkten
nahm das in Anspruch, was der schwerfällige Griffel nur lose und
nacheinander aufzeichnen kann. Wir müssen in den Hof, dann in den
Ständesaal, in den Vorsaal und wieder auf den Hof blicken, ehe wir
den Faden der folgenden Entwicklung wieder aufnehmen und zu jenem
Momente weiter führen können, der all' die verschiedenen Scenen in
einem Strudel heftiger und gewaltsamer Verwirrung an und durcheinander brachte.

Putz hatte sich die längste Zeit bemüht, Ruhe herzustellen, wiederholt zu lesen angefangen, ehe er es zuwege brachte, vor dem zurückgebliebenen Haufen die Vorlesung fortzusetzen und zu beenden.

„Leben und Blut können die Völker für ein geliebtes Herrscherhaus hingeben, aber für die drückende Politik eines entarteten Regierungs-Systems wird sich nicht ein junger Spatz todt schießen lassen."

Heiterkeit und Beifall, die Stelle wird zweimal gelesen.

„Uebrigens wenn es Einen in Wien giebt, der im Interesse der Gewalt seiner wenigen Tage auf Rechnung der Dynastie mit der Allianz absoluter Weise liebäugelt, so soll er bedenken, daß es Mächte giebt, mit denen es besser ist in Feindschaft denn in Freundschaft zu leben."

Wiederholung; großer Zuruf.

„Ja es ist meine feste Ueberzeugung, daß die Zukunft der Dynastie an das einmüthige und innige Aneinanderschließen aller Völker der Monarchie geknüpft ist; eine solche Vereinigung aber mit Berücksichtigung der verschiedenen Nationalitäten vermag nur das Band einer die Gefühle verschwisternden Constitution zu schaffen."

Anhaltender Beifall.

„Bureaux und Bajonnete sind ein elendes Verbindungsmitttel."

Stürmisches Zujauchzen.

„Ich gehe also in der Motion, welche ich stellen will, vom dynastischen Gesichtspunkte aus und dem Himmel sei Dank, daß dieser Gesichtspunkt mit dem Interesse unseres Vaterlandes im Einklang ist. Wohl liegt die Zukunft in Gottes Hand und ich weiß nicht, was der morgige Tag bringen wird, da die verflossenen zwei Tage Dinge an's Licht gebracht haben, von denen ein Mensch der sanguinischesten Denkungsart nicht träumen konnte. Aber diese Umstände erhöhen die Pflichten dieses Landtages. Wenn wir von diesem Landtage auseinander gehen würden, ohne dem Volke mitzubringen, was es mit so viel Recht von der Gesetzgebung erwartet; wer möchte die Verantwortlichkeit auf sich nehmen und gut stehen, daß die Begeisterung und Opferwilligkeit, womit wir die Wände dieses Hauses erschüttern können, auch im Leben Wiederhall finden wird? Die löbl. Stände werden das Gewicht dieser Umstände fühlen, daher erörtere ich sie nicht weiter, sondern gehe einfach auf die Motion über, welche treue Anhänglichkeit für die Dynastie, die Pflicht gegen Vater-

land und Volk, und das Gefühl meiner Verantwortlichkeit meinen
Lippen eingiebt. Und nur das Eine habe ich noch zu bemerken,
daß in meiner Motion die einzelnen Gravamina, die Frage der
Partes, die Religions-Verhältnisse, insbesondere aber die so wichtige
croatische Angelegenheit deshalb nicht von mir angeführt sind,
weil ich solche Fundamentalwünsche unterbreiten werde, die,
wenn sie in Erfüllung gehen, wie ich mit Recht hoffe, zugleich
die Garantie für die Heilung jener Beschwerdepunkte in sich
enthalten. Mit meiner Motion will ich also auch jene hoch-
wichtigen Fragen, insbesondere aber die croatische Frage, die
auf diesem Landtage nicht ungelöst bleiben darf, auf die Stufe
sicherer Lösung erheben, indem ich unabänderlich entschlossen bin,
daß, wenn die Lösung auf diesem Wege nicht gelänge, ich für
meine dringendste Pflicht halten würde, geschehe es auch mit
schmerzlicher Aufreißung alter Wunden, die croatische Frage
mit aller Sympathie meiner Seele in all' ihren Details aufzunehmen, indem ich glaube, daß auch die löbl. Stände von
gleicher Gesinnung beseelt sind. Und jetzt ohne alle weitere
Motivirung beantrage ich eine Repräsentation an Se. Majestät,
deren Inhalt sein soll: daß die Stände für die gesammte
Monarchie eine den verschiedenen Nationalitäten
angemessene Constitution und für Ungarn ein verantwortliches Ministerium verlangen." —

Die Rede war geendet und der verschiedenartigste Jubel und
Zuruf machte sich Luft. Der Vorleser versuchte, in eigenen Worten
die Versammlung anzusprechen, aber es gelang ihm kaum, sich hörbar
zu machen. Er hob die Vertretung beim deutschen Bunde und die
Vermeidung, Verwerfung jedes fremden Einflusses hervor. Der Ruf:
„Keine Russen!" erfüllte die Luft. Putz ward vom Dache gehoben
und auf den Schultern seiner Umgebung im Triumph umhergetragen.

Im Sitzungssaale der Stände wechselten Rede und Gegenrede.
Die zwölf aus dem Stegreif ernannten Männer des Volkes waren
im Vorsaal von einigen Herren in schwarzer Kleidung empfangen und
mit halb beschwichtigenden halb aufmunternden Worten in den
Ständesaal geführt worden, wo sie die etwas barsch gesprochene Frage
empfing: „Was wollen Sie und was wollen die Leute unten?" Siegfried Kapper, Med. Dr., trat vor und nahm das Wort. Eine stürmisch bewegte Menschenmasse; hub er an, erfülle die Räume in und

vor dem Hause; sie sei zunächst gekommen, den Herren Ständen für ihre in der letzten Zeit bewiesene liberale Gesinnung ihre Huldigung darzubringen; da habe ein Blatt, welches dem Volke als von dieser hochansehnlichen Versammlung kommend vorgelesen worden, den früheren Enthusiasmus in die heftigste Erbitterung umgewandelt; das Blatt sei unter Wüthen zerrissen worden, und so fern alles, was über die Gränzen der Ruhe und Ordnung gehe, den Absichten jedes Einzelnen wie der Gesammtheit liege, so fest sei man doch entschlossen, für Fortschritt und Recht in die Schranken zu treten, bereit, dafür jedes Opfer zu bringen; er müsse daher im Namen des Volkes die Frage stellen, ob jenes Blatt alles enthalte, was die hochansehnlichen Stände zu petitioniren gedenken oder nur einen Theil; sei letzteres der Fall, so werde diese Versicherung genügen, bis zur Mittheilung des übrigen die Ruhe herzustellen und zu erhalten; im ersteren Falle aber stehe es außer ihrer Macht, die einmal aufgeregten Gemüther zu beschwichtigen. „Wir wollen nichts halbes," so schloß er, „ist ein Ruf, der von tausend Lippen erschallt. Die Lichtlawine, die von Westen nach Osten heranrollt, reißt alle Völker fort und kein leeres Wort ist mehr im Stande sie zu hemmen." Graf Montecuccoli antwortete mit der Versicherung, daß von Seiten der Stände dem Volke nichts mitgetheilt worden, das erwähnte Blatt daher ein zufällig oder böswillig untergeschobenes sei; er forderte die Eingelassenen auf, diese Versicherung zur Herstellung der Ruhe zu benützen und die Volksmasse zu bewegen, daß sie sich zertheile und friedlich auseinander gehe; die Wünsche des Volks seien den Ständen wohl bekannt, seit Jahren sei man damit beschäftigt, ihnen Geltung zu verschaffen, eben heute habe man sich versammelt, die zeitgemäßen Forderungen zu berathen und in gebührender Fassung vor den Thron zu bringen; aber diese tobende Bewegung, dieses unablässige Schreien und Lärmen in der unmittelbaren Nähe des Berathungssaales sei nur geeignet, den Gang der Verhandlung zu hemmen; man möge den Ständen Ruhe gönnen, jeden Augenblick kämen neue Petitionen an, die zu erwägen seien, und wenn das Volk die Stände störe, so störe es nur den gesetzlichen Fortgang seiner eigenen Sache. Bei diesen Worten erhob sich aus der Mitte der Zwölfer eine Stimme, deren Besitzer uns unbekannt: „Wir wollen jetzt Thaten, nicht Worte!" Eine lebhafte und laute Bewegung folgte dieser groben Unterbrechung, bis sich durch das allseitige Durcheinandersprechen die Stimme des Grafen Ferdinand von Colloredo Wahn brach, der, an die Rede des Präsidenten anknüpfend, die Erklärung gab, daß man die Sache des Volkes gewissenhaft und nach Kräften verfechten wolle, daß man aber auch wissen werde, sich die nöthige Ruhe zur Erfüllung seiner Pflichten zu verschaffen, wenn solche nicht aus freien Stücken gegönnt werde. Statt es mit dieser geziemenden Zurechtweisung zum Schluß kommen zu lassen und ganz im Widerspruche mit der früheren Behauptung, die Wünsche des Volkes seien den Ständen ohnedieß bekannt, warf jetzt Montecuccoli die Bemerkung dazwischen: es sei zwar die Ursache des gegenwärtigen Tobens erklärt, aber von niemand angegeben worden, worin denn eigentlich die Wünsche bestehen, welche das bewegte Volk zu solch aufgeregter Versammlung gebracht haben. Darüber nahm ein anderes Deputationsglied, Med. Dr. Brühl, Anlaß, vorzutreten und den Inhalt dieser Wünsche auseinanderzusetzen: „Für's erste verlange man Rede- und Preßfreiheit, denn das Volk sei weit genug fortgeschritten, um von den wohlthätigen Seiten des befreiten Staates die mißlichen Seiten desselben zu scheiden; nicht zur Schmähung, nicht zum Schimpfe solle diese Freiheit dienen, sondern zur Offenbarung gerechter Wünsche, gerechten Tadels, zur freien ungebundenen Entwicklung des Geistes. Das zweite, was man fordere, sei Lehr- und Lernfreiheit; das Maß des zu Erlernenden werde niemandem zugemessen, die Weise, wie, wo und wann er es sich aneignen wolle, nicht beschränkt; jeder möge nach Maßgabe seiner Fähigkeiten diese ungehindert entwickeln und verwenden können. Ein dritter allgemeiner Wunsch sei Vertretung bei dem deutschen Bunde; Deutschlands Einheit sei die mächtigste Schutzwehr, die das bis jetzt zerstückelte deutsche Volk dem drohenden Feinde entgegenstellen könne". Der Redner wollte in dieser Weise fortfahren, doch ein immer unbändiger und lärmender sich gestaltender Tumult vor dem Saal und im Hof verhinderte das weitere Sprechen und Hören, und Brühl vermochte nur die kurzen Schlagworte „constitutionelle Verfassung", „Gleichstellung der Confessionen", „Oeffentlichkeit und Mündlichkeit" auszustoßen mitten in der

geräuschvollen Verwirrung, in der man jetzt den unbekannten Vorgängen draußen unruhige Aufmerksamkeit zuwandte.

An der Thüre des Vorsaales hatte der dort aufgestellte freiwillige Wachposten alle Mühen erschöpft, um das Eindringen der sich
herauf und heran wälzenden Masse abzuhalten. Die Vordersten schienen wohl geneigt, gütlicher Ueberredung Gehör und Folge zu geben,
aber nicht so der gewaltsam nach vorwärts drückende Haufe hinter
ihnen, der von der Unterredung nichts vernahm und nur das eine
Ziel, die Pforte des Ständesaals im Sinn und vor den Augen hatte.
Der Andrang, das Gewirre, der Lärm wurde immer heftiger; spre-
chend, widersprechend, vordringend, abwehrend wurden zuletzt die
Wächter an der Thüre beiseite geschoben und der Schwall ergoß sich
in den frei gewordenen Raum. Einige Glieder der ständischen Versammlung waren über diesen stürmischen Zwischenfall herausgeeilt.
Fürst Trautmannsdorf versuchte Vorstellungen und Bitten, ein anderer Cavalier streckte seine Hand aus: „Ich bin der Graf Breuner,"
rief er; „Ihre Deputation ist vorgelassen und wird Ihre Interessen
vertreten, ich bitte um Ruhe und Mäßigung." Doch damit wollten
sich die Glieder der zweiten Deputation und der Schwarm, der ihnen
das Geleite gab, nicht befriedigen lassen. Man ergriff seine Hände,
die er leutselig herumreichte, und er mußte versprechen, auch der zweiten Deputation Einlaß zu verschaffen, dafern man sich nur wenige
Augenblicke gedulden wollte. Inzwischen ging es auch auf dem Hof mit steigender Heftigkeit
zu. Mehrere Sprecher erklommen die von Putz verlassene Tribune.
Einer erklärte, er wolle die Wünsche des Volkes vortragen. Dieser
Ausdruck war genug, ihn gleich wieder herunter zu pfeifen: „Nichts
Wünsche, nichts Bitten", brüllte es aus hundert Kehlen, „wir fordern, wir haben das Recht dazu." Der dünne Dichterjüngling L.
Eckart will sich hören lassen und beginnt mit schwachem Organ: „Ich
will beweisen, daß unser Unternehmen kein revolutionäres ist." Das
wissen wir schon! hallt es von denen, die seine Worte vernommen,
zurück, und er überläßt, durch die Unterbrechung aus seiner Rolle gefallen, seinen Standpunkt einem andern. Der Jurist Johann Ebler

von Böhm erkletterte den Brunnen, eine trotzige Gestalt mit dunklem Gesicht und blitzenden Augen. Er rief: „Abdankung des allgemein verhaßten Ministers!" Ein nie gehörter Sturm von Zuruf und Beifall erschüttert die Luft bei dieser zum erstenmale laut und nackt hingestellten Forderung. Den Namen! den Namen! erscholl es von allen Seiten. „Metternich!" Nieder mit Metternich! nieder mit ihm! „Vertreibung der Jesuiten, denn sie sind die Werkzeuge, womit man das Volk verdummen will." Fort mit den Jesuiten! fort mit ihnen! „Augenblickliches Unterwaffentreten der Bürgergarde!" Allgemeines Bravo. Da trat Hermann auf den Balcon im ersten Stockwerk heraus, der halbkreisförmig über dem Brunnen vorspringt: „Ich will mich kurz fassen, denn was braucht es vieler Worte, wir wollen eine Constitution, und somit lebe hoch unser constitutioneller Kaiser!" Unter schallendem Zuruf trat er in die Glasthüre zurück.

Aber nicht blos vom Brunnen und Balcon herab wurden Standreden gehalten. Allerorts, wo sich Raum und Gehör gewinnen ließ, auf der Stiege, unter dem Eingang, auf der Straße tauchten Sprecher auf und ließen über den sie umgebenden Zuhörerkreis ihre Worte hintönen. Eine dieser Reden ist nachher besonders im Druck erschienen, offenbar gleich der etwas berühmteren Ciceronianischen pro Milone erst nach der Hand in bessere Form gebracht. Sie gehörte einem böhmischen Studenten, Wojtěch Fingerhut an und kennzeichnete diesen Ursprung durch den, den Gedanken nationaler Gleichberechtigung ausführenden Schluß:

Ein Wunsch ist von den bisherigen Rednern nicht angeführt worden. Der Deutsche spricht von einem einigen Deutschland, der Italiener spricht von einem einigen Italien, der Slave spricht von einem einigen Slavien. Ich aber rufe: Hoch ein einiges Oesterreich! Die Sonne der Eintracht möge alle Nationen des Kaiserreiches zu Gefühlen wechselseitiger Achtung und Bruderliebe erwärmen. Und, was das gefürchtete Reich im Osten betrifft — es sei groß und glücklich, außer im Kampfe gegen uns, den wir nicht muthwillig beginnen werden, zu dem wir aber fest entschlossen sind, so es gilt unser Vaterland zu vertheidigen. Noch einmal rufe ich: Eintracht und lebhaftes Gemeingefühl unter den Nationen Oesterreichs! Eine für alle, alle für eine! Hoch der ernsten Eintracht unter den österreichischen Völkern zu allen guten und hohen Werken! Sie gedeihe und wachse!"

6

Die Sitzung im Ständesaal war in anarchische Verwirrung
gerathen, Brühl's letzte Worte hatte die allgemein unruhige Bewegung
verschlungen, Colloredo verließ seinen Sitz, um sich auf den Schauplatz des draußigen Gedränges zu begeben, die meisten folgten ihm
nach. Ein Laden wurde aus einem Fenster auf die Brüstung des
Balcons gelegt und die imposante ehrwürdige Gestalt des greisen
Grafen trat, jede Hilfe verschmähend, mit festem Schritte auf dem
schwankenden Brett an den Balcon vor, während auf diesem ihm
zur Seite die kecke Figur eines Burschen in sammtnen Wams und
mit deutscher Burschenkappe Stand faßte. Der Graf gab in ernstem
Ton beschwichtigende Worte, bat sich zu gedulden, versicherte, die Stände
würden nicht säumen, die allgemeinen Wünsche vor den allerhöchsten
Thron zu bringen. Doch die Aufregung war schon zu übermüthig
geworden, um sich durch Worte des Friedens begütigen zu lassen. Die
Ungeduld, der Ungestüm, das lärmende Gewühl war nicht zu bändigen.
„Heute noch! heute noch!" unterbrach vielstimmiger Ruf die Ansprache.
„Wir bleiben bis man uns willfahrt." Colloredo bemerkte, daß ja
die Stände nichts zu beschließen und zu gewähren hätten, alles, was
sie zu thun im Stande, sei zu berathen und Bitten auszusprechen;
diese aber zu unterstützen vermöge am kräftigsten die allgemeine ruhige
überlegte Haltung. „Wir waren lang genug ruhig," tönte es wieder
hinauf; „wir haben genug überlegt; zum Kaiser! heute noch!" Es
war nichts auszurichten, Colloredo brach ab, ohne seine Rede zu einem
passenden Schluß gebracht zu haben, zog sich in das Fenster zurück,
und begab sich gefolgt von den Gliedern der Stände und der Deputation, die mit ihm herausgekommen, wieder in den Berathungssaal.

. Dort war mittlerweile von einigen Herren der Entwurf einer
Eingabe abgefaßt worden, welche die Volkswünsche in umfassender
Weise ausdrücken sollte, und es begaben sich alsbald zwei hinaus,

um solchen der Menge im Hofe, wo die aufgestachelte Unruhe fort-
dauerte, vorzulesen. Aber das war nur ein Zündstoff mehr. Man
nahm Anstoß an der zahmen Form, man vermißte im Inhalt vieles
von dem, was kurz zuvor wiederholt ausgesprochen, bejauchzt und
beklatscht worden war. Preßfreiheit! Constitution! keine Russen! kreischte,
brüllte es wild und wirr durcheinander. Auf der Straße, an eine
der Säulen des Gebäudes gelehnt, machte sich eine Gruppe von
Männern bemerkbar, von welcher der unausgesetzte Ruf: Nieder mit
Metternich! ausging. An ihrer Aussprache will man sie als Italiener
und Polen erkannt haben.

In diesem Augenblick fuhr eine Hand die Scheiben zertrümmernd
durch ein Hoffenster des ersten Stockes und der Ruf: „Wir sind eingesperrt,
zu Hilfe!" wurde gehört. Doch nur von wenigen. Die große Mehrzahl nahm blos die Folgen wahr, ohne sich erklären zu können, was
geschehen sein mochte. Dumpfe Schläge, helles Klirren, wüstes Getöse tönte in den Hof hinab. Ein Augenblick des Entsetzens und
gränzenloser Verwirrung folgte. Einige täuschte ihr Gehör und ihre
Phantasie, sie riefen „Kanonen! das Militär umzingelt uns!" und
drängten gegen den Ausgang der Straße zu. Andere drückten in
entgegengesetzter Richtung nach dem Aufgang zu den Stiegen; „man
höhnt das Volk! Nieder mit den Ständen! Nieder mit der Regierung!" war ihr wildes Losungswort. Noch andere, durch das allgemeine Gewoge an die entgegengesetzte Mauer gedrückt, blickten
und wiesen mit dem Ausdruck zweifelvollen Schreckens auf das zer-
trümmerte Fenster des ersten Stockes. Da fliegt ein zerbrochener
Stuhl herab, ein zweiter folgt nach, alle Fensterscheiben fallen klirrend
in Stücke, ein Zertrümmern von Meubeln, Zerschlagen von Holz
donnert durch den im Gevierte geschlossenen Hof. Ein großer Theil
der Menge war inzwischen die Stiegen hinauf, den empörten Haufen
verstärkend und vermehrend, in den rothen Saal gedrungen, wo binnen
wenigen Augenblicken das Werk der Zerstörung vollendet war. In
laute Verwünschungen ausbrechend, lärmend, tobend, wüthend raste
die erbitterte Menge umher, Uhren, Spiegel gingen in Stücke, der
Luster herabgeschlagen, Stühle, Bänke, Einrichtungsstücke in Trümmer
gehauen; ja einige der Sinnlosesten schickten sich an Feuer zu legen,

als noch zur rechten Zeit der Ruf erscholl: „Zurück, zurück, unsere
Gefangenen sind frei!" Unten im Hof herrschte Verwirrung, drängendes
Durcheinander, jagender Schrecken fort. Bewaffnete Macht, hieß es,
sei oben eingeschritten und wüthe gegen die Hinaufgedrungenen. „Hinaus!
rettet Euch! wir sind verloren!" war das Losungswort, das sich von
hier durch den Eingang auf die Straße wälzte und dort kein geringeres Getümmel erregte, bis vom Balcon herab das Wort der
Beruhigung herabgerufen und zugleich auf einen Aufzug gedeutet wurde,
der sich die Stiegen herab bewegte und bald den Hof hindurch auf
die Gasse schritt. Es waren die Stände!

Denn als zu diesen, die kaum mit Colloredo in ihren Berathungssaal zurückgekehrt waren, das furchtbare Gewirr von außen her drang,
als es näher und näher heranbrach, das Klirren der Fenster, das Krachen
des Holzes, die Wuth des Geschreies, als es endlich unmittelbar im
Vorsaale seinen Gipfelpunkt erreichte, da ergriff Angst und Rath-
losigkeit die Versammlung. Mit dem Ruf der Resignation: „Zu
spät, zu spät!" ward die Berathung abgebrochen, alles griff nach Hut
und Stock und drängte sich davon zu machen. Der Präsident und
einige behielten Geistesgegenwart genug, der verwirrten Flucht Einhalt
zu thun. Man raffte den ganzen Pack der da liegenden Adressen
und Eingaben zusammen und der Vorschlag wurde gemacht, daß eine
Anzahl Ständeglieder sich sogleich zu Sr. Majestät begebe und die
allgemeinen Bitten ohne weiteres vor die Stufen des allerhöchsten
Thrones trage. Und so stellte sich, da inzwischen der gähe Schreck
drinnen und draußen sich etwas gelegt hatte, eine Anzahl Ständeglieder in Ordnung, und schritt über den Schauplatz der kurz dau-
ernden aber ausgiebigen Zerstörung hinweg in den Hof hinab. „Platz
den Ständen!" scholl es, eine Gasse bildete sich vor ihnen her, Freude
und Hoffnung waren mit einemmal an die Stelle der früheren Angst
und Erbitterung getreten, unter lautem Grüßen, Hutschwenken und
Tücherwehen zogen die Stände, vier und vier mit verschlungenen
Händen und von einer Masse nachdrängenden Volkes begleitet durch
die Herrengasse der Burg zu. Die Grenadiere öffneten ihre Reihen,
die Stände einzulassen, schlossen dieselben aber unmittelbar hinter
ihnen ab, mit vorgehaltenen Bajonneten den Eingang jenen wehrend,

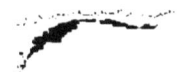

die den Ständen nachgefolgt waren und mit ihnen in die Burg bringen wollten. —

Ueber die Veranlassung jenes ersten Ausbruches roher Gewaltthätigkeit liefen, wie erklärlich, unmittelbar darnach die sonderbarsten Gerüchte umher. Die Stände, hieß es, hätten die Deputation schnöde zurückgewiesen, die Petition in Stücke gerissen und den Studenten vor die Füße geworfen, einen der Ueberreicher in Gewahrsam bringen wollen. Wie sich die Sache eigentlich verhalten habe, wird sich bei der Verwirrung, inmitten welcher sie ihren Ursprung nahm, kaum mehr grundhältig aufklären lassen; daß sie sich so, wie das erwähnte Gerede meinte, n i c h t verhalten hat, nicht verhalten haben konnte, bedarf der Nachweisung nicht. Eine Petition, die hätte zerrissen werden können, existirte nicht, und Unsinn war es, der Vermuthung Raum zu geben, die Stände hätten jemanden einsperren wollen. Ein Mißverständniß lag jedenfalls zu Grund und die annehmbarste Erklärung bleibt, daß man, um den maßlosen Andrang abzuhalten, eine Thüre abgeschlossen hatte, daß ein Theil der in diesem Gelasse verbliebenen Personen den Ausgang versperrt fand und sich daher gefangen glaubte.

7.

Die erste Nachmittagsstunde war herangerückt. Nicht der Hof im und die Straße vor dem Ständehause allein waren mehr Schauplätze bewegten und aufgeregten Treibens. Die Herrengasse gegen den Kohlmarkt hinab, das Strauchgäßchen, Hof und Freiung, die Landhausgasse, der Minoriten- und Ballplatz, die Umgebung der Burg waren fast gleichmäßig angefüllt von einer unablässig durcheinander fluthenden Menge, deren Einzelnziffern theils dem theilnehmend gespannten, theils dem neugierig schaulustigen Elemente angehörten. Hier und da tauchten Stegreifredner aus dem wogenden Spiegel empor und wählten die Einfassung eines Brunnens, einen Eckstein, Haufen von Gebälke oder Ziegeln, oder wo nichts dergleichen zur Hand war, die Schultern bereitwilliger Nebenmänner zum Standpunkt, um von da herab in geflügelten Worten ihrer eigenen Aufregung Luft zu machen und der allgemeinen frischen Zündstoff zuzuführen. Preßfreiheit, Oeffentlichkeit, Constitution bildeten die Schlagworte, durchflochten von schillernden Redensarten über Knechtschaft und Entfesselung, Niederdrückung und Erhebung, Verfinsterung und Aufklärung u. dgl. „Wir haben uns ruhig gehalten im dreißiger Jahre, als unsere Brüder in allen Ländern Forderungen stellten. Achtzehn Jahre haben wir seitdem gewartet. Jetzt soll man uns nicht länger hinhalten, jetzt müssen wir darauf bestehen, das zu erreichen, was unsere deutschen Brüder ringsum längst besitzen oder eben erlangt haben." Dazwischen Worte der Ergebenheit, der Treue und Liebe für die Person des Monarchen, von dessen Herzensgüte man das Beste zu erwarten habe, wenn solche nicht durch falsche Rathgeber mißleitet würde. „Der Kaiser ist gut, aber die ihn umgeben, berichten ihm falsch." Pereant! hallte es dann aus dem Haufen, nieder mit Metternich! nieder mit Sedlnitzky! und wohl noch ärgere Rufe. Darauf wieder der Sprecher: „Nicht so meine Freunde! Wir wollen ihnen keine Gewalt anthun. Sie sind moralische Cadaver und was noch von physischem Leben in ihnen, ist ohnedies kurz zugemessen. Das reicht eben aus, um sie unsern Fluch noch hören zu lassen. Aber fort sollen sie. Denn sie sind die Rebellen, sie haben uns verrathen. Darum fort mit ihnen, fort mit Metternich, fort mit Sedlnitzky!" Auch des kaiserlichen Prinzen, der allgemein für die Stütze des alterschwachen Systemes galt, wurde unter der Menge und in den Standreden gedacht, von jener offen und laut, in dieser verblümt dessen Abdankung begehrt. Lärmender Beifall lohnte überall die Sprecher und im Triumphe wurde mancher hinweggetragen, auf daß er an andern Orten wiederhole, was er an dem einen geoffenbart.

Einer dieser Züge nahm seinen Weg auf den Ballplatz. Ein Student, auf die Schultern seiner Collegen gehoben, an der Spitze, ein dicht gedrängter Schwarm um ihn, vor und hinter ihm, wurde vor dem Gebäude der Staatskanzlei halt gemacht. Nach einer Mahnung zur Ruhe richtete der junge Mann seine Worte an die Menge, auf deren Köpfe er hinabschaute. „Meine Herren, ich nehme eine große

Verantwortung auf mich, indem ich zu Ihnen spreche. Ich bin noch ein junger Mensch, ich bin ein Pole", — Bravo! Vivat! — „aber ich umfasse Sie alle mit gleicher Liebe, weß Stammes Sie sind, wir sind alle Brüder!" — Bravo! — „Wir sind alle gleich!" — Bravo! — „Aber ich bitte Sie, nur Ruhe, nur Mäßigung, wir werden alles erhalten!" — Wir müssen! wir müssen! — „Unser Kaiser ist ein gütiger gnädiger Herr, er wird uns alles gewähren, um was wir ihn bitten." — Bravo! — „Wir wollen ja nur das, was andere Staaten lange vor uns erhalten haben." — Bravo! — „Unser gütiger Monarch hätte uns auch schon längst alles gewährt, aber", auf das Palais hindeutend, „er ist von falschen Rathgebern umgeben". — Bravo! bravo! stürmisches Beifallklatschen — „Doch wir wollen der Natur nicht vorgreifen, die Natur droht allem Bestehenden den Tod." — Allgemeine Heiterkeit — „Diese Rathgeber werden von selbst gehen!" — Bravo! bravo! — „Meine Herren, es wird die Zeit kommen, wo das Wort des großen Philosophen Aristoteles wahr wird: Gedankenfreiheit, Glaubensfreiheit führt allein zur wahren Seelenfreiheit!" — Bravo! sehr schön! — „Wir, die Jünger der Wissenschaft, haben diese Bewegung begonnen, wir wollen, daß die rechte Lebensphilosophie unter das Volk dringe". — Bravo! — „Aber vor allem bitte ich Sie nochmals um Mäßigung und Ordnung". — Bravo! — Der Redner hatte sich heiser gesprochen, er begehrte ein Glas Wasser, das ihm aus einem der nächsten Häuser gereicht wurde. Eine Stimme aus der Menge rief: „Meine Herren, der Herr, der hier zu uns gesprochen, heißt Burian." Burian hoch! Vivat!

Noch während in solcher Weise gesprochen ward und Burian's Worte von der Menge beklatscht wurden, hatten sich aus der Burg auf den Ballplatz heraus Abtheilungen Militärs entwickelt, denen der aufgeregte Haufe, nachdem der Redner seine Mission beendet, mehr und mehr in der Richtung nach dem Landhause das Feld räumte, während die Truppen das Gebäude der Staatskanzlei von allen Seiten umstellten.

Aehnliches geschah gleichzeitig auf andern Punkten der innern Stadt. Die Besatzung der Stadtthore wurde bedeutend verstärkt, die Hauptflügel wurden geschlossen, blos die Seitenpforten für Fußgänger offen gelassen; wo keine solchen bestanden, wie beim Burgthor, thaten sich die gewaltigen Flügel weilenweise auf und ließen die angesammelte, hinaus begehrende Menge aus der Stadt. Hinein durfte niemand, und da allmälig Wagen und Kutschen vor den geschlossenen Thoren hielten, so häuften sich bald große Massen von Fuhrwerk und Leuten aller Art in lebendigem Gewirre an. Auch der Aufgang zu den Basteien war theilweise abgesperrt, so beim Rothenthurmthor. Der innere Burgplatz wurde durch aufmarschirende Truppen gesäubert, alle Zugänge stark besetzt, der Eingang verwehrt, der Durchgang abgeschnitten. Auf allen Plätzen in den angränzenden Stadttheilen schoben sich immer bedeutendere Abtheilungen aller Waffengattungen in die durcheinanderwogende Menge hinein und preßten dadurch diese auf einen beengteren Spielraum zusammen. Vermehrtes Gedränge, Stoßen und Schreien, lärmende Ausrufe, Pfeifen und Zischen als Begrüßung der anrückenden und eine Aufstellung suchenden Truppen. So auf dem Michaelerplatz vor dem Haupteingang in die Burg, auf dem Minoritenplatz, auf der Freiung, am Hof, auf dem hohen Markt. Die Hauptwachen wurden von Artillerie mit brennenden Lunten bezogen; Kanonen fuhren auf dem Michaelerplatz vor der Burg auf, von den Basteien herab gähnten ihre Mündungen, die brennende Lunte an der Seite, in das Gewühl der Straßen herab. Die ganze Linie, welche vom Kärnthner- zum Rothenthurmthor die Breite der Stadt durchschneidet, ward militärisch besetzt; am Eingang zum Mehlmarkt und in der Singerstraße standen Abtheilungen von Pionieren und Kanonieren, auf dem Stefansplatz an der Seite des Zwettel- und Domherrnhofes Artillerie mit vier Kanonen, gedeckt durch Dragoner und Husaren, in der Wollzeile Jäger, in der Bischofs- und Wasserthurmstraße Grenadiere.

Die Physiognomie der Stadt nahm einen drohenden Charakter an. Unheimliche Schwüle lagerte ob den Gemüthern. Kaufläden und Gewölbe schlossen sich in ängstlicher Eile, Hausthore wurden zugeworfen und versperrt, Fiacres verließen in jagender Hast ihren Standort. In den vom Schauplatz der Bewegung entlegeneren Stadttheilen herrschte furchtsame Stille; die Mienen der hin- und hergehenden Leute verriethen Unruhe und Bangigkeit; hin und wieder entstand ein blinder Lärm, man floh bestürzt durcheinander, sammelte sich wieder und kehrte zurück, nachdem man die Grundlosigkeit des eingejagten Schreckens

5

inne geworden. Desto lauter und ungestümer ging es in den Straßen und auf den Plätzen her, die von Truppen besetzt worden. Der Anblick allein dieser militärischen Maßnahmen, ungewohnt dem Wiener, der bisher derlei Dinge nur aus Zeitungen und fremden Ländern kannte, war geeignet, die ungestümsten Gefühle aufzuregen. Zudem hatte unter die Massen, welche die Straßen füllten und anfangs in überwiegender Mehrzahl aus Personen der bessern Classen bestanden, im Verlauf der Stunden der berüchtigte „blaue Montag" immer mehr Arbeiter und Leute der untern Bevölkerung gemischt. Unarticulirte Laute aller Art tönten im grausen Chor durcheinander, wo Truppen aufmarschirt, Kanonen aufgefahren kamen, und mögen als die noch unbewußten und ungeübten Vorläufer jenes großartigen Institutes bezeichnet werden, das in spätern Tagen unter dem Namen „Katzenmusik" eine so hervorragende Rolle spielen sollte. Die Vordersten im Haufen stellten sich spöttelnd, witzelnd, hohnlachend den aufgestellten Truppen gegenüber, während andere, besonnener und berechnender, sich an die Soldaten hindrängten, mit Mitteln der Ueberredung auf sie zu wirken suchten, sie aufforderten, auf das Volk, auf „ihre Brüder" nicht zu schießen. Und schon machten sich im dichten Gewühle einzelne heftigere Charaktere bemerkbar und Reden fielen von Volksbewaffnung, von Barrikaden, von gewaltsamem Anfall des Militärs.

Den Brennpunkt der Aufregung und des Gedränges bildete noch immer das Landhaus. Der Abzug der ständischen Deputation und der zahlreichen Masse, die sich ihr nachgedrängt, hatte für den Augenblick die Menge in der Herrengasse etwas gelichtet. Eine starke Abtheilung Militär debouchirte aus der Landhausgasse und rückte langsam die Herrengasse hinab bis an den Michaelerplatz, wo die Kopf an Kopf gedrängte Masse jedes weitere Vordringen unmöglich machte. Diese Bewegung war hinreichend, um die Gemüther der Leute, die heute schon so viel schöne und heldenmüthige Redensarten vernommen hatten, aufs höchste zu erbittern, und es kam wieder ein Moment gewaltiger Gährung.

Im ständischen Saal waren die nicht in die Burg abgegangenen Glieder zurückgeblieben. Im Vorsaal, in den Gängen, auf den Stiegen, im Hof, unter der Einfahrt harrte auf die Rückkunft der Depu-

tation eine unstät durcheinander wogende, hier und dort auf die erhitzten Worte eines Stegreifrednerś hinhorchende Menge. Der Zustand
der Erwartung ist für den Einzelnen kein beruhigender, geschweige denn
für ein vielköpfiges, aus den verschiedensten Elementen zusammengesetztes Gewühl. Es schien nöthig, auf ein Mittel zu denken, um die
ungeduldige, weilenweise heftig aufbrausende, durch den Anblick des
Militärs neuerdings aufgestachelte Spannung etwas in Zaum zu halten.
Im rothen Saal bildete sich, umgeben von den stummen Zeugen der
Verwüstung, eingeschlagenen Fenstern, zerbrochenen Spiegeln, zertrümmerten Meubeln und Geräthschaften ein vom Augenblick geschaffener
Ausschuß, an dessen Spitze der Jurist Stöber, zu dessen Schriftführer
der Mediciner Schlesinger gewählt wurde. Dieser Ausschuß sandte
Redner aus, um vom Balcon herab auf die Masse einzuwirken, die
Wichtigkeit des Augenblicks, den Umfang dessen, um was es sich
handle, auseinander zu setzen, aber auch ruhiges Abwarten dringend zu
empfehlen. Das ging so eine Weile fort. Man hörte die Redner an,
rief ihnen Beifall zu, versprach, was sie verlangten. Aber das Warten
währte immer länger, Ungeduld und Aufregung gewannen wieder
Oberhand. „Man höhnt uns!" hieß es. „Man täuscht uns! Unsere
Brüder in der Burg sind vielleicht gefangen, während wir hier unthätig auf ihre Rückkunft harren!" Vermehrter Lärm, tobende Unordnung. Da trat Schlesinger auf den Balcon heraus und verlas
folgende von dem Ausschuß in Eile abgefaßte Adresse an den Magistrat:

„Ein Ausschuß von Studierenden und Bürgern, welcher
sich im Momente der Gefahr im Gebäude der nied. österr. Landstände gebildet hat, bittet den löbl. Magistrat um augenblickliche
Mobilmachung eines Theiles der Bürgerschaft zur Verhinderung
militärischen Einschreitens, das die Aufregung des Volkes so
steigern würde, daß man ihrer kaum mehr Meister werden
dürfte".

Allgemeiner Beifall folgte der Vorlesung. Drei Abgesandte
flogen damit zur Wohnung des Bürgermeisters. Ein Bedienter wollte
den Eintritt unter dem Vorwand verweigern: der Herr Bürgermeister
sei nicht zu Hause. Aber einige dabei Stehende versicherten: „Er ist
zu Hause, wir haben ihn so eben am Fenster gesehen!" und die Ab-

5*

gesandten traten in's Haus und drangen, ohne sich weiter aufhalten zu lassen, bis in das Zimmer des Bürgermeisters, der ihnen mit den Worten: „Was wünschen Sie meine Herren?" entgegen schritt. Man überreichte die Adresse. Sie war eben nicht ausgestattet wie sonst Adressen zu sein pflegen; sie war auf einem abgerissenen halben Bogen in flüchtiger Eile geschrieben und wies gleich einer alten Fahne die Spuren vielfachen Ungemachs auf, zerknittert, schmutzig, befleckt. Der Bürgermeister überflog die Zeilen: „Wer bildet denn diesen Ausschuß?" Die ruhige Haltung und höfliche Weise, mit welcher diese Worte gesprochen wurden, bildeten einen schneidenden Gegensatz zu der aufgeregten Hitze von der andern Seite, von welcher die rasche Antwort erfolgte: „„Männer, die nicht still auf dem Canapee sitzen und aus dem Fenster schauen, Männer aus dem Volke, die das schrecklichste von ihren Brüdern abwenden wollen, die Sie darum als ersten der Bürgerschaft beschwören, augenblicklich bewaffnete Bürger zusammen zu rufen, wenn Ihnen Ihre Pflicht, wenn Ihnen das Schicksal dieser Stadt am Herzen liegt!"" „Wie viel verlangen Sie?" „„So viel Sie aufbringen können."" „Und wie lange geben Sie mir Zeit?" „„Nicht einen Augenblick länger als unumgänglich nöthig."" „In einer Stunde, meine Herren, hoffe ich hundert Bürger beisammen zu haben; das ist alles, was ich versprechen kann."

8.

Im Innern der kaiserlichen Burg wurde, während der Strom der Ereignisse auf der Straße alles fort riß, mit unfruchtbarer Mühe nach dem bannenden Worte gesucht, das ihn zum Stillstand bringen sollte.

Kurz bevor die Deputation aus dem Ständehause durch die Reihen der Soldaten Einlaß gefunden, waren die ständigen Mitglieder der Staatsconferenz und einige des Staatsrathes zusammenberufen worden. Sie beriethen die Schritte so unter diesen außerordentlichen Umständen zu unternehmen wären, als die Mitglieder der Stände eintraten und nach kurzer Einleitung den Inhalt jener Volkswünsche vortrugen, die ihnen durch mehrfache Petitionen und durch die Redner des heutigen Tages bekannt geworden waren. Die Berathung schwankte lange hierhin und dorthin. Es schien gefahrvoll, in der unerwarteten Sachlage einen entscheidenden Entschluß des Widerstandes festzuhalten; es schien nicht minder gewagt, mitten aus dem langgewohnten System der Verweigerung heraus, einen entscheidenden Entschluß der Gewährung zu fassen. Aber draußen auf der Straße rollte die in Bewegung gerathene Lawine immer stürmischer abwärts, und jede Viertelstunde brachte neue und bedenklichere Nachrichten. Ein Ausweg mußte ergriffen werden. Die Stimmen jener, die für Vermittlung waren, errangen die Oberhand und man vereinigte sich zuletzt dahin, Sr. Majestät vorzuschlagen, „daß dasjenige, was den gegenwärtigen Zeitverhältnissen entspricht, durch ein eigenes hiezu aufgestelltes Comité sogleich geprüft und der allerhöchsten Entscheidung unterzogen werde, worüber Allerhöchstdieselben das zum allgemeinen Wohl der Gesammtheit Ihrer geliebten Unterthanen dienliche mit Beschleunigung entschließen werden." Es kostete keine Mühe, die Genehmigung des gütigen und durch den Ernst der Ereignisse in tiefster Seele ergriffenen Monarchen zu erwirken. Die kaiserliche Zusicherung wurde den ständischen Mitgliedern sogleich mündlich eröffnet, der Präsident der niederösterreichischen Regierung vorgerufen und beauftragt, die unverzügliche Drucklegung eines öffentlichen Anschlages solchen Inhaltes zu veranstalten, gleichzeitig auch dafür zu sorgen, daß Civilbeamte im Amtskleid die Volksmassen zum Auseinandergehen auffordern, was dreimal zu geschehen und erst, falls dieß ohne Erfolg bliebe, die militärische Gewalt einzuschreiten habe.

Doch dieser letzteren Maßregel, ehe nur der Versuch zur Ausführung gemacht werden konnte, eilte der Sturm gewaltthätiger Entwicklung voraus. Die Dinge in und vor dem Landhause hatten sich zum schlimmsten gestaltet; eine ernste Katastrophe mußte jeden Augenblick befürchtet werden. Einer Abtheilung Grenadiere war die Aufgabe geworden, die Umgebung des Landhauses frei zu halten. Das war eine an das Gebiet der Unmöglichkeit streifende Sache. Das Gedränge hatte wieder den höchsten Grad erreicht. Der Einzelne konnte weder stehen noch gehen, er wurde gedrängt, gerissen, geschoben, getragen. Der Tumult war fürchterlich. Pfeifen, Zischen, Heulen, das Krachen zerbrochenen Holzwerkes, das Geschrei der vorwärts Drängenden, das Geschrei der Gedrückten; dazwischen Ohnmächtige, die fortgeschafft werden sollten. Inmitten dieses dichten, tobenden Menschenknäuels konnte es der Truppe kaum gelingen, Stand zu halten, geschweige denn Ordnung zu machen. Sie schwamm anfangs — denn stehen konnte man das nicht nennen — in einer Querposition mit dem Rücken gegen den Michaelerplatz. Aus der Masse brüllte es: „Bajonnete herab!" Der Offizier gab mit schonungsvoller Willfährigkeit dem Verlangen nach. Nachdem dieser Forderung genüge gethan worden, schrie man: „Gewehr bei Fuß!" Auch dem wurde Folge geleistet. Nun wurde verlangt, die Mannschaft solle die Gasse öffnen, den Durchgang frei machen. Das durfte nicht gewährt werden, und ein unwiderstehliches Andrängen erfolgte. Mit Mühe die Colonne in dem Gewühl beisammen haltend und aus mehreren versuchten Aufstellungen gedrängt, jeder mißlungene Versuch von der ausgelassenen Heiterkeit des immer toller sich geberdenden Haufens begleitet, nahm das Militär zuletzt eine Längenstellung mit dem Rücken an das Landhaus gelehnt und dessen Eingang absperrend, das Antlitz gegen die Strauchgasse gekehrt. Der Offizier ließ abermals das Gewehr bei Fuß nehmen und commandirte: „Ladstock in Lauf!", der Menge zum Beweise und zur Einschüchterung, daß die Flinten geladen seien. Doch das steigerte nur den Übermuth; der Wiener schien das nie Dagewesene für unmöglich zu halten. Jetzt wurde vom Offizier „schultert" commandirt, „marsch" und die Truppe setzte sich in Bewegung nach vorwärts. Doch ein tausendstimmiges mit aufgehobenen Fäusten bekräftigtes Gebrülle: „h a l t!" schallte aus dem zusammengepferchten, bis hart an die Fronte gedrängten, Fußspitze an Fußspitze mit den Soldaten stehenden Gewirr als Echo zurück und mußte, unterstützt von der baren Unmöglichkeit eine concentrirte Bewegung oder von irgend einer Waffe Gebrauch zu machen, über den Befehl des Commandanten den Sieg davon tragen. Ein Ausbruch rohen Gelächters und Gejohles feierte den Sieg, während die Truppe zwei Schritte zurück an das Landhaus „halt" commandirt wurde. Die wackere Mannschaft leistete das unglaubliche an mäßigender Zurückhaltung. Inmitten des aufstachelnden Höhnens, Schimpfens, Drohens der großen Masse drängte sich die zudringliche Verführung einzelner Leute an den gemeinen Mann: „Man möge ja nicht auf's Volk schießen; es seien gerechte Wünsche, deren Erfüllung man verlange; auch s i e gehörten ja dem Volke an" u. dgl. Dann wieder die gröbsten Herausforderungen. Einer drückt sich hart an einen Soldaten, daß er ihm mit der glimmenden Cigarre fast den Schnurbart verbrennt, bläst ihm die Rauchwolke in's Gesicht. Bei all' dem behielt die Truppe im allgemeinen ihre ruhige Haltung. Machte sich hin und wieder die auf's empfindlichste gereizte Heftigkeit des gemeinen Mannes durch einen Kolbenstoß in die Rippen oder auf die Zehen des ungezogenen Belästigers Luft, so traten die Offiziere, wo sie dergleichen bemerkten, mit dem strengen Befehl, an sich zu halten, dazwischen.

Ein neuer mächtiger Menschenschwall schob sich in das Gewühl hinein. Die Grenadiere wurden durch den unaufhaltbaren Andrang aus ihrer Aufstellung geschoben und allmälig durch das Strauchgäßchen auf die Freiung, ein Theil der Menge ihnen nach bis gegen den Heidenschuß gedrückt. Dort lagen Ziegel und Gebälke in Haufen aufgeschichtet, da das niedergerissene Eckhaus im Neubau begriffen war. Ein Franzose befand sich mitten im Gedränge. Mit dem Blick eines Kenners wies er auf das bereit liegende Material und sagte mit funkelnden Augen zu seiner Umgebung: „Das gäbe vortreffliche Barricaden!" Da seine Worte keinen Erfolg hatten, setzte er hinzu: „Die Oesterreicher sind wirklich sehr friedliche Menschen!" Eine Anzahl Leute schwang sich auf das Gebälke, daß es zitternd unter ihrer Last schwankte. Ein Husarenpiquet zeigte sich auf der Freiung und machte Miene, die Menge zerstreuen zu wollen; diese griff zu den Steinen, um den Angriff abzuwehren, der jedoch unterblieb, während der lockere Standpunkt unter dem Gewicht der darauf stehenden Leute zusammenstürzte.

Die Gemüther der Menge trieben sich jetzt selbst in steigenden Uebermuth hinein und suchten nach rohen Waffen in der nächsten Umgebung. Die Ankündigungstafeln an den Straßenecken wurden heruntergerissen und in Stücke gehauen. Ein Wächterhäuschen wurde von ein paar starken Kerlen von seinem Platze in die Höhe gehoben und mit Gewalt auf den Boden geworfen, daß es krachend borst und

der Staub aufwirbelnd emporflog; am Boden ward es ganz und
gar zertrümmert und die Bruchstücke als Waffen in die Hand genommen. Eine zerschlagene Feuerleiter mußte ihre beiden mit eisernen
Spitzen beschlagenen Stangen zu Lanzen hergeben. Eine herkulische
Gestalt schwang und schleuderte einen Schubkarren mit solcher Kraft
gegen ein Fenster im Erdgeschoß des Landhauses, daß es sammt Kreuz
und Gitter in Stücke zerschellte.

Mitten in diese Aufregung hinein kam die Landhausgasse herauf der Stadtcommandant mit Begleitung geritten. Erzherzog Albrecht hatte zu jener Zeit noch nicht Gelegenheit gehabt, vor den
Augen des großen Publicums die gewinnenden Seiten seines Geistes
und Gemüthes zu entfalten. Man hatte ihn kaum anders denn aus
der Wirksamkeit eines strengen Militärcommandanten kennen gelernt;
die allgemeine Stimmung vereinerlei seinen Charakter mit Barsch-
heit und soldatischer Rauheit; die Vorgänge wenige Jahre zuvor, da
das Verbot des Rauchens auf der Straße mit übermäßiger Schärfe
durchgeführt worden, schrieb man einzig auf seine Rechnung. Sein
Erscheinen war darum wenig geeignet, die Gemüther zu beruhigen.
Einige Hüte hoben sich grüßend von den Häuptern, vereinzelte Vivats
ertönten, mehrere Stimmen brachten dem Kaiserhaus ein Lebehoch.
Der Erzherzog salutirte leichthin und verwies ernsten Blickes und
Tones die Leute: „Gehn Sie nur ruhig nach Hause! gehn Sie nach
Hause!" Da kam ein Holzfragment herangesaust und streifte den Erz-
herzog am Hut, daß ihm die Augengläser verschoben wurden. Er
wandte das Pferd und ritt zurück.

Die Aufgabe der verdrängten Grenadiere war inzwischen einer
Abtheilung Pionniere zugefallen, die von der Freiung her, mühsam
die Breite der Herrengasse abschließend und die Menge vor sich her
in die Seitengassen drängend, angerückt kam. Dadurch verstärktes
Gedrücke und erhöhter Unwille unter der Masse vor dem Landhaus,
die theils nach vorwärts tiefer in die Herrengasse hinein, theils nach
seitwärts in das Strauchgäßchen und in die Einfahrt des Landhauses
geschoben wurde. Die besinnungslose Wuth des großen Haufens erreichte den Gipfelpunkt. „Fort mit dem Militär!" schrie es von

allen Seiten; man pfiff, zischte, tobte, Holzstücke flogen auf die Truppe; erhitzte Redner stiegen auf Ecksteine und stachelten das Volk zum Widerstand auf; es dürfe nicht zurückweichen, es stehe um seiner Rechte willen da, das Militär müsse zurück. Im Landhaus drinnen, wo man von der Rückkunft der Deputirten noch immer nichts zu sehen und zu hören bekam, war längst der letzte Faden harrender Geduld gerissen. Dazu kam nun der durch das vorrückende Militär von der Straße hineingedrängte Schwarm. Man stürmt wüthend hinauf, man dringt in die Säle, zertrümmert vollends, was noch ganz oder halb geblieben war; man eilt an die Fenster und schleudert Meubel und Meubelstücke auf die Truppe hinab. Vergebens werfen sich einige Besonnene dem verhängnißvollen Vorgehen in den Weg, suchen mit ausgebreiteten Armen und beschwörenden Worten die Bilderstürmer von den Fenstern abzuhalten. Da knattert von der Straße herauf eine Salve und Kugeln pfeifen um die Köpfe der Zerstörer wie der Ermahner. Sie blieben zum Theil im Täfelwerk des Plafonds stecken, eine der herabfallenden fing der Literat A. Silberstein — so mindestens ließ er von sich erzählen — mit der noch glimmenden Patrone auf, zerriß die letztere in Stücke und vertheilte sie unter die Nächststehenden zum ewigen Gedächtnisse. Alles, was im Saal und in den Gängen, fliegt die Treppen hinab, in den Hof hinunter der Straße zu — da ertönt eine zweite Salve, nicht wie die erste in die Höhe gerichtet; ein nervenzerreißender Schrei, Wuth und Entsetzen in den Blicken, wilde angstvolle Flucht nach allen Seiten, welcher die Pionniere mit gefälltem Bajonnet nachdringen. Wenige Augenblicke und der noch eben zuvor Kopf an Kopf vollgepfropfte, bewegte und lärmende Platz ist still und leer; nur fünf Körper liegen regungslos auf dem Boden. Die im Landhaus Zurückgehaltenen heben sie auf, tragen sie in den Hof und waschen ihre Wunden mit dem Wasser desselben Brunnens, von dessen Zinne vor kurzen Stunden die ersten Zündstoffe der Aufregung unter die Masse geschleudert worden waren. Alle Bemühungen sind umsonst, aus den fünf Körpern ist die Seele geflohen! Man eilt in den ständischen Saal, wo noch einige der harrenden Glieder beisammen waren; man fordert sie auf das Haus des Schreckens zu verlassen und man zieht aus dem still ge-

wordenen Gebäude hinaus, über die leer gefegte Straße hinweg, von
den Bildern des Todes begleitet, von sprachloser Bestürzung übermannt.

9.

Der Eindruck, den das Ereigniß vor dem Landhause machte,
war tief und gewaltig.

Der Wiener, in seiner lebenslustigen Weise gewohnt alles von
der leichtsinnigen Seite aufzufassen, durch die Nähe des Hofes, der
in schlichter Weise in seiner Mitte verkehrte, verwöhnt und verzogen,
hatte alles eher als den blutigen Ernst einer solchen Katastrophe für
möglich gehalten. Nun war es da! Was er bisher nur aus Zei-
tungsberichten aus dem fernen Frankreich vernommen und was ihn
nie gehindert hatte, ein leichtes Witzwort darüber in Umlauf zu setzen,
das war mit einemmal zur entsetzlichen Wirklichkeit in seiner eigenen
Vaterstadt, in dem vor allem „gemüthlichen" Wien geworden. Wenn
nicht wahr, so jedenfalls bezeichnend ist ein Wort, das man einer
hochgestellten Persönlichkeit in den Mund legte, die über die erste Nachricht von dem, was vorgefallen, die Frage stellte: „Und was haben
die Wiener für einen Witz darüber gemacht?" und als die Antwort
lautete: „„Keinen!"" mit ernsterer Miene schloß: „Dann steht
es schlimm!"

Mit einem Schlag war die Physiognomie der Stadt eine andere
geworden. Mit wuthentbrannten Mienen, mit feuersprühenden Augen,
mit gräßlichen Verwünschungen auf den bleichen von Zorn und Entsetzen zitternden Lippen, mit krampfhaft geballten Fäusten flogen die
Zeugen der blutigen Entwicklung nach allen Richtungen davon und
fachten, wohin sie kamen, den schon glimmenden Funken des empörten Widerstandes zur hellen Flamme an. „Auf's wehrlose Volk ist
geschossen worden!" tönte es laut rufend von Straße zu Straße.
Die leichter Verletzten, welche die Wahrzeichen der ihnen angethanen

Gewalt wehklagend und aufreizend zur Schau trugen, die schwer Verwundeten, die in nahe Officinen geschleppt und dort wundärztlich behandelt wurden, waren eben so viele Leiter des elektrisch alle Schichten durchzuckenden Stromes wüthender Erbitterung.

Ein Theil der Flucht vom Landhause ging die Herrengasse
hinab gegen den Michaelerplatz, durch die eigene Angst und durch
das in dieser Richtung nachrückende Militär gejagt. Der Schrecken
flog ihnen voraus. Die Hausthore, die noch offen geblieben, wurden
in heftiger Eile geschlossen. In der Masse auf dem Michaelerplatz
entstand eine Bewegung zurückzuweichen; aber Stimmen erhoben sich:
Stehen bleiben! stehen bleiben! Redner von den Ecksteinen herab forderten zu Muth und Ausdauer auf, Lärm und Geschrei antwortete
und die Menge blieb, abgesperrt von der einen Seite gegen die
Herrengasse, aus welcher die aufgepflanzten Bajonnete über die flu-
thende Ebene der hutbedeckten Häupter herüberblitzten, von der andern
gegen die Burg, deren Zugang Grenadiere in dichtgedrängten Reihen
und mit schußfertigen Kanonen deckten. Nur gegen den Josephsplatz,
wo eine Compagnie Infanterie postirt war, und durch den Kohlmarkt
gegen den Graben hin war der Verkehr offen.

Auf der Freiung hatte sich ein anderer Theil der versprengten
Masse bei dem schon erwähnten Neubau des ehemals Colloredo'schen
Gebäudes angehäuft, einige sich hinein geflüchtet und die Fenster besetzt. Eine Abtheilung Cüraffiere, die über den Platz gesprengt kam,
wurde mit einem Hagel von Steinen und Ziegeln begrüßt. Der
Offizier, von einem Wurf getroffen, läßt wenden und commandirt
einzuhauen, aber die Pferde scheuten vor den Steinwürfen zurück und
der folgenschwere Zusammenstoß unterblieb.

Die Aufregung war allgemein, durch alle belebten Stadttheile
verbreitet. Sie ergriff in rascher Ansteckung selbst Leute, die bisher
mehr aus Neugierde denn Theilnahme das Gedränge der Gassen vermehrt hatten. „Gott sei gedankt!" hörte man sagen, „die Freiheit
hat die Bluttaufe erhalten, jetzt kann etwas werden!" Durch die
Straßen brüllte es: „Waffen! Waffen müssen wir uns verschaffen!
Das Zeughaus sprengen! Sturmläuten! Zu St. Peter! Zu St.
Stefan!" Man ergriff, was man zertrümmern und in die Hand neh-

men konnte. Wachthäuschen gingen in Stücke, Ankündigungstafeln, Aushängschilder wurden heruntergeschlagen, Pfähle umgerissen. Redner forderten zu Kampf und Rache auf und bewegte Gruppen umstanden sie mit kochendem Blute. An mehreren Punkten begann man Barrikaden aufzurichten; im Pariser Gäßchen, in der Currentgasse, auf der hohen Brücke; niedergerissene Schilderhäuser, umgestürzte Mistwagen, Rumpelwerk aller Art mußten den Stoff dazu hergeben. An allen Orten, wo Militär aufgestellt war, fanden Reibungen, heftige Auftritte, Zusammenstoß zwischen Volk und Soldaten statt, die an vielen von ernsten Folgen begleitet waren. Vom Thurm der Redemptoristenkirche ließ sich die Glocke in unregelmäßigen Schlägen vernehmen; es hieß, in das Kloster sei eingebrochen, der Thurm von einer Rotte in Besitz genommen worden, die Geistlichen hätten sich geflüchtet oder versteckt. Eine Abtheilung Grenadiere wurde hin beordert, die ergriffenen Thäter festgenommen und in die Salzgriescaserne abgeführt. Ueber die Freiung sah man zwei Offiziere reiten, die einen verwundeten Mann mit sich schleppten, den Schneider Joseph Abek aus Karlowitz, wie man später in Erfahrung gebracht haben wollte. „Herunter mit ihnen!" scholl es ergrimmt aus hundert Kehlen. Die Reiter wurden gegen den Eingang der Teinfaltstraße gedrängt, der eine vom Pferd gerissen, der verwundete Mensch, den Kopf mit weißen Tüchern umschlagen, darauf gesetzt und durch die Straßen der Stadt herumgeführt. „Dem Zuge eines Triumphators", drückte sich ein exaltirter Schriftsteller aus, „gleicht der Zug, der ihn dem Volke hoch zu Roß vorführt, und von einer Schaar Eumeniden scheinen die Flüche und Verwünschungen, die Racheschwüre auszugehen."

In die stilleren Straßen der Stadt hallte schauerlich das wirre Getöse dieser wüsten Vorgänge, schauerlich um so mehr, als kein Gerassel der längst nach Hause gebrachten Kutschen hindernd dazwischen fuhr. Und draußen vor den Stadtthoren, durch welche der Ausgang gestattet, der Einlaß verweigert wurde, harrten ängstliche Gruppen auf Mittheilung dessen, was in der inneren Stadt vorging. Die übertriebensten Gerüchte fanden ihren Weg in die erschreckten Ohren. „In den Gassen der Stadt rinnt das Blut!" „Einen alten Mann, stillen Zuschauer, haben sie gespießt, Weiber und Kinder geschlachtet." Haufen-

weise strömte aus den Vorstädten das Volk von allen Richtungen
gegen die Stadt, dichte Schaaren füllten das Glacis und umlagerten
die Thore, horchend, ob nicht aus der Stadt Brüllen des Volkes,
Geknatter von Gewehrfeuer, Donner der Geschütze zu vernehmen sei,
mit dem Ausdruck von Neugierde, Spannung, Theilnahme, Furcht,
Schrecken, Erbitterung auf den Gesichtszügen. Die verschiedensten
Gruppen: Personen in anständiger Kleidung, Haufen von Arbeitern;
hier ein gemeines Weib, von anderen umgeben, die von einem Gas-
candelaber herab perorirt: „Sie sollen ein Paar Hände voll Silber-
zwanziger unter die Leute werfen, und alles wird ein Ende haben";
dort ein lauter Wortführer, dem von seiner Umgebung reicher Beifall
zugeklatscht wird, so oft er einen hohl klingenden Gemeinplatz oder
einen derben Witz losläßt. Aus der Stadt eilende Leute wurden
bestürmt um neue Kunde; ein belebter Knäuel bildete sich im Augenblicke um sie, jedes Wort aus ihrem Munde mit gieriger Haft ein-
schlürfend. Auch Professor Füster war unter den Ausgesperrten.
Um Mittagszeit war er zu seiner Suppe auf die Landstraße gegangen,
und als er Nachmittags in das Treiben der Stadt zurückwollte, fand
er den Eingang abgeschlossen. Einige Studenten, die erhitzt und wuth-
schnaubend aus dem Thor kamen, erblickten ihn und stürzten auf ihn
zu, ihm Mittheilung zu machen, was sich in den letzten Stunden
zugetragen. Leute sammelten sich um sie. Füster's weiter Mund
ergoß sich in Schmähreden über die „fluchwürdige Politik des Herrscherhauses," über die „verhaßten Rathgeber des Kaisers," vor allem über
den Fürsten „Mitternacht." „Als ich den Namen Metternich's auf
diese Art parodirt," erzählt er in seinen Memoiren selbstgefällig der
Nachwelt, „rief man mir ein stürmisches Vivat zu."

Von drei Uhr Nachmittags an wirbelte durch die Straßen der
Vorstädte die Allarmtrommel für die Bürgergarde. Noch bevor die
Deputation des Landhauses bei dem Bürgermeister gewesen, waren
von diesem Einleitungen zur Zusammenberufung des Bürgermilitärs
getroffen worden, das jedoch über ausdrücklichen Befehl des Stadt-
commandanten außerhalb der Stadt consignirt werden mußte. Darum
ward das Glacis vor dem Schottenthor zum Sammelplatz bestimmt.
Einzeln und zugweise kamen die uniformirten Bürger von verschiedenen

Seiten zusammen, auf dem ganzen Weg von lautem „Vivat! Es leben
die Bürger!" begleitet. Aber es verging mehr als eine Stunde, ehe
an hundert Mann beisammen waren. Nicht weit von diesem Sammel-
plaze waren auf dem Josephstädter Glacis beträchtliche Truppenmassen
aufgestellt; die Höhe nahm die Artillerie mit dem Geschüze ein, weiter
hinab Infanterie, in der Tiefe gegen das Criminalgebäude Cavalerie.
Zahlreicher als vor den anderen Thoren häuften sich dichte Menschen-
massen auf dieser Seite an, wo die Hauptpläze der Bewegung in
der Stadt, Landhaus, Freiung und Hof am nächsten lagen. Die
Besazung hatte Mühe, den Andrang abzuhalten; Militärpatrouillen
streiften vergeblich durch die Menge, die, an einem Punkte zerstreut,
sich gleich wieder an anderen sammelte. Manchmal ballten sich größere
Haufen zusammen und stürmten mit lästerlichem Gebrüll planlos
durch die Fläche; voran ein Rudel kleiner Jungen, die mit ausge-
lassener Freude ihre Müzen schwenkten, in die Höhe warfen und
in ohrenzerreißendem Discant den Lärm vermehrten. Viele Leute
der gemeineren Classe sah man mit Knütteln, manche mit Hacken
und anderm Werkzeug bewaffnet; einzelne trugen Brennstoff unter dem
Arm, auf dem Kopf. Pfiffe gellten hier aus der Menge, von einem
anderen Punkte her kräftig erwiedert. Nicht weniger bunt ging es
um das äußere Burgthor her, von dessen Wällen zu beiden Seiten
aufgepflanzte Kanonen auf den menschenerfüllten Plaz herabdroh-
ten. Die Brücke vor dem Kärnthnerthor war von Leuten vollgepfropft, über deren Köpfe die Bajonnete der vor dem Thor aufgestellten Militärmannschaft herüberblizten. Fortwährend strömte es
in dichtem Zuge aus der Stadt. Wenn der Andrang zu heftig wurde,
machte das Militär eine Bewegung und der massenhafte Knäuel löste
sich in blinder Verwirrung auf, Einzelne stürzten zu Boden, von den
Füßen der fortdrängenden Anderen getreten.
    Einen sonderbaren Abstand gegen diese Schaupläze voll Ge-
wirres und Getöses bildete die andere Hälfte des Glacis, anstoßend
an die von der Bewegung nicht heimgesuchten Theile der inneren
Stadt. Die Alleen von der Wieden zur Landstraße waren wie aus-
gestorben. Die Karolinenbrücke lag öd und verlassen und nur das
Klirren der Gewehre innerhalb des gesperrten Thores gab Zeichen

von Leben. Vor dem Stubenthore standen Wägen und Leute gedrängt, aber ohne sichtbare Aufregung das Thor anstarrend. Der Verbindungs- punkt zwischen dem alten und neuen Mauthgebäude war verbarrikabirt, aber nicht von aufständischem Volk, sondern von der niederhaltenden Macht; umgestürzte Postwägen versperrten den Weg und seitwärts blickte eine Kanone von der alten niedern Vormauer herab. Bei dem Rothenthurmthor sah man das wahre Bild des Friedens, die Soldaten in unbefangenem Verkehr mit bürgerlichen Leuten. Von da bis zum Fischer- und Neuthor nicht eine Spur, nicht ein Wahrzeichen dessen, was unheilvoll in der Stadt vor sich ging. So sah es auch größten- theils in den Vorstädten aus, wohin Pöbel mit seinen Excessen, Trommler mit ihrer Aufregung nicht kamen. Kein Auftritt, kein Geschrei und Tumult verrieth da einen außergewöhnlichen Zustand. Kein bitteres Wort, keine Aeußerung des Unwillens war zu vernehmen; vielmehr brach der gutmüthige Charakter des unverdorbenen Wieners, die ihm zur zweiten Natur gewordene Liebe zum angestammten Herrscherhause in rührenden Zügen durch. „Er meint es gut mit uns", konnte man hören, „er weiß nur nicht, wie es um uns steht, man verhehlt es ihm." Der Kaiser wurde bemitleidet, dem so hart zugesetzt werde: „Der arme Herr, er soll jetzt ohnedieß kränklich sein — wie muß ihn so was angreifen!"

10.

Den Schauplatz der anhaltendsten Kämpfe bildete in den Nach- mittagstunden der Hof.

Vom Morgen an hatte das bürgerliche Zeughaus, die Wohnung des Bürgermeisters, das Hofkriegsrathsgebäude eine in fortwährendem Ab- und Zuströmen begriffene Menge auf diesem geräumigen Platze erhalten. Nach der Katastrophe vor dem Landhaus wurde bei dem allgemeinen Rufe nach Waffen der Andrang mit jedem Augenblick mächtiger. Das Zeughaus wurde umlagert und umstürmt; man drängte gegen den verschlossenen Eingang, schrie und lärmte um Einlaß und Waffen, pochte mit verzweiflungsvoller Kraft an das Thor. Beschwichtigende Stimmen, die aus dem Fenster oder dem Eingang herabriefen, bewirkten nur das Gegentheil von dem, was sie bezweckten; Waffen wollte man, nicht Worte. Vom Zeughaus wandte sich die Wuth der Menge gegen das vor dem Hofkriegsrathsgebäude aufgestellte Militär, das bei jeder Bewegung, die es versuchte, um der wachsenden Aufregung zu steuern, mit Zischen, Pfeifen, Drohgeberden empfangen wurde. Der Erzherzog Wilhelm zeigte sich mitten im Gewühl zu Pferd, er hielt die erhobenen Hände mit bittender Geberde gegen die dicht gepferchte Masse. Leute drängten sich an ihn heran, er sprach mit ihnen. Einzelne Männer, von dem folgenreichen Ernst des Augenblicks ergriffen und das Maß dessen, was Noth that nach ihrer Einsicht bemessend, beschworen ihn, dem weitern Einschreiten des Militärs Einhalt zu thun, dagegen das Ausrücken der Bürgermiliz anzuordnen: „er sei noch ein junger Mann, aber im späten Alter werde er dieses Tages mit Freude oder mit bitterem Nachgefühl gedenken, je nachdem sein Befehl Blut schonen oder es fließen gemacht haben werde." Der Erzherzog war sichtlich ergriffen, er reichte den Sprechern seine Hand, aber er mußte ihnen sagen: „Was sie verlangten, lasse sich jetzt nicht thun; auch vermöge am wenigsten er es zu verfügen, da er selbst unter dem Obercommando stehe; sie möchten ihrerseits dafür sorgen, daß man sich ruhig verhalte und keinen Zusammenstoß hervorrufe." Auch der Stadtcommandant erschien auf dem Platz. Einige Stimmen versuchten ihn durch Zuruf zu versöhnen, aber sie wurden erstickt durch gegentheiliges Geschrei; Einzelne riefen: „Nichts Vivat, der hat auf's Volk schießen lassen!"; denn die Behauptung, daß auf seinen Befehl das Feuern vor dem Landhaus erfolgt sei, hatte sich gleichzeitig mit der Nachricht von der Katastrophe durch die Stadt verbreitet und wurde ohne weitere Prüfung als wahr angenommen und allgemein geglaubt.

Das Gedränge und der Tumult auf dem Platz wuchs mit jedem Augenblick. Aus den einmündenden Gassen kamen schubweise neue Haufen an. Von der hohen Brücke durch die Schwertgasse hervor brach ein wildes Rudel, warf sich auf einige von ihrer Compagnie getrennte Grenadiere und verfolgte sie mit Drohungen und Steinwürfen bis auf den Platz, wo das vor der Kirche aufgestellte Militär den Verfolgern imponirte. Von der entgegengesetzten Seite bahnte sich ein wilder Schwarm mehrerer hundert größtentheils dem Pöbel angehörigen Leute, die meisten mit Stöcken, Knitteln, Holzstücken bewaffnet, gewaltsam Weg durch das am Heidenschuß aufgestellte Piquet. Es mußten strengere Maßregeln ergriffen werden. Die Zugangstraßen wurden durch verstärkte Posten abgesperrt. An der Mündung der Bognergasse hielt eine zahlreiche Abtheilung Grenadiere den vom Graben her drückenden Zuzug ab; vor der Hauptwache des Kriegsgebäudes waren vier Kanonen aufgefahren mit brennenden Lunten; von da bis zum Zeughause standen Cuirassiere und Husaren. Es ward jedermann hinaus, aber niemand hineingelassen. Dadurch wurde die Masse auf dem Platz allmälig verringert, aber die Erbitterung der Zurückgebliebenen nur gesteigert. Der Soldat mit seinem reizbaren Ehr- und Pflichtgefühl hatte stundenlang das unglaubliche an Geduld und Mäßigung geleistet; aber nun war sein Vorrath erschöpft. Abtheilungen von Cavallerie ritten von Zeit zu Zeit vor, um die Menge zu theilen. Es erfolgte Geschrei und Gedränge der zurückweichenden Leute, die sich in die Häuser flüchten wollten, aber die Thore geschlossen fanden. Da kamen von rückwärts Steine auf die Reiter geflogen, sie machen eine rasche Wendung und dringen einhauend auf die Angreifer los. Jetzt erfolgt das gleiche von der andern Seite. Wo die Cavallerie sich abwendet und dadurch die Leute hinter ihr Luft bekommen, beginnen diese von neuem Steine zu werfen, die Reiter, umkehrend, von neuem einzuhauen. So spann sich ein erbittertes Handgemenge und Scharmützel fort, wobei der Streich freilich auch ganz unschuldige Leute traf und der lange verhaltene Unmuth des Soldaten in der Hitze ergrimmter Abwehr oft weiter ging als die Nothwendigkeit heischte. An Berichten über einzelne solche Vorfälle mangelt es nicht. Ein Augenzeuge erzählt, neben ihm habe eine Frau einen Säbelhieb in den Hals bekommen, daß das Blut im Bogen heraussprützte. Ein Dienstmädchen, sagt ein zweiter, wurde zusammengehauen, da es eben Gebäcke nach Hause trug und nicht schnell genug ausweichen konnte; ein Mann, der einen Knaben von einem Pferde wegreißen wollte, empfing einen Hieb in den Arm; einem andern wurde der Kopf gespalten, indem er sich unter ein Hausthor flüchtete. So sehr diese Thatsachen durch die bündigsten Zeugnisse bekräftigt werden und so wenig sie an und für sich außer dem Bereich der Wahrscheinlichkeit liegen, so haben wir doch allen Grund an der Genauigkeit der Beobachtung in einem solchen Momente verwirrter Aufregung zu zweifeln. Mit dem zusammengehauenen Dienstmädchen und dem zerspaltenen Kopf z. B. kann es seine buchstäbliche Richtigkeit schon darum nicht haben, weil aus dem genauen Verzeichniß der an diesem Tage Gefallenen ähnliche Personen und Verwundungen nicht nachzuweisen sind.

Doch auch vielen Soldaten ging es schlimm. Starke Leute drängten sich an sie heran und warfen sie aus dem Sattel; reiterlose Cavalleriepferde sah man scheu auf dem Plaße herumtummeln. Auf dem Judenplaß war ein Bretterverhau mit aufgeschlichteten Ziegeln dahinter, die Planken wurden eingerissen, die Ziegel als Wurfgeschoß in die Hand genommen und gegen die Grenadiere geschleudert, die den Zugang gegen den Hof absperrten. Eine gute Weile hielten die Soldaten ruhig dem wüthenden Angriff Stand, mit vorgehaltenem Bajonnet die keckſten Angreifer vom Leib haltend. Aber immer dichter flogen die Steine, das Militär dringt zornglühend vor, Schüsse fallen, mehrere Leute stürzen verwundet oder zum Tod getroffen nieder; die andern stieben auseinander und flüchten hinter die Barricaden, die in der Pariser- und Currentgasse zu bauen begonnen werden.

Auch auf dem hohen Markt fand ein blutiger Zusammenstoß statt. Eine wilde Rotte sammelte sich vor dem magistratischen Gerichtshaus, der früheren „Schranne“; ein Junge kletterte von außen auf den Balcon und brach unter dem ausgelassenen Jubel des unten stehenden Haufens der Gerechtigkeitsstatue den Arm mit der Wage ab. Die Tollheit steigerte sich; das Gebäude sollte gestürmt, die Gefangenen befreit werden; schwere Steine wurden mit Gewalt an das Thor geschleudert. Da bricht aus der Seitengasse von den Liguorianern her eine Abtheilung Grenadiere heraus; mit Drohgeberden und Steinwürfen empfangen, rückt sie mit gefällten Bajonnets vor; eine Salve wird gegeben, einige bleiben von Kugeln getroffen auf dem Plaße, der übrige Haufen zerstreut sich in wilder Flucht.

11

Der drängende Ernst der Ereignisse hatte während dieser blutigen Vorgänge an den genannten und der bedrohlichsten Erscheinungen an vielen andern Punkten der Stadt verschiedene Männer zusammengebracht, die nicht an sich halten konnten, um auf irgend eine ihnen entsprechend scheinende Weise eine Versöhnung des brennenden Kampfes herbei zu führen.

Gegen die vierte Nachmittagsstunde fanden sich in der gleichen Absicht, den Bürgermeister aufzusuchen, mehrere Personen aus dem Bürgerstande in den Amtslocalitäten desselben zusammen: Rudolf Arthaber, Dr. Alexander Bach, Buchhändler Carl Haas, Theodor Hornbostel, A. A. Schmidl und vier bis fünf andere. Belehrt, daß der Bürgermeister nicht im Bureau sei, wurden sie durch einen anwesenden Magistratsbeamten in dessen Wohnung geleitet, sahen im Vorübergehen, wie auf der hohen Brücke Holzwerk aller Art zertrümmert und zum Barricadenbau verwendet wurde, durchschritten das tobende Gewühl am Hof und traten ergriffen und aufgeregt durch alles, was sie erblickt und vernommen, vor den Vorstand des Stadtrathes. Sie bestürmten ihn, all' seinen Einfluß aufzubieten, daß das Militär aus der Stadt entfernt, die Herstellung der Ordnung den bewaffneten Bürgern überlassen werde, und verlangten, daß er sich mit ihnen zum Stadtcommandanten begebe, um die Gewährung dieser unaufschiebbaren Maßregeln durchzusetzen. Der Bürgermeister glaubte es mit seiner Stellung nicht vereinigen zu können, sich an die Spitze einer solchen Sendschaft zu stellen. Jene dagegen vermeinten, gerade e r sei hiezu unmittelbar berufen. Ihre Gemüther erhitzten sich desto mehr, je lauter vom Platz der Tumult erneuter Conflicte heraufkreischte. Die Verhandlung wurde immer heftiger, eindringliche Reden erfolgten, rasche Worte fielen und ein Stuhl ging in Trümmer — so berichtet

6*

ein Augenzeuge —, ehe der Bürgermeister sich entschließen konnte, dem ungestümen Verlangen nachzugeben.

Eine zahl- und folgenreichere Zusammentretung hatte um dieselbe Zeit in einem andern Gebäude der Stadt begonnen. Für drei Uhr Nachmittags war eine Versammlung der Studierenden auf der Universität angesagt, der Zeitpunkt später um eine Stunde hinausgeschoben worden. Doch schon von den ersten Nachmittagstunden füllten zahlreiche Gruppen den Platz vor dem Hause und die Räume drinnen, und die fieberhafte Aufregung der jungen Leute steigerte sich, so oft neue Kunde gebracht wurde, was hier und dort in der Stadt vorgefallen. Gegen vier Uhr erschien Professor Hye, von einer großen Zahl Studierender gefolgt, in der Halle. Sichtlich erschöpft von den Anstrengungen der beiden Tage trat er in einen der Hörsäle, welcher die Menge der nachstürzenden Studenten kaum fassen konnte, und pflanzte sich auf den Lehrstuhl. Er schilderte der Versammlung, wie er in ihrer Sache seit dem gestrigen Vormittag unermüdlich thätig gewesen, wie ihm Endlicher dabei getreulich zur Seite gestanden, ihn bei seinen Bemühungen unterstützt habe; „dennoch sei bis zur Stunde nichts erwirkt worden; auf die Adresse sei noch immer keine, am wenigsten eine günstige Antwort erfolgt; aber er wolle, obgleich Familienhaupt und Vater von vier Kindern, fest bei ihnen ausharren, wolle ihr Schicksal theilen, es möge kommen, was da wolle".

Lauter Zuruf lohnte diese Ansprache. Die stürmische Ungeduld der jungen Leute steigerte sich mehr und mehr. Heftige Stimmen erhoben sich. Waffen um jeden Preis wollte man sich verschaffen. „Zum Zeughaus! Das Zeughaus stürmen!" riefen einige. Die Hitzigsten wollten sogleich hinaus, sich auf die nächsten Wachposten stürzen und mit Gewalt Waffen erringen. Da bemächtigte sich ein junger Mann des Wortes, gab sich selbst als Med. Dr. Köck zu erkennen, beschwor die Versammelten, von so verzweifelten Gedanken abzulassen, lieber noch einmal den besonnenen Weg des Gesetzes zu versuchen; „noch stehe das fünfhundertjährige Vorrecht der Universität aufrecht, kraft dessen der Rector Magnificus, geschmückt mit den Insignien seiner Würde, zu jeder Zeit Zutritt bei dem Monarchen habe; von diesem Recht solle

man in diesem verhängnißvollen Augenblick Gebrauch machen". Der
Gedanke zündete. Einwendungen, von verschiedenen Seiten erhoben,
wußte Köck siegreich zu widerlegen: „Die Lage der Dinge sei eine
dringende geworden; kein Aufschub dürfe gestattet, alle kleinen Bedenklichkeiten müßten beseitigt werden; was der Rector zu verlangen
habe, sei gesetzliche Bewaffnung der Studierenden zu ihrem eigenen,
zum Schutze wehrloser Bürger, gesetzliche Bewaffnung, die allein verhüten könne, daß sich ungezähmter Unwille eigenmächtig Waffen mit
gewaltsamer Hand verschaffe."

Bald ist der Rector gefunden, der greise Hofrath Jenull,
während der Pedell abgeschickt wird, die goldene Colane zu holen.
Der Zudrang war so groß geworden, daß der Hörsaal die Menge
nicht fassen konnte; man vertauschte ihn mit der Aula, wohin jetzt
alles strömte. Der Rector, ein gebücktes Männchen mit weißem Haupte,
erklimmt schwankenden Schrittes den Katheder und erklärt sich bereit,
dem allgemeinen Wunsche zu willfahren; nur bittet er sich mit Rücksicht auf sein hohes Alter eine Begleitung aus, die ihm durch Acclamation in der Person der Professoren Hye und Endlicher gegeben
wird. Er fordert den Studenten das Versprechen ab, bis zur Rückkehr der Deputation sich ruhig zu verhalten und ersucht Dr. Köck, der
die Verpflichtung, darob zu wachen, über sich nimmt, auf dem Platz
zu bleiben. Der Rector und die beiden Professoren verlassen den Saal,
gefolgt von einer großen Anzahl Studierender. Auf dem Stephansplatz erhalten sie auf ihr Ansuchen das Geleite eines Officiers und
schreiten unter immer stärkerm Anschwellen des Nachzuges durch die
Kärnthnerstraße über den Mehlmarkt. Auf gütliches Zureden bleiben
die Studenten nach und nach zurück und die Deputation setzt ohne
Aufsehen ihren Weg fort über den leeren Lobkowizplatz, über den
Josephsplatz in die Burg, wo sie ihre ersten Schritte zum Grafen
Kolowrat richtet.

Um die Gemüther der Jugend, ehe Rückkehr und Antwort erwartet
werden konnte, in ablenkender Spannung zu erhalten, forderte Köck
die Versammelten auf, vorerst nach Abtheilungen auseinander zu gehen.
Eine Ecke des Saales wurde den Juristen, eine andere den Medicinern,
die dritte den Philosophen, die vierte den Technikern zugewiesen, welche

letzteren den leergelassenen Platz der vierten Facultät, der Theologen, ausfüllen sollten. Jede der so gebildeten Abtheilungen hatte sich in Rotten zu zehn Mann zu vertheilen und einen Führer an ihre Spitze zu wählen. Buchstaben, welche die Abtheilungen bezeichneten J, M, P, T und die Rottennumern wurden mit Kreide auf den Hut geschrieben. Alle Rottenführer einer Facultät sollten einen Oberanführer der ganzen Abtheilung erkiesen.

Die Wahl war noch nicht zu Ende, als zwei Männer, einer vom Civil mit einer weißen Binde um den Arm, der andere ein Officier, hastig in den Saal kamen. Der erstere, Dr. A. A. Schmidl, trat mit der Erklärung vor, er komme von Sr. kais. Hoheit dem Erzherzog und sei von diesem an die Studenten abgeschickt, wofür dieser Herr Officier ihm zur Beglaubigung beigegeben worden, um sie aufzufordern, daß sie, dafern ihnen die Herstellung der Ruhe und Ordnung am Herzen liege, gleich ihm die weiße Binde sich um den Arm winden und gemeinschaftlich mit dem Militär und an dessen Seite zur Beruhigung und Ausgleichung wirken mögen. Er hatte kaum ausgesprochen, als durcheinanderschallendes Geschrei den Saal erfüllte: „Nie mit dem Militär, das ohne Aufforderung auf uns geschossen hat!" „„Welche kaiserliche Hoheit sendet Sie?"" rief eine Stimme. „Erzherzog Albrecht!" „„Der hat den Befehl gegeben, nichts von ihm!"" Köck aber, als es ihm nach wiederholtem Zuruf endlich gelungen war, die empörten Wogen etwas zu Ruhe zu bringen, wendete sich zu den Abgesandten mit den Worten: „Sagen Sie Sr. kais. Hoheit, was Sie gesehen und gehört! Sagen Sie ihm, daß die Universität in diesem Augenblick durch ihren Rector unmittelbar bei Sr. Majestät vertreten sei und um gesetzliche Bewaffnung bitte; bevor hierüber die Resolution herablangt, kann die Universität mit niemand in Unterhandlung treten." Allgemeiner Beifall; die Studenten bilden über Köck's Aufforderung eine Gasse und die beiden Abgesandten entfernen sich aus dem Saal.

Unterbrechungen aller Art folgten eine auf die andere. Fortwährend kamen Botschaften, die vergebliche Mühe anwandten, sich allgemein verständlich zu machen. Auch ohne besondere Veranlassung war ein Gesumse und Getöse, das kaum dem nächsten Kreise die Worte der Sprecher vernehmbar machte; die Entfernteren sahen nur Bewegung des Mundes und der Arme und suchten durch Mittelmänner in die Kenntniß des Inhaltes zu kommen, wodurch die geräuschvolle Unruhe noch größer wurde. Unter den Ankömmlingen befand sich Med. Dr. Engel, vom Hof herbeigeeilt, woselbst er auf den Erzherzog Wilhelm durch alle Mittel der Überredung einzuwirken gesucht hatte. Auf seine Betreibung fanden sich die anwesenden Facultätsmitglieder zusammen und begaben sich in den Consistorialsaal über der Gasse. Eine Berathung wurde eröffnet, die durch das Erscheinen des Decans und Notars der medicinischen Facultät, der Doctoren Lerch und Schilling, beide mit dem Amtskleide angethan, einen förmlichen Charakter erhielt. Engel berichtete, nicht mit kühlem Blut, seine Wahrnehmungen und brachte dadurch das der andern derart in Wallung, daß sie ihn nöthigten, den Inhalt zur bekräftigenden Aufbewahrung in das Protocoll zu dictiren. Es ward beschlossen, unmittelbar eine zweite Deputation, bestehend aus dem Decan, dem Notar und Dr. Engel, in die Burg zu senden, um das Begehren der ersten kräftigst zu unterstützen und schleunige Bewaffnung der Universität zu erwirken. Die Erwählten setzten sich alsbald in feierlichen Zug, fanden aber für gut, vorerst nochmals auf der Aula zu erscheinen, um die Studenten von dem gefaßten Beschluße in Kenntniß zu setzen.

Dunkelheit war bereits hereingebrochen und ein wilder Lärm, der aus dem Innern des Hauses drang, ließ auf einen neuen störenden Zwischenfall schließen. Wir müssen darum eilen, zu sehen, was sich in der Zwischenzeit auf andern Punkten der Stadt begeben hatte.

Wilhelm Starnbacher, Gastwirth im Theatergebäude der Josephstadt, Lieutenant des ersten Bürgerregiments, wird als derjenige genannt, der den Commandirenden zur Einwilligung vermocht habe, daß die bewaffneten Bürger der Stadt — jene der Vorstädte sammelten sich, wie bereits erzählt wurde, auf dem Glacis — allarmirt und zur Herstellung der Ordnung verwendet würden. Wir führen jenen Namen und diesen Umstand nur an, weil beide in Verbindung mit einander im damaligen Gerede allenthalben rühmend hervorgehoben wurden, bekennen aber unsere völlige Unkenntniß über das nähere Verhältniß,

in welchem sie zu den anderen Personen und Schritten standen, die
den Einmarsch des Bürgermilitärs herbeigeführt und die wir am
gehörigen Orte nach dem wahren Sachverhalt erwähnt haben. Die Deputation, der sich der Bürgermeister anzureihen vermocht worden, und bei
welcher sich unseres Wissens Starnbacher nicht befand, hatte vom Stadt-
Commandanten zwar nicht den einen Punkt, nämlich Entfernung des
Militärs, aber doch den anderen, Auftreten der Bürgergarde in
der inneren Stadt, erwirkt. Alsbald durchzogen bürgerliche Tambours
die Straßen, den Generalmarsch zur Ausrückung schlagend. Jubelnder
Zuruf begleitete ihre Schritte und übertäubte fast den Schlag der
Trommel. Wo sich bewaffnete Bürger zeigten, eilte man auf sie hin,
umringte, umarmte sie, rief ihnen, Hüte und Tücher schwenkend, Vivat
zu. Die Abneigung gegen das Militär steigerte sich dabei. Militärische
Patrouillen wurden mit Zischen und Pfeifen verfolgt, wo man ihrer
ansichtig wurde. Ein einzelner Tambour vom Militär kam den Kohlmarkt herauf. Man hält ihn an, faßt seine Arme und verlangt, er
solle den bürgerlichen Generalmarsch schlagen. Als er das nicht thun
zu können erklärt, schlägt man seiner Trommel das gespannte Fell
durch, zerbricht ihm die Schlägel und entläßt ihn mit Püffen. Und
bei all' dem behielt das Militär, wo es nicht durch thätliche Angriffe
der wüthendsten Art herausgefordert wurde, im Ganzen seine ruhige
Haltung bei, mitten unter unausgesetzten Schmähungen und Witzeleien,
unter Hohn und Herausforderung jeder Art. Wo den Soldaten
freundlicher begegnet wurde, fielen sogar gemüthliche Scenen vor. In
der Seitengasse, die von der Kärnthnerstraße auf den Mehlmarkt führt,
war ein Posten Pionniere aufgestellt. Sie hatten die Bajonnete auf
den Gewehren aufgepflanzt. „Bajonnete herab!" rief es aus dem umstehenden Haufen; „Bajonnete herab!" rief es aus den Fenstern. Die Soldaten machen keine Miene, dem unwirschen Gebot nachzugeben. Da tritt
aus der Menge ein Herr heraus, wendet sich erst an die Leute mit der Mahnung, den ehrliebenden Soldaten nicht durch aufreizende Reden zu erbittern, darauf in freundlicher Weise an die Soldaten, stellt diesen vor, daß
man nichts Böses im Schilde führe, daß man nur das gemeinsame Beste
des Vaterlandes wolle; und sagt zuletzt: „Meinen Sie es gut mit uns,
so nehmen Sie zum Beweis Ihrer Gesinnung die Bajonnete herab; es

wird Ihnen nichts geschehen, dafür bürge ich Ihnen." Die Soldaten
lassen sich erweichen, sie nehmen die Bajonnets herab, allgemeiner Beifall folgt, man umarmt, man küßt sie unter dem Jubel derselben
Menge, von der sie noch eben zuvor mit Spott und Drohung mißbraucht worden waren.

Die Kundmachung des Regierungspräsidenten hatte inzwischen die
Presse verlassen, ihre Ausgabe begonnen. Sie lautete wörtlich wie folgt:

Kundmachung.

Eine bedauerliche Störung der nieder-österr. ständ. Versammlung ist heute eingetreten. Die Stände wurden von einer
Volksmenge genöthigt, ihre Verhandlungen zu unterbrechen und
Sr. Majestät die Wünsche jener Menge zu unterlegen. Sie haben
sich in der löblichen Absicht der Beruhigung derselben hiezu bereit gefunden. Se. Majestät haben die Stände gnädigst zu
empfangen geruht und ihnen die Zusicherung allerhuldreichst ertheilt, daß dasjenige, was den gegenwärtigen Zeitverhältnissen
entspricht, durch ein eigens hiezu aufgestelltes Comité sogleich
geprüft und der allerhöchsten Entscheidung unterzogen werde,
worüber Allerhöchstdieselben das zum allgemeinen Wohl der
Gesammtheit ihrer geliebten Unterthanen dienliche mit Beschleunigung beschließen werden. Hiernach versehen sich Se. Majestät
von der Anhänglichkeit und stets bewährten Treue der Bevölkerung dieser Residenzstadt, daß die Ruhe wieder eintreten und
nicht weiter gestört werden wird.

Wien, am 13. März 1848.

Johann Talatzko Freiherr von Gestietic,
k. k. n. ö. Regierungs-Präsident.

Aber dieser Inhalt war wenig geeignet die Aufregung zu beschwichtigen, die durch die Vorgänge am Hof fortwährend wach erhalten
und durch einen bedauerlichen Vorfall an einem andern Punkte der
Stadt in erhöhtem Maße aufgestachelt wurde. Die Wahrheit dieses
Vorfalles ist durch die bestimmtesten Aussagen, der Erfolg durch die
stumme Zeugenschaft zweier Leichen verbürgt; über Veranlassung und
eigentlichen Hergang desselben aber schwebt ein wohl kaum mehr auf-
zuhellendes Dunkel.

Bei Anbruch der Dämmerung führte Franz Anreiter, Hauptmann im ersten Bürgerregiment, eine Patrouille uniformirter Bürger
an dreißig Köpfe stark die Tuchlauben herauf, ein Schwarm Volkes

johlend und schreiend hinter drein. Als der Zug an das Gebäude
der Polizeioberdirection kam, fielen Schüsse heraus, zwei Mann stürzten
tödlich verwundet nieder, fünf andere trugen leichtere Verletzungen
davon. Die Verwundeten wurden eilig in die nächste Baderstube geschleppt. Der eine gab nach kurzem Todeskampf den Geist auf, der
andere wurde in das allgemeine Krankenhaus übertragen, wo er nach
mehreren Tagen an seiner Wunde starb.

Die Erbitterung, welche dieses Ereigniß hervorrief, läßt sich nicht
beschreiben. „Man hat aus der Polizeidirection auf Bürger geschossen,"
flog es von Mund zu Mund, „nun ist das Maß voll, nun gilt's!"
Der tolleren Köpfe bemeisterte sich eine wahre Wuth. Die verruchtesten
Pläne wurden ausgeheckt, um im Fall eines wiederholten „Angriffes"
von Seiten des Militärs sich ohne weiters über die kaiserliche Burg
herzumachen. Von hochrother Seite wird versichert, daß auf den Boden
eines der Burg nächstliegenden Hauses Fässer mit Spiritus, Pechkränze,
Fackeln u. d. l. geschafft worden waren, die man, so wie sich das Militär aus der Burg heraus entwickelt hätte, angezündet und herab-
geschüttet haben würde. Für einen andern Fall soll — und wir gestehen,
diese Versicherung hat für uns einen starken Beigeschmack von jener,
womit Mucius Scävola den König Porsenna in's Bockshorn jagte —
eine Anzahl junger Leute bereit und entschlossen gewesen sein, in den
vordersten Reihen das Geschützfeuer aufzufangen (!), worauf sich die
Uebrigbleibenden mit der großen Masse auf die Bedeckung stürzen,
dieselbe, ehe an ein zweites Abbrennen zu denken wäre, niedermachen,
die Geschütze umdrehen, gegen das in der Burg befindliche Militär
richten, die Burg selbst in Feuer und Flammen setzen sollten. Glücklicherweise kam die Gelegenheit nicht, um einen dieser höllischen Pläne,
sollte ein solcher ja von einigen Wahnsinnigen gefaßt worden sein,
auch nur zum Versuch der Ausführung zu bringen.

Im bergenden Dunkel des hereingebrochenen Abends begann das
Proletariat tumultuarisch zu hausen. An boshaften Aufreizungen seitens der „Intelligenz" fehlte es nicht. „Ich traf", so berichtet ein
classischer Zeuge, „auf einen Haufen Arbeiter, zu denen ein bärtiger
junger Mann, dessen Physiognomie schon seine Abstammung verrathen
haben würde, wenn ich ihn nicht von anderer Gelegenheit gekannt

hätte, sehr eifrig sprach). Er wies mit dem Finger auf ein schönes Gebäude: ‚Gefällt euch das Haus?‘ Die Arbeiter, verwundert über die Frage, antworteten ja! ‚Nun gut‘, fuhr er fort, ‚es gehört euch, wird euch gehören, denn bald werden alle Dinge gemeinsam sein. — Wie gefällt euch diese Laterne? Da könnte man die Reichen daran hängen, nicht wahr?‘ Noch verstanden die Arbeiter diese Sprache nicht, sie sahen sich befremdet an und ließen den Redner, ohne weiter auf ihn zu achten, stehen.“ Die ungebildete Classe hatte vorläufig nur die ausgelassene Zerstörungsfreude der Kinder: alles, was besteht, ist werth, daß es zu Grunde geht. An den meisten öffentlichen Gebäuden wurden die Fenster eingeworfen, an der Polizeidirection, am Gebäude der Domainenhofbuchhaltung auf dem alten Fleischmarkt, am Hoffkriegsrathsgebäude von der Bogner- und Seitzergasse her. Ebenerdig begnügte sich der Pöbel nicht mit den Glasscheiben, selbst die Fensterstöcke gingen in Splitter. An der kaiserlichen Reitschule vom Hofburgtheater bis auf den Josephsplatz blieb keine Tafel ganz, kein Rahmen unverletzt. Viele dieser Excesse gingen unter den Augen des Militärs vor sich, dessen folgenschwere Erbitterung von den Officieren im Zaum gehalten wurde. Durch ganz Wien wurde das Wort eines alten Generals erzählt, der am Stephansplatz, als eine unbändige Rotte die Fenster der Post einschmetterte, seinen vor Entrüstung kaum an sich haltenden Soldaten zurief: „Kinder schießt nur nicht!“

Manchmal sah man einen kleinen Trupp, eine Fahne in der Mitte, geführt von einem Sprecher, der alle zwanzig Schritte Halt machte und mit starker vernehmbarer Stimme zur Ausdauer aufforderte. Auf dem Salzgries sammelte sich ein zügelloser Haufe und faßte den Vorsatz, zu den Studenten zu ziehen. Tobendes Geschrei und rohe Verwüstung bezeichneten seinen Weg. Die Trümmer ihres Zerstörungswerkes trugen sie als Trophäen in den Händen, Stücke Holz, kurz oder lang, wie es sich jeder zu erringen wußte. Pappendeckene Anschlagszettel wurden herabgerissen und gleich Fahnen auf Stangen befestigt. In der Bäckerstraße stießen sie auf ein Wächterhaus; unter unbarmherzigen Streichen ging es in Trümmer, daß es unheimlich durch die nächsten Straßen hallte. Auf der nahen Universität hatte die harrende Ungeduld der Studenten den Gipfelpunkt erreicht. Jetzt schlugen dumpfe Schläge wie ferner Kanonendonner an ihr Ohr, sie meinten nicht anders als neuer Kampf zwischen Volk und Soldaten sei entbrannt und eine Abtheilung von Militär dringe kämpfend gegen die Universität vor. Mit lautem Schall flogen die Thore des Gebäudes zu, Bänke, Tische, Sessel, Katheder waren unter fürchterlichem Lärm im Nu zertrümmert; mit den Waffen, die man sich dadurch verschafft, stürzte man auf den Balcon. Da zog, von dem rauchigen Schein einiger Fackeln unsicher umleuchtet, durch die Schatten der Nacht — es war sieben Uhr Abends — ein gespenstischer Reigen an dem Gebäude vorüber, donnernde Vivats schrieen herauf, die von oben unbewußt, wem sie galten, erwiedert wurden. „Lichter heraus!" rief man auf die gegenüberstehenden Häuser zu und im Augenblick standen die Fenster in der Bäckerstraße der ganzen Länge nach voll Lichter, bei deren Helle die Rotte in ihrer vandalischen Ausschmückung, da ihr das verschlossene Thor den Eingang verwehrte, rufend und brüllend am Universitätsgebäude vorüber zog.

Die Scene, die wir so eben beschrieben, war im Beginnen, als die Mitglieder der medicinischen Facultät vor ihrem Gang nach Hof im Universitätsgebäude einsprachen. Das Krachen gewaltsam zerschellender Geräthschaften drang in ihr Ohr, als sie den Fuß in die Halle setzten, und sie beflügelten ihre Schritte, um einem Unheil Einhalt zu thun, von dessen Ziel und Ursprung sie keine Ahnung hatten. In der Aula wandten Dr. Köck, ihm zur Seite Jur. Dr. Obermaier und einige andere seit Stunden alle Mühe an, um die überstürzende Unruhe der Studenten, die so eben durch den unverhofften Zwischenfall neuen Reizstoff erhalten, in die Schranken der Mäßigung zurückzudämmen. Alle schrien sich heiser und doch verlor sich ihre Stimme in dem lauten Getöse; die blasse Farbe ihres Antlitzes verrieth die Ermüdung ihrer auf's äußerste angespannten Kräfte. Das Erscheinen der beiden festlich gekleideten Facultätsdignitare, den Dr. Engel zur Seite, brachte für den Augenblick die Ruhe neugieriger Erwartung. Als nun der Decan das Wort ergriff und im Namen der Facultät erklärte, daß sich diese den gerechten Forderungen der Studenten anschließe und mit ihnen ausharren wolle, bis das Ziel

erreicht sei, daß die Facultät in ihrer so eben abgehaltenen Sitzung
beschlossen habe, eine Deputation zu diesem Ende in die Burg zu senden
und daß sie sich eben dahin auf dem Weg befänden, um die gewünschte
Waffenbetheilung zu erwirken, da scholl einstimmiges jubelndes Bravo
zurück. Und als er daran die dringende Bitte knüpfte, bis zu ihrer
Rückkunft sich zu gedulden und darüber zu wachen, daß von ihnen
keine Ruhestörung ausgehe, längstens bis neun Uhr hoffe man mit
der Antwort wieder hier zu sein: da wiederholten die Studenten das
Versprechen, das sie zwei Stunden früher dem Rector gegeben, und
die Deputation verließ den Saal vom lauten Zuruf der Versammlung
begleitet.

Sie nahm wie die erste Deputation ihren Weg über den Stephansplatz und erbat sich von dem dort commandirenden General eine Es-
corte. Der alte Herr wollte einen Gemeinen mitgeben; als man ihm
vorstellte, daß sich dieß mit der Würde der Facultät nicht vertrage,
beorderte er einen Feuerwerker und erst als auch dagegen Einsprache
erhoben wurde, ließ er sich herbei, zwei Officiere und zwei Feuerwerker
zu beauftragen. Die Begleitung war dringend nöthig, die Comunica-
tion an vielen Punkten behindert oder unterbrochen; die Deputation
mußte Seitengassen einschlagen, um zur Burg zu gelangen. Als sie
auf dem Josephsplatz ankam, fand sie das Werk der Fensterzertrüm-
merung in vollem Gang. Die Stallburg mußte einen förmlichen
Sturm aushalten und einige der Wildesten schickten sich an, Feuer zu
legen, während eine andere Rotte unter maßloser Verwüstung und
Zertrümmerung in den Räumen der Hofapotheke hauste. Da letztere
mit der Burg durch einen Gang verbunden ist, so konnte leicht die
Vermuthung entstehen, die Absicht dieses wilden Unternehmens sei dahin
gegangen, um von dort aus die innere Burg zu gewinnen und in
die unmittelbare Nähe der kaiserlichen Wohnzimmer zu bringen. Wir
vermögen aber diese Vermuthung nicht näher zu begründen und theilen
sie unsererseits nicht, indem wir vielmehr diesen Auftritt, gleich den
übrigen, einzig in die Kategorie besinnungsloser Gewaltthätigkeit reihen.

12

Der Schauplatz entfesselter Rohheit beschränkte sich bei weitem
nicht mehr auf die innere Stadt. Vor manchen Thoren kam es zu
gewaltsamen, selbst blutigen Scenen. Durch eines marschirte eine Abtheilung Bürgermilitär in die Stadt. Ein zahlreicher Volkshaufe
schloß sich an, um mit hineinzudringen, ward aber mit Kolbenstößen
zurückgeworfen und das Thor wieder abgesperrt. Die ergrimmte Menge
brach die hölzerne Einfassung des Glacis und einen Gaslenchter in
Stücke und schleuderte diese unter die Soldaten, mit satanischem Bravo
die Würfe begleitend. Die Soldaten gaben Feuer und ein Fleisch-
hauergeselle, der sich über die Barriere springend davon machen wollte,
stürzte von Kugeln getroffen todt in den Stadtgraben. Das Schottenthor war verrammelt. Da sah man tausend geschäftige Hände emsig
an dem Verhau herumarbeiten, zerren, reißen, schieben, stoßen, heben,
wie ein wühlender Ameisenhaufen. Als einmal die Eisenstangen gelockert waren, wurden die Thorflügel unter furchtbarem Schreien und
Krachen eingestoßen, und die schwache Besatzung des Thores mußte
die siegende Horde vor ihren Augen in die Stadt sich ergießen lassen.

Aber auch weiterhin ging es grausvoll her. Schon war die
Kunde dessen, was vorgefallen, vergrößert und verunstaltet, bis in
die entferntesten Vorstädte, vor die Linien, in die stark bewohnten
Ortschaften außerhalb der Stadt gedrungen. Viele von diesen besitzen
eine zahlreiche Fabriksbevölkerung, deren schwierigsten Bestandtheil seit
den letzten Jahren die Drucker bildeten. Eine aus Frankreich herüber-
gebrachte Maschine, die mit drei Farben zugleich druckende Perrotine,
hatte im Jahre 1844 zu Prag jene allgemeine Erhebung der Arbeiter
in den Druckfabriken hervorgerufen, die nur mit außergewöhnlicher
Entfaltung polizeilicher und militärischer Maßregeln gedämpft werden
konnte. Seit jener Zeit offenbarten sich auch unter den Druckern der
Wiener Fabriken bedenkliche Wahrzeichen und es bedurfte nur so

schwieriger Arbeitsverhältnisse wie jene der letztern Monate und einer
so herausfordernden Gelegenheit wie die des heutigen Tages, um bei
den Arbeitern die Pandorabüchse wilder Gelüste mit einemmale auf-
springen zu machen und gleiche Leidenschaften unter dem gesammten
Proletariate der militärentblößten Stadttheile und Ortschaften mit
ansteckender Raschheit wach zu rufen.

Der brennendste Herd dieser Aufregung waren die Ortschaften
Fünfhaus und Sechshaus. Nach sechs Uhr Abends sammelten sich
dort Rotten wüster Gesellen, warfen sich auf die Mariahilfer Linie,
rissen wieder, was einzureißen war, und begannen Angriffe auf die
Linienamtsgebäude. Die ganze Besatzung derselben bestand aus eilf
Mann Finanzwache; aber das kleine Häuflein machte keine Miene
der vielköpfigen Schaar einen Fuß breit zu weichen. Von Zeit zu
Zeit thaten sie Ausfälle mit dem Säbel oder Bajonnete, wo jedesmal
die Angreifer, ohne eine nähere Berührung mit diesen unsanften Werkzeugen abzuwarten, in überstürzender Flucht auseinanderstoben, aber
freilich wohl bald darauf, durch neue Ankömmlinge ermuthigt und
verstärkt, von neuem das Haus bedrängten.

Ein Theil der wilden Horde verließ diesen wenig lohnenden Kampfplatz und suchte seinen Weg nach Sechshaus. Das Gemeindeamt,
worin sich das Polizeicommissariat befand, war das erste Ziel ihres
Verwüstungszuges und binnen wenig Augenblicken war keine Fenster-
scheibe ganz. Gleichzeitig wurde das gegenüberstehende Eckhaus des
Bäckermeisters Straubinger bestürmt, Fenster und Thüren eingeschlagen,
das vorhandene Brod ausgeraubt. Von da ging es vor das Gasthaus „zum Kaiser von Oesterreich"; auch hier flogen die Glastafeln
klirrend in Scherben und der Wirth mußte ausschänken, was er an
Getränken bei der Hand hatte. Nachdem sich die Rotte vollgesoffen,
zog sie vor den Laden des Bäckermeisters Reisinger und weiter vor das
Pfarrhaus von Reindorf. Hier aber fand sie Widerstand. Einige
beherzte Männer vom Braunhirschengrund hatten sich mit Knütteln
bewaffnet, warfen sich, von ihrem Richter Illek geführt, der halb
trunkenen Horde in den Weg, schlugen sie zurück und fingen einige
Spitzbuben ein, die der Polizei in Gewahrsam übergeben wurden.
Von da zogen sie auf die Hauptstraße und nahmen bei Schwender's

Casino beobachtende Stellung. Ein vielgereister Bewohner des Bezirks, Scharneck mit Namen, der die Pariser Julirevolution im Jahre 1830, den Aufstand in Brüssel, den Wormser Judenkrawall mit angesehen, stellte sich mit gezogenem Säbel an die Spitze dieses aus dem Stegreif geschaffenen Sicherheitscorps, führte es mehrmals dem meuterischen Gesindel entgegen und nahm etliche dreißig gefangen, die auf das Gemeindehaus von Braunhirschen abgeführt und in Sicherheit gebracht wurden.

Aber die Zahl der Rottirer war fortwährend im Wachsen. Bald hatten sie sich an einem andern Punkt wieder gesammelt. Schon kam Methode in ihr verbrecherisches Treiben. Ein Kerl mit einer langen Stange voran, in Reih und Glied zwei Mann hoch aufmarschirend, zerstreuten sie einen kleinen von den Bewohnern des Bezirks aufgestellten Posten, zogen vor das Gebäude, in welchem ihre Genossen gefangen gehalten wurden, überwältigten nach herzhaftem aber erfolglosen Widerstand die zur Bewachung zurückgelassene Polizeimannschaft und setzten, ohne daß Scharneck's herbeigeeilte, aber an Köpfen und Kräften zu schwache Schaar sie daran hindern konnte, ihre Raubbrüder frei, um nun das Zerstörungswerk an den Fabriken zu beginnen.

Während dieß vor der Linie vorging und ärgeres sich vorbereitete, befand sich ein anderer Schwarm auf dem Weg nach der Stadt. Von der Mariahilfer Linie zog er, mit jedem Schritt an Masse und an Ausgelassenheit zunehmend, durch die stark bevölkerte Vorstadt gegen das Glacis. Auf der ganzen Strecke wurden von dem pfeifenden, heulenden, schreienden Zuge die Fenster öffentlicher Gebäude eingeschlagen, die Scheiben der Laternen zertrümmert, Pfähle aus der Erde gehoben und niedergeworfen, gußeiserne Candelaber mit aller Kraftanwendung umgerissen. Noch größere Excesse begannen auf dem Glacis, wo die wüthend herantobende Horde mit den zahlreichen Massen, die seit dem Absperren der Stadt sich hier angesammelt hatten, zusammenfloß und sich nun von der einen Seite die kaiserlichen Stallungen, von der andern das äußere Burgthor zum Ziel ihrer wüthenden Angriffe erkor.

13.

Kaum minder bewegt als auf der Straße, obgleich in anstän-
digeren Formen, ging es den Tag über und im erhöhten Grade, wie
sich die Ereignisse häuften und entwickelten, gegen Abend im Innern
der kaiserlichen Burg her. Die Appartements des Grafen Kolowrat,
des Erzherzogs Franz Karl, des Erzherzogs Ludwig wimmelten von zu-
und abgehenden Personen, von Einlaß begehrenden, Bescheid holenden
Deputationen, von bewegten die Tagesereignisse besprechenden, Rathschläge zur Ausgleichung discutirenden Gruppen. Unter den Deputationen befand sich eine von Bürgerofficieren aller Abstufungen, bestehend
aus dem Commandanten des zweiten Bürgerregiments Fr. Schaumburg,
dem Major Walter, dem greisen Rittmeister Leibenfrost, Hauptmann
Tschappek, Oberlieutenant L. Scherzer und Lieutenant Sinat. Ihre
Uniform verschaffte ihnen Einlaß, als sie sich im Laufe des Nachmittags in die Burg verfügten; aber es lief nicht ohne Anwendung von
Gewalt ab, als das Militär den wogenden Schwall, der sich ihnen nach-
drängen wollte, abhalten und zurückstauchen mußte.

Der Kaiser hatte sich, von der Aufregung des Tages erschöpft,
zurückgezogen und war nicht mehr zugänglich. Eine desto verant-
wortlichere Rolle fiel den hochgestellten Männern zu, die mit Vorstellungen, Bitten, Rathschlägen, Anforderungen bestürmt wurden und
die Ergreifung vom Drang gebotener Maßregeln auf ihre eigene Schulter zu nehmen hatten. Anfangs ließ es sich mit bloßen Vertröstungen
thun. Der ausgesprochene Wille des Kaisers, die Einleitung zeitgemäßer Reformen in Berathung ziehen lassen zu wollen, lag vor und
darauf konnte sich berufen, der glühende Eifer der Deputationen, der
sich größtentheils in allgemeinen Redensarten herumtummelte, beschwichtigt werden. Das einzige Opfer, das die hart bedrängten Würden-
träger zu bringen hatten, war das gelassener Ohrenfestigkeit, womit
sie die immer wiederkehrende Betheuerung treuer und warmer Anhäng-

7

lichkeit an das allerhöchste Kaiserhaus, die Schilderung der mit jedem Augenblick bedrohlicher sich gestaltenden Lage, die mehr vom überströmenden Gefühl als vom überlegenden Verstand eingegebenen Rathschläge zur Abwendung der Gefahr, die verworrene an unverdaute Schlagworte sich festklammernde Auseinandersetzung der laut gewordenen Volkswünsche anzuhören hatten. Wohl gab es unter den zahllosen Wünschen z w e i , die ein genau bezeichnetes Ziel hatten. Allein mit dem einen traute man sich gegenüber den Achtung gebietenden Persönlichkeiten, vor denen man verhandelte, zur Zeit noch nicht hervor; der andere wurde erst gegen Abend von der Deputation der Universität in die Burg getragen.

Der Rector und die beiden Professoren hatten, wie bereits erwähnt, ihren ersten Gang zum Grafen Kolowrat genommen, um durch diesen den Vortritt bei Sr. Majestät zu erwirken. Nachdem ihnen hier der Bescheid geworden, daß dieß bei dem angegriffenen Zustand des Kaisers für den Moment unmöglich sei, begaben sie sich zum Erzherzog Franz Karl, der sie mit der ihm eigenen herablassenden Freundlichkeit empfing und ihnen als „ehrlicher Mann" die Versicherung gab, daß die Erklärung von Zugeständnissen im Werke sei. Als sie aber auf ihr nächstes Begehren, Bewilligung der Studentenbewaffnung zu sprechen kamen, erklärte er in seiner Stellung sich darauf nicht einlassen zu können. Sie verfügten sich zum Erzherzog Ludwig, dessen Vorsaal und Empfangszimmer von Staatsbeamten und Generalen, von Deputationen, von berufenen und unberufenen Personen angefüllt war. Hier wurde ihnen anfangs der gleiche Bescheid über die Berathung von Concessionen im allgemeinen und die gleiche Einwendung gegen die besondere Bitte um Bewaffnung der Studierenden. Doch s o konnten die Abgesandten sich von der augenblicklich höchsten Instanz nicht abfinden lassen. Sie hatten die besinnungslose Aufregung der jungen Leute gesehen, sie hatten ihr tollköpfiges Vorhaben gehört, sie waren mitten aus dem drohendsten Tumulte geschieden und wahrhaftig von der Ueberzeugung durchdrungen, daß die Gewährung ihres Ansuchens das einzige Mittel sei, unberechenbare Gefahr abzuwenden. Der greise Rector, ein Mann von mehreren siebenzig Jahren, warf

sich vor dem Erzherzog auf die Knie und beschwor ihn, seiner dringenden Vorstellung Gehör zu geben: „Zweitausend junge Leute, die Hoffnung so vieler Familien, seien von einer Exaltation ergriffen, die sich,
wollte man Gewalt versuchen, blindlings in die Bajonnete stürzen und
so viel edles, wenn gleich unbesonnenes Blut fließen machen würde;
die Gelegenheit biete sich dar, so großem Unglück vorzubeugen und
zugleich dem übersprudelnden Eifer eine gemeinnützige Richtung zu geben;
der Erzherzog wolle den jungen Leuten vertrauen, sie würden beweisen,
daß sie Vertrauen verdienen, sie glühten vor Begierde, den Beweis zu
liefern, daß es ihnen um Recht und Ordnung zu thun sei; das Militär sei nicht zahlreich genug und von den Anstrengungen des Tages
erschöpft, um für sich allein der drohenden Gefahr die Stirne bieten
zu können; man möge von dem guten Willen und von der jugendlichen
Kraft der Studierenden Gebrauch machen, man möge die Herstellung
der Ordnung, die Vertheidigung der Bürger, die Rettung des Eigenthums auf ihre Schultern legen, sie würden die Aufgabe mit Begeisterung übernehmen, mit Muth und Ausdauer zu Ende bringen."
Der Erzherzog schien ergriffen von der warmen Ansprache des würdigen
greisen Mannes, dennoch glaubte er sich auf eine bestimmte Zusage
nicht einlassen zu dürfen; alles, was er versprechen könne, sei, daß er
den Gegenstand unmittelbar in Berathung ziehen wolle. Die Deputirten
baten, wenigstens diese Zusicherung ihnen schriftlich mitzugeben. Der
Erzherzog beauftragte den Staatsrath Pilgram, ein paar Zeilen solchen
Inhaltes zu Papier zu bringen, was dieser in ihrer Gegenwart, einem
Schreiber in die Feder dictirend, sogleich that und ihnen die Schrift
sammt einem Abdruck der Proclamation, die im Lauf des Nachmittags
veröffentlicht worden, in die Hände gab. Die Deputirten hatten den
Saal verlassen, als sie erfuhren, daß bereits eine zweite Deputation
von der Universität in der Burg angelangt sei, und sie beschleunigten,
unwissend und bangend über die Ursache dieses wiederholten Schrittes,
ihre Rückkehr zur Universität, in Begleitung desselben Officiers, der
ihnen das Geleite vom Stephansplatze gegeben hatte.

Die Gemächer des Erzherzogs Ludwig hatten sich inzwischen
immer mehr gefüllt; das Vorzimmer wimmelte von den bewegtesten

7*

Gruppen, aus Beamten und ständischen Gliedern in Civilkleidern und Uniform, Officieren, Bürgergarden, den Deputirten der medicinischen Facultät in buntem Wechsel durcheinander gemischt. Die letzteren, nachdem sie gleich der ersten Deputation der Universität vorher den Erzherzog Franz Karl aufgesucht hatten, wurden auch bei Erzherzog Ludwig bald vorgelassen. Die Thürflügel öffneten sich und sie traten in den von Großwürdenträgern angefüllten Empfangssaal, unter denen die Erzherzoge Ludwig und Johann, die Gestalten des Fürsten Metternich und des Grafen Kolowrat zumeist hervortraten. Die Deputirten wendeten sich an den Erzherzog Ludwig mit Vorstellungen jeder Art in ihn dringend, auf daß er die Bewilligung gebe, die in ihrer Ungeduld nicht mehr zu zügelnde Jugend zu bewaffnen. „Keine sichereren Waffen," betheuerte einer von ihnen, „hat je die Residenz, hat jemals der Monarch gehabt. Auch ist dieß nur ein Zurückblättern im Buch der Geschichte. Zu wiederholtenmalen sind die Studenten der Wiener Universität bewaffnet worden und stets haben sie sich tapfer und treu bewährt." Nachdem er dieß mit den lebhaftesten Farben ausgemalt, zeigte er die Kehrseite des Bildes. „Erfolgt aber die Bewaffnung der Studenten nicht, erfolgt sie nicht bis neun Uhr, dann wird die nicht mehr zu haltende Jugend mit den Bruchstücken zertrümmerter Bänke in der Hand sich gegen die Bajonnete der ungarischen Grenadiere stürzen, um ihnen die Waffen zu entreißen. Das edelste Blut wird fließen, das wohl zu bessern Zwecken aufzusparen wäre, und im Innersten meiner Seele bin ich überzeugt, daß kaiserliche Hoheit um jeden Preis das Blut solcher Jünglinge schonen wollen." Ohne einen Bescheid zu geben, wendete sich der Erzherzog von dem erhitzten Sprecher zu einer andern Gruppe und die Deputirten traten vor den Grafen Kolowrat, al' seinen Einfluß beschwörend, um die Deputation nicht ohne befriedigende Antwort zurückkehren zu lassen, da sonst das traurigste zu befürchten wäre. Der Graf führte den Erzherzog wieder zur Deputation zurück und dieser beschied sie mit Worten, welche Aussicht auf Gewährung durchschimmern ließen, im Vorzimmer seine Entschließung abzuwarten.

Auch die Deputation der Bürgerofficiere befand sich im Saal mit den versammelten Staatsmännern in Unterhandlung. Bereits zweimal war dieselbe in das Vorzimmer zurück beschieden, bereits

zum drittenmale vorgelassen worden. Jetzt wollte sie dem Fürsten
Metternich ihre Wünsche vortragen. Der Fürst legte seine Hand dem
ihm zunächst stehenden Herrn auf die Schulter: „Die Bürger Wien's",
sprach er, „haben sich immer treu bewiesen und es wäre eine Schmach
für sie, wenn sie es nicht vermöchten, mit dem Militär vereint einen
Straßenkrawall zu unterdrücken, der nur vom Pöbel und einigen
Fremden veranlaßt ist." Es sei kein Krawall, sondern eine Revolution,
meinte die Deputation; alle Stände betheiligten sich daran, von den
höchsten gebildeten Classen bis herab zum Handwerker und zum Arbeiter. „Das ist nicht wahr," entgegnete der Fürst ohne in Heftigkeit
zu gerathen, „es sind Ausländer, Polen, Franzosen, Schweizer, die den
Pöbel aufreizen. Meinen Sie, daß wir solchen Anforderungen nachgeben sollen?" „„Ich habe gar keine Meinung,"" sagte derselbe, den
der Fürst zuerst angesprochen, „„sondern nur den Auftrag im Verein
mit den andern Herren die Wünsche der Wiener Bürgerschaft auszusprechen und gebe Euer Durchlaucht nochmals die Versicherung, daß
es sich nicht um einen Straßenkrawall handelt"". Die Deputation
wurde abermals in das Vorzimmer zurück gebeten und sollte nach
einer halben Stunde wieder vortreten.

Sie war nicht lange dort, als athemlos ein Bürgerofficier mit
der Schreckenspost hereinstürzte, aus dem Polizeigebäude sei geschossen,
ein Bürger getödtet, mehrere andere verwundet worden. Jetzt konnte
die Deputation nicht länger an sich halten. Sie erwirkte neuerlichen
Einlaß, sie schilderte in den grellsten Farben den eben vernommenen
Vorfall und mit der nachdrücklichsten Betonung und in nicht immer
gelinden Ausdrücken kamen die Sprecher stets wieder als auf das
Vollmaß alles Gräuels darauf zurück, daß auf Bürger geschossen
worden. Einem der anwesenden Militärs entfuhr darüber die an sich
tactlose und auf den fraglichen Vorfall vollends nicht passende Aeußerung:
„Nun, wenn Bürger Rebellen sind, dann muß auch auf sie geschossen
werden!" Nun war Feuer im Dach. Einer der Bürgerofficiere, ein,
wie er sich in spätern Tagen zeichnete, im Augenblick der Gefahr feiger,
aber inmitten der schützenden Menge herausfordernder und mit aus-
giebigem Mundwerk polternder Mann, stürzte wie ein Besessener in
das Vorzimmer mit dem Ausruf, er müsse hinab, um den treuen Bürgern

Wiens zu verkündigen, daß man sie niederschießen wolle; kaum gelang es einigen besonnenen Personen, ihn am Arm zurückzuhalten und sein Toben zu beschwichtigen.

Der peinliche Eindruck, den dieser unangenehme Zwischenfall zurückgelassen, heischte Ablenkung nach anderer Richtung. Aus den zahlreichen Wünschen, Anträgen, Rathschlägen, die aus dem Munde der verschiedenen Deputationen laut geworden waren und von den anwesenden Bürgern und ständischen Mitgliedern in stetem Wechsel vorgebracht und durcheinander geworfen wurden, arbeitete sich immer mehr das Verlangen nach Aufhebung der Censur in den Vordergrund. Das war zugleich der Punkt, wo sich angesichts der in der That zum Zerrbild entarteten Preßzustände die dringende Nothwendigkeit einer Reform am mindesten verkennen ließ. Dazu kam das Beispiel anderer Länder. Schon am 10. März hatte es der Zufall gefügt, daß auf der ersten Seite der Wiener Zeitung neben einer kaiserlichen, die unverrückte Aufrechthaltung des gegenwärtigen Bestandes aussprechenden Willenserklärung, nur durch zwei Spalten geschieden, eine königliche Proclamation aus dem benachbarten Baierland zu lesen war, die unter mehreren andern, zeitgebotene Reformen berührenden Gesetzesvorlagen auch jene „über vollständige Preßfreiheit" ankündigte. Die Numer des heutigen Tages brachte ähnliches aus einem andern Nachbarstaate, nämlich ein Cabinetsschreiben des Königs von Preußen, betreffend eine „auf Censurfreiheit begründete durchgreifende Reform der Preßgesetzgebung." Das waren zu drängende und nahe liegende Vorgänge, als daß man mit einiger Aussicht auf Erfolg hätte wagen dürfen, gegen das gleiche Begehren auf österreichischem Boden sich in den Kampf einzulassen. Es wurde daher als angemessen erkannt, dem allgemeinen Wunsch entgegen zu kommen, und Fürst Metternich verfügte sich in ein Seitenzimmer, um nach dem Vorbild des preußischen Cabinetsschreibens den Entwurf einer dem Kaiser vorzuschlagenden Entschließung abzufassen.

Kaum sahen die Wortführer, daß man Anstalten treffe, in diesem Punkte ihrem Begehren zu willfahren, und fühlten sich augenblicklich von der sie bedrückenden Gegenwart des Fürsten befreit, so zauderten sie nicht länger, mit ihrem eigentlichen Herzenswunsch hervorzutreten

und alle Minen der Vorstellung, der Ueberredung, der Einschüchterung
springen zu lassen, um die Abdankung des Mannes durchzusetzen, dessen
Einfluß und Wirken sie mit dem Bestand des seitherigen Regierungs-
systems vereinerleiten. Ein lebhafter Wortwechsel entsteht, alle Stimmen
sprechen durch einander, jeder will das Gewicht seiner Ueberzeugung
auf die schon schwerbelastete Wagschale werfen — da tritt der Staatskanzler, durch den steigenden Lärm aus dem Nebenzimmer herbeigezogen,
zur Seitenthüre in den Saal zurück und vernimmt, wie gerade jemand
mit lauter Stimme sich vernehmen läßt: „Ich versichere Sie, meine
Herren, der Fürst Metternich wird abdanken.“ „„Wer sagt, daß ich
abdanke?““ ruft der Fürst dazwischen. „Wie gesagt, ich wiederhole,
der Fürst Metternich dankt ab!“ spricht dieselbe Stimme, nicht dem
Staatskanzler zur Antwort, sondern den Umstehenden zum Bescheid. Ein
Gefühl der Bitterkeit erpreßt Metternich den Ausruf: „Also das ist
der Lohn für meine durch fünfzig Jahre dem Staat und der Dynastie
geleisteten Dienste!?“ Doch spöttisches Lachen höhnt ihm aus den
Gruppen, auf die er seinen Blick richtet, entgegen. Ein paar von den
Bürgerofficieren traten an ihn heran und versuchten begütigende Ueberredung. „Meine Herren,“ sagte der Fürst zu diesen, „wenn Sie glauben,
daß ich durch meine Abdankung dem Staat einen Dienst erweise, so
bin ich mit Freuden erbötig, von meinem Posten zurückzutreten.“
Der alte Leibenfrost entgegnete: „Durchlaucht, wir haben nichts gegen
Ihre Person, aber alles gegen Ihr System, und darum müssen wir
wiederholen: so nur retten Sie den Thron und die Monarchie.“ Voll
ruhiger Würde erwiederte der Fürst: „Es ist die Aufgabe meines
Lebens gewesen, für das Heil der Monarchie von meinem Standpunkt
zu wirken; glaubt man, daß das Verbleiben auf solchem dieß Heil
gefährde, so kann es für mich kein Opfer sein, meinen Posten zu verlassen. Ich erkläre Ihnen nochmals, da ich nach Ihrer Meinung durch
meinen Rücktritt dem Staat nütze, daß ich gerne bereit bin, diesen zu
verwirklichen.“ Er wandte sich zu dem Erzherzog Ludwig mit der
Erklärung, daß er seine Stelle in die Hände Sr. Majestät des Kaisers
niederlegen werde. Schonungsloser Ausdruck der Freude spiegelte
sich auf den Mienen der Volksmänner und machte sich in verschiedenen
Ausrufen hörbar. Fürst Metternich, ohne darauf zu achten, richtete

an jene, so ihn umstanden, diese Worte: „Ich sehe voraus, daß sich die Behauptung verbreiten werde, ich habe bei dem Rücktritt von meinem Posten die Monarchie mit mir davon getragen. Gegen eine solche Behauptung lege ich feierliche Verwahrung ein. Die Schultern keines Einzelnen sind stark und breit genug, einen Staat davon zu tragen: verschwinden Reiche, so geschieht dieß nur, wenn sie sich selbst aufgeben." Er besprach darauf ohne Zeichen innerer Aufregung die Ereignisse des Tages und deren Folgen in gewohnter ruhiger Weise, gleich als ob seine Person dabei gar nicht betheiligt wäre. Die Bemerkung einiger Freunde, daß sein Rücktritt noch nicht entschieden sei, da der Kaiser selben noch nicht genehmigt habe, wies er entschieden zurück: „Nimmermehr würde er auf solche Weise seinen Posten behaupten wollen; seine Abdankung würde dann wie ein Theaterstreich und Gaukelspiel erscheinen, wozu er sich niemals herbeilassen werde; sein Entschluß sei fest und nur die Bitten jener, die dazu Veranlassung gegeben, könnten ihn bestimmen davon abzustehen".

Während dieses Vorganges war die Deputation der medicinischen Facultät, die lange mit steigender Unruhe im Vorzimmer geharrt und immer mehr von jener Zeit verrinnen gesehen hatte, die sie auf der Aula als den Endpunkt der zu gewärtigenden Antwort zurückgelassen, in den Saal getreten und schon ward neuerdings der Erzherzog Ludwig von ihnen umlagert und mit Vorstellungen bestürmt. „Wenn ich die Studenten bewaffne", sagte dieser endlich, „können Sie mir dafür einstehen, daß die Waffen nur für die Sicherheit der Stadt gebraucht werden, daß nicht fremdes, vielfach jetzt herumschleichendes Gesindel sich unter die Studenten mischen und so zum Unheil der friedlichen Bewohner gerüstet werde?" „„Kaiserliche Hoheit"", rief der Decan, „„ich bin Familienvater, aber mit Freuden lege ich dafür mein Haupt auf den Block, ich stehe ein für den biedern Charakter der Studenten."" „Kaiserliche Hoheit," ergänzte der erhitzte Sprecher von vorhin und wir würden diese Worte, die durch die Kürze der darin ausgedrückten Haftungszeit zwischen dem naiven und dem verfänglichen schwanken, nicht hersetzen, dafern sie nicht auf seiner eigenen Zeugenschaft beruhten: „Kaiserliche Hoheit, lassen Sie die Studenten bewaffnen und behalten Sie uns hier. Wenn in den nächsten vier und zwanzig

Stunden die Universitätsjugend ihre Wehr für andere Zwecke als für
das Kaiserhaus, für Sicherheit und Ruhe verwendet, so möge man
uns füsiliren lassen!" Der Erzherzog ließ von weitern Einwendungen
ab und erklärte, daß die Bewaffnung am nächsten Morgen vor sich
gehen solle. Die Deputirten waren dadurch mehr bestürzt als erfreut;
denn was sollte, meinten sie, ein Aufschub auf den morgigen Tag
gegenüber der auf den höchsten Punkt gereizten Erwartung und Spannung der Studenten? Sie drangen von neuem in den Erzherzog, der
inzwischen schon den Befehl gegeben hatte, den Auftrag an die Behörden zu entwerfen. Derselbe lautete dahin, „daß zur Aufrechthaltung der Ruhe und Ordnung die Bewaffnung der Studierenden mit
Ausschluß von Ausländern unter zweckmäßiger Regelung stattzufinden
habe." Der Aufsatz ging durch die Hände der anwesenden Glieder
der Staatsconferenz. Eines der ständischen Mitglieder bekam ihn in
die Hände und fügte mit Bleistift den Zusatz bei: „es werde auch erwartet, daß alle Bürger durch Einreihung in die Bürgercorps diese
möglichst verstärken und zur Erhaltung der Ruhe mitwirken werden."
Graf Kolowrat zeigte den Deputirten zu ihrer Beruhigung den ausgefertigten Entwurf, der nur die Unterschrift des Kaisers erwarte.
Sie baten, daß ihnen zwei Bürgerofficiere als Bevollmächtigte mitgegeben würden, um diesen Beschluß zu verkünden, das bürgerliche
Zeughaus öffnen lassen und die Waffenbetheilung bewerkstelligen zu
können. Es wurde ihnen zugestanden und sie flogen freudeklopfenden
Herzens über die Straßen, durch welche die Kunde von Metternich's
Abdankung ihnen vorausgeeilt war, auf die Universität.

14

Dort war fast in demselben Augenblick von anderer Seite her die ersehnte Lösung gekommen.

Der Bericht der ersten Deputation war nicht geeignet gewesen, die aufgeregten Gemüther zu beschwichtigen. Hye hatte im Namen derselben den Katheder bestiegen und den der Deputation gewordenen Bescheid, der von einleitender Berathung über das vorgebrachte Begehren handelte, sowie die Proclamation des Regierungspräsidenten vorgelesen, die eine gleiche Berathung „dessen, was den gegenwärtigen Zeitverhältnissen entspricht", in Aussicht stellte. Vereinzelter Beifall antwortete, doch bald überwog vielköpfiger Ingrimm. Der Sturm brach von neuem los, die Brauseköpfe wollten sich nicht mehr halten lassen, sie wollten hinausstürzen, um sich mit Gewalt Waffen zu verschaffen und nur mit der größten Anstrengung, mit Bitten, Vorstellungen, Vorwürfen gelang es Köck und Obermaier, nach und nach etwas Ruhe herzustellen und sich die Erneuerung des Versprechens zu erringen, man wolle warten, bis auch die zweite Deputation ihre Botschaft überbracht habe. Der Rector und die beiden Professoren zogen sich erschöpft von stundenlangen Mühen zurück und legten die Ueberwachung der Ruhe in die Hände der beiden Doctoren.

Sie hatten kaum den Saal verlassen, als Baron Somaruga d. j. mit der Eröffnung erschien, er sei vom Regierungspräsidenten beauftragt, den Studenten mitzutheilen, daß sie am nächsten Morgen acht Uhr mit Waffen betheilt werden sollen. „Heute noch! heute noch!" hallte es durch den Saal, „wir weichen nicht von der Stelle! Heute noch oder wir bewaffnen uns selbst!" Somaruga ergreift von neuem das Wort: er wolle diese Antwort sogleich an Ort und Stelle tragen, ehe eine halbe Stunde vergangen, werde er wieder zurück sein und den neuen Bescheid bringen.

Eine abermalige Frist des Wartens war gegeben. Es gelingt dem Dr. Köck, die Versammelten zu neuer Anordnung und Aufstellung zu bewegen, um, wie er sagte, so geordnet der einzuleitenden Bewaffnung entgegen zu harren. Darüber verging einige Zeit und die halbe Stunde war noch nicht herum, als Somaruga wieder erschien, am Arm einen Officier des zweiten Bürgerregiments mit sich führend. Die Bewilligung sei gegeben, so lautete seine kurze, doch inhaltschwere Botschaft, den Studierenden sollten allsogleich Waffen aus dem bürgerlichen Zeughause erfolgt werden. Man kann sich nach allem, was vorangegangen, den Jubel ausmalen, der die Hallen des ganzen Gebäudes durchtobte. Alle Ordnung war zerrissen, alles drängt sich durcheinander. „Zum Zeughaus! fort um Waffen! Fahnen herbei!" Dazwischen riefen andere Stimmen: „Die Universität nicht unbewacht lassen! Ordnung!" Mit angestrengtester Mühe vermochte Köck mit seiner Stimme wenigstens einen Theil der sich etwas beruhigenden Versammlung zu beherrschen: „Vier Rotten, gebildet aus den vier Facultäten, Technik statt Theologie, müssen zum Schutz des Hauses zurückbleiben. Die andern ordnen sich zum Abziehen. Ich verspreche mit dem ersten bewaffneten Haufen wieder da zu sein, um die Zurückgebliebenen abzulösen und zur Bewaffnung zu führen." Dann forderte er das feierliche Gelöbniß ab, die auf gesetzlichem Wege erlangte Bewaffnung zum Schutz des Gesetzes, zur Herstellung von Ruhe und Ordnung zu gebrauchen. Das Versprechen wurde mit vielstimmigem Lärm gegeben. Aber jetzt erfolgte neues Geschrei: „Eine Fahne! die Türkenfahne! die Fahne von 1797!" „Beide hat der Pedell unter Verschluß und der ist jetzt nicht zu finden", schrie Dr. Köck; „aber", setzte er hinzu, indem er eine brennende Kerze ergriff und hoch empor hielt, „vernichtet ist das Werk der Finsterniß, das Licht sei unsere Fahne, dem Licht folgen wir fortan!" Unter allgemeinem Jubel befestigte er die Kerze auf eine Stange und verließ, von Somaruga und dem Bürgerofficier begleitet, an der Spitze der Studenten, die sich in der Halle zu drei und drei aneinander reihten, den Saal und das Haus.

Die Glieder der zweiten Deputation bogen eben hastigen Schrittes in die Bäckerstraße ein, als ihnen der Studentenzug mit der seltsamen Standarte voran entgegengeschritten kam. „Metternich hat abgedankt!

Die Bewaffnung der Studierenden ist bewilligt!" riefen sie entgegen. Lauter Jubel scholl ihnen grüßend zu und fort ging es nun mit dem Zuge, dem die Doctoren sich anschlossen, in Eile zum bürgerlichen Zeughaus, von vielstimmigen Bravos und Vivats der Menschenmasse begleitet, die zu beiden Seiten Platz machend auseinander wich. Doch die geschlossenen Reihen ließen sich nicht lang erhalten. Am Lugeck war das Gedränge so groß, daß der Zug Mühe hatte, Mann für Mann sich durchzuwinden. Auf dem hohen Markt ging es wieder etwas besser. Die Begeisterung war allgemein. „Brave Männer", riefen einzelne Stimmen den Studenten zu. Auf dem hohen Markte waren ungarische Grenadiere aufgestellt. Die Magyaren aus den Reihen der Studenten riefen ihnen laute Eljen zu, die schwach und schüchtern von einigen Soldaten erwiedert wurden. Wärmer war der Empfang, als der Zug an den in der Nähe des Magistratsgebäudes aufgestellten Bürgern vorbeizog. Vivat ertönte aus allen Kehlen, Studenten und Bürger wechselten feurige Händedrücke, vom zweiten Glied streckten sich Hände heraus, um die jungen Leute zu begrüßen; das Bravorufen und Hüteschwenken wollte kein Ende nehmen.

Am Hof befand sich das Militär in seiner früheren Stellung. Das Zeughaus war fortwährend von andringenden Haufen umlagert, der Platz mit einer aufgeregten Menge erfüllt. Die thätlichen Angriffe auf das Militär hatten aufgehört, dagegen leerten sich ungewaschene Mäuler in garstigen Reden aus. Erzherzog Wilhelm befand sich noch immer auf dem Platz und der edle Prinz mußte in seiner unmittelbaren Nähe die schonungslosesten Worte hören. Erst spät am Abend und während die Ereignisse vor dem Zeughause bereits eine andere Wendung genommen, wurde er nebst den andern Generalen abberufen.

Der Eingang zum bürgerlichen Zeughaus war von Bürgergrenadieren bewacht. Als Baron Somaruga Oeffnung und Einlaß verlangte, da die Bewaffnung der Studierenden bewilligt sei, weigerte sich der commandirende Stabsofficier dieß zu thun, weil ihm keine Weisung zugekommen. Baron Somaruga beruft sich auf den Bürgermeister und will von ihm die Bestätigung holen. Aber der ist nicht zu finden. Fast eine halbe Stunde verstreicht in vergeblichem Harren vor der geschlossenen Pforte. Da öffnet sich das Thor von innen — Somaruga und dem begleitenden Bürgerofficier war es gelungen, durch eine Seitenthür in das Gebäude zu kommen und unter Uebernahme aller Verantwortlichkeit die Aufschließung des Thores zu bewirken. Noch verwehrte der Stabsofficier, ohne einen schriftlichen Befehl in Händen zu haben, den Eintritt in das Haus und die Eröffnung der Waffenkammern, bis er zuletzt den eindringlichen Vorstellungen, begleitet von der Versicherung alle Verantwortlichkeit ihm abzunehmen und verstärkt von dem kaum mehr zu dämmenden Andrang, nachgab und geschehen ließ, was er nicht länger hindern konnte. Aber nun wollte alles Waffen haben, was da war, und doch sollten und durften nur die Studenten welche bekommen. Das Thor wurde schleunig mit Bürgergrenadieren besetzt und Dr. Engel griff zu dem vom Moment dictirten Auskunftsmittel, daß er jeden Einlaß begehrenden in lateinischer Sprache anredete, an jene aber, die als Techniker diese nicht zu verstehen angaben, Fragen richtete, an deren Beantwortung man den Maßstab höherer Schulbildung legen konnte. Für die nachrückenden Schaaren wurde auf dem Judenplatz ein Tisch mit Lichtern aufgestellt, wo die Waffen begehrenden Studenten mit Namen und Rottennumern in eine Liste eingetragen wurden. Sobald sich eine Abtheilung von zwanzig unter einem selbstgewählten Anführer zusammengefunden, marschirte sie vor das Zeughaus ab, wartend, bis ihre Vordermänner mit Waffen betheilt, herausgeschritten kämen.

So begann bei Fackelschein und Mondbeleuchtung — der den ganzen Tag über trüb verhangene Himmel hatte sich etwas aufgehellt — die Bewaffnung der Studenten. Ordnung fand aber nur beim Aus- und Einmarsch statt. Drinnen im Gebäude ging es ziemlich bunt durcheinander. Man mußte sich drängen und winden, um zur Betheilung zu kommen und das ging ohne Lärm und Geschrei nicht ab. Und was für Waffen hatte da mancher in Händen, als er sie genauer besah! Dinge, die seit den großen Kriegen in friedlicher Stille gelegen und zum Theil im wohlverdienten Ruhestand sich befunden hatten, alte Gewehre mit verrosteten Schlössern, ohne Stein und Riemenzeug, Säbel ohne Scheide u. dgl. Lautes Murren erhob sich, man wollte gute Waffen, und doch konnte man von Glück sagen, nur überhaupt welche erhascht zu haben. Die Mäßigeren beschwichtigten mit dem Drang des Augenblicks und mit der taktischen Bemerkung: Munition habe man ohnedieß nicht, würde es auch darin dem Militär nicht gleichthun können, die Hauptwaffe müsse unter den jetzigen Umständen immer das Bajonnet bleiben.

Im Hof rangirten sich die bewaffneten Studenten mit uniformirten Bürgern in gemischte Reihen. Die Kundmachung des Regierungs-Präsidenten wurde wiederholt verlesen. Dann ging es zum Thor hinaus und in den begeisterten Jubel hinein, der jede gerüstete Schaar, wo sie sich blicken ließ, mit donnernden Vivats und Bravos empfing, begleitet vom Hutschwenken der Männer, vom Tücherwehen der Frauen aus offenen oder hinter verschlossenen Fenstern, während die Wachposten, an denen sie vorüberzogen, unter's Gewehr tretend militärische Ehre erwiesen. Mit Begeisterung und strahlender Freude im Antlitz drängten sich die Leute an sie heran, streckten ihnen die Hände entgegen und waren glücklich, sie drücken, einen erwiedernden Druck empfangen zu können. Die Med. Doctoren L. A. Frankl, Siegfried Kapper, August Schilling waren unter den ersten, die an der Spitze solcher Häuflein das Zeughaus verließen. Sobald Köck seine Schaar beisammen hatte, zog er auf die Universität zurück, wo inzwischen Dr. Obermaier an seiner statt das Commando geführt hatte, und löste diejenigen ab, die noch keine Waffen erhalten, und die nun zum Zeughaus eilten, um sich welche zu verschaffen.

Niemand darf läugnen, daß sich die Bewaffnung der Studierenden in den ersten Tagen — und zwar noch über den Zeitraum der vor dem Erzherzog verbürgten vier und zwanzig Stunden hinaus —, als eine wohlthätige Maßregel erwies, und die Anerkennung, die selbst überlegte und besonnene Leute ihrer Haltung und Wirksamkeit nicht versagen konnten, hatte großen Theil an dem fast ausnahmelosen Enthusiasmus, der den stattlichen Schaaren bewaffneter Jünger der Wissenschaft allerorts zujauchzte. Wäre es mit dieser Zeit abgethan gewesen, wäre die aus der Mitte der einsichtsvollen Studenten selbst wiederholt in Antrag gebrachte Auflösung der akademischen Legion nicht durch maßlos unkluges Vorgehen des damaligen Ministeriums wieder rückgängig gemacht worden, so würde das Urtheil der Gegenwart wohl billiger lauten über diese in der großen Mehrzahl vom edelsten Feuer durchglühten, aber durch Verführung und Verlockung jeder Art auf die unheilvollsten Abwege gerathenen Jünglinge und jungen Männer. In den späteren Monaten war der Name der akademischen Legion mehr Aushängschild als Wahrheit. Der geringste Theil von den Studierenden war in der Legion zurückgeblieben und die zurückgebliebenen Studierenden bildeten den geringsten Theil der Legion. Gegen Ende September lief durch die Stadt das sarkastische Wort, womit jemand einem anderen, der sich gesprächsweise äußerte, daß man daran denken sollte die academische Legion zu purificiren, erwiederte: „Was wollen Sie denn noch? Die academische Legion ist ja purificirt, alles, was besser und anständiger, ist längst heraus!" Aus den Octobertagen aber ist uns eine Thatsache bekannt, die lauter als alles andere für die obige Behauptung spricht. Ein Jurist, der sich — um dem angeführten Witzwort treu zu bleiben — lange schon selbst-purificirt hatte, wurde als waffenlos und darum verdächtig auf der Straße angehalten und auf die Universität gebracht. Er berief sich auf seine Eigenschaft als Student, aber man wollte ihm nicht glauben. Er suchte nach einem seiner Collegen, um dessen Zeugenschaft in Anspruch zu nehmen, aber er fand unter all' den zahlreichen, die sich mit dem J. auf dem Stürmer seinen Blicken zeigten, nicht e i n bekanntes Gesicht, und es bedurfte fremder Vermittlung, um seine Befreiung zu bewirken.

In der Stadt begann das Proletariat ein wüstes Treiben, das die friedlichen Bewohner zitternd in ihren Häusern hielt. Rotten von Leuten, den untersten Volksschichten angehörend, durchzogen, Unfug jeder Art treibend, die Straßen; Laternen wurden eingeschlagen, Schilder und Ankündigungstafeln herabgerissen, Wachhäuschen umgestürzt und in Stücke gehauen, die Trümmer als Trophäen und als Werkzeuge weiterer Excesse fortgeschleppt. Vorzüglich schlecht kamen die Gewölbschilder weg, die den Namen oder das Bildniß des Fürsten Metternich trugen. Auf dem Hof hatte der Besitzer der Weißwaaren-handlung „zum Fürsten Metternich" die Vorsicht gebraucht, das Schild

mit einem Ueberzuge zu verdecken, der nun statt des Bildes Zeich-
nungen und Inschriften höhnender und gehäßiger Art aufnehmen
mußte. In der Kärnthnerstraße eilte der Hausmeister des Gebäudes,
worin sich die Lobmeyer'sche Glashandlung befindet, als er den Ruf:
„Nieder mit Metternich!" vernahm, mit seiner Hacke herbei, zerschlug
die kostbaren Porzellanbuchstaben, aus denen die Inschrift bestand, und
verhütete dadurch, daß ärgeres von dem rohen Haufen geschah. „Lichter
heraus! Beleuchtung!" scholl es durch die Straßen, und wo dem
Gebot nicht gleich Folge geleistet ward, klirrten die Fenster in Stücke.
Nun erst freuten die ausgelassenen Banden sich ihres Triumphes und
der Helle. Lärmend hielten sie ihre Umzüge, auf Brettern den Generalmarsch schlagend, den sie mit Geschrei, Gejohle und ausgelassenen
Gesängen accompagnirten. Eine Meute gemeinen Pöbels hatte an
einer vorangetragenen Stange Hadern angehängt: „Das ist das Wappen
der Polizei! der Sedlnißky ist der oberste Lump!" Ununterbrochenes
Gebrüll begleitete den immer sich wiederholenden Ruf.

Da waren es die Patrouillen der Studierenden und uniformirten Bürger, die Ordnung und Ruhe wieder herstellten. In gemischten
Rotten, brennende Fackeln an der Spitze, dahinter oft einen Trommler,
der mit ungeübten Händen aus dem alten Kasten heisere Töne schlug,
durchstreiften sie die Stadt in allen Richtungen nach ungeregelter
Selbstbestimmung, überall von freudigem Jubel empfangen, Schaaren
Volkes mit Vivatrufen hinter ihnen drein. Vor dieser heitern Begeisterung verloren sich allmälig die ausgelassenen Rudel oder er-
weichten und milderten, in die allgemeine Freude einstimmend, ihren
Sinn. Und wo das nicht ausreichte, da trat das zuthunliche Wort
der neuen Civilmiliz dazwischen, das nirgends seine beschwichtigende
Wirkung verfehlte.

Das Militär behielt die Nacht hindurch seine Aufstellung auf
den Plätzen der Stadt, auf den Basteien, die abgesperrt waren, an
den Stadtthoren, wo noch immer der Verkehr gehemmt war. Die Beleuchtung dauerte über die eilfte Stunde hinaus. Auf den Straßen
wurde es allmälig stille; der Tritt der einherschreitenden und der Zuruf der sich gegenseitig begrüßenden Runden unterbrach von Zeit zu
Zeit die wenig gestörte Ruhe. In den Schenken und Gasthäusern

ging es bis spät in die Nacht lebhaft her; die Ereigniſſe des vergangenen Tages wurden beſprochen, Schritte für den nächſten verabredet. Auf der Univerſität machten Johannes Nordmann und Friedrich Kaiſer den Vorſchlag einer glänzenden Leichenfeier für die Gefallenen, der mit allgemeinem Beifall aufgenommen wurde.

In vielen Vorſtädten war es finſter und ruhig, nur wenig Leute auf den Straßen zu ſehen. Doch griff manchmal gähe Beſtürzung in Folge einer beunruhigenden Nachricht um ſich. In der Joſephſtadt verbreitete ſich plötzlich das Gerücht, Mordbrenner ſeien im Anzug, die geſchworen hätten, die ganze Nacht hindurch zu ſengen und zu brennen, zu plündern, das Criminalgebäude zu ſtürmen. Trotz der gerade hier am zahlreichſten angehäuften Militärmaſſen war doch alles von paniſchem Schrecken gelähmt und brachte den größten Theil der Nacht in zitternder Aufregung zu. In das Schottenfeld tönte durch den ganzen Abend und einen guten Theil der Nacht von der Mariahilferſtraße das furchtbare Gebrüll der ergrimmten Meute, die dort ihr Unweſen trieb, herüber; Kinder weinten, Weiber lagen betend auf den Knien, ſelbſt den Männern bangte. Da waren es die Arbeiter der dortigen Fabriken ſelbſt, die es durch wohlgemeinte Ueberredung zu entſchloſſener Haltung zu bringen gelang; ſtatt wie an andern Orten das Signal zur Verwüſtung zu geben, ließen ſie ſich als Schutzwache zuſammenſchaaren und der ganze Stadttheil hatte nicht die geringſte Störung zu erfahren.

15.

Schaudervoll aber ging es auf der langen Strecke her, die ſich vom Burgthor über das Glacis durch die Mariahilferſtraße zur Linie hinaus bis Fünfhaus und Sechshaus zieht.

Auf dem Raume zwiſchen dem Burgthor und den kaiſerlichen Stallungen war es nicht anders, als ob die hölliſche Meute los wäre. Die Zerſtörung war da gränzenlos. Stacketen und Schranken wurden

8

niedergerissen, Glaslaternen zerschmettert, die eisernen Candelaber und Stangen ausgehoben und zerschlagen, mit kaum glaublicher Kraft selbst die eisernen Fußgestelle in Stücke gehauen. In Armesdicke strömte das entfesselte Gas aus den ihrer Hülle beraubten, mit verkümmerten Stümpfen aus der Erde ragenden Röhren, und große Flammen, bald in runder Fülle emporsteigend, bald von einem Luftzug niedergehalten am Boden sich fortwälzend, beleuchteten mit gespenstischer Helle den Schauplatz und das bachantische Treiben, das hier hauste, ergriffen nahe Zäune und Holzwerk, während anderer Brennstoff von Leuten zur Vermehrung des Brandes in das Feuer geschleudert wurde. Weithin leuchtete es wie ein großer ferner Brand und zog sich der scharfe erstickende Geruch des Gases. Wilde Gestalten tanzten, brüllend und jauchzend, um das Feuer herum, wie Kannibalen um Menschenopfer. Andere, mit Pistolen und Flinten versehen, schossen in die Luft, ohne Zweck und Ziel, nur um die Aufregung zu vermehren.

Ein Theil der Masse bestürmte das Burgthor, mit wildem Geschrei Einlaß fordernd, die Köpfe erhitzten sich immer mehr, man wollte mit Gewalt in die Stadt brechen. Einen wirksameren Sturm noch hatten die kaiserlichen Stallungen zu bestehen. Mit großen und kleineren Steinen wurde gegen die Fenster, durch die zertrümmerten Scheiben in die inneren Räume geworfen, Pferde in den Ställen sollen dadurch beschädigt worden sein; die Fensterstöcke, wo das wüthende Gesindel ankommen konnte, wurden ausgerissen und zersplittert; endlich brennende Holzbündel an das linke Einfahrtsthor getragen, um das Gebäude in Brand zu stecken. In diesem Moment erscheint das eben von Kaiser-Ebersdorf eingerückte Regiment Wasa auf dem Platz, ein Steinhagel wird ihm entgegen geschleudert, die selbstgeschaffenen Holz- und Eisenwaffen mit Gebrüll drohend über den Häuptern geschwungen — da gibt die Truppe Feuer, die Masse stiebt auseinander, mehrere Leichen und Verwundete auf der Schreckensstätte zurücklassend. Leider hatten auch hier die Kugeln, die ihre Opfer nicht wählen können, einige Personen getroffen, die an dem Tumult keinen Antheil, und keine Schuld hatten als etwa die, daß unbesonnene Neugierde sie nicht ruhen ließ, die Menge und das Gedränge zu vermehren. Eine Lehrersgattin, die am Arm ihres Mannes durch den Haufen ging

und auf dem Fleck todt blieb, und ein neunzehnjähriger Student, der durch
Privatunterricht sich und seine alternde Mutter ernährte und in Folge
der Verwundung vier Tage nachher im Krankenhause starb, erregten
allgemeine Theilnahme.

Die Masse zerstreute sich nach verschiedenen Richtungen. Die
vom bisherigen Tummelplatz versprengten Horden trugen das Werk
der Verwüstung an andere Punkte, mit wildem Geschrei ihr Heran-
nahen verkündend. Was zerbrechlich und niederzustürzen war, ging
in Stücke, Hecken und Stacketen wurden angezündet, auf der steinernen
Brücke über die Wien das eiserne Geländer niedergerissen, Schilderhäuser in den Fluß geworfen. Andere Haufen durchzogen die Mariahilfer Hauptstraße bis zur Linie, bei welcher sich ihnen ein neues Feld
ungezähmten Wüthens eröffnete. Dort waren bis in die sinkende
Nacht hinein die Linienamtsgebäude das Ziel immer zurückgeschlagener
aber immer wieder erneuerter hartnäckiger und erbitterter Angriffe.
Als Ursache derselben wurde im Gerede der Leute der Schuß eines
Finanzwächters angegeben, der einen Milchmann todt niedergestreckt
habe, weil dieser die Schranken mit Umgehung der Steuerentrichtung
zu passiren versuchte. Aber dieses ist eine der vielen Erfindungen
jener Tage. Die ganze Zeit hindurch war kein Schuß gefallen. Die
Verhaltungsmaßregeln sind in diesem Punkt für die Wachmänner
ungemein streng und durch die schärfste Ahndung sanctionirt. Es
hatte aber auch des Schießens gar nicht bedurft. Ausfälle mit dem
blosen Säbel oder mit dem Bajonnet waren hinreichend, die dichtesten
Rotten auseinander zu sprengen und vom Platz zu treiben. Von
sieben Uhr Abend an hatte sich die kleine Besatzung mit ausdauernder
Unerschrockenheit gehalten. Doch gegen Mitternacht kam ein Schwarm
angerückt, wilder, tobender und ohne Vergleich zahlreicher denn jene,
mit denen man es bisher zu thun gehabt. Die Brandfackeln, die in
ihren Händen leuchteten, begannen sogleich an dem Holzwerk des Amts-
platzes ihre vernichtende Thätigkeit. An Widerstand war nicht zu
denken. Alles, Mannschaft wie Beamte, suchte nach rückwärts sein
Heil in der Flucht; von den Familien der letzteren wurden Einzelne
aus dem Schlafe aufgeschreckt und hatten Noth, im Nachtkleide sich
durch schleuniges Entkommen zu retten; ein Finanzwächter sprang

vom obern Stockwerk herab und entkam glücklich der wuthschnaubenden Menge. Nun begann schrankenloses Wüthen und Zerstören. Das große hölzerne Liniengitterthor wurde mit übermenschlicher Kraftanstrengung aus den Angeln gehoben, daß es mit seiner ungeheuren Wucht laut dröhnend niederstürzte. Am Boden wurde es in Stücke gehauen, die Stücke auf einen Haufen in die Mitte des Platzes getragen und ein großes Feuer angelegt. In die Mauthgebäude drang die Menge. Was sich vorfand, wurde zerrissen, zerschlagen, aus den Fenstern auf den Amtsplatz geworfen, was brennbar, zur Vermehrung des riesigen Brandes massenweis in die Flammen geschleudert, die durch die finstere Nacht mit heißer Glut die Umgebung tagesgleich erhellten.

In einem Gelasse hatte sich ein Mann der Finanzwache verspätet, der es nicht über sich vermochte, alles, wie es lag und stand, in Stich zu lassen und nur auf die Rettung der eigenen Haut bedacht zu sein. Da hört er vielstimmiges Gedränge immer näher kommen. Das Gelaß hat nur einen Ausgang und schon dringt der Haufe ein, voran eine gigantische Gestalt, ein eisernes Werkzeug in der Hand schwingend, womit er das ansparirende Gewehr des Finanzmannes auf den Lauf trifft. Dieser, kein Mittel der Rettung, den gewissen Tod vor den Augen, springt zwei Schritte zurück, schlägt an, drückt los, zu Boden stürzt der furchtbare Geselle, alle andern fliehen von Angst ergriffen davon, der Finanzwächter schreitet unangefochten hinaus, nur der Körper des Erschossenen bleibt auf dem Wahlplatz zurück.

Grauenvolleren Ausgang aber hatte ein Fund in einem andern Theile des Gebäudes; das mächtige Feuer draußen sollte nicht todtes Holzwerk allein als Opfer aufnehmen. Bei der Durchwühlung der Räume wurde ein Mann in der Uniform eines Finanzaufsehers aufgegriffen. Wüthend fällt die Rotte über ihn her, bindet ihn, schleppt ihn hinaus und trotz des fürchterlichen Geschreies, trotz der verzweifelten Anstrengung sich loszumachen, wird er in die hell lodernden Flammen hineingeworfen. Zweimal, so wird erzählt, sprang der Unglückssohn aus dem Brand heraus, zweimal, zuletzt schon halb versengt und vom Feuer ergriffen, wurde er in den Brand zurückgeworfen. Weit umher in die Häuser der Nachbarschaft drang das fürchterliche Brüllen des unglücklichen Opfers, das bei lebendigem Leibe verbrannt der rächenden Remesis verfiel. Denn auf keinen Fall war es ein Finanzwächter, von deren Mannschaft nicht einer des andern Tages vermißt wurde. Es läßt sich vielmehr nur die Erklärung annehmen, daß es einer der Plünderer selbst war, der in die aufgefundene Uniform eines Finanzwächters sich gesteckt hatte und so, von seinen eigenen Brandgenossen verkannt, dem Feuertod übergeben wurde.

Aber als Seitenstück zu diesem Acte der waltenden Gerechtigkeit, als versöhnendes Widerspiel zu dieser gräßlichen Scene — inmitten des Waltens roher Verwüstung, inmitten der um sich greifenden Flammen blieb, ein Wunder des Himmels, die kleine Liniencapelle, ringsum von Holzwerk umgeben, ganz und unversehrt stehen. In dieser lag die beiden folgenden Tage hindurch die Leiche jenes Mannes, den der Schuß des Finanzwächters im Augenblick dringender Nothwehr getroffen hatte. Die siegende Partei aber gab es für die Leiche jenes fingirten Milchmannes aus, dessen Tod den gerechten Anlaß zu dem Angriff und Zerstörungswerk der Liniengebäude gebildet habe.

In den Orten vor der Linie dauerte die Verheerung bis gegen den Morgen des andern Tages. Die wilden Rotten, durch die natürliche Steigerung der Zerstörungswuth vorwärts getrieben, durch den Genuß nahrhafter Speisen und berauschender Getränke erhitzt, durch fortwährenden Zuzug verstärkt, jeden versuchten Widerstand niederwerfend, fielen in ihrer Verblendung über die großen Fabrikswerke her, die hunderten aus ihrer Mitte Brod und Arbeit gaben. In Weiß' Druckfabrik wurden die Maschinen zerstört, die Waarenvorräthe geplündert. In Friedmann's Rosogliofabrik wurden, nachdem sich jeder nach Lust und Gierde angetrunken, die Fässer angebohrt, daß alle geistigen Flüssigkeiten schäumend durcheinander rannen und durch beispielloses Geschick vor Entzündung, die Haus und Hof in Asche gelegt haben würde, bewahrt wurden. Am schlimmsten kam die große Druckfabrik von Granichstätten weg. Diese erhielt mehr als vierhundert Hände in Thätigkeit und war von ihren betriebsamen Besitzern vor kaum zwei Jahren aus Schutt und Asche neu aufgebaut worden. Gegen drei Uhr Morgens kam bei dem rothen Schein der Fackeln ein mit Knitteln, Stangen, Hacken, Schaufeln, Hauen, Holz- und Eisenstücken be

waffneter Schwarm, mehrere hundert Köpfe stark, vor dem verschlossenen Gebäude an, schlug mit einem Hagel von Steinen die Fenster
ein, brach die Thüren mit Artschlägen auf, durchwühlte alle Vorräthe, plünderte Kleidungsstücke, Leinwäsche, Bettgewand und stritt und
balgte sich mit Geschrei und Zank um die gemachte Beute vor dem
Hause, das schon in allen Theilen Flammen fing, während die herbeigeeilten Sprihen mit Gewalt verhindert wurden, dem Feuer Einhalt
zu thun. Die aufgehende Sonne erblickte an der Stelle eines stattlichen, von geschäftigem Leben wimmelnden Gebäudes eine öde Ruine,
des Dachstuhles baar, die Mauern an vielen Stellen eingestürzt, die
noch stehenden Wände nackt, voll Brandmalen, der Anwurf abgefallen, mit ausgebrannten Fenstern und Thüren in die Lüfte starrend,
am Boden drinnen und um die Ruine herum Schutt, Trümmer und
rauchende Balken.

Noch andere Fabriks- und Gewerbsleute traf schwerer Verlust.
Wirthe, Fleischer, Selcher, Bäcker mußten ihre Vorräthe hergeben und
entgingen bei all' dem nicht vielfacher Verwüstung. Wo die Schaar
das Haus verschlossen fand, wurden die Fenster eingeworfen, die Thüren
zertrümmert, Einrichtungsstücke zerstört, was von Lebensmitteln nicht
aufzuzehren war, muthwillig verdorben und verworfen. Nur von einer
Fabriksbesitzerin wird erzählt, wie sie durch raschen und klugen Entschluß sich und ihre Habe gerettet habe. Als sie die Horde von weitem sich heranwälzen hörte, packte sie allen Geldvorrath in ihre Schürze
und eilte vor den Eingang des Hauses. „Was wollt ihr Leute?"
ruft sie den wild heranstürmenden Schwarm an. „„Das sehen Sie
ja in unsern Gesichtern, uns selbst helfen, die Maschinen zerstören, die
an unserm Unglück Schuld sind."" „Da habt ihr all' mein Geld",
sagte die Frau, „auch zu essen und zu trinken sollt ihr bekommen, so
viel euch beliebt. Aber ihr müßt mir versprechen, daß ihr die ganze
Nacht hier bleibt und eure Kameraden von meinem Hause fern halten
wollt." Der Haufe muß nicht zu denen gehört haben, die bereits alle
Vernunft im Branntwein ersäuft hatten. Der Vertrag wurde eingegangen, von beiden Seiten gehalten und das Eigenthum der entschlossenen Frau blieb unversehrt.

Die Verwüstungen hatten mit dieser schreckensvollen Nacht ihr Ende nicht erreicht. Hier und an andern Orten von Wien's Umgebung auf mehrere Stunden weit dauerten sie tagelang fort. Aber nicht mehr so ungehindert und nicht überall so erfolgreich wie in der Nacht des dreizehnten März, „einer Nacht, die", nach den Worten eines überspannten Enthusiasten, „in einigen Straßen durch die vom Vandalismus eingeschlagenen Laternen nur um so düsterer erschien, je herrlicher die Volkswuth andere Stadttheile in schauriger Beleuchtung strahlen ließ." Die an diesem Tage bewaffneten Studenten, im Verein mit den uniformirten Bürgern und der neu gebildeten Nationalgarde und unterstützt vom Militär, schritten kräftig und schleunig, wohin sie gerufen wurden, ein und — wir kommen auf die schon früher gemachte Bemerkung zurück — was sie in dieser Hinsicht mit aufopfernder Anstrengung geleistet haben, verdiente und erhielt ungetheilte Anerkennung.

16.

Was zunächst auf den 13. März folgte, ist im allgemeinen bekannt und im einzelnen nicht unsere Sache: am 14. Vormittags in der Stadt Jubel und Fortsetzung der Waffenvertheilung aus dem Zeughaus, nächst den Linien Einschreiten des Militärs und der neubewaffneten Volkswehr, Nachmittags Einzeichnung für die Nationalgarde in der k. k. Reitschule, Ernennung des Fürsten Windischgrätz zum Stadt-Commandanten, bedrohliche Massen auf dem Hof und Michaelerplatz, Bekränzung des Standbildes Kaiser Joseph II., Ernennung des Grafen Hoyos zum Ober-Commandanten der Nationalgarde, Aufhebung der Censur; am 15. früh Unwille über eine ernstgehaltene Kundmachung des Fürsten Windischgrätz, Bildung eines provisorischen Bürgerausschusses, Manifest der Wiener Schriftsteller, so von der Preßfreiheit „Besitz ergreifen"; Vormittags Ausfahrt des Kaisers mit dem E. H. Franz Karl und dem „einstigen Thronfolger" E. H. Franz Joseph, Ankunft des E. H. Stephan von Preßburg; fünf Uhr Nachm. Zusiche-

rung der „Constitution des Vaterlandes", Ankunft der ungarischen
Landtags-Deputation; Abends Erscheinen des Kaisers auf dem Balcon
des Josephsplatzes, seitliche Umzüge, vor den Linien fortdauernde Be-
drohungen und Zerstörungen bis nach Mödling hin; am 16. Vormittags Umzug der ungarischen Juraten, zweite Ausfahrt des Kaisers
mit dem E.H. Leopold, Nachmittags feierlicher Aufzug der ungarischen
Deputation nach der Burg und zurück, pöbelhafte Demonstration vor
der Wohnung des Bürgermeisters Czapka; Abends Festtheater an der
Wien und in der Leopoldstadt, großer Fackelzug und feierliche Beleuchtung der Stadt; am 17. Freitag Vormittag Hochamt in der
Universitätskirche, Graf Montecuccoli auf der Aula, Abschied der
ungarischen Deputation von der Wiener Stadt und Universität; Nachmittag feierliche Bestattung der Gefallenen des 13. März; am 18.
Samstag Feier- und Trauergottesdienst in den israelitischen Bethäusern,
Verkündigung des neuen Ministeriums, dritte Ausfahrt des Kaisers
mit der Kaiserin; am 19. Sonntag militärischer Gottesdienst auf
dem Franzensplatz und auf dem Glacis, Tedeum in der Stephanskirche,
Festreden in den protestantischen Bethäusern; Mittags Ankunft der
böhmischen Deputation, Abends des Erzherzogs Johann von Grätz.

Dieses ist der Cyklus der „großen Märzwoche", die mit dem
Josephstage schloß, als deren Anfang aber sowie als Ausgangspunkt,
Grundstein und Weihetag der ganzen „siegreichen Revolution" immer
der dreizehnte März angesehen ward. Der Enthusiasmus in
jenen Tagen war allgemein. Wer ihn nicht aus dem Grund seines
Herzens theilte, der mußte doch für gut finden, sich äußerlich darnach
zu tragen. Die Erscheinung war erklärlich. Der Druck des gefallenen Systems hatte mit empfindlicher Schwere auf jeder nur etwas
selbständigeren Regung gelastet. Mehr noch schob ihm die einmal
zu feindseligem Argwohn gestimmte Einbildung zur Last, die kaum
weniger als den Anbruch eines neuen goldenen Zeitalters von dem
Sturz des verhaßten und verspotteten Regierungsprincipes und seiner
seit Jahren in der öffentlichen Meinung auf das ärgste verlästerten
Hauptträger erwartete. Am meisten endlich trug, nachdem die lang
ersehnte und doch so überraschende Katastrophe eingetreten, Schauplatz,
Scenerie und Acteure gewechselt waren, das Gefühl ungewohnter und

ungebundener Freiheit bei, worein man sich wie in die Wellen eines
heiligen Stromes stürzte und in süßem Taumel sein trunkenes Selbst
versenkte. Traurige Erfahrungen waren noch nicht da, einzelne un-
heildrohende Wahrzeichen, die vom ersten Moment am Horizont auf-
stiegen, wurden übersehen oder gering geachtet; der Ahnung, daß es
nicht ambrosischer Trank sondern süßes Gift sei, das man in gierigen
Zügen einschlürfte und das bald seine zersetzenden Wirkungen äußern
sollte, war kein Eingang, kein Gehör vergönnt. Darum möge jeder
seinem Schutzgeist danken, der nicht vom ersten Strudel unlöslich festgehalten wurde, sondern, sich loswindend, einen rettenden Standpunkt
gewinnen konnte, und darum möge jeder, dem ein solches Glück zutheil geworden, ein milderes Urtheil über die übergroße Zahl derjenigen fällen, die nicht aus Verderbtheit des Herzens, sondern aus
Verwirrung der Sinne erst nach späten Monaten aus ihren bethören-
den Traumbildern geweckt wurden. Unserntheils tragen wir kein Bedenken unumwunden zu gestehen, daß unsere Anschauung inmitten der
Glut jener ersten Tage eine ganz andere gewesen, als sie bald darnach
aus schützender Ferne und mit kühlerem Blut bei Betrachtung der
folgenden Entwicklung sich gestaltete, und wir gehen so weit zu behaupten,
daß es, mit Ausnahme solcher, denen besondere Verhältnisse von vorn
herein einen isolirten Standpunkt angewiesen, wenige geben wird, die
zurückschauend nach gewissenhafter Selbstprüfung etwas anderes von
sich zu betheuern im Stande sein werden.

Was zu allererst den ruhigeren Beschauer mit anwiderndem
Eckel erfüllen mußte, war die unedle bis zur pöbelhaftesten Gemeinheit
hinab steigende Rache, welche die kaum entfesselte Presse an dem großen
Gestürzten des 13. März nahm. In den nächsten Tagen beschäftigte sich die schadenfrohe Neugierde der öffentlichen Meinung mit
den nähern Umständen der Flucht Metternich's. Ueber den Vorgang
vor der Staatskanzlei am Vormittag des 13. ereiferte man sich nachträglich mit der Erzählung, daß „Leute in diesem Hotel" so „unver-
schämt" gewesen seien, mit Lorgnetten auf die Versammlung herab-
zublicken, und daß eine Dame sich die Aeußerung erlaubt habe: „Ich
begreife gar nicht, daß es unter den Studenten so gemeine Subjecte

geben kann." Von der Abreise verlautete anfangs, der Fürst sei ver-
kleidet auf einem kaiserlichen Wäscherwagen aus der Stadt gekommen,
und in den nächsten Tagen bekam man sogar zu hören, er sei in
Steiermark von Bauern gefangen und erschlagen worden. Doch diese
absurden Gerüchte machten bald vernünftigern Platz. Die Abreise,
hieß es, habe am 14. Vormittags in zwei geschlossenen Wägen nach
dem Landsitz des regierenden Fürsten Liechtenstein Feldsberg stattgefunden.
Dort habe Metternich die erste Zeit verbringen wollen, doch eine gefährliche Demonstration ihn bald weggescheucht; in der Nacht vom 19.
auf den 20. habe eine Menge theils Fackeln tragender theils mit
Waffen versehener Leute das Schloß umringt und es augenblicklich
dem Boden gleich zu machen gedroht, wenn der Exminister nicht abreise;
man habe sie damit beschwichtigt, es werde augenblicklich jemand nach
Wien abgehen, um weitere „Befehle" zu erfragen (?!); um sieben
Uhr des andern Morgens sei der Bote zurückgewesen und Mittags
der Fürst auf der Eisenbahn abgefahren. Wohin er sich gewendet,
wußte man lange nicht; einige vermutheten, nach England, andere versicherten, nach Rußland. Aus Breslau wurde am 22. geschrieben,
das Volk habe den erzbischöflichen Pallast belagert, weil sich die Kunde
verbreitet, Fürst Metternich habe darin Zuflucht und Versteck gefunden.
Dagegen enthielten Prager Blätter die Notiz, er sei „in der Nähe
von Prag und zwar in der Gegend von Biechowie" gesehen worden.
Da Biechowie ein Dorf und folglich die Gegend um Biechowie offenes
Land ist, so konnte man glauben, die verfolgte Familie sei bivouakirend
gleich Soldaten unter freiem Himmel oder herumlungernd wie ein
Trupp Zigeuner um ein wildes Feuer entdeckt worden, bis später die
vervollständigende Berichtigung folgte, Metternich habe die Eisenbahn
blos bis zur Station Biechowie benützt, dort, um Prag zu umgehen,
seinen Reisewagen bestiegen und in Zdiby die Straße nach Sachsen
gewonnen. Bald kamen Nachrichten aus Teplitz vom 24. Um 4 Uhr
Nachmittags seien mehrere Equipagen mit halb zugezogenen Jalousien
vor der Post angekommen, wo auch ein Diner bereit gehalten worden;
es sei schon früher gerüchtweise herumgekommen, daß für Metternich
Relais bestellt worden, und obgleich man nicht viel daran geglaubt,
so habe doch unter der Gruppe von Neugierigen, die sogleich die

Wagen umstanden, die Vermuthung, daß er es sei, um sich gegriffen; einzelne Stimmen hätten etwas von „anhalten" gemurmelt, doch bei der stumm gaffenden Mehrzahl keinen Anklang gefunden; man habe in die Kutschen hineinschauen gekonnt und bemerkt, wie Metternich ein Zeitungsblatt gehalten, sich stellend als ob er eifrig darin lese, doch sichtlich habe ihn die Angst durchbebt und das Papier in seinen zitternden Händen geschwankt; niemand sei ausgestiegen, die Reisenden hätten sich blos durch Bediente einige Erfrischungen in den Wagen reichen lassen, und kein Laut sei den Umstehenden entschlüpft, als der Postillon bald darauf in gewöhnlichem Schritt davon gefahren. In Peterswalde, so lautete eine fernere Kunde, hatte sich die Sage verbreitet, auf Metternich's Kopf seien 2000 fl. gesetzt und wirklich hätten einige Leute berathen, wie es anfangen, um seiner habhaft zu werden; Metternich sei in der Dunkelheit angekommen, habe eine Mahlzeit einnehmen wollen, doch, als er von dem Gerüchte erfahren, auch hier gerathen gefunden, im Wagen zu bleiben und schleunig weiter zu reisen; erst am andern Morgen habe man in Erfahrung gebracht, daß Metternich in der Nacht durchpassirt sei. Endlich meldeten Dresdner Blätter vom 26. März, der Fürst sei in dieser Nacht angekommen und im Gasthof zur Stadt Wien abgestiegen; er habe den Wirth in's Geheimniß ziehen lassen und dieser sich des Schutzes des diensthabenden Communalgardeofficiers zu versichern beeilt, von welchem alsbald die bündigsten Versicherungen für Geheimhaltung und Schirm gegeben worden seien; das Fremdenbuch und die Fremdenliste im Tagblatt habe den Namen eines Herrn „von Mayer, Gutsbesitzer aus Grätz, sammt Frau und Dienerschaft" enthalten; mit dem ersten Morgenzug sei er auf der Eisenbahn bis zur letzten Station vor Leipzig, von da nach Schkeuditz und weiter nach Magdeburg abgereist.

Während diese und ähnliche Botschaften bruchstückweise einlangten, während vom Rhein herüber mit höhnischer Freude vernommen wurde, daß die Nassauische Regierung auf den Johannisberg habe Beschlag legen und die Weine im Keller versiegeln lassen, „weil die Abgaben seit drei und dreißig Jahren im Rückstand geblieben", und daß die Volksvertreter in Wiesbaden sich mit der Untersuchung über den Schenkungsact dieses Gutes beschäftigten, da die Ansicht aufgetaucht, es sei dadurch dem Staat in widerrechtlicher Weise eine bedeutende Domaine entzogen worden: waren in Wien schon alle Schleußen jahrzehentlang eingedämmten Ingrimms aufgerissen und ein Schwall von Ergießungen der Entrüstung, des Geifers, des Hohns, der Satyre, der Carricatur, des Schimpfes, der Zote brach von allen Seiten herein, mit schmutziger Fluth den Markt überschwemmend. Den ersten Anstoß gab, gleich vom 14. datirt, die Philippika eines Wiener Advocaten, Wildner von Maithstein, zwar in anständigen Formen aber in der aufgeregtesten Sprache gehalten und in einen Brennpunkt die maßlosesten Beschuldigungen gegen ein System sammelnd, das „ein Mann, der zum Glück keinem österreichischen Stamme entsprossen", gepflanzt habe. Gleichzeitig richtete böswilliger Witz sein Geschoß nach dem flüchtigen Feind. Auf der Universität sah man unter einer Anzeige: „Am 13. März Prüfung aus den politischen Wissenschaften" mit Bleistift die Worte geschrieben: „der Minister schlecht bestanden." Humoristische Blätter brachten die Anzeige: Von den Weinen sei dermalen nach „Bordeaux" keine Nachfrage, blos ein „alter abgezogener Johannisberger" werde gesucht; und die andere: „Mehrere hohe Herren suchen Reisecompagnons, die der englischen Sprache mächtig sind". „Die Zeit wirkt Wunder! Ein Mann, der fünfzig Jahre unbeweglich auf einem Fleck stehen geblieben, hat sich plötzlich auf den Rennweg gemacht"; so heißt die Straße, in welcher sich die schöne Villa Metternich befindet und die für diese bestimmte Inschrift: Parva domus magna quies wurde parodirend umgestellt: Magna domus parva quies. Der vielbeliebte Witz vom „Rennweg" erschien auch mehrfach in bildlicher Darstellung: auf einem mit Lorbeern bekränzten Esel eine in Mantel gehüllte Figur, baarhaupt, unten die Beine in Schuh und Strümpfen heraussehend. Doch all' das gehörte noch zur kleinen Munition. Als diese verschossen war, folgte das grobe, ja gröbste Geschütz nach und in den ekelsten Straßenkoth wurde nicht verschmäht sich zu bücken, um dem schwer heimgesuchten greisen Mann eine Handvoll nachzuschmeißen. Die stehende Figur war im Staatsfrack, Schuh und Strümpfen und mit einer ellenlang vergrößerten Nase, bald auf den Schultern eines pferdehufigen geschwärzten Teufels aus der Stadt getragen, bald von einem solchen nach Art eines Wickelkindes in den

Armen gehalten, bald allein sinnend vor einem Scheideweg, dessen dreigetheilter Weiser nach Deutschland, nach England, nach Frankreich zeigt, bald aus Leibeskräften rennend, daß der dreigespitzte Hut vom Kopf fliegt und die Sohlen von den Schuhen in Fetzen gehen. Jede Beschreibung muß schon darum hinter der Wirklichkeit zurückbleiben, weil sich jene unmöglich in den Schlamm bodenloser Gassenbüberei versenken kann, welche diese hinter allen Auslagekästen, an allen Straßenecken, auf allen Plätzen in den Händen der Ausrufer und auf den Körben der Höckerinnen zur Schau trug und damit dem rohen Gassenwitz immer neuen Zündstoff zuführte. „Die Preßfreiheit um 4 Kreuzer", schrieen die verkaufenden Weiber und Männer, „die Bürger von Wien um 1 Groschen" „Fürst Metternich um 2 Groschen". „„Ist nicht einen Kreuzer werth""", sagte ein Vorübergehender und rasch flog dieses Impromtu durch die ganze Stadt. Mit dem Ton, den die bildenden Künste anschlugen, hielt die Flugschriftenliteratur gleichen Schritt, in allen Formaten octav, quart, folio, vom einzelnen Blatt bis zu kleinen Broschüren und ganzen Büchern, in jeder Stylgattung erzählend, rhetorisch, dramatisch, in Briefform, in gebundener und ungebundener Rede: „Metternich's Traum", „der Teufel und seine Großmutter oder: was gibt es in der Höll' neues", „das Unkraut ausgerissen aus Oestreich's Blumengarten", „Metternich's Reisepaß", „Aufgefangener Brief des Fürsten Metternich an den Minister Guizot in London", „Metternich's Glück und Ende in Oesterreich", „Metternich's drei und dreißigjähriger Zopf oder der moralisch Todte", „Ex Ex Ex oder die Conferenz zu London", „Ein merkwürdiges Tête-à-tête oder ein persönlicher Zusammenstoß von Louis Philipp und Metternich beim Mittagmale in einer kleinen englischen Stadt" u. s. w.

Es ist wahr, daß alle besseren Stimmen, alle honneteren Redactionen, die wohl anfangs selbst ihr aufreizendes Schärflein beigetragen, beim Anblick dieses schnell sich entwickelnden und in unflätiger Entwürdigung fortschreitenden Schauspieles ihre einmüthige Verwahrung einlegten. Aber es war hier im kleinen, was bald die Revolution im großen werden sollte, die alte Geschichte vom unerfahrnen Zauberlehrling, der, nachdem „der alte Hexenmeister sich doch einmal wegbegeben", den struppigen Besen mit dem Wassertopf losgelassen hat und

nun vergebens das rettende Wort sucht, um den wassergießenden Ko-
bold wieder ruhig in den alten Winkel zu bringen. Ehrenretter mit
offenem Visier fanden sich nur wenige und sie griffen ihre Sache zwar
mit ehrenhaftem Freimuth, aber zum Theil mit so schwachen Händen
an, daß sie gegen die Rührigkeit und das mitunter unläugbare Talent
der Gegner eine kümmerliche Rolle spielten. Der ärgste unter letztern
war ein Mann, der in Oesterreich geboren, in Oesterreich unter dem
Kaiser Franz und Fürsten Metternich zu Ehren und mehr als ver-
dientem Ruhm gelangt, sich nachmals expatriirte und von da ab das
Vollmaß des schäumendsten Geifers gegen den Kaiser, gegen den Staatskanzler, gegen Oesterreich — das, nach seiner Behauptung, ohne die
Beihilfe seines mächtigen und großmüthigen Nachbarn Baiern schon
im dreißigjährigen Krieg zu Grunde gegangen wäre — anfüllte und
die angesammelte giftige Meische zuletzt in ein Buch ergoß, worin,
wie in keinem andern der Welt, die geistvollste Flegelei bis zur gemeinsten
Zote herab und die kenntnißreichste Bosheit bis zur feinstgesponnenen
Verläumdung hinauf mit einander um die Palme ringen, von dem
gleichwohl im Interesse der Wahrheit und in jenem der Lüge —
denn auch aus dieser ist lehrreiches zu schöpfen — höchlich zu bedauern, daß es unvollendet geblieben, und das in einem Style geschrieben ist, von dessen vielverschlungener Satzgliederung und granit-
kräftigem, aber darum für ungewohnte Magen schwer verdaulichem
Wortschwall unser ungeübter Griffel in dieser langgedehnten Periode
hier einen matten Abklatsch zu geben sich erdreistet hat. Das Buch
führt den Titel: „Kaiser Franz und Metternich. Ein nachgelassenes
Fragment. Leipzig, Weidemann'sche Buchhandlung, 1848" und geht no-
minell bis zum Jahr 1809, enthält aber nach dieses Schriftstellers
allbekannter Weise reflectirende und historische Einschiebsel aus fast
allen Jahrhunderten vor und nach Christi Geburt.

Und auf den Platz, den die gestürzte Größe eingenommen, und
viel höher noch, bis in die ragenden Wolken hinein, wurden diejenigen
gehoben, deren Geistesflug, deren Hochsinn, deren Heldenmuth der
glänzende Sieg einzig und allein zu danken war, und kriechendere
Schmeichler, als der entthronte Fürst je in den Tagen seines strahlendsten

Glanzes um sich gesehen, drängten sich weihrauchstreuend um die Helden des neuen Tages. „Welche Römergröße, welche riesige Concentration von Willen, Kraft, Muth, Aufopferung und geistiger Frische haben die Studenten Wien's entwickelt! Sie waren der Archimedespunkt, von welchem die bewegende Kraft ausging. Immer kühn wagend nie verzagend, stets besonnen nie überstürzend, stets begeistert nie in Leidenschaft, unveränderlich in Wort und That, das Ziel gleich edlen Falken stets im Auge haltend, Blut und Leben jubelnd für ihre Ueberzeugung einsetzend — so steht die studierende Jugend da und erwartet den Plutarch, der ihr Heldenleben mit goldenem Griffel eingräbt in die Votivtafeln der Weltgeschichte." Solch speichelleckerische Apotheose steht nicht etwa vereinzelt da, hundert Belege statt dieses einen könnten wir anführen. Es war die officielle Sprache des Tages, in welche der ehrliche „Zuschauer" eben so gut einstimmen mußte wie die natterngiftige „Constitution", und es haben wohl, wie oben erwähnt, ein paar muthige Leute versuchen können, für den verketzerten Staatskanzler eine Lanze zu brechen, aber kein Mensch hätte sich das Wagstück herausnehmen dürfen, gegen die vergötterten Studenten eine in die Seite zu legen. So etwas war nie in der Geschichte und kann auch, dafern uns nicht der Herr mit blindem Vergessen alles erlebten schlägt, nicht wieder kommen. Fürwahr, wer dies in's Auge faßt und sich in die Lage der unerfahrenen jugendlichen Gemüther hineinzudenken vermag, eine Lage, in der wir selbst reifere Männer, von berückenden Ovationen umgaukelt, schwindlich werden sehen, der wird uns keiner beschönigenden Parteilichkeit beschuldigen, wenn wir behaupten: Nicht sich selbst haben die Wiener Studenten zu dem gemacht, was später ein großer Theil von ihnen in bedauerlicher Weise geworden, die bornirte Bethörung des gebildeten und ungebildeten Wiener Janhagels hat sie dazu gemacht.

Hören wir den Hymnus eines begeisterten Lobpreisers der Revolution und ihrer Kinder aus den ersten Tagen nach dem 13. März: „Als Metternich, ein Mann in seinen besten Jahren, um die Zeit der großen Adelsverschwörungen zu Wien und Verona, ein galanter Ritter unter Damen, ein angebetetes Genie unter Männern, von der duftumflossenen Crème der feinsten Aristokratie wie der Delphin von den

Wellen umschmeichelt, auf der Höhe seines irdischen Glanzes stand, da konnten sie noch nicht lallen, die kleinen zappelnden Knäbleins, welche neugierige Mütter auf ihren Armen trugen, wenn der ordenbedeckte Fürst brillirend durch die Straßen zog. O Metternich, o Metternich, warum hast Du sie damals nicht alle umgebracht, wie der tyrannische Machthaber in Judäa? Sie waren lauter Heilande und Erlöser der Welt, diese kleinen saugenden Würmer, und Du bist alt und blöde geworden, und sie groß und kräftig. Da riefen sie in ihrem göttlichen Jugendzorn über Deinen Moder: nieder mit Metternich! nieder mit Metternich — und Du fielst! Majestätisch voll und prächtig wie Du gestiegen, sankst Du schnell tief und kläglich wie ein abgeworfener Reiter; jedes Moos am Baume hat mehr Geschichte als die Revolution, die Dich stürzte. Wir haben Dich nicht in einem langsamen Autodafé verbrannt; wir haben Dich mit einem einzigen Blitz zerschmettert; keine Brodkrumme ist dürre geworden zwischen Deinem Sein und Nichtsein. Wahrlich, wäre ein Diplomat nicht von vornherein verdorben für die Tragödie, Dich könnt' ich tragisch nennen, Du männliche Niobe, dem der Jugendgott Apollo all' seine Zeugungen dahinschoß in einem geflügelten Augenblicke." Aber das ungeheuerlichste, was gesagt werden konnte, waren wohl die Worte eines sichern Fr. Römersdorfer, der in einem Traumgesichte „am Schmelzer Friedhof" die gefallenen Studenten „mit klaffenden, noch blutenden Wunden" ihren Gräbern entsteigen und sprechen ließ wie folgt: „Wir zerbrachen das Siegel der Hölle, welches Belzebub mit eigener Hand der Presse aufgedrückt. Vor unserer kleinen unbewaffneten Schaar floh der Oberste der Teufel mit seinem ganzen Anhange von Spionen, Häschern und Schergen; ihre Anzahl heißt Legion. Wir zerschlugen die eherne Bildsäule des stolzen Nebukadnezar in tausend Trümmer, das freche Babel ist weggekehrt wie mit einem Besen. Wir schleuderten einen einzigen flachen Kieselstein nach dem Riesen und Goliath sank zu Boden. Vor unsrem Anblick floh das ruchlose Gesindel, welches die Völker bisher geknechtet, geplündert, beraubt, bespieen hatte, nach allen vier Weltgegenden. Wir haben der alten Schlange den Kopf zertreten, sie hat uns das Herz durchstochen, Ehre sei Gott in der Höhe!"

Wenn man über Dinge, die so folgenschweres Leid nach sich gezogen, lachen könnte, lachen dürfte, so wäre es über diese phantastische Aufschneiderei schon deshalb, weil unter allen Gefallenen des 13. März nur zwei Studenten waren, von denen der eine übereinstimmenden Aussagen zufolge durchaus unschuldig dazu kam und der zweite jedenfalls nicht das geringste von jenem Antheil an der Entwicklung der Ereignisse genommen hat, den nach der Hand seine industriöse Partei ihm zuschreiben wollte. Die übrigen Gefallenen waren nebst zwei oder drei Bürgern meistens Gesellen, Arbeitsleute, Hausknechte u. dgl., ein Chirurg, ein Kellner, ein Zimmerputzer, eine Lehrersgattin, eine alte Pfründnerin, eine Magd, ein Zimmermannsweib. Von all' jenen, die man als Träger der Ideen jenes Tages bezeichnen könnte, hat nicht ein einziger den geringsten leiblichen Schaden davongetragen — geistigen wohl mancher! Das Stadtgespräch, welches in den ersten Tagen den Dichterling Eckart und den „Polen" Burian todt sagte, erwies sich bald darauf als ganz grundlos und der „Wanderer" hatte sich umsonst beeilt, dem letztern in einer „Wienernovelle", worin dessen trauernde Geliebte die Hauptrolle spielt, ein belletristisches Denkmal zu setzen. Von einem eigentlichen Kampf war, wenn man nicht etwa die Raufereien am Hof so nennen will, nirgends die Rede und daher auch nicht von einem selbstbewußten Vertreten irgend einer Idee gegenüber der einschreitenden Gewalt. Was vor dem Landhaus, am Hof, am hohen Markt, vor den kaiserlichen Stallungen, an der Mariahilfer Linie, in Fünfhaus und Sechshaus vorgefallen, waren, rund herausgesagt, Straßenscandale, zum Theil der rohesten Art, gegen die Abmahnung der Besonneneren — man erinnere sich an den Verlauf im Landhaussaale unmittelbar vor der ersten Salve! —, ausgehend von dem politisch unzurechnungsfähigsten Theil der Bevölkerung. Die Schuld derselben trugen an Leben und Gliedern nicht ideebegeisterte Kämpfer ab, sondern zum Theil raufsüchtige Ruhestörer, zum Theil, und nicht zum kleinsten, leider auch solche, die keinen Antheil an den vorausgegangenen herausfordernden Thätlichkeiten hatten, sondern welche bloße Neugierde oder irgend eine Verrichtung oder ihr zufälliger Weg auf den Schauplatz unglückseliger Katastrophen geführt. Darum war es allerdings am Ort von „Opfern" des 13. März

9

zu reden, unseres Mitgefühls, unserer Theilnahme, unseres Beileids
desto würdiger, je unschuldiger die meisten von ihnen waren, unschuldig
an ihrem Tode, unschuldig an den Ereignissen des Tages, unschuldig
vor allem an den Erfolgen des Tages. Aber sie als „Helden" hinzustellen und einen wachsduftenden Zimmerpußer, einen Kellner mit der
Serviette unterm Arm, eine alte Pfründnerin „kindgleich an dem Stab
aufrichtend den Leib" in die Reihe von gluterfüllten „Märtyrern
der Freiheit" zu schaaren, das war denn doch wahrhaftig ein gar
zu jämmerlicher Unsinn.

Allein das ließ sich nun einmal die Meinung des Tages nicht
nehmen. Auch muß Billigkeit zugeben, daß das schwindelnde Entzücken über die so rasch gewonnenen Errungenschaften wohl nicht die
Ruhe ließ, derlei wenn auch naheliegende Erwägungen anzustellen, wie
wir dies jetzt vermögen, und darum darf man es keinem Einzelnen übel
nehmen, daß er inmitten der Begeisterung jener Tage in das allgemeine Horn blies. Alle freien Künste mußten sich die Hände reichen
und in huldigendem Reigen den Manen der Blutzeugen ihrer Gaben
schönste auf den Altar legen. Voran schritt die Redekunst und trat
an die offene Grube, in welche am Abend des 17. März die Leich-
name der in der Stadt Gefallenen versenkt wurden; denn soviel
Besinnung hatte man doch beisammen, um die außerhalb der Linie
getroffenen Raubgesellen von der Todtenfeier auszuschließen. Und
die am Grabe nicht reden konnten, trugen es in Flugblättern und in
den Zeitungen nach. „Ihr Unsterblichen", apostrophirt sie einer, „denen
ein beneidenswerthes Los geworden, das Los der Weltverjüngung;
Eure Seelen wandeln im ewigen Licht, das auf Erden nur auf Stunden
leuchtet! Sagt es dem großen Befreier Deutschland's, dem feuer-
redenden Ludwig Börne, daß wir sein Evangelium bezeuget, daß wir
seinem Wort That gegeben, daß wir bewiesen, daß, wenn ein Volk,
ein ganzes einiges, aufsteht und spricht, ich will frei sein, es frei sei.
Sagt es Joseph, dem unaussprechlichen, daß seines Hauses Sprößling
seine Zusage erfüllt, daß er einen Namen in der Weltgeschichte sich
errungen, schöner und ewiger wie der Alexander's und Cyrus, einen
Namen, den nur der Fackelträger des letzten Jahrhunderts Joseph allein
mit ihm theilen darf, der Befreier der Menschheit Ferdinand der

gütige!" Noch üppiger als die Ergüsse der Beredsamkeit quollen jene
der Dichtkunst. Ein ganzer Parnaß wurde über den Grabhügeln
aufgethürmt. Bekannte und unbekannte Namen, Dichtkünstler und
Naturdichter, Poeten und Poetaster trugen ihre Schaufel oder ihren
Karren voll Erde zu, um sie auf die Särge der gefallenen Heroen
weihend zu schütten. Es gäbe einen artigen Dichterwald, wollte man
die Lieder alle sammeln, die da aus hunderten von Saiten zusammen-
klangen. Und damit auch die bildende Kunst das ihrige beitrage, „um
jene Vorfechter des heiligen Werkes, getragen von der allgemeinen
Dankbarkeit des österreichischen Volkes, durch eine sinnliche Darstellung
den Augen der Mit- und Nachwelt so hoch und hehr zu vergegen-
wärtigen, wie sie im verborgenen Heiligthum des Herzens unsichtbar
leben", wurden Pläne zur Errichtung eines großartigen Denkmales
entworfen, für das man keinen würdigeren Standpunkt wußte als den
Hof des Ständehauses — „denn dort begann der Kampf und fielen
die ersten Opfer; auch würde es die Volksvertreter immer mahnen,
wie theuer das Gut erkauft wurde, das wir ihren Händen anver-
trauen." Von diesen Plänen sind namentlich zwei öffentlich besprochen
worden, der eine nahm jedenfalls einen geräumigeren Platz in Anspruch als den genannten Hof; es sollte in einem Triumphbogen bestehen, von zwölf mächtigen korinthischen Säulen getragen; „sechs
kolossale Statuen — der Freiheit, der Jugend, des Muthes, der Wissenschaft, oder was sonst für Tugenden passend zu personificiren wären —
schmücken freistehend dessen Höhe; über diesen Statuen wären sechs
Basreliefs anzubringen, die Hauptmomente darstellend" u. s. w. Der
Entwerfer hatte, wie er einleitend bemerkt, diesen Plan ursprünglich
„in Folge eines ehrenvollen Auftrags im J. 1814" als Friedensdenkmal
für die damals glorreich beendete Kriegsepoche ausgedacht und war
das Monument für das Ende der Jägerzeile auf dem Prater-Vor-
platz bestimmt; da dies später Project geblieben, so wisse er keine
schicklichere Gelegenheit als den Gedanken jetzt wieder an's Licht zu
ziehen. Einen andern Vorschlag veröffentlichte ein Student, der in
den Vorberathungen vom 8. bis 11. März eine vielgenannte Rolle
gespielt. Das Monument sollte aus drei Theilen bestehen, der un-
terste in einer Randverzierung die Namen der Gefallenen enthalten;

darüber in Hautrelief die Provinzen des Reiches, wie sie sich von
neuem verbinden, leicht und liebevoll einander umschlingend; zu oberst
auf einem sechsseitigen Piedestal die Charte, um diese herum im
Kreise an jeder Seite des Piedestals die sechs Hauptnationen: der
Deutsche, der Ungar, der Slave, der Illyrer, der Pole, der Italiener,
sich über der Charte die Hände reichend und entzückt auf das Volk
hinabblickend; jede dieser Figuren sollte von einem Künstler der betreffenden Nationalität gemacht werden, der Deutsche von Rammel-
mayer, der Ungar von Ferenczy, der Slave von Max u. s. w. Zur
Deckung der Kosten wurden großartige Anstalten gemacht, Sammlungen,
Reinbeträge von künstlerischen oder literarischen Erscheinungen, Er-
trägnisse von Concerten u. dgl. Die niederösterreichischen Stände, hieß
es, hätten eine Subscription eröffnet, über welche am 20. März die
Zeichnung von 32000 fl., am 23. von 50000 fl. verlautbart wurde
und die bis auf die Summe von 100000 Gulden gebracht werden sollte.

Ward in solcher Weise der Todten gedacht, so wurden die verwundeten und hinterbliebenen Lebenden nicht vergessen — „enterrar
os mortos e cuidar os vivos", wie Pombal nach der Katastrophe
von Lissabon sagte. Das war wohl nur zu billigen als Steuer mild-
thätiger Menschlichkeit, wenn gleich auch diese, wie nicht anders möglich,
die herrschende Farbe des Tages anlegen mußte. Ueberhaupt fehlte
es damals in keiner Hinsicht an Anlaß und Nöthigung sich freigebig
zu zeigen und die Speculation wußte bald ihren Vortheil daraus zu
ziehen. Einzelne Frauen warfen sich in Trauerkleider und bettelten
als Gattinnen dieses oder jenes angeblich gefallenen Mannes in den
Häusern herum, bis man der Betrügerei auf die Spur kam und das
Publicum vor diesem Mißbrauch der Privatwohlthätigkeit warnte.
Am 19. März bildete sich ein Comité für „Unterstützung der Hinterbliebenen der für die allgemeine Sache Gefallenen, so wie der Verwundeten und derer Angehörigen" — Ferdinand Graf Colloredo-
Mannsfeld, die Doctoren von Wattmann, Schuh, Mojsisovics, Sig-
mund, Dummreicher und Endlicher im allgemeinen Krankenhause, der
Prediger Mannheimer und J. Voigt zum „schwarzen Hund" am
Graben. An dieses führte der Prediger Mannheimer als Ergebniß
einer in seiner Gemeinde eingeleiteten Sammlung binnen zwei Tagen

2000 fl. ab. Die Theaterzeitung und der Humorist öffneten ihre Spalten und Bureaus zur Einzeichnung und Aufnahme einfließender Gelder. Schriftsteller und Verleger widmeten den Reinertrag ihrer Veröffentlichungen, Directoren und Künstler den Gewinnst von Akademien und Concerten diesem Zweck. Von dem Musiker Litolff und dem Dichter Kapper wurde ein Feierconcert veranstaltet, das anfangs auf den 19. März angesagt, dann auf den 22. verlegt und im Theater an der Wien um Mittag abgehalten wurde. Die ganze Bühne in Form eines Zeltes war weiß und roth als Landesfarben und schwarz als Trauerfarbe ausgeschmückt; eine große Inschrift „Hoch ganz Oesterreich" in der Mitte und drei kleinere an den Wänden rechts, im Grunde und links „Sláva Slavjanům" „Eljen Magyarország" „Evviva Italia", zwei Nationalgardisten mit gezogenem Säbel als Ehrenwache am Eingang, alle Mitwirkenden das Band der Nationalgarde um den Arm. Den lebendigsten Enthusiasmus rief das letzte Stück hervor, ein „Chorgesang der Wiener Studentenlegion," ausgeführt von Studenten selbst. Diese wurden bei ihrem Erscheinen auf der Bühne mit lang anhaltendem Beifall begrüßt, aus allen Logen wehte man „den braven jugendlichen Helden" mit den Tüchern zu, stürmisches Bravo folgte der Ausführung und dauerte nach dem Fallen des Vorhanges fort, bis die Wiederholung des Stückes erfolgte. Das Concert warf einen namhaften Reinertrag für den wolthätigen Zweck ab. Auch zwei junge Schlesierinnen, Auguste und Amalie Wollrabe, veranstalteten am 26. Mittags im Theater an der Wien eine musikalisch-declamatorische Akademie „zum Vortheile der Verwundeten," die aber so spärlich besucht war, daß kaum die Kosten gedeckt wurden. Außerdem fehlte es nicht an Unternehmungen, Projecten, privaten Sammlungen aller Art. Ein gewißer Paul Löwe machte in einem Flugblatt den Vorschlag, man solle 100000 Denkmünzen „goldene, silberne und von Metall" schlagen, diese an die „Verdienstvollsten" vertheilen, deren jeder sich ein Vergnügen daraus machen würde, eine Gabe auf den „Altar der Erkenntlichkeit" niederzulegen, wodurch nach Abzug aller Auslagen eine namhafte Summe zusammenkommen würde.

Von kleineren milden Werken hat eines in militärischen Kreisen manches von sich reden gemacht und ist auch in bezeichnender Weise zur öffentlichen Besprechung gekommen. Die Individuen des k. k. Bombardiercorps hatten „zur Unterstützung der am 13. März verwundeten und sonst bedürftigen Studenten" einen Betrag von 200 fl. zusammengebracht, den sie dem Professor Hye zur weiteren Verfügung übergeben wollten. Die Sache kam dem Corpscommandanten zu Ohren, dieser verbot sofort die weitere Sammlung und verfügte die Rückstellung der eingehobenen Beträge. Einer der betheiligten Bombardiere hatte nichts eiligeres zu thun, als den ganzen Vorfall einer Redaction anzuzeigen, und man kann sich vorstellen, welche Fülle von Entrüstung und Verketzerung über den unglücklichen Major von Sonnenmayer herging, bis sich dieser zuletzt gedrungen sah, gleichfalls den Weg der Oeffentlichkeit zu betreten und die Aufklärung zu geben, die Sammlung sei aus keinem andern Grunde eingestellt worden, als weil sich dabei zwischen den Bemittelten und Unbemittelten allerhand Reibungen ergeben hatten, die man nicht dulden konnte.

Es war überhaupt im Jahre 1848 für den Soldaten keine gesunde Luft in Wien. Hielt er sich, wie es ihm zustand, von der Bewegung fern, so hatte sein guter Name Verunglimpfung aller Art zu befürchten, für deren Abwehr ihm keine Waffen zu Gebote standen. Ließ er sich dagegen inmitten der allgemeinen Bewegung, die in der ersten Zeit, und vielfach auch später, einen ganz loyalen Anstrich hatte, von seinen staatsbürgerlichen Gefühlen zur Theilnahme verleiten, so gerieth er dabei nur zu leicht in Gefahr, seinen Standespflichten untreu zu werden. Es pries sich daher jeder glücklich, der von dem gefährlichen Schauplatze politischer Strömungen abgerufen wurde, und mit doppelter Freude wurde der Befehl begrüßt, wenn er ihn in das frische Lagerleben der italienischen Armee beorderte, von deren bevorstehenden Bedrängnissen, aber auch von deren baldigen Triumphen freilich wohl in jenen Tagen niemand eine Ahnung hatte.

III.

Der Abfall von Venedig.

März 1848.

1.

In der Zeit, da die verhängnißvolle Entwicklung des Jahres 1848 mit immer bedrohlicheren Anzeichen heranrückte, ließen sich in Betreff des lombardisch-venetianischen Königreiches zwei Thatsachen nicht abläugnen: erstens, daß es das bestgeordnete, bestverwaltete unter den Ländern Italiens, und zweitens, daß es das politisch und administrativ begünstigteste unter den nicht-ungarischen Ländern Oesterreichs war. Die Lombardie zählte anerkannt zu den blühendsten Landstrichen von Europa. Eine dicht gesäte, gesunde, aufgeweckte Bevölkerung, eine über die weitgedehnte Ebene verbreitete, das reizende Hügelland der Brianza bedeckende, bis in die Thalgründe und an die Berglehnen der vom Norden her abfallenden Alpen sich hineinziehende Cultur, die dem von Natur fruchtbaren, durch Arbeit und Geschicklichkeit doppelt ergiebigen Boden jeden erreichbaren Nutzen abschmeichelte; eine lohnende Industrie und Handelsbewegung, deren raschen Verkehr ein treffliches Straßennetz förderte, eine ausgezeichnete Polizei und Gendarmerie sicherte ... böswillige Spötter mögen darüber die Achsel zucken und sagen, all' das habe die glückliche Anlage von Land und Leuten, nicht die kaiserliche Regierung zuwege gebracht; aber immerhin bleibt es wahr, daß eine mehr denn dreißigjährige Verwaltung, unter deren Schutz und Schirm sich all' diese günstigen Erscheinungen unverkümmert erhalten, reichlich entfalten und vermehren konnten, eine gute, wohlwollende, eine dem Gedeihen der Bevölkerung unausgesetzte Sorgfalt zuwendende gewesen sein mußte und nicht ohne tiefe Bedeutung war es, wenn man wiederholen hörte: „Die Lombardie kann heute mit dem Golde gepflastert werden, das ihr seit dreißig Jahren zugeflossen ist". Nicht geringeres war von Venedig zu sagen. Die im Matronenalter hinsiechende Königin der Adria, deren morsche Schutzwälle vor den Kriegsfanfaren der weltstürmenden französischen Republik einstürzten wie die Mauern Jericho's vor den Posaunen Josua's, sie begann ein verjüngtes Leben, neues Blut fing an in ihren fast vertrockneten Adern zu rollen, als unter österreichischer Herrschaft die Eröffnung eines Freihafens ihren Markt wieder bevölkerte, während die Verstärkung und Erhöhung des riesigen Steinwalles der Murazzi das große Wasserbecken gegen die Naturkräfte schützte und die nicht minder großartigen Hafenbauten von Malamocco den tiefgängigsten Schiffen neue Wege bahnten; als die Dampfschifffahrt des triester Lloyd einen regen Verkehr zwischen beiden Ufern des adriatischen Meeres, mit Griechenland und der Levante, den alten Zielpunkten der venetianischen Handelspolitik, unterhielt; als die mächtige Eisenbahnbrücke von Mestre ihre Inselwelt mit der Terraferma verband und die Locomotive aus der Mitte der Lagunen zu der lombardischen Schwesterstadt hinüberdampfte. Das Volk von Venedig, das 1797 in wilder Schadenfreude die seit Jahrhunderten mit allen Schrecknissen geheimnißvoller Grausamkeit dräuenden Gefängnisse des Dogenpallastes gestürmt, an die hölzerne Bekleidung seiner todesfeuchten Zellen Feuer gelegt hatte, es lernte unter dem milden Scepter Oesterreichs die Segnungen eines heitern und friedlichen Wohlstandes genießen und erfreute sich eines von Jahr zu Jahr steigenden Zuzuges von Fremden, der Venedig sein früheres buntes Leben, seinen alten Glanz wiedergab, eine große Anzahl von Pallästen, von reichen Ausländern angekauft und eingerichtet, dem drohenden Verfall entriß und jährlich große Summen Geldes dem Verkehr der gewerbfleißigen Stadt zuführte. Der öffentliche Unterricht konnte in keinem Lande Italiens den Vergleich mit jenem des lombardo-venetianischen Königreichs aushalten; namentlich erfreute sich das Volksschulwesen einer steigenden Blüthe; in der ganzen Lombardie zählte man gegen Ende der dreißiger Jahre nur noch 66 Gemeinden, die keine eigene Schule besaßen. Die Justizverwaltung des König-

reiches ließ kaum etwas zu wünschen übrig; ihre Organisation war
einfach und übersichtlich; die österreichischen Gesetze sagten im allgemeinen den Landesverhältnissen, dem Charakter der Bevölkerung zu;
die Rechtspflege genoß durchaus den Ruf der Unbestechlichkeit, und
es sprach gewiß nicht gegen das österreichische System, wenn es nicht
eben selten vorkam, daß die Italiener zu der Unparteilichkeit nicht-
eingeborner Räthe ein größeres Zutrauen zeigten, als zu der ihrer
eigenen Landsleute.   Die bürgerliche und politische Rechtsgleichheit
aller Bewohner war schon unter der großen Theresia und Joseph II.
theilweise hergestellt worden; die französische Zwischenherrschaft hatte
die damit im Widerstreit stehenden Baronialrechte vernichtet, die von
der österreichischen Regierung nach der Wiedergewinnung des Landes
nicht wieder hergestellt wurden. Eine Einrichtung, deren Vorzüge das
lombardisch-venetianische Königreich vor allen andern Provinzen des
Kaiserstaates genoß, war seine Communal-Verfassung. Die theresianische
Gemeindeordnung, auf der breiten Grundlage der allgemeinen Bürger-
vertretung, der freien Wahl der Gemeindebeamten und der eigenen
Vermögensverwaltung beruhend, eine Muster-Institution, um welche
die Bevölkerung des Landes von den Regierten aller andern Staaten
Italiens beneidet wurde, hatte zwar während der französischen Occu-
pation eine Unterbrechung erfahren, war aber, nachdem jene aufgehört,
über den lauten Wunsch der Bevölkerung mit einigen zweckmäßig
erscheinenden Abänderungen nicht nur in der Lombardie wieder,
sondern auch im Venetianischen neu eingeführt worden.

Und war die Vortrefflichkeit dieser und anderer Einrichtungen
etwa ein Geheimniß? Ist uns doch, als hätten aus dem freundnach-
barlichen Piemont, als es vor ein paar Jahren an die Reorganisation
der von österreichischer „Zwingherrschaft" befreiten Lombardie schreiten
wollte, Stimmen verlautet, die da meinten: „man könne von den in
diesem Lande bestehenden Institutionen so manches lernen" und
„nicht Mailand sei es, das einer Reform bedürfe!" Auch glauben
wir uns zu erinnern, daß, als sich in derselben Zeit das Gerücht von
der bevorstehenden Einführung der sardinischen Justizgesetze verbreitete,
lombardische Rechtsmänner zusammentraten, um die Vorzüge der österreichischen Gesetzgebung auseinanderzusetzen, die Belassung derselben

zu befürworten. Und in den Tagen selbst, deren wechselvolle Ereignisse wir im Begriffe stehen zu erzählen, war es nicht Sardinien's König Karl Albert, der von allen liberalen Journalen der Halbinsel reiches Lob ärntete, weil er daran ging, in seinem Staate alle Sondergerichte und priviligirten Gerichtsstände aufzuheben? Nun, er that nichts anderes als wegräumen, was in der vortrefflichen Gerichtsverfassung des lombardisch-venetianischen Königreiches längst nicht mehr bestand! Nimmt man dazu, daß bei diesem allen den Italienern ihre Sprache und Nationalität in vollem Maße gewahrt blieb; daß die Rechtspflege bis zur dritten Instanz hinauf von im Lande selbst befindlichen Gerichtshöfen gehandhabt wurde; daß der ämtliche Verkehr selbst mit jenen Reichsbehörden, die ihren Sitz in Wien hatten, durchaus in der italienischen Sprache unterhalten wurde; daß das gesammte Schul- und Studienwesen, das gesammte gesellige und geschäftliche Leben ein ausschließend italienisches blieb, daß selbst die Marine in ihrer Organisation und Sprache dem wälschen, daß nur der Dienst und das Commando des Landheeres dem deutschen Elemente angehörte: so hätten Land und Leute allen Grund gehabt, sich unter Oesterreichs Scepter glücklich zu fühlen und hätte der aus den mittleren und südlichen Staaten und mehr noch von den Verbannten jenseits des Canals herübertönende Schmerzensschrei ohne Widerhall sich verlieren müssen, hätte nicht das geistige Leben des Landes unter einem unerträglichen Drucke gestanden, wäre nicht die Presse und das Bücherwesen in Mieder geschnürt gewesen, die ihnen allen freien Odem hemmten, wäre nicht das politische Leben, die Theilnahme der öffentlichen Meinung an der Regierung und Verwaltung des Landes auf den Nullpunkt herabgedrückt worden.

Allein so schreiend diese Uebelstände waren, so dürfen, wenn die Berechtigung der italienischen Provinzen zum Unmuth gegen Wien in Frage kommt, zwei wichtige Momente nicht übersehen werden. Einmal waren in dieser Hinsicht die Unterthanen der andern italienischen Staaten nicht besser, die meisten noch schlimmer daran, und theilten die Bewohner der Lombardie und Venedigs diesen, den kurzsichtigsten Regierungsgrundsätzen entsprungenen Druck mit allen übrigen Ländern der nichtungarischen Hälfte des Kaiserstaates; sie wurden im allgemeinen nach)

keinen andern Grundsätzen behandelt als diese und war darum in dem
Augenblicke, als für die Letzteren die Stunde der Befreiung schlug,
auch für jene der Grund der seitherigen Klagen und Beschwerden
weggefallen. Der seitherigen Klagen und Beschwerden? Aber — und
dies ist das zweite, ungleich bedeutsamere Moment — hatten denn
die italienischen Provinzen solche durch ihre berufenen Organe erhoben? Oder besaßen sie etwa keine Organe, durch welche sie Klagen
und Beschwerden erheben, auf gesetzlichem Wege zur Geltung bringen
konnten? Wohl besaßen sie solche Organe, allein diese hatten es durch
die lange Reihe von mehr als dreißig Jahren versäumt und verscherzt,
von ihren Befugnissen diensamen Gebrauch zu machen. Denn auch in
dem Punkte erfreuten sich die italienischen Provinzen eines Vortheiles
vor den übrigen nicht-ungarischen Erbländern, daß ihnen die trefflichen
organischen Statute von 1815 in den Provinzial- und Central-Congre-
gationen Vertretungskörper gegeben hatten, die nicht blos befugt, die
verpflichtet waren, allgemeine Wünsche und Bedürfnisse des Landes, eingerissene Mängel zur Kenntniß der Behörden zu bringen, die
zeitgemäße Befriedigung jener, die zweckdienliche Abstellung dieser vor
dem Throne des Monarchen zu erbitten. Das war allerdings nicht,
was der moderne Liberalismus in den Kreis constitutioneller Einrichtungen einbezieht; allein es war ohne Frage eine bildsame, praktische,
bei gehörigem Gebrauche fruchtbringende Institution. Nimmermehr
wäre es mit den oben erwähnten Mißständen in den italienischen
Provinzen so weit gekommen, wenn ihre berufenen Organe von An-
beginn die Regierung daran gewöhnt hätten, berechtigter Einsprache
Gehör zu schenken, begründeten, mit edlem Freimuth vorgetragenen
Beschwerden nachzugeben. Und würde eine solche mannhafte Haltung
der lombardo-venetianischen Vertretungskörper nicht zugleich einen heilsamen Rückschlag auf jene der andern Erbländer geäußert, würde dadurch nicht umgekehrt die Erstarkung der letzteren jenen einen kräftigen-
den Rückhalt gegeben haben? Statt dessen mußten die einen unter
dem Namen von Postulat-Landtagen zu einem schillernden Gaukelspiel
herabsinken, während die andern ein nichtssagendes Scheinleben fort-
schleppten und dadurch das Uebel erst recht erzeugten, das sonst gar
nicht aufgekommen wäre. Denn ihre äußerliche knechtische Unterwürfig-

feit entwöhnte die Regierungsorgane immer mehr auch nur den leisesten
Widerspruch zu ertragen, bestärkte sie in dem verblendeten Wahne des
Alleinbesiges wahrer Einsicht gegenüber dem „beschränkten Unterthanen-
verstande", wiegte sie in die gefährliche Sicherheit eingewohnten Schlen-
drians, unantastbarer Amtshoheit. Dabei wurde die zudringliche Be-
aufsichtigung der Staatsbehörden, ihr ausgedehntes Spioniersystem,
wurden ihre Gewaltmaßregeln durch immer wiederkehrende Verschwörungen herausgefordert, die auf krummen Pfaden die gewaltsame Abhilfe von Uebeln zu ertrogen suchten, die ihre gereifteren Väter auf
dem völlig loyalen und friedlichen Wege offener Verständigung zu er-
zielen verabsäumt hatten. So ward die Stimmung zwischen der Regierung und den höhern Schichten der Gesellschaft, denen die Geheim-
bündler ausschließend angehörten, nachgerade eine gespannte, aus der
gespannten eine gereizte, aus der gereizten eine erbitterte und die
Masse der Nobili in Mailand, die Mehrzahl der Advocaten in Venedig
bildete lange vor dem Jahre 1848 eine entschieden regierungsfeind-
liche Partei, wenn sie auch als solche nicht offen aufzutreten wagte.
Die untern Classen der Bevölkerung hier wie dort blieben allerdings
von diesen Strömungen unberührt und es stand wie in Galizien, wie
neuestens in Ungarn und Siebenbürgen, als bedeutungsvolle Thatsache
fest, daß sich die österreichische Regierung der ausgesprochensten Anhänglichkeit des größten und unverdorbensten Theiles der Gesammtbe-
völkerung berühmen konnte und noch heute berühmen kann. Haben
wir doch jüngst erst die Stoßseufzer der mazzinistischen Comité's in
der uns räuberisch entrissenen Lombardie vernehmen müssen: „daß die
Sympathie der dortigen Landbevölkerung für die österreichische Herrschaft leider noch immer nicht überwunden sei"!

Venedig und seine Terraferma, obgleich mehr als hundert Jahre
später dem Kaiserstaate einverleibt als die Lombardie, machte den
österreichischen Sicherheitsbehörden ungleich weniger zu schaffen als
diese. Die in den Tabellen der Criminalstatistik verzeichneten Hoch-
verrathsfälle gehörten fast ausschließend der Lombardie an. Ja, man
kann sagen, daß — ausgenommen den vereinzelten Versuch der Brüder
Attilius und Emil Bandiera (erschossen zu Cosenza 25. Juli 1844)

Söhne eines alten Seehelden, dem ihr Treubruch die letzten Jahre
eines ruhmvollen Lebens verbitterte († 16. September 1847) —
Venedig von dem Treiben der geheimen Gesellschaften, die von Paris
und London aus um die Mitte der vierziger Jahre eine erhöhte Thätigkeit entfalteten und eine gleichzeitige Erhebung Italiens und Polens
als Hauptziel verfolgten, fast ganz unberührt blieb. In Paris hatte
sich bald nach der Julirevolution, noch unter den Auspicien des „edlen"
Lafayette, wie ihn der Schwärmer Rotteck nennt, eine „Société de
civilisation" mit der ausgesprochenen Bestimmung gebildet, die polnische und italienische Bewegung zu fördern. Nach dem Tode ihres
Stifters etwas in Abnahme, war sie um das Jahr 1845 in eine
„statistische Gesellschaft" umgestaltet worden, ohne im wesentlichen ihre
völkerrechtswidrige Richtung zu ändern. Hand in Hand mit der revolutionären Propaganda, die ihren Abhänglingen schon Februar 1845
den nahen Sturz Guizot's verkündete und den römischen und neapolitanischen Mißvergnügten für diesen Fall die Hilfe Frankreichs zusagte,
schickte die Société statistique unter dem Aushängschilde statistischer
Forschungen ihre Sendlinge nach allen Seiten aus, um Verbindungen
in Deutschland, Polen, Italien anzuknüpfen, und versuchte namentlich
für August 1845 einen Aufstand in den päpstlichen Staaten vorzubereiten, wofür die in Toscana und Lucca zerstreuten römischen Verbannten das Losungswort „Ravenna" hatten; für die Leitung des
Unternehmens war der in einer neapolitanischen Stadt confinirte
Oberst Antonini berufen. Das venetianische Gebiet scheint von jenen
Sendboten so ziemlich gemieden worden zu sein. Der Polizeibehörde
kamen zwar allerhand Signalements von Personen zu, auf deren
Erscheinen sie wachsam zu sein, alsogleich weitere Anzeige zu machen
hätten. Bald war es ein Med. Dr. Mazzi aus Reggio, der unter
dem Vorwande die öffentlichen Krankenanstalten zu besichtigen im
Interesse der revolutionären Sache zu wirken suche; bald wieder eine
Französin, eine sichere Madame Beyran, „eine Frau von vielem Geist,
um die vierzig, zungenfertig, von schönem Aeußern, im Besitze mehrerer Sprachen", die angeblich für schriftstellerische Zwecke reise; bald
wieder ein gewesener Officier der Marine, Portugiese, Juan Maria
Ferreira d'Umaral, von Mazzini als Emissär des jungen Italien aus-

144

gesandt u. s. w. Allein es wurde nicht bekannt, daß eine dieser Personen und andere gleichen Schlages den Eintritt in die venetianischen Provinzen, deren Boden für derlei Umtriebe nicht fruchtbar genug erschien, gewagt hätten.

Einen neuen Aufschwung bekamen diese Um-triebe, als nach dem Tode Papst Gregor XVI., der es, getreu der alten Ueberlieferung des päpstlichen Stuhles, unverbrüchlich mit dem Hause Oesterreich gehalten hatte, und mit der Thronbesteigung eines neuen, der Reformbewegung ebenso freundlichen als den „fremden Einflüssen" abholden Papstes die loyalen und offenen Bestrebungen der italienischen Nationalpartei einen unerwarteten Vorkämpfer erhielten, dessen unantastbarer Name sich zugleich als Deckmantel für die finstern Pläne benützen ließ, die in geheimer Stille gegen die meisten Regierungen Italiens ausgebrütet wurden. Wie wir es in den letzten Monaten an den Ufern des San und der Weichsel beobachten konnten, daß das geheiligte Zeichen des Kreuzes und die religiösen Gebräuche der katholischen Kirche zu den staatsgefährlichsten Anschlägen mißbraucht wurden, so mußte damals diesseits und jenseits des Appenin die Person des Stellvertreters Christi auf Erden den verbrecherischsten Anschlägen Vorschub leisten und ohne Scheu gaben die revolutionären Geheimbünde ihren Eingeweihten die Parole: „daß die Religion und die Freiheit, nunmehr in ein Bündniß getreten, zusammenwirken müssen ur Befreiung der Nationen." Um den Zauber von Pius des Neunten Namen auch in seiner Heimat wirken zu lassen und seine Landsleute mit dem Gedanken des innigen Zusammenhanges der polnischen Erhebung mit der italienischen vertraut zu machen, ließ Fürst Adam Czartoryski in Paris Denkmünzen, deren eine Seite das Brustbild des Papstes, die andere das Bildniß der h. Maria von Czenstochau zeigte, schlagen, die in zahlreichen Stücken sowohl in Italien als in Galizien, in Posen, im Königreiche Polen verbreitet wurden. Schon trug man sich an der Seine mit dem Gedanken, eine polnische Fremdenlegion für Italien zu bilden. Die Häupter des jungen Italien übernahmen die Gründung eines „italienischen Nationalfondes", bestimmt, mit allen materiellen Mitteln die nationale Erhebung zu unterstützen; unter dem Programm dieser „Associazione nazionale", ausgefertigt zu London am 1. Auguſt 1847, ſtanden die Namen: Giuſeppe Mazzini, G. Giglioli, A. Gallenga als Depoſitäre des Fondes. Sie hatten ihre Werkzeuge und Hetzer in allen Orten des mittleren und ſüdlichen Ita‐ lien, in Florenz, in Livorno, in Sinigaglia, in Piſa; Conte Sofia, ein Greis von 68 Jahren, hatte die Bewaffnung von Calabrien, der amneſtirte Moja jene der Mißvergnügten von Modena unter ſich; die Verſchwörer und ihre Helfershelfer ſchloſſen einen Gürtel um das lombardiſch‐venetianiſche Königreich, deſſen Regierung ſie gleich haßten und fürchteten.

Ein Hebel dieſer aufrühreriſchen Bewegung waren die von Jahr zu Jahr den Ort ihres Zuſammentrittes wechſelnden Gelehrten‐ Congreſſe, die nach dem Vorbilde der deutſchen wiſſenſchaftlichen Ver‐ ſammlungen entſtanden waren, aber hier, auf dem unterwühlten Boden der heſperiſchen Halbinſel, großentheils andern Zwecken dienen mußten. Die politiſchen Geheimbünde nahmen ſie in das Schlepptau, nament‐ lich die ſtatiſtiſche Geſellſchaft in Paris ſtand mit ihnen in enger Ver‐ bindung, und ohne Zweifel war es die Wahrnehmung, daß die Be‐ herrſcherin des adriatiſchen Meeres bislang dem revolutionären Ge‐ triebe völlig unzugänglich geblieben, daß ſie, die einzige unter den Großſtädten Italiens, noch kein regierungsfeindliches Lebenszeichen ge‐ geben, welche die Veranſtalter jener Congreſſe bewog, die Verſamm‐ lung des Jahres 1847 nach Venedig zu berufen und durch dieſes Mittel zu verſuchen, was auf den gewöhnlichen Wegen nicht erreicht worden war. Und der Verſuch gelang. Das Zuſammenſtrömen ſo vieler Männer aus allen Landſtrichen Italiens in dieſer Stadt voll geſchichtlicher Erinnerungen und baukünſtleriſcher Wunder, die neugie‐ rige Theilnahme, womit die Menge die bisher nicht geſehenen Träger ſo vieler durch die ganze Halbinſel berühmter Namen auszeichnete, die wiſſenſchaftlichen und gewerblichen, aber vielfach mit auf das politiſche Feld hinüberſtreifenden Fragen, die in den allgemeinen und Abtheilungs‐ Sitzungen in einer Weiſe zur Beſprechung kamen, wie man das ſeit Menſchengedenken nicht erlebt hatte, all' das bewirkte, wie ſich ein Schriftſteller jener Partei ausdrückt, „daß Venedig aus ſeinem Schlafe erwachte, daß es ſich ſeiner berühmten Geſchichte von vierzehn Jahr‐ hunderten erinnerte, daß es ſich beeilte einzutreten in den Reigen, den

10

Neapel, Rom, Mailand, Genua und so viele andere Städte Italiens
seit der Thronbesteigung des unsterblichen Pius eröffnet hatten". In
den Verhandlungen des Congresses, die im Publicum schnelle Verbreitung fanden, herrschte eine Sprache, ein Geist, der es jedem klar
machen mußte, daß die wissenschaftlichen Zwecke nur den Vorwand
abgaben, das eigentliche Ziel in der politischen Bearbeitung der Gemüther liege. Die unschuldigsten Vorwürfe wußten die gelehrten Herren
zu benützen, um dem Ohre des Venetianers das verlockende Gift ein-
zuträufeln, ihn über die Herrschaft der „Fremden" zu beunruhigen,
die italienische Einheitsidee in den Vordergrund zu stellen. In der
Abtheilung für Landwirthschaft fiel das Wort: „Wenn das Herz des
Italieners schlüge, wie es sollte, so bedürfte er nicht ‚fremder' Arme,
um seinen Boden zu pflegen; wenn er seine Erzeugnisse besser zu ver-
werthen wüßte, würde er sich mit seinen einheimischen Weinen begnügen,
kein Verlangen nach ‚fremden' tragen". Als die Frage der Erdäpfel-
krankheit verhandelt wurde, steckte man in der Section die Köpfe zusammen und machte schlechte Witze über Erdäpfel und „Deutsche" —
denn wie dem Engländer souteroute und German, so sind dem Italiener patate und Tedeschi Wechselbegriffe —, und Prati sagte im
Hinuntergehen über die Stiege laut zu einem andern: „Unter uns
sind nur die Deutschen auf die Erdäpfel erpicht; möchten sie doch in
Gottes Namen in ihre Heimat gehen, sich daran satt zu essen, anstatt
unsere Felder mit einer so gemeinen Frucht zu besudeln (non imbrat-
tino le nostre terre con frutto si vile); hoffen wir, daß sie bald
gehen werden!" Im Gegensatze zu diesen und ähnlichen Reden wurde
jeder Anlaß benützt, den Namen Pio Nono's zu verherrlichen und da
brauchte man nicht verstecken zu spielen, da konnte man ungescheut und
offen reden; denn Katholiken werden doch das Oberhaupt ihrer Kirche
preisen dürfen! In der Abtheilung für Technologie flocht Conte Porro
in einen seiner Vorträge das Lob Pio Nono's ein: Keine Regierung
habe noch so viel Sorgfalt für das Los der Gefangenen gezeigt, als
die des Papstes; keine Regierung liebe so die Wahrheit zu vernehmen,
wie die Pius des neunten; keine Regierung sei mehr bestrebt, die Lage
der Unterthanen zu verbessern u. dgl. Den größten Triumph aber
trug der berühmte Cesare Cantu mit seiner in der Section für Geo-

graphie gehaltenen Rede über die italienischen Eisenbahnen davon.
Er begann mit einem Hymnus auf den regierenden Papst, den er
einen „Heros an Güte und Versöhnung" nannte, „der das Kreuz auf
das Haupt des Fortschrittes gepflanzt habe"; er erklärte im Namen
von „Brüdern", „als Bruder zu Brüdern" sprechen zu wollen; er
hob das Interesse hervor, das dieser Theil von Italien habe mit den
andern verbunden zu sein; er brachte heiße Wünsche dar für die wachsende, nun in so naher Aussicht stehende Wohlfahrt des „unter zehn
verschiedene Herrschaften getheilten Italien", das doch nur eine und
dieselbe Sprache rede. Der lebhafteste Beifallssturm unterbrach wiederholt den Vortrag Cantu's, der sich erst dann legte, als es der Redner
denn doch nicht umgehen konnte, mit Anerkennung der „sonst ungewohnten" Raschheit zu gedenken, womit Oesterreich den Bau seiner
Eisenbahnen gefördert habe. Aber von neuem brach der Jubel los,
als Cantu mit einer Ansprache an die italienischen Frauen schloß und
in den Kreis der „Brüder" auch die „Schwestern" einführte, mit denen
man, wenn die Eisenbahn von einem Ende Italiens zum andern reichen
würde, auf allen Haltpunkten werde Händedrücke wechseln und einander beglückwünschen können über das „Gelingen einer so edlen, einer
so hochherzigen Unternehmung", wofür „die allgemeine Treue und
Brüderschaft das sicherste Unterpfand" sei. Die Begeisterung der Zuhörer, unter denen auch das schöne Geschlecht vertreten war, hatte den
Gipfelpunkt erreicht, und Stimmen „canta! canta!" verlangten die
Absingung der Pinshymne; doch wurde dieser Forderung nicht willfahrt.

Als die gelehrten Herren Venedig verließen, war der Geist seiner
Bevölkerung ein anderer geworden. Noch während der Congreß tagte,
kam der Fall vor, daß Nachts das kaiserliche Wappen eines Tabak-
verschleißers von Bubenhänden herabgenommen wurde, worauf es
„per disprezzo ad uso d'immondo recipiente" dienen mußte und so
besudelt und beladen durch einige Straßen geschleppt ward. Die Organe der Regierung, die „Deutschen" erfuhren allerhand Neckereien,
namentlich an öffentlichen Orten. Hier wird einem, der ein Huhn
verlangt, der Braten gebracht, in dessen kleinem Rachen, zur ungeheuern Heiterkeit der italienischen Gäste, ein großer Erdapfel steckt;

dort wird einem andern, als er, um Reibungen mit den letztern zu
vermeiden, nach der gewöhnlichen Speisestunde im Gasthause erscheint
und einen Kalbsbraten verlangt, von dem impertinenten Wirth lächelnd
bemerkt: „Mi dispiace di non poter servirla; non c'è più d'un
porco — es ist nur noch ein Schwein da!" Ueberhaupt gingen die
bald stereotypen Ausdrücke „deutsches Schwein", „cujoni tedeschi"
Hand in Hand mit der steigenden Verhimmelung der eigenen Nationalität. Die Piushymne, die man sich auf dem Gelehrten-Congresse nicht
getraut hatte absingen zu lassen, bekam man bald auf den Straßen
Venedigs, Udine's und anderer Städte der Terraferma zu hören;
Academien und Theater wetteiferten in Gedichten, Gesängen, musica-
lischen Compositionen, dramatischen Darstellungen zur Lobpreisung des
Papstes, mit Widmungen für ihn, mit Beziehungen und Anspielungen
auf ihn, und während an Mauern und Straßenecken die Aufschriften
Viva Pio IX immer häufiger wurden, prangten die Schaukästen der
Modewaarenhändler mit Artikeln aller Art in den italienischen Drei-
farben. Die Polizei glaubte endlich gegen solche Mißbräuche einschreiten zu müssen; aber sie that es in gewohnter Weise mit einer
halben Maßregel. Eines Morgens wurden in der Handlung des
Gio. Batt. Rovelli alle dreifarbigen Sacktücher in Beschlag genommen,
dagegen andere Artikel, wie Bänder, Schleifen in denselben Farben
ihm, als „nicht so auffallend", gelassen.

Venedig lernte sich von Tag zu Tag mehr als italienische Stadt
fühlen; es setzte seinen Stolz darein, in allen Uebertreibungen und
Ausgelassenheiten der Affe der andern italienischen Großstädte zu sein,
und Mailand war es zunächst, dessen Nachtreterin es im großen wie
im kleinen wurde. Weil die lombardische Hauptstadt die Erhebung
Romilli's auf den erzbischöflichen Sitz gefeiert, ihm einen festlichen
Einzug bereitet hatte, mußte auch die Ernennung des Stadtpfarrers
von Bassano, des gefeierten Kanzelredners, mit allen christlichen und
priesterlichen Tugenden ausgestatteten Zaccaria Brigido zum Erzbischof
von Udine zu einer Demonstration benützt werden; es ward ihm ein
enthusiastischer Empfang zutheil, zu Ehren seiner Installation eine
Reihe von Festlichkeiten und Schaustücken veranstaltet. Doch Brigido
war kein Romilli und die Mißvergnügten von Udine hatten bald

Ursache ihren voreiligen Eifer zu bereuen. In einem Hirtenbriefe, den der neue Kirchenfürst am 8. November 1847 erließ, hielt er seinen Diöcesanen den Mißbrauch vor, den eine gewisse Partei mit der geheiligten Person und der höchsten Würde des Stellvertreters Christi auf Erden zu treiben sich nicht entblöde; solchen „Unverschämten" sei der große Pius, so hoher Bewunderung und so hingebender Liebe würdig, nichts als ein Vorwand, ein Losungswort für die Verfolgung aufrührerischer Plane. „Gewiß", so schloß Brigido seine väterliche Ansprache, „unter uns hat diese Pest noch nicht um sich gegriffen; wir erfreuen uns inmitten der unruhvollen Bewegung anderer Völker eines geachteten und gedeihlichen Friedens; wir, unter dem milden Scepter eines so guten wie mächtigen, von Gott und den Menschen geliebten Monarchen, haben es nicht vergessen, daß der Gehorsam gegen den Fürsten von Gott selbst befohlen und daß die Verletzung eines einzelnen Gebotes die Verletzung seines ganzen Gesetzes ist." Die Stimmung für den Erzbischof schlug nun, von den Unruhestiftern verhetzt, mit einmal um. Rufe für Pio Nono, Hymnen auf ihn ertönten jetzt aus Troß ärger als je; man zerriß die Gedichte, die man auf den neuen Kirchenfürsten hatte drucken lassen; man zerschlug seine Büsten und warf die Bruchstücke auf die Straße; ja mit Steinen soll nach ihm geworfen worden sein. Die Haltung der venetianischen Städte wurde von Tag zu Tag eine gereiztere. Man riß sich um Blätter der Bilancia, des Quotidiano, des Italico, der Alba, der Speranza, des Contemporaneo, die es in der Verläumdung Oesterreichs, in der Aufstachelung des Hasses gegen das „deutsche" Regiment einander zuvorthaten. Von Wien aus kam ein Verbot dieser und überhaupt aller in den Staaten Mittel-Italiens erscheinenden Zeitungen; eine Maßregel, die nur die Folge hatte, den Reiz der verbotenen Frucht zu erhöhen. Auch in Theaterscandalen begannen die venetianischen Städte mit den andern zu wetteifern. Im November 1847 wurde bei der Aufführung der neuen Oper Verdi's „Die Lombarden auf dem ersten Kreuzzug" unter andern der Schlußchor lebhaft beklatscht und zur Wiederholung verlangt. Weil in demselben die Worte: „Noi siam' corsi all'invito d'un pio" vorkamen, wurde dem Applaus von dem unbeliebten Polizei-Obercommissar Brussoni eine politische

Deutung .untergeschoben und durch sein ungeschicktes Verbot bekam
er erst recht eine solche. An den folgenden Abenden begnügte man
sich nicht mit einer einfachen Wiederholung, drei, viermal und noch
öfters mußte der Chor von neuem gesungen werden, so daß das
Ende der Vorstellung sich nicht selten bis weit über Mitternacht
hinaus verzog. Am 26. December 1847 wurde die Stagione im
Fenicetheater mit Verdi's Macbeth eröffnet. Der Chor, in welchem
die Worte vorkamen: La patria tradita piangendo ne invita
fratelli wurde stürmisch zur Wiederholung verlangt. Venedig hatte
mit keiner der italienischen Großstädte den Vergleich mehr zu scheuen.
Die „Alba" rief siegestrunken aus: „Der Löwe von San Marco, der
vernichtet schien, schüttelt seine ehrwürdige Mähne und läßt seinen
brüllenden Ruf erschallen — Il leone di San Marco, che pareva es-
tinto, scuote la sua veneranda chioma e manda un ruggito."

2.

Die Entwicklung der venetianischen Revolution, der erste Schritt,
womit sie vorbereitet und eingeleitet ward, ist an zwei Namen geknüpft,
von denen der eine bis dahin der Oeffentlichkeit fast ganz entzogen,
der andere dagegen seit Jahren durch ganz Italien, obgleich nicht
immer in wohlwollender Weise, genannt war; es waren dies die Namen des venetianer Advocaten Daniele Manin und des seit langem
in Venedig lebenden Privatgelehrten Nicolo Tommaseo.

Nicolo Tommaseo, 1803 zu Sebenico in Dalmatien geboren,
einer der selbständigsten Denker und eigenthümlichsten Schriftsteller des
neueren Italien, hatte 1833 sein Vaterland wegen politischer Rücksichten
verlassen, in Frankreich und auf Corsica gelebt und war 1838, amnestirt,
nach Venedig zurückgekehrt, wo er seitdem still und zurückgezogen, mit wenigen verkehrend, fast menschenscheu seinen Studien lebte, die ihn bald
auf das Gebiet der Sprachforschung und Literatur, bald auf jenes der Pä-
dagogik und Politik, bald wieder auf das der Geschichte führten. Ueberall
ursprünglich und bedeutend, nirgends der herrschenden Meinung huldigend,

viel häufiger mit entschiedenem Abspruch ihr entgegentretend, in seinem
Styl wie in seinen Umgangsformen abgeschlossen, nicht selten herb,
hatte Tommaseo bisher nicht weniger aufrichtige Bewunderer als erbitterte Gegner, ja gehässige Verläumder aufzuweisen. Sein einge-
wurzelter Antagonismus gegen den gefeierten Gioberti hatte die Wuth
der toscanischen Journale wider ihn aufgestachelt, die ihn einen Jesuiten nannten, der es leicht habe, zu Venedig unter österreichischem
Schutze so zu schreiben. Als Erklärer Dante's, als der er an mehr als
einem Orte die tendentiösen Hineinlegungen Ugo Foscolo's aufdeckte,
hatte er den Zorn Giuseppe Mazzini's und des jungen Italiens auf
sich geladen. Tommaseo war ein Vorkämpfer der katholischen Idee zu
einer Zeit, da den Stuhl des heiligen Petrus noch nicht der Mann
einnahm, dem jetzt ganz Italien mit Begeisterung zujauchzte. In ihm
lebte die Erinnerung an die alte Größe Italiens, die er nicht auf dem
Wege ebenso gewaltsamer als gedankenloser Umwälzungen, die er
auf der sittlichen Grundlage religiöser und politischer Veredlung wieder-
hergestellt wissen wollte. In seinem 1835 anonym zu Paris erschie-
nenen Werke „Dell' Italia libri cinque" sind herrliche Gedanken ausgesprochen, Gedanken, die, weit entfernt blos dem unserer Ueberzeugung
nach unerreichbaren Truggebilde der italienischen Einheitsidee zu huldigen, eine viel allgemeinere, viel berechtigtere Würdigung in Anspruch
nehmen. „Wenn wir über die Ursachen nachdenken, welche den vergangenen Revolutionen so elenden Ausgang bereiteten, so werden wir
sehen, daß sie irreligiös waren, in sich unsicher, dem Volke mißtrauend;
daß sie den Namen, nicht das Wesen der Dinge zu ändern sich be-
strebten; daß sie sich nicht auf die Vergangenheit stützten, vielmehr in
offenen Kampf mit ihr sich einlassen wollten Das waren schwere, mit
Recht bestrafte Verirrungen". — „Wüthen, Verschwörungen, Träume
von Verschwörungen verändern den Zustand der Völker nicht. Das
Ziel derer, welche wahre Freiheit suchen, sei erst ein moralisches, dann
ein politisches". — „Ein positives Princip, sei es religiöser oder politischer Natur, ist es auch mit Irrthum behaftet, wird stets ein nega-
tives Princip besiegen. Negative Freiheit, wie sie jetzt in den Köpfen
der meisten steckt, wird immer wieder dem Absolutismus verfallen.
Die große Masse der Reformatoren glaubt zu erneuern, indem sie

zerstört und verneint, die Pflichten verfälscht und erleichtert. Alle mächtigen Ordner neuer Gesellschaften, Religionen, Wissenschaften hingegen
erbauten, stützten, erhöhten auf schon Vorhandenem, und um unbe-
queme Last zu erleichtern, wahrten sie die Heiligkeit der Pflicht, aus
der sie neue Folgerungen zogen." — „Das Volk hat keinen Anspruch
nach seinem Willen, sondern gemäß der Gerechtigkeit regiert zu werden. Die wahre Souveränität des Volkes besteht darin, dem Regierenden nichts der Pflicht entgegenlaufendes zu gestatten: ein Volk ist
dann souverän wenn es seine eigenen Pflichten recht begreift. Wenn
wir uns diese Grundsätze vor Augen halten, dann wird sich auch ein
glückliches, auf fester sittlicher Grundlage ruhendes Gemeinwesen gestalten. Aus der festeren Gestaltung schwankender Meinungen, aus
dem Klarwerden der verworrenen wird eine neue aufsteigen, zu welcher
vorerst die Verständigeren der streitenden Parteien sich bekennen werden, die Massen sodann, froh eine bestimmte Idee gefunden zu haben,
endlich alle. Von selbst werden dann die verpönten Gemeinschaften
sich auflösen, nachdem auch sie in gewisser Art die Sache der Gerechtigkeit gefördert haben, von selbst wird die wahre Gemeinschaft,
das ist die Nation, sich bilden" u. s. w.

Der diametrale Gegensatz von Tommaseo's Wirken und Persönlichkeit war die Daniele Manin's. Tommaseo, ein ernster Denker
und gründlicher Forscher, eine Philosophennatur — Manin, ein Mann
der kecken That, des raschen übermütigen Wortes, ohne hohen Ge-
dankenflug, aber voll advocatischer Gewandtheit, Geistesgegenwart und
Redefertigkeit. Erfaßte jener, ein überschauender Geist, die sittliche und
politische Wiedergeburt Italiens im Zusammenhang mit der Befreiung
aller Völkerschaften Europa's, so schien für diesen, ein ausgesprochenes
Venetianer Kind, die ganze italienische Revolution nur insofern Werth
zu haben, als dadurch seine Vaterstadt Venedig zu der durch ein halbes Jahrhundert eingebüßten Selbständigkeit wiedergelangte. Dem
stillen Grübler Tommaseo galt alles die große Idee, das erhabene
Endziel; dem im Eifer und Hasse des täglichen Kampfes herumge-
worfenen Manin stand die Person nicht minder nahe als die Sache,
er hatte seine ausgesprochenen Neigungen und Abneigungen. Als er
seine ersten Aemter besetzte, bedachte er so auffallend den Kreis seiner

Freunde und Anhänger, daß in der Stadt das Wort herumlief: „Um einen Sitz in dem neuen Senate Venedigs zu erlangen, müsse man sich des Glückes erfreuen, wenigstens einmal im Hause Manin's eine Partie Tarock gespielt zu haben."

Daniele Manin, geboren am 20. Mai 1804, folglich ein Jahr jünger als Tommaseo, war nie aus seinem Berufskreise als Sach-walter herausgetreten und hatte auch in diesem ein einzigesmal in der Oeffentlichkeit von sich reden gemacht. Es war dieß um die Mitte der dreißiger Jahre als es sich um die Linie der beabsichtigten lom-bardo-venetianischen Eisenbahn handelte und Manin gegen seinen Collegen Castelli, den Vertreter des Wiener Capitals, die eigenthümlichen Wünsche und Interessen seines Landes verfocht und durch seine in der Hauptversammlung der Actionäre zu Mailand mit Wärme und Beredsamkeit geführte Vertheidigung derselben die laute Anerkennung der Volksstimme an seinen früher wenig gekannten Namen knüpfte. Ein zweitesmal, mehr als ein Jahrzehend später, kam Manin's Name in aller Leute Mund, als er auf dem Gelehrtencongresse von Venedig in der Section für Technologie das Wort ergriff, wieder in Eisenbahn-angelegenheiten, und mit Wärme für die Einbeziehung Genua's in das italienische Eisenbahnnetz eintrat, was ihm von Seite der Nati-onalen um so höher angerechnet wurde, als er dabei, obgleich ein specifischer Venetianer, für die Interessen der einstigen großen Rivalin seiner Vaterstadt eine Lanze brach. Aus Anlaß dieses Congresses trat er auch das erste und einzigemal als Schriftsteller auf, indem er das auf Kosten der Municipalität aufgelegte Werk „Venedig und seine Lagu-nen" mit einer Abhandlung: „Storia dell' interna giurisprudenza di Venezia" bereicherte, einer übrigens ganz unbedeutenden Schrift, wie selbst sein Biograph G. Vittorio Rovani nicht umhin kann zu bekennen. Der-selbe Rovani nennt darum seinen Helden, indem er auf dessen uner-wartetes Auftreten und so schnelles Emporsteigen auf dem politischen Schauplatze hinweist, nicht ohne Grund einen „Mann ohne Vergangen-heit", der die Sache der Revolution ergriffen habe „ohne darin Lehr- und Wanderjahre durchgemacht zu haben" (senz' aver fatto pratica).

So untergeordnet Manin's Wirken auf diesem Congresse gewesen, so war es den Blicken der Regierung nicht entgangen. Die Worte, die er bei Gelegenheit seines Vortrages fallen gelassen, schienen denselben auf „verwerfliche Bestrebungen in politischer Linie" hinzuweisen und es erging (6. October 1847) ein geheimer Befehl an das Polizei-Ober-Commissariat von San Marco, den Advocaten Daniele Manin unter besondere Aufsicht zu stellen und bedenkliche Wahrnehmungen was immer für einer Art, die man in polizeilicher Hinsicht über ihn machen sollte, unverzüglich zur höheren Kenntniß zu bringen.

Wohl hatte in jenem Zeitpunkte schon ein Ereigniß stattgefunden, das Manin aus seiner sachwalterischen Thätigkeit auf das Gebiet der Politik führen sollte, und war eben mit jenem Ereignisse eine Beziehung zwischen Manin und Tommaseo, die einander vordem ziemlich fern gestanden zu haben scheinen, angeknüpft worden. Der Dichter Francesco dall'Ongaro aus Friaul gebürtig, hatte längere Jahre in Istrien gelebt, wiederholt in Triest Vorlesungen über humanistische Vorwürfe gehalten, zuletzt seinen bleibenden Aufenthalt in jener Stadt genommen und durch sein Wirken für gemeinnützige und philanthropische Zwecke sich mannigfache Verdienste erworben. Allein sein Wirken hatte einen national-politischen Hintergrund und als Mitarbeiter der von Valussi herausgegebenen Zeitschrift „Favilla" war all' sein Streben dahin gerichtet, der österreichischen Hafen- und Handelstadt einen ausschließend italienischen Geist einzuhauchen, was ihm dazumal, wo unter des imposanten Bruck Führung in Triest ein kräftiger groß-österreichischer Sinn waltete, nichts weniger als gelang. Eine Ansprache in jenem Sinne, die dall'Ongaro bei dem Bankette verlas, das die Stadt Triest dem berühmten Cobden auf seiner Durchreise gab, rief einen Sturm hervor. Bruck antwortete mit der ihm eigenen überzeugenden Entschiedenheit: „es gebe hier nicht Italiener, nicht Franzosen, nicht Deutsche, es gebe hier nur österreichische Staatsbürger und er selbst, obgleich Preuße von Geburt, wolle sich als nichts anderes betrachtet wissen"; worauf dall'Ongaro — „con alto coraggio e per tutta risposta" — mit einer Verwünschung auf jene antwortete, „die, von Ehrgeiz und Eigennutz getrieben, ihre eigene Nationalität zu verleugnen wagten." In Folge dieses Auftrittes mußte dall'Ongaro Triest verlassen und kam nach Venedig, wo er Tommaseo aufsuchte und durch diesen auf Manin aufmerksam gemacht wurde. Als er nämlich, noch voll des bittersten Gefühls über seine gescheiterte Unternehmung in Triest, auf die gedrückten Preßzustände zu sprechen kam und Tommaseo aufforderte, eine Denkschrift gegen die Handhabung der Censur abzufassen und darin zu verlangen „che i buoni cittadini ottengano quella moderata libertà che le stesse leggi austriache ci garantiscono", erklärte sich Tommaseo bereit dazu, bemerkte jedoch, daß es damit nicht abgethan sei, daß ihrer beiden, dall'Ongaro's als eines Friaulers, seiner eigenen als eines Dalmaten, Unterschriften nicht genügen würden, daß man sich vielmehr um die Theilnahme angesehener Venetianer bewerben müsse, und lenkte des Gastfreundes Blicke auf Daniele Manin. In der Unterredung, die hierauf dall'Ongaro mit Manin hatte (Anfangs August 1847) versprach letzterer seinen Beitritt zu der Denkschrift Tommaseo's, verhehlte aber nicht, daß man nur auf wenig Unterschriften in Venedig werde zählen können, worauf sich jener anheischig machte, deren mehrere in Triest, in Padua, in der Lombardie aufzutreiben. Tommaseo hielt seine Zusage und der versprochene Aufsatz war bald fertig; es war nun an Manin das seinige zu leisten, und die wenigen Eingeweihten hatten erwartet, er werde auf dem Gelehrtencongresse mit einem entscheidenden Schritt auftreten. Allein der Congreß ging vorüber und Manin that nichts; er glaubte den geeigneten Zeitpunkt noch nicht gekommen.

Venedig sollte auch in dieser Richtung den Anstoß von Mailand erhalten und der ließ nicht lange auf sich warten.

Am 8. December 1847 legte der Advocat G. B. Nazzari, Mitglied der lombardischen Centralcongregation für die Provinz Bergamo, eine Eingabe in das Protocoll dieser Körperschaft nieder, worin er, ausgehend von der Wahrnehmung, daß „seit geraumer Zeit die öffentliche Meinung sich gegen die Regierung in einem, wenn nicht feindseligen, doch ohne Frage entschieden mißgünstigen Geiste ausgesprochen" habe, und von dem gesetzlich der Centralcongregation zugewiesenen Berufe, die Bedürfnisse des Landes und der Bevölkerung wahrzunehmen, die Ernennung einer aus so viel Mitgliedern als lombardische Provinzen bestehenden Commission beantragte, welche „die heutige Lage des Landes in reifliche Erwägung ziehen, die Ursachen der bemerkten Unzufriedenheit erforschen und darüber einen wohlbegründeten Bericht, der weiteren Anträgen zur Grundlage zu dienen hätte, erstatten" solle. „Zu diesem Schritte", so schloß Nazzari seinen Antrag, „finde ich mich getrieben durch den Eifer (desiderio) für das gemeine Beste, durch die Anhänglichkeit an meinen Monarchen, durch das Gefühl meiner Pflichten, da ich als Bürger mit Begeisterung mein Vaterland liebe, als Unterthan wünsche, daß mein Souverain überall und von allen angebetet und gesegnet werde, als Abgeordneter endlich meinem Berufe und meinem Gelöbnisse untreu zu werden glaubte, wenn ich schwiege, wo mich mein Gewissen sprechen heißt." Die Angelegenheit wurde (11. December) dem Erzherzog-Vicekönig Rainer vorgetragen, der (13. December) im Grundsatze seine Beistimmung gab und den Gouverneur Grafen Spaur mit der Ernennung einer kleinen Anzahl von „durch ihren Eifer und ihre Anhänglichkeit an die österreichische Regierung bekannten" Gliedern der Centralcongregation betraute, jedoch beifügte: „die angebliche Unzufriedenheit, die man als die herrschende Stimmung der Lombardie andeuten wolle, dürfe nicht zur Grundlage der Berathung genommen werden, die sich vielmehr einzig innerhalb der Gränzen der gesetzlichen Vorschriften und der der Congregation zustehenden Befugnisse zu halten habe"; dem Nazzari sei eine Rüge zu ertheilen, daß er von seinem Vorhaben dem Präsidenten der Congregation nicht vorläufige Anzeige erstattet habe, anstatt seinen Antrag ohne weiteres zu Protocoll zu geben und dadurch unzeitig in die Oeffentlichkeit zu bringen (provocare con ciò un intempestiva publicità); Baron Torresani habe denselben unter strenge polizeiliche Aufsicht zu stellen. Graf Spaur ernannte zu Mitgliedern der Commission: die Abgeordneten Graf Porro (Provinz Como), Dr. Villa (Provinz Mailand), Graf Schizzi (Stadt Cremona), Graf Barni (Provinz Lodi), San Gervasio (Stadt Brescia) und den Antragsteller Nazzari.

Inzwischen hatte bereits das Publicum für die von Nazzari angeregte Angelegenheit Partei genommen und eine aus Mailand den 18. December datirte Druckschrift fand ihren geheimnißvollen Weg von Hand zu Hand. Es war dieß eine „Aufforderung der Italiener

der Lombardie" an die Mitglieder der Centralcongregation*), heraus-
zutreten aus den „Gewohnheiten einer theilnahmlosen Unterwürfigkeit,
aus der langen Schule der Furcht und Abschließung", sich hinzustellen,
wie es ihr Recht und ihre Pflicht sei, als „mannhafte Räthe des
Fürsten und unerschrockene Sachwalter des Landes" und mit einem
Worte zu offenbaren, wo das Uebel liege und wo die Abhilfe.
„Bürger-Abgeordnete! Ihr könntet klug und weise alle Unordnungen
der öffentlichen Verwaltung in der Lombardie aufzählen, die über-
mäßige Last der Auflagen bejammern, die von einem käuflichen Ge-
heimnisse schlecht verhüllten Mißbräuche der Gerichtshöfe aufdecken,
die unerträgliche Willkühr der Polizei, die knabenhaften Neckereien der
Censur kennzeichnen; ihr könntet dieß und mehr noch vorbringen, aber
ihr würdet nichts gethan haben, wenn ihr nicht die große Wahrheit
offenbartet, welche ist die Nationalität, wenn ihr nicht die große Lüge
bekämpftet, welche ist die Möglichkeit uns zu verschmelzen mit dem
vielsprachigen Kaiserstaate. Die Schmach und den Schaden der permanenten Eroberung tilgen, an die Stelle der unerträglichen Be-
herrschung eines Volksstammes durch einen andern die föderative Gleichstellung setzen, jenen nationalen Bedürfnissen genügen, die Oesterreich
selbst in seiner Kundmachung vom 16. April 1815 anerkannt hat,
alle unsere Einrichtungen den italienischen Anschauungen und Gewohnheiten anpassen: dieß sind die einzig möglichen Grundlagen eines
dauerhaften Friedens zwischen Oesterreich und den italienischen Provinzen, die es inne hat, es sind auch die einzig möglichen Grundlagen eines Friedens zwischen Oesterreich und ganz Italien. Bürger-
Abgeordnete! Habet den Muth es zu verkünden, daß unser Land reif
ist ein eigenes Leben zu leben, daß unser Land durch keine Schmei-
chelei, durch keine Drohung darauf verzichten werde, italienisch zu
sein. Das einzige Mittel das Problem zu lösen, wie unser Land
italienisch werden könne, ohne die Bande mit dem regierenden Hause
zu zerreißen, ist die, daß das regierende Haus, soweit es sein lombardisch-venetianisches Königreich betrifft, sich zu einer wahrhaft ita-

---

*) Indirizzo degl'Italiani di Lombardia alla Congregazione centrale,
abgedruckt im Archivio triennale I. p. 140—149.

lienischen Macht gestalte. Abgeordnete, die ihr allein, inmitten eines zum Stillschweigen verurtheilten Volkes, das Vorrecht der Rede habt, saget dem Souverain, daß nicht unser Wille sich empört, sondern unsere Natur, die Nothwendigkeit, die stärker ist als ihr, stärker als wir, stärker als jede Regierung. Erstrebet (cercate) die vollständige vollkommene unwiderrufliche Trennung jedes Zweiges der Verwaltung; erstrebet die Wiederherstellung unserer nationalen Individualität; erstrebet das Schwinden jenes zwitterhaften Ungethüms von einem Provinz Königreiche (quest' ibrido mostro d'un regno-provincia), erstrebet, daß unser Herrscher eine Person sei, nicht ein uns fremder Volksstamm; erstrebet, daß unsere Nationalität, unsere Geschichte, unsere Brüderschaft mit den übrigen Italienern, unsere Sprache, unsere geistigen Potenzen (le nostre intelligenze), unsere Interessen nicht als ein Verbrechen, nicht als eine Auflehnung angesehen werden!".....

Am 21. December 1847 richtete Manin ein Schreiben an die Centralcongregation von Venedig, worin er dieselbe aufforderte, sie möge das Beispiel der lombardischen Centralcongregation nachahmen, von ihrem Rechte, Bitten und Vorstellungen in Landesangelegenheiten an die Stufen des Thrones gelangen zu lassen, Gebrauch machen und für diesen Zweck eine Commission niedersetzen, welche die Ursachen der herrschenden Unzufriedenheit untersuchen, über die Mittel zur Abhilfe ein Gutachten abgeben sollte. Manin's Gedanke zündete. Der Abgeordnete für die Stadt Venedig, Giov. Batt. von Morosini gab in der Provinzialcongregation von Venedig am 28. December eine Erklärung ähnlichen Inhaltes zu Protocoll, die er acht Tage später in einem ausführlichen Gutachten näher begründete. Conte Alvise Francesco Mocenigo, Pietro Zen, Dr. Ant. Manetti, Carlo Albrizzi, Leonardo Delfin forderten am 29. die Municipalität von Venedig auf, Schritte bei der venetianischen Centralcongregation zu machen, daß sich selbe mit der schwesterlichen lombardischen in unmittelbare Beziehung setze, um dem Monarchen vereinte Bitten und Vorschläge zum Besten des Königreiches zu unterbreiten. Dasselbe Begehren stellten am 30. der Podestà Conte Corrèr, die Conti Dona,

Michiel, Medin, Cavaliere Giustinian, Doctor Marzani, Secretär A. Licini unmittelbar bei der Centralcongregation.

An demselben Tage, 30. December, wurden die sonst so lang-weiligen Hallen des venetianer Ateneo zum Tummelplatz eines ganz ungewohnten Schauspieles. Tommaseo hielt seinen seit Monden vor-bereiteten Vortrag über die traurigen Zustände der einheimischen Presse und Literatur, die im Laufe eines Menschenalters bei weitem hinter dem zurückgeblieben sei, von dem Gebrauch zu machen unterlassen habe, wozu ihr das Gesetz des Kaisers Franz von 1815 freien Spiel-raum gegönnt, ja wozu sie dasselbe ganz eigentlich aufgefordert habe; woher es denn gekommen sei, daß das Gesetz selbst allmälig in Ver-gessenheit gerathen, daß in dessen Anwendung und Ausführung sich allerhand Mißstände eingeschlichen; man möge darum eine Bitte an den Thron des Monarchen um Abstellung dieser Mißstände, um Wiederherstellung jener Preßverhältnisse richten, die das Gesetz von 1815 nach seinem Wortlaute und seinem Geiste vor Augen hatte; zahlreiche Unterschriften mögen dieser Bitte die erforderliche Unter-stützung geben und den Beweis liefern, daß das Gefühl der eingerissenen Uebelstände, der Wunsch nach Behebung derselben ein allgemeiner sei. Tommaseo's Vortrag, von wiederholten anhaltenden Beifallsbezeigungen unterbrochen, erzielte eine unerhörte Wirkung — „le sue parole eb-bero più che accademica accoglienza", sagte später Tommaseo selbst von sich —; nachdem er geendet, drängten sich alle Anwesenden um den gefeierten Redner und setzten insgesammt, der einzige Professor Abbate Zantedeschi ausgenommen, ihre Namen unter den vorgelegten Adreß-Entwurf. Binnen kurzem standen 200 Unterschriften auf dem Papiere, deren Zahl am folgenden Tage, wo das Ereigniß im Ateneo Stadtgespräch war, bis auf 600 stieg. Tommaseo sandte das Majestäts-gesuch sammt einem Exemplare seiner Rede am 4. Jänner 1848 nach Wien und begleitete es mit einem besonderen Schreiben an Baron Kübeck, den die allgemeine Meinung als jenen unter den österreichischen Ministern bezeichnete, der mit angeborenem Gerechtigkeitssinn und Wohlwollen das klarste Verständniß für lombardisch-venetianische An-gelegenheiten verbinde.

Manin und Tommaseo hatten, jener mit seiner Eingabe an die Centralcongregation, dieser mit seinem Vortrag im Ateneo, nichts als eine Bürgerpflicht erfüllt; ihr Ziel war kein anderes als von jenen Gestattungen Gebrauch zu machen, die in den bestehenden, nie und nirgends aufgehobenen Gesetzen enthalten waren; sie verlangten nichts anderes als daß diese Gesetze wieder zur Anerkennung, zur Geltung, zur Ausführung gelangten; sie bewegten sich auf dem Boden und innerhalb der Gränzen derselben. Dabei waren die Formen, in die sie ihr Begehren kleideten, die Worte, welche sie der Begründung desselben liehen, mehr als anständig, der Ton ein bescheidener, maßvoller, ehrerbietiger. „Wir selbst sind Schuld daran, daß die trefflichen Gesetze, die uns der Monarch vor zwei und dreißig Jahren gegeben, nicht zur Wahrheit geworden sind; unsere Centralcongregationen haben in dieser langen Zeit geschwiegen, weil sie glaubten, wenn sie sprächen, etwas der Regierung unangenehmes zu thun (di far cosa che al Governo riuscisse sgradita); aber diese Furcht ist eine ungerechte, ist eine beleidigende (ingiuriosa) gegenüber der Regierung selbst; es ist unsere Pflicht das Gouvernement, das uns regiert, zu achten (è nostro debito rispettare il Governo che ci regge): wer es aber achtet, der muß glauben, daß es die Wahrheit zu erfahren wünscht, daß es diejenigen zu schätzen weiß, die sie ihm kennen lernen, daß es jene mißbilligt, die sie ihm verborgen halten." Das war in Kürze der Gedankengang Manin's. Und Tommaseo's Rede, wie sie uns noch heute in ihrer ursprünglichen Fassung vorliegt, ist von Anfang bis zu Ende schön und edel in der Haltung, würdig und wahr in Inhalt und Ausdruck. Er setzt das Censurgesetz des Kaisers Franz in Vergleich mit dem erst unlängst erlassenen des Königs Karl Albert, dessen Härten, dessen Mängel und Widersprüche er den freisinnigen, den klaren und edlen Grundsätzen des ersteren entgegenhält. „Das unvollkommene sardinische Gesetz", sagt er weiter, „kann gute Früchte bringen bei einer freisinnigen Anwendung desselben; aber das österreichische Gesetz, besser als jenes, haben wir nur einfach zu befolgen, um viel reichlichere Früchte zu ernten". Er zeigt nun aber in schlagender Weise aus dem Gesetze selbst, wie im Laufe der Jahre die weisen Vorschriften von 1815 durch die behinderte Ausführung in Mißgestalt

geriethen, gerathen mußten; denn „die Ausführung ist es, welche die
Gesetze zu dem macht, was sie sein sollen oder nicht sein sollen"; er
erblickt die Hauptursache der eingerissenen Uebelstände darin, daß die
letzte Instanz in Censursachen ihren Sitz in dem fernen Wien habe,
wo überdieß die Männer nur selten zu finden seien, die italienische
Bücher nach ihrer eigenthümlichen Anlage und Richtung zu würdigen
im Stande wären; es mögen daher, wie in Sachen des Rechtes ein
Obergericht und ein oberster Gerichtshof, so auch in Sachen des
Wortes und Gedankens die Behörden der höheren und höchsten Berufung in Italien und durch Italiener, vertrauenswürdige und der
Regierung ergebene Persönlichkeiten, bestellt werden. Er verlangt,
immer auf den Wortlaut und den Geist der Gesetze von 1815 zurück-
weisend, daß die Censoren gleich andern Richtern verhalten werden, die
Gründe ihres mißbilligenden oder verwerfenden Ausspruches dem Schriftsteller zu eröffnen, damit dieser sich entweder darnach richten oder seine
Gegenbemerkungen machen oder seine Berufung höheren Ortes einlegen
könne; daß Schriften, die in einem Theile des Reiches die Censur bestanden haben, an jedem andern Orte, ohne einer neuen Bewilligung
zu benöthigen, aufgelegt werden, daß die einheimischen Zeitungen von
den Ereignissen in andern Ländern wenigstens verbürgte Nachrichten
und authentische Actenstücke bringen dürfen; daß die öffentlichen Ar-
chive, ohne Erforderniß einer besondern Gestattung, dem Forscher von
ehrenhaftem Charakter zugänglich seien u. s. w.

Wenn Manin und Tommaseo ein Vorwurf gemacht werden
konnte — und er ist ihnen von den Ruhigeren unter ihren Lands-
leuten gemacht worden —, so war es der, daß der Augenblick zur
Vorbringung von Beschwerden, zur Stellung von Bitten und Anträgen
bei der Regierung ein übel gewählter war. Doch, um gerecht zu sein,
muß man die Gegeneinwendung zulassen: Hätten sie unter den früheren Verhältnissen, in den glatten und abgemessenen Zeitläuften der
vorangegangenen Jahre überhaupt Vorstellungen irgend welcher prin-
cipieller Art machen können, ohne dadurch allein den Mackel politischer
Uncorrectheit, wenn nicht ärgeres, auf sich zu laden? Denn es ist der
Fluch, der auf jeder vom Glück begünstigten unbeschränkten Macht
ruht, daß sie die gerechtesten Bitten, die wohlmeinendsten Rathschläge,

11

die über die Gränzen der bestehenden Verhältnisse hinausgehen, nicht
etwa überhört, sondern als Anmaßung verwirft, als Unruhestiftung
stempelt, als Auflehnung bestraft. Und doch gibt es im öffentlichen
Leben nichts gefährlicheres als das glückgehärtete Gefühl ungefährdeter
Sicherheit! „Herr, gib uns das tägliche Brod einer ehrlichen Oppo-
sition!" hat ein weiter blickender Politiker in einer solchen Lage ausgerufen. Aber ebenso ist es umgekehrt, wenn einmal die öffentlichen
Zustände einen Stoß erlitten haben, der Fluch, der auf jeder allgemeinen Bewegung ruht, daß sie immer heftiger nach vorwärts drängt
und nur zu bald das Ziel überfliegt, das sich die Führer besonnen
und maßvoll anfangs selbst gesteckt hatten. So geschah es auch hier.

Selbst Tommaseo, der ruhige Denker, der, wie er von sich sagte,
nur auf kurze Zeit seine geliebte Einsamkeit, seine bescheidenen (umili)
Untersuchungen über den Ursprung der Worte verlassen, seiner Reigung
und Gewohnheit Gewalt angethan hatte, um beim Anblick der Leiden
seines Volkes mit einem offenen freimüthigen Worte hervorzutreten,
selbst er wußte die Sprache der Mäßigung und Umsicht nicht lange
einzuhalten. Schon in seinem Schreiben an Baron Kübeck (4. Jänner)
schlug er einen andern Ton an als fünf Tage früher in seinem Vor-
trage im Ateneo. „Es ist nöthig, daß die Regierung wisse, daß dieses
Land nicht befriedigt, aber auch daß es nicht unbefriedigbar ist (non
è né contento nè incontentabile)". Und nachdem er die Forderungen
ausgesprochen, die sich bei weitem nicht mehr auf seinen eigenen Be-
ruf als Mann der Wissenschaft und der Feder beschränkten, schloß
er mit den stolzen Worten: „Wenn mich jemand fragte, mit welchem
Rechte ich von solchen Dingen zu sprechen wage, so würde ich antworten:
Mit dem Rechte eines geachteten Schriftstellers, eines Mannes, der jede
Gewaltthätigkeit, sei es von Königen sei es von Völkern, verabscheut und
nichts für sich verlangt, nichts hofft und keinen andern Ehrgeiz hat
als den, weder nach Kreuzen der Fürsten noch nach Beifallsbezeugungen
der leidenschaftlichen Feinde der Fürsten zu begehren". Doch diese
Beifallsbezeugungen der Menge, die Tommaseo ebenso zu verachten
behauptete als die Ehrenbezeugungen der Fürsten, sie machten ihn,
ohne daß er es wollte und wußte, schwindlig, und während er sich in
einem Aufsatze gegen die privilegirte Venetianer Zeitung — die, wie

er sich beklagte, den Sinn seines Vortrages vom 30. December ent-
stellt hatte — den Anschein gab zur Ruhe und Mäßigung zu ermahnen, forderte er mit erhitzten Worten die Betretung eines Weges,
auf welchem Ruhe und Mäßigung unmöglich auf die Länge zu erhalten waren. „Was bisher gefährlich war insgeheim zu flüstern, das
mögen wir jetzt laut verkünden (suonarlo). Schriftsteller und Patri-
cier, Priester und Frauen, jeder in seinen Kreisen, rufe die Gefühle
wach, aber mäßige die Leidenschaften.“ Und in einem Aufrufe vom
10. Jänner sagt er: „Jetzt heißt es die Gesuche der Municipien, die
Gesuche der Provinzialcongregationen vervielfältigen, sie an die Central-
Congregationen richten, Abschriften von den einen an das Gubernium
von Mailand, von den andern an jenes von Venedig, von allen nach
Wien schicken. Wem ein Gesuch nicht gefällt, entweder weil es zu
warm oder weil es zu lau gehalten, der mache sich eines nach eigenem
Geschmack, nur mache er es. Sie können uns strafen, aber für schuldig
halten können sie uns nicht. Bilden wir uns nicht zu einer gemäßigten
Partei, sondern zu einer gesetzlichen Meinung — formiamoci non
in partito moderato, ma in opinione legale! Unterhalten wir einen
loyalen Verkehr von Gemeinde zu Gemeinde, von Land zu Land.
Seien wir überzeugt von unserer Pflicht und wir werden bewußt sein
unserer Kraft. Die Religion ist für uns; viele Potentaten und viel
mehr Nationen sind für uns; die Seufzer edler Seelen sind für uns.
Wenn wir uns nicht zersplittern und uns selbst aufgeben, werden wir
siegen.“ Tommaseo ließ es nicht bei diesen allgemeinen Aufrufen be-
wenden, er war unermüdlich in seinen Aufreizungen; er drängte sich
an einzelne Personen, er wendete sich an ganze Classen von Personen;
er forderte die Geistlichkeit, die Bischöfe auf, hinter der Bewegung
nicht zurückzubleiben. An den Erzbischof von Udine richtete er eine
Straf-Epistel wegen des Hirtenschreibens von 8. November und ermahnte ihn eine andere Richtung einzuschlagen. „Die Oesterreicher
werden Ihre Stimme hören, sie werden den Episkopat achten lernen,
dessen sie sich bisher gleich einer Regierungsbehörde bedient haben.
Nicht die Regierung hat die Bischöfe geschaffen, sondern die Kirche;
nicht von Oesterreich empfangen sie ihre Einkünfte, sondern von dem
Gelde des armen Volkes. — Der Hirt, der sprachlos und unthätig

seine Schäfchen zerfleischen läßt, wird am jüngsten Tage den Namen eines Miethlings erhalten. Der Priester, der sich nicht als Bürger fühlt, ist eine lebendige Gotteslästerung (una bestemmia vivente). — Halten Sie es wohl, Monsignore, für wünschenswerth in ganz Italien nur durch jenes Rundschreiben gekannt zu sein, unter welches der niedrigste ihrer Priester sich scheuen würde seinen Namen zu setzen?! Vergeben Sie mir mein Wagniß, aber glauben Sie mir!" — Tommaseo war aus dem bescheidenen Gelehrten ein zudringlicher Agitator geworden, er hatte Anstand und Würde, die sich dem ruhigen Forscher ziemen, über Bord geworfen. Als am 12. Jänner im Ateneo, das sich nachgerade zum Brennpunkte der politischen Bewegung herausbildete, eine an dasselbe gerichtete scharfe Zuschrift des Gouverneurs eine heftige Discussion hervorrief, war es Tommaseo, der sich durch die leidenschaftliche Erregtheit seiner Sprache vor den andern hervorthat.

Bei Manin nahm die Erhitzung einen noch rascheren und heftigeren Verlauf. Ueber die von ihm angeregten Vorstellungen wegen Rückkehr zu den Zugeständnissen von 1815 hatte der Gouverneur Alois Graf Pálffy von Erdöd als Präsident der Centralcongregation eine Commission von fünf Gliedern niedergesetzt. Allein man wußte in gewissen Kreisen nicht Dank dafür, als man in Erfahrung brachte, daß Graf Pálffy den Centraldeputirten Conte Nani-Mocenigo, der im Geruche stand allen Reformen abhold zu sein, zum Mitglied der Commission ernannt habe. In diesen Tagen forderte der General-Polizei-Director, Alois Ritter von Call-Rosenburg, Manin in einer Unterredung auf, seinen Einfluß dahin zu verwenden, daß die öffentliche Ordnung nicht gestört werde. „Das ist von jeher mein Bestreben gewesen", entgegnete Manin; „aber damit der Zweck erreicht werde, ist es nöthig, daß auch die Regierung das ihrige thue, daß sie viel zugestehe, daß sie schnell zugestehe, daß sie unverzüglich ihren Willen, Reformen zuzugestehen, erkläre". Manin wiederholte dieselben Worte — „bisogna che il Governo conceda molto, che conceda presto, che dichiari subito la volontà di concedere" — in einem Schreiben an den Grafen Pálffy (7. Jänner), das er mit der Warnung schloß: „Man darf sich nicht wundern, wenn sich das Land, nachdem es ruhig und unnützerweise durch 32 Jahre gewartet,

jetzt ungeduldig und mißtrauisch zeigt." Tags darauf, am 8. Jänner,
überreichte Manin der Centralcongregation von Venedig eine Schrift,
in welcher er die schon früher von Tommaseo in dem Schreiben an
Kübeck und von Morosini in seinem Votum vom 4. angedeuteten vier
Hauptforderungen — Wahrung der italienischen Nationalität, abgesondertes lombardisch-venetianisches Königreich, wahrhaft nationale Vertretung, Entfesselung der Presse — des näheren ausführte und in eine
Reihe von sechzehn allgemeinen und drei speciell venetianischen Be-
gehrpunkten zerlegte. Und der dieß that, war nicht mehr der Manin
vom 21. December 1847. Es sprach nicht in gehaltenem Tone der
Bürger zu seinen Mitbürgern, es sprach der übermüthige Tribun,
der sein hochfahrendes Haupt über das Gewühl der ihm huldigenden
Menge emporhob; er nahm mit Befriedigung Act davon, „daß die
große Mehrzahl der Centraldeputirten eine würdige Haltung eingenommen (si comportarono degnamente) und dadurch ein Anrecht auf
die lebhafteste Danksagung erworben habe, die er ihnen nunmehr mit
aufrichtigem und bewegtem Herzen abstatte". Es wendete sich nicht
mehr in ehrerbietigen Ausdrücken der Unterthan zu seinem Monarchen
oder zu den vorgesetzten Behörden, es sprach keck und trotzig der
Rebell, der sich den Rücken gedeckt wußte durch Tausende von kräftigen Lungen und Zungen, die ihm zuriefen und zuklatschten. Manin
wagte es noch nicht, das Gesetz des Monarchen offen zu verletzen;
„aber", sagte er, „es ist nicht nur Recht, sondern Pflicht den Gehorsam zu versagen Gesetzen, die von Unterthanen, seien es Minister
oder Thürhüter, erlassen und nicht in strengem Einklang mit den zu
Recht bestehenden wirklichen Gesetzen, die folglich keine Gesetze sind."
Er weiß, daß es ein bedenklicher Augenblick für die Regierung, aber
eben diesen Augenblick müsse man benützen, „unter dem scharfen Sporn
der gegenwärtigen Gefahren" das einholen, was man durch 32 Jahre
versäumt habe, und darum verlangen: Eine abgesonderte Regierung
mit dem von den Wiener Behörden unabhängigen Vicekönig an der
Spitze und mit Ministern „rappresentanti il monarca"; einheimische
Marine, einheimisches Militär, während die fremden Truppen das
Land zu verlassen haben; eigene Finanzen, von denen nur eine bestimmte Summe für die allgemeinen Bedürfnisse der Monarchie jähr-

lich abgeführt wird; Anschluß an den italienischen Zollverein, Nationalgarde, Aufhebung der Präventivcensur u. s. w.

3.

Die Stadt Venedig und ihre Gesellschaft hatte binnen wenig
Wochen ein anderes Aussehen bekommen. Zwar fielen rohe Straßenscandale, gewaltsame Zusammenstöße im allgemeinen nicht vor; der
vorwiegend gutmüthige, zu fröhlichem Genusse hinneigende Charakter
der Bevölkerung schützte zumeist davor und es bedurfte andauernder
Mühen der Neuerungssüchtigen, um den Pöbel von Venedig auch in
dieser Hinsicht auf gleiche Stufe wie in andern italienischen Städten
zu bringen. Desto üppiger blühten feindliche Demonstrationen aller
Art, Aufschriften an den Wänden und Gewölbthüren, an Straßenecken und auf Brücken: Viva Pio IX; viva la libertà: Italiani,
unione e concordia! u. dgl. und die besseren Classen begannen sich,
auch hierin dem von Mailand gegebenen Beispiele folgend, immer
auffallender von den Organen der Regierung, Beamten und Militär,
zurückzuziehen. „Es giebt kaum ein venetianisches Haus, wo man einen
Oesterreicher zuließe", berichtete der Generalconsul Dawkins an Lord
Palmerston unterm 18. Jänner; „jene, die man der Regierung geneigt
glaubt, werden der öffentlichen Verwünschung preisgegeben und ihre
Namen stehen an den Mauern als Verräther des Vaterlandes." In
das Innerste der Familien drang der Parteizwist und schied ihre Glieder
in feindliche Lager. Während der Podestà von Venedig, Conte Correr,
als Anhänger der Regierung anonyme Drohbriefe erhielt, schmutzige
Aufschriften an seinem Hause zu lesen bekam, that sich dessen unge-
rathener Sohn, von der regierungsfeindlichen Mutter aufgehetzt, unter
den ärgsten Schreiern hervor und ließ sich in den Bureaux des Municipiums, zum Aergerniß aller anständigen Leute, in der lästerlichsten
Weise gegen den eigenen Vater aus. In den Provinzial-Städten

ging es nicht beſſer her. Der Delegat von Treviſo fand eines ſchönen Morgens an ſeinem Hauſe die Verſe:

Eviva l'Italia, siami noi i padroni,

Abbasso i tedeschi, abbasso i cujoni —

und ein Deutſcher wurde beim Ausgehen von einem Facchino mit den ſarkaſtiſch-höflichen Worten: „Una letterina, signore!" auf eine Auf= ſchrift ähnlichen Inhaltes gewieſen:

Eviva Pio nono, giovine e fresco,

e via il porco, al diavolo il tedesco.

In Padua wurde das Kaffeehaus zum Erzherzog Karl, wo früher Studenten und Civile geſellig mit den Officieren verkehrten, von erſte= ren gemieden; Einzelne, die den früheren Umgang fortſetzen wollten, empfingen Drohbriefe. Der Sohn eines reichen Paduaners, früher Student, wurde als Verfaſſer mehrerer ſolcher Schreiben erkannt und unter die Soldaten geſteckt; allein die Beziehungen des Civiles zum Militär wurden dadurch nicht freundlicher. Officiere nahmen in ade= ligen und bürgerlichen Häuſern, in denen ſie früher herzlich aufge= nommen waren, eine Kälte wahr, die bald in gänzliche Entfremdung überging. Man enthielt ſich ſogar vom Beſuche des Theaters, um mit dem Militär nicht in Berührung zu kommen. In Verona unter= ließ das Caſino degli Anſioni e Filocorei, eine aus mehr als drei= hundert den beſten Familien angehörigen Mitgliedern beſtehende Ge= ſellſchaft, alle üblichen Unterhaltungen, blos um das Officiercorps, das ſonſt regelmäßig dazu geladen wurde, nicht empfangen zu müſſen. In Belluno zerſchlug ſich das Project eines Picknick an der ſtandhaften Weigerung der Unternehmer, das Militär theilnehmen zu laſſen; man fand es zuletzt überhaupt beſſer, daß der Ball unterbleibe, weil „es ſich, während die Italiener Petitionen an den Kaiſer richten und dieſe nicht erhört werden, nicht gezieme, Luſtbarkeiten mit Tanz und Muſik zu begehen". An allen Orten hatte der gemeine Soldat wie der Officier täglich Zurückſetzungen, wo nicht Herausforderungen zu beſtehen und bewahrte dagegen im Durchſchnitt eine muſterhafte Zurückhaltung. Es waren nur vereinzelte Fälle, wo das Militär ſeinem lange ver= haltenen Ingrimm Luft machte. So kam es in Treviſo um den 10. Jänner 1848 zu Schlägereien zwiſchen Soldaten und Volk, die einige Verwundungen auf beiden Seiten zur Folge hatten; mehrere Personen wurden gefänglich eingezogen. Doch scheinen keine eigentlich politische Beweggründe mitgespielt zu haben; von Seiten des Militärs wurde einigen Signori vorgeworfen, durch bezahlte Leute den Aufstand künstlich genährt zu haben, wogegen diese die Officiere beschuldigten, den übermüthigen Rohheiten der Soldaten gegen unschuldige Leute aus dem Volke wohlgefällig zugesehen, wo nicht gar sie dazu verhetzt zu haben.

Die Stimmung der Bevölkerung gegen die bewaffnete Macht konnte keine günstigere werden, als die durch Uebertreibung und Böswilligkeit entstellte Kunde von dem mailänder Cigarren-Rummel in den ersten Jännertagen nach Venedig gelangte und die zungenfertige Fama in einem Athem von den auf die grausamste und schrecklichste Weise hingeschlachteten Opfern Radetzky's, „di quel vecchio Nerone", und von den ganz außerordentlichen, ja übermenschlichen Heldenthaten der lombardischen Jugend zu erzählen wußte*). Den Bewegungsmännern kam die Sache wie gerufen. Man warf sich in Trauerkleider, namentlich die Damen; Trauerwaaren lagen in allen Verkaufsläden auf. Man veranstaltete Sammlungen für die Verwundeten von Mailand. Die Damen Marchesa Giustinian-Michiel, Marchesa Bentivoglio-da-Mula und Contessa Polcastro gondelten von Haus zu Haus um Beiträge einzulösen; die Salons der Polcastro und Bentivoglio waren den Behörden längst ein Dorn im Auge; die Polizei hätte die kannegießernden Weiber am liebsten zu den Salesianerinnen gesperrt. Auch in Padua wurden Beiträge gesammelt. Die adeligen Frauen Giustinian-Cavalli, Sartori, Mario, Maufrin fuhren mehrere Tage herum Gelder einzubetteln. Die Sache wurde zu augenfällig betrieben als daß sich die Polizei nicht hätte in's Mittel legen sollen. Aber wie that sie es! Das einfachste wäre gewesen, und so würde es ohne Zweifel eine französische Behörde gemacht haben, den Gatten der patriotischen Damen, welche die reichsten Häuser Padua's

---

*) „Mio fradell", erzählte einem in Treviso lebenden Deutschen ein Italiener mit allen Anzeichen wahrhaftiger Ueberzeugung, „dopo che j'era ferito da tre parti, lui gha amazzà cinque soldai con una schioppetata, e dava ancor a due altri di questi porchi il resto."

gebrandschatzt hatten, ohne markten und feilschen einen ausgiebigen Betrag als angenommenes Erträgniß der Sammlung anzubietiren und diesen einem wohlthätigen Zwecke zu widmen. Doch nein, man wollte nur, was recht und billig ist, nichts mehr und nichts weniger als wirklich eingegangen war. Natürlich war nichts eingegangen, oder man wußte nicht wohin es gekommen. Nachträglich erfuhr man, daß 500 Napoleondors nach Mailand geschickt worden seien; das Polizei-Ober-Commissariat von Padua hatte das Nachsehen und durfte für den Spott nicht sorgen. Auch aus andern Städten liefen, troß Verbotes und Aufsicht, nahmhafte Summen ein; die Damen von Venedig überschickten dem Podestá von Mailand, Grafen Casati 5000 Lire zugleich mit einem Namensverzeichniß der Personen, die sich nicht betheiligen gewollt; „le signore di Treviso" sandten 2000 Lire; eben so viel der Podestá von Vicenza. Nur in Verona gelang es den Fortgang der Sammlung einzustellen, nachdem binnen acht Stunden 80 Napoleondors zusammengebracht waren, die mit der Entschuldigung, warum man nicht mit mehr dienen könne, nach Mailand gesandt wurden.

Inmitten dieser regierungsfeindlichen Kundgebungen zeigte die Bevölkerung Venedigs doch genug Schicklichkeitsgefühl, um einen Act berechtigterer Trauer als jene für die Opfer der Mailänder Cigarrenscandale in ernster Feier begehen zu lassen. Die irdischen Reste des früh verblichenen Erzherzogs Friedrich, eines ebenso tapferen als wohlthätigen Prinzen, dessen Verlust die Marine und das arme Volk Venedigs gleich bitter empfanden, wurden am 17. Jänner zur Ruhe bestattet. Die Erzherzoge Albrecht und Wilhelm, Brüder des Verstorbenen, waren von Wien zur Leichenfeier gekommen. Zwei und dreißig Kriegsbote, die den Trauerzug bildeten, begleitet von zahllosen Gondeln, fuhren den Canal Grande entlang zur Kirche der k. k. Marine, wo das in einer silbernen Urne verschlossene Herz beigesetzt wurde; von da zur Johanniterkirche, wo die Einsegnung und Grablegung stattfand. Die zusammengeströmte Menge bewahrte eine gemessene Haltung. Aus den nachgelassenen Papieren des Prinzen ersah man, daß sich die Summen, die er jährlich auf wohlthätige Zwecke verausgabt hatte, auf 22000 Lire beliefen.

Die Tage folgen auf einander, aber gleichen sich nicht. Der Eindruck, den die Todtenfeier des volksthümlichen jugendlichen Erzherzogs auf einen großen Theil der Bevölkerung zurückließ, wurde durch das, was ihr folgte, bald verwischt. Man konnte der venetianer Sicherheitsbehörde kaum das Zeugniß geben, daß sie es besonders klug angestellt habe, ihren Maßregeln Geltung und Erfolg zu verschaffen, das Ansehen ihrer ausübenden Organe zu wahren; allein es darf dabei der Umstand nicht außer Rechnung bleiben, daß sie die längste Zeit hindurch von Wien im Stich gelassen wurde. „Gegenüber den fortwährenden Abmühungen der Polizei", heißt es in dem schon erwähnten Schreiben Dawkins an Palmerston, „thut die Regierung nichts und es macht in der That einen peinlichen Eindruck dieses System von Aufschiebung zu sehen, womit die Sachen verschleppt werden. Man empfindet lebhaft den Abgang einer leitenden Hand, die Behörden selbst bekennen dieß, indem sie sich bitter über das Zaudern Wien's beklagen, von wo sie über ihre wiederholten Vorstellungen keinerlei Antwort erhalten können." Endlich kam etwas. Es war ein Manifest des Kaisers, datirt von Wien den 9. Jänner in der Mailänder Zeitung aber erst am 17. kundgemacht, das lautete:

„Nachdem die betrübenden Vorfälle, die neuerlich in verschiedenen Theilen Unseres lombardisch-venetianischen Königreiches statt gefunden haben, zu Unserer Kenntniß gelangt sind, und um die dortige Bevölkerung über Unsere Gesinnungen in dieser Hinsicht nicht im Zweifel zu lassen, ist es Unser Wille, daß derselben ungesäumt bekannt gemacht werde, wie sehr Wir den Zustand der Aufregung bedauern, der durch das Treiben einer unabläßig auf den Umsturz der bestehenden Ordnung der Dinge hinarbeitenden Faction erzeugt worden ist."

„Die Bewohner Unseres lombardisch-venetianischen Königreiches sollen wissen, daß Wir das Wohl Unserer lombardisch-venetianischen Provinzen, so wie aller Theile Unseres Reiches, stets zu Unserer Lebensaufgabe gemacht haben und in diesem Streben niemals nachlassen werden. Wir betrachten es als Unsere Pflicht, die lombardisch-venetianischen Provinzen gegen alle Angriffe, sie mögen wo immer herkommen, mit allen Uns von der göttlichen Vorsehung in die Hände gelegten Mitteln zu schirmen und kräftig zu vertheidigen. Hierbei zählen wir auf den rechtlichen Sinn und die Treue der großen Mehrzahl Unserer geliebten Unterthanen im lombardisch-venetianischen

Königreiche, deren Wohlstand und gesichertes Rechtsverhältniß immer die Anerkennung des In- und Auslandes erhalten hat. Wir zählen auch auf die Tapferkeit und treue Anhänglichkeit Unserer Truppen, deren höchster Ruhm es stets war und bleiben wird, sich als die kräftige Stütze Unseres Thrones, somit aber auch als die Schutzmauer vor den Drangsalen zu bewähren, welche Aufruhr und Anarchie über die Personen und das Eigenthum der ruhigen Bürger bringen müßte".

Wien, den 9. Januar 1848.

Ferdinand.

Unmittelbar darauf erschien folgender Tagsbefehl des greisen Feldmarschalls Radetzky:

„Se. Majestät der Kaiser, fest entschlossen, das lombardisch-venetianische Königreich mit aller Kraftanstrengung, eben so wie jeden andern Theil Ihrer Staaten zu beschützen und gegen jeden feindlichen Angriff, komme er von Außen oder von Innen, recht- und pflichtmäßig zu vertheidigen, haben mich durch den Hofkriegsraths-Präsidenten beauftragt, allen in Italien stehenden Truppen diesen Entschluß mit dem Beifügen bekannt zu geben, daß dieser Ihr unerschütterlicher Wille in der Tapferkeit und treuen Anhänglichkeit der Armee die wirksamste Stütze finden werde".

„Soldaten! Ihr habt sie vernommen, die Worte eures Kaisers, ich bin stolz darauf, sie euch zu verkündigen. An eurer Treue und Tapferkeit wird das Getriebe des Fanatismus und treuloser Neuerungssucht zersplittern, wie am Fels das zerbrechliche Glas. Noch ruht der Degen fest in meiner Hand, den ich durch fünf und sechzig Jahre mit Ehre auf so manchem Schlachtfelde geführt; ich werde ihn gebrauchen, um die Ruhe eines jüngst noch glücklichen Landes zu schützen, das nun eine wahnsinnige Partei in unabsehbares Elend zu stürzen droht".

„Soldaten! unser Kaiser zählt auf uns, euer greiser Führer vertraut euch, das ist genug. Möge man uns nicht zwingen, die Fahnen des Doppelaars zu entfalten, die Kraft seiner Schwingen ist noch nicht gelähmt. Unser Wahlspruch sei: Schutz und Ruhe dem friedlichen treuen Bürger, Verderben dem Feinde, der mit frevelnder Hand den Frieden und das Glück der Völker anzutasten wagt".

„Dieser Befehl ist allen Truppenkörpern in ihrer Muttersprache bekannt zu machen".

„Graf Radetzky, Feldmarschall.

Wenn die Worte des von seinen Truppen angebeteten Heer-
führers electrisch wirkten und eine begeisterte Stimmung in den Reihen
der Armee von dem gemeinen Soldaten bis zum Stabsofficier hervorriefen, so war der Eindruck des kaiserlichen Manifestes nichts weniger als ein günstiger. Die Gutgesinnten hätten die Befriedigung
einiger billigen Wünsche erwartet, um den Zunder der argen Ver-
hetzungen zu ersticken, die steigende Aufregung zu begütigen; sie ver-
nahmen aber nichts als Drohungen. Allein diese Drohungen, sie verfingen bei den Uebelgesinnten nichts. Man traute der Regierung nicht
den Muth zu, sie zu verwirklichen, und die Kundmachung wäre vielleicht spurlos vorübergegangen, hätte nicht unmittelbar darauf ein Ereigniß statt gefunden, dessen schnell verbreitete Kunde eine Zeit lang
lähmend auf die Unternehmungen der Unruhestifter wirkte.

Am 18. Jänner 1848 wurden unerwartet, wie es hieß auf
einen von Wien gekommenen Befehl, Manin und Tommaseo in ihren
Wohnungen unter Beschlagnahme ihrer Papiere aufgegriffen, in Polizei-
haft gebracht, Tags darauf in das Criminal-Gefängniß abgeführt, ihre
weitere Behandlung dem Strafgerichte übergeben. Zwei Tage später
fand auch in Padua die Verhaftung einer bekannten Persönlichkeit statt.
Der Dichter G. de Prati, der, meist in Onigo auf einem kleinen Land-
gute nächst Treviso weilend, in den letzten Tagen nach Padua gekommen war, seit langem der Polizei verdächtig, wurde am 21. Jänner
in seiner Behausung aufgesucht und, da man ein großes dreifarbiges
Seidenband und ein aufreizendes Gedicht bei ihm fand, in den Kerker
geführt. Als sich die Nachricht von diesen Vorgängen, besonders jenen
gegen Manin und Tommaseo, in Venedig verbreitete, war die Bestürzung allgemein. Aengstliche Spannung bemächtigte sich der Gemüther. Ueber der Stadt lagerte eine unheimliche Stille, wozu noch
der Umstand beitrug, daß das Militär in den Casernen consignirt war.
Die belebtesten Straßen waren verödet, Gast und Kaffeehäuser fast
leer; keine Gesellschaften, keine Bälle, keine Theater wurden besucht;
keine Masken ließen sich blicken, obgleich die Regierung den Mummen-
schanz freigegeben hatte. Die Bewegungspartei war sichtlich einge-
schüchtert. Selbst von dem Advocatenclubb, der sich jeden Freitag
Abend beim Notar Giuriati zusammenfand, bekam man nichts zu

hören. Der Advocat Gio. Fr. Avesani, der sich im December durch einen herausfordernden Vortrag in der Società Appollinea bemerkbar gemacht hatte, zog sich nun völlig zurück. „Ich habe meine Ueberzeugungen deutlich genug geoffenbart; aber soll ich nun, wo man mit Verhaftungen gleich bei der Hand ist, Ursache von Bekümmerniß für meine Familie werden?" Trotz der geckenhaften Manieren, womit er über seine Jahre hinaus den Löwen spielte, war er wegen seiner ausgebreiteten Gelehrsamkeit und Gesetzeskenntniß geschätzt und die Gegner der Regierung hielten große Stücke auf ihn. Nun aber galt er für einen feigen Abtrünnling und eines Morgens fand er an seinem Hause eine Aufschrift, die ihm kein Vergnügen bereitete. Prati wurde kaum vierzehn Tage nach seiner Verhaftung, mehr aus Rücksicht für seine angegriffene Gesundheit, als weil man seinen Entschuldigungen glaubte, freigelassen, mußte jedoch Padua augenblicklich räumen. Nicht so die beiden venetianer Gefangenen. Ein von Teresa Manin beim General-Polizeidirector eingerichtetes Gesuch, worin sie unter Berufung auf das Gesetz um Untersuchung ihres Gatten auf freiem Fuße bat, hatte keinen Erfolg, obgleich neunzig Bürger von Venedig mit ihrer Unterschrift dafür einstanden, daß sich Manin im Falle der Gewährung weder aus der Stadt entfernen, noch, bis die Untersuchung zu Ende geführt, verborgen halten wolle. Auch die Advocaten, unter denen er sonst nicht besonders viele Freunde hatte, verwendeten sich bittlich für ihn. Denn er wie Tommaseo waren zu „Märtyrern für das Wohl des Vaterlandes" geworden; ihre Verhaftung galt für ein öffentliches Unglück und an die Stelle des anfänglichen Schreckens trat bald Erbitterung gegen die Regierung, der man vordem keinen Ernst zugetraut hatte und die man jetzt der Härte und Grausamkeit beschuldigte. Man versicherte, daß das Criminaltribunal weder gegen Manin noch gegen Tommaseo etwas haltbares gefunden, daß es die Acten an den Appelhof überschickt habe. Anonyme Aufrufe reizten das Volk, sich zur Befreiung der beiden Gefangenen zu erheben. Die Familie Manin's, die sich, von der Polizeibehörde zurückgewiesen, ebenso fruchtlos an das Strafgericht, an den Gouverneur gewendet hatte, erfuhr von Seiten der Bevölkerung die größte Theilnahme. Man wollte eine Sammlung veranstalten, um sie den entgehenden Verdienst des Hausvaters nicht fühlen zu lassen. Frau Manin lehnte das Anerbieten ab und gedachte durch einen Sonderabdruck der Abhandlung ihres Mannes über die venetianische Jurisprudenz zu demselben Ziele zu gelangen. Das Municipium gab bereitwillig seine Erlaubniß, allein die Censurbehörde verweigerte die ihrige, und nur nach wiederholten Schritten und Verwendungen erfolgte ziemlich spät im Februar vom Gubernialpräsidium die Gestattung unter der dreifachen Beschränkung: daß die Schrift weder durch öffentlichen Anschlag in der Stadt bekannt gemacht, noch in Tagesblättern angekündigt, noch Einzeichnungen dafür gesammelt würden.

Doch während Manin und Tommaseo in Haft saßen, gerieth die Unternehmung, zu der sie den ersten Anstoß gegeben, nicht in's Stocken. Die Commission, die über die Anträge Manin's zu berathen hatte, setzte ihre Arbeiten ungehindert fort; hatte doch der Monarch selbst, in einem gleichzeitig mit dem Manifeste vom 9. Jänner an den Vicekönig gerichteten Handschreiben, seinen Willen erklärt, daß die „wirklichen oder vermeintlichen Mängel in der Verwaltung oder im Organismus derselben erhoben, untersucht und beseitigt", daß „die sich offenbarenden Wünsche gründlich geprüft" werden sollen, „um die sich als nothwendig herausstellenden Maßnahmen zu finden und zu ergreifen". Der Commission floß neuer Stoff von allen Seiten zu. Am 8. Jänner hatte die Provinzialcongregation von Udine in Corpore dem Delegaten Baron Pascotini einen, Wünsche und Verbesserungsvorschläge enthaltenden Aufsatz mit der Bitte überreicht, denselben weiter an das k. k. Gubernium zu befördern; am 11. Jänner war von der Provinzialcongregation von Verona eine ausführliche Denkschrift gleichen Inhalts an die venetianer Centralcongregation gerichtet, verlesen und gutgeheißen worden u. a. m. Die Bevölkerung, nicht in letzter Reihe die Geistlichkeit, stimmte diesen Kundgebungen mit lautem Beifall zu; nicht eben die Uebelgesinnten, sondern gerade jene, die durch eine rechtzeitige Gewährung der ausgesprochenen Wünsche die Beruhigung der Gemüther, die Abwehr von Anwendung der Waffengewalt, von Bürgerkrieg und Blutvergießen zu sichern vermeinten. Nur ein kleiner Theil fand den Zeitpunkt ungeeignet zur Einbringung von

Bitten und Beschwerden, und von den Abgeordneten der Centralcongregation war es allein Franc. Stecchini aus Vicenza, der gegen die
Vorschläge Manin's Einsprache erhob. Darum bekam man auch unter
den Aufschriften längs des auf den Monte Berico führenden Säulen-
ganges neben „Via il Lotto! Viva Tommaseo e l'indipendenza d'Italia!
Viva Carlo Alberto!" zu lesen: „Morte a Stecchini! Stecchini vi-
tuperio dei Vicentini!"

Am 26. Jänner 1848 erhob die Centralcongregation von Venedig den Antrag ihres Ausschusses über die Reformvorschläge Manin's zum Beschlusse und veranlaßte die Abfassung einer Denkschrift
an den Monarchen, die in den letzten Tagen desselben Monates durch
fünf nach Mailand gesandte Glieder in die Hände des Vicekönigs gelegt und von diesem entgegengenommen wurde, wobei der Erzherzog
seine Verwendung bei Hofe in allem, was auf gesetzlichem Wege zu
erreichen sei, huldvollst zusagte.

4.

Die Nachricht von den Schritten der Centralcongregation und
von dem Erfolge derselben in Mailand gaben der neuerungssüchtigen
Partei im Venetianischen ihre Zuversicht wieder, worin sie weder das
vom Vicekönig (19. Jänner) erlassene Einfuhr- und Durchfuhr-
verbot von Waffen und Kriegsbedarf im ganzen Um-
fange des lombardo-venetianischen Königreiches — jede
Waffensendung, ohne Frage nach Herkunft und Bestimmung, solle
aufgegriffen, in Verwahrung genommen, bei der Polizeibehörde hinter-
legt werden —, welchem einen Monat später (17. Februar) der Befehl nachfolgte bis auf weiteres keine Waffenpässe auszufertigen, noch
die auffallende Vermehrung der Kriegsmacht, die fortwährend neue
Truppenkörper aus den andern Theilen des Reiches über das Meer
und über die Alpen herüberbrachte, einzuschüchtern vermochte. Sie
erblickte darin nur Zeichen von Furcht der Regierung und machte

darüber schlechte Witze, hinter denen sich freilich ein tief empfundener Groll verbarg. Am 24. Jänner morgens sezten drei große Dampfer ein Bataillon Oguliner Gränzer (1268 Mann stark) an's Land, das bald darauf den Marsch nach Westen antrat; „ecco le guardie nazionali", spöttelte man, „che sua Maestá manda per i cari Milanesi!" Die Polizeibehörden fanden täglich neuen Stoff zu Beobachtungen und Berichten, zur Erlassung schaler Drohungen und Ergreifung kleinlicher Maßregeln. Die Aufschriften an den Mauern und Straßenecken fingen nachgerade an, alles Maß zu überschreiten; hier: W. Manin, W. Tommaseo, W. l'Italia, la repubblica Italiana, Pio IX, dort: Morte a Pálffy, Morte ai Tedeschi, porca l'Austria, Morte a Ferdinando. Die Polizei ließ sie „mit den nöthigen Vorsichten" vertilgen, stellte, wenn sie dieß Geschäft vornahm, in einiger Entfernung eine Abtheilung Wachmannschaft auf „um etwaigen Widerstand zu vereiteln"; der Widerstand erfolgte nicht, aber in ein paar Tagen standen noch ärgere Inschriften auf dem alten Fleck. Bald waren es Trachten und Modeartikeln aller Art, Sacktücher, Medaillen mit dem Brustbilde des Papstes, Tücher, Bänder, Schärpen u. dgl. in der italienischen Dreifarbe. Jezt erging von unbekannter Stelle das Gebot, die Schnalle am Hute vorn zu tragen „als Zeichen der italienischen Nationalität;" Personen, die sich nicht fügten, die Schnalle hinten oder an der Seite trugen, wurden auf der Straße angehalten, beschimpft. Dann wieder waren es schwarze oder farbige Männerhüte, mit breiter auf einer Seite aufgestülpter Krämpe, mit Federn und funkelnden Schnallen geziert. Der Generalpolizeidirector von Venedig Ritter von Call erließ einen Befehl nach dem andern „gegen jene, die derlei an und für sich nicht verbotene Gegenstände mit einer in politischer Hinsicht auffallenden Ostentation tragen", untersagte Verfertigung und Verkauf von solchen Waaren; binnen drei Tagen, binnen 48 Stunden nach der Kundmachung des Verbotes seien dieselben bei den Kaufleuten aufzugreifen und wegzunehmen u. dgl. Die Maßregeln wurden ausgeführt, aber gleich darauf kam eine andere Mode auf, die einen neuen Befehl nöthig machte und immer wieder die Macht der Partei und den ohnmächtigen Aerger der Regierung offenbarte. Keine geringe Sorge verursachten den Be-

hörden gewiſſe öffentliche Orte, wie das Caffé Florian unter den neuen
Procuratien, das Caffé Ticinese an der Riva degli Schiavoni, die
als Sammelplätze unruhiger Köpfe, als Brennpunkte regierungsfeindlichen Treibens bekannt waren. Im Caffé Ticinese kamen Rheder
und Schiffsführer, namentlich aus den päpstlichen Staaten, Franzosen
von der Unternehmung der Gasbeleuchtung, der Grabung artesischer
Brunnen zusammen; in diesem wie in jenem wurden ausländische
Zeitungen gehalten, laut vorgelesen, mit Anmerkungen begleitet, auf-
rührerische Gespräche geführt, Reden über die bevorstehende Neuge-
staltung der Dinge gehalten. Die Polizei lud die Inhaber der genannten Caffé's vor, nahm mündliche Protocolle mit ihnen auf, drohte
mit Schließung des Etablissements, wenn sie diesem Treiben nicht ein
Ende zu machen wüßten. Längs der Polinie standen die Revolutionäre des päpstlichen und toscanischen Gebietes in geheimem Verkehr
mit Gesinnungsgenossen in den venetianischen Provinzen; aufregende
Druckschriften wurden von da eingeschleppt. Call gab wiederholte und
verschärfte Befehle die über den Strom kommenden Reisenden strenger
Durchsuchung zu unterziehen; doch die verbotene Waare fand immer
wieder Eingang.

Der Monatstag der mailänder Vorfälle vom 3. Jänner konnte
von der regierungsfeindlichen Partei im Venetianischen nicht unbenützt
gelassen werden. Das Rauchverbot, das einen Monat zuvor in Mailand so beklagenswerthe Ereignisse herbeigeführt hatte, sollte jetzt im
Venetianischen eine neue Rolle spielen. „Chi fuma per la via, è
tedesco o spia", stand an allen Orten geschrieben. An die Stelle
der von der Partei verpönten Cigarren sollte das weiße französische
Thonpfeifchen treten. Die sich über das Gebot hinaussetzten, erfuhren
Zudringlichkeiten, Belästigungen aller Art; in Vicenza drängte sich
am 5. ein Bursche auf der Straße an einen rauchenden Finanzwach-
mann und wollte ihn nöthigen die Cigarre aus dem Munde zu geben;
er wurde ergriffen und auf 24 Stunden eingesperrt. Einen neuen
Stoff zu politischen Kundgebungen bot die Ertheilung der neapolitanischen Constitution, die in allen Städten Italiens mit wohlberechneter
Feier begangen wurde. Venedig durfte nicht zurückbleiben. Am 6.

Februar füllte sich das Fenicetheater mit einer festlich gekleideten Menge, die Herren mit weißer Halsbinde und gelben Glacé-Handschuhen. Nachdem die gefeierte Ceritto ihre „Sicilienne" getanzt hatte, wurde stürmisch Wiederholung verlangt; dreifarbige Tücher flatterten in den Händen, tricolore Fahnen wehten aus den Logen; selbst die Darsteller auf der Bühne stimmten in den Taumel ein, während die unter den Statisten steckenden Soldaten kaum an sich halten konnten, um nicht aus ihrer Rolle zu fallen und in gegentheiligem Sinne ihren Gefühlen Luft zu machen. Die Wiederholung wurde nicht gestattet, die Aufregung erreichte den Gipfelpunkt und großentheils der gemessenen Haltung der zahlreich anwesenden Officiere war es zu danken, daß kein Zusammenstoß erfolgte. Der Vorhang fiel, das Commandowort „fuori tutti" erscholl und in wenig Secunden war das weite Haus fast leer. In den nächsten Tagen wurden einige vornehme Ruhestörer nach Laibach, nach Gräß, auf ihre Güter verbannt; etwa sechzig Personen untersagte man den Besuch des Fenicetheaters.

Auch in Treviso, der vor allen gemüthlichen, als friedliebend bekannten Stadt mit ihren von den Exaltados feig gescholtenen Bewohnern liefen die ersten Februartage nicht ohne Demonstrationen ab, die schließlich zu einer traurigen Katastrophe führten. Man hatte, um Conflicte zwischen Volk und Soldaten, wie solche Anfangs Jänner stattgefunden hatten, zu vermeiden, einen großen Theil der Garnison durch ein mehrere Tage dauerndes Feldmanöver beschäftigt, und wohl nur dieser Vorsicht war es zuzuschreiben, daß der Monatstag der mailänder Ereignisse ohne Störung vorüber ging. Die Umsturzpartei hatte für denselben Abend den Besuch des Theaters verboten und sechzig bis achtzig junge Leute faßten vor dem Schauspielhause Standpfiffen und zischten jeden Eintretenden, namentlich Officiere aus, wurden aber durch das Erscheinen von Polizei und Militär ohne Anwendung von Gewalt vom Plätze gescheucht. Eine zwei Abende später versuchte Erneuerung dieser Auftritte blieb ebenso ohne ernstliche Folgen. Allein bald darauf erfolgte ärgeres. Eine Wirthshausschlägerei zwischen italienischen Arbeitern und kaiserlichen Soldaten fand ihren Weg auf die offene Straße und gewann dort immer größere Ausdehnung. Bald war die ganze Stadt in den Bereich des Tumultes gezogen;

das gemeine Volk, Arbeiter, Facchini, Handwerker, tollte durch die
Straßen, fiel in die Kaffeehäuser ein, zerschlug und zerbrach. was ihm
in den Wurf kam. ließ keinen „Deutschen" vorüber, ohne ihm eine
Unbild anzuthun, worunter Hutantreiben noch das unschuldigste war;
es fielen aber auch sehr ernste Verletzungen vor. Am wildesten ging
es auf der Piazza dei Signori her. Die Rufe: „Morte ai tedeschi!"
„Via il militare!" „Alla forca cogli impiegati!" wechselten mit
thätlichen Angriffen auf einzelne in die genannten Kategorien gehörigen Personen, die ihr Unstern in das Getümmel führte, und von
denen zwei, Italiener von Geburt, ein Tribunalbeamter und ein mit
einem Kanzellisten, dem er täuschend ähnlich sah, verwechselter armer
Lehrer, mit dem Leben büßten. Nun rückte die gesammte Garnison
aus, gab, nachdem die Aufforderung auseinander zu gehen nicht beachtet wurde, eine blinde Decharge, drang, als auch dieß ohne die
gewünschte Wirkung blieb, mit gefälltem Bajonnete ein und säuberte
nicht ohne Widerstand den Platz, auf dem einige Todte und mehrere
Verwundete liegen blieben, worunter auch mehrere vom Militär. Eine
Anzahl betrunkener Raufbolde wurde eingefangen, Tags darauf fortgeschickt und unter die Muskete gestellt, während die strengsten polizeilichen Maßregeln jede Wiederkehr einer Ruhestörung unmöglich machten. In Treviso herrschte von jenem Tage an die Ruhe des Grabes.*)

---

*) Wir halten es für nöthig, uns ausdrücklich zu verwahren, daß wir für
die eben geschilderten ernsten Vorgänge nur einen einzigen Gewährsmann
haben — Weiß Tagebuch eines aus Italien geflüchteten Deutschen in
Frankl's Sonntagsblättern 1848 S. 463 f. —, einen Schriftsteller, der
es mit der Präcisirung der Thatsachen nicht überall sehr genau nimmt,
wie man sich aus seiner ganz oberflächlichen und durchaus unrichtigen
Erzählung der Paduaner Ereignisse (a. a. O. S. 421) überzeugen kann,
die man überdieß, nach der Reihenfolge seiner Aufzeichnungen zu schließen,
in viel frühere Tage, als sie in Wahrheit vorfielen, versetzen müßte.
Dennoch konnten wir das Zeugniß eines Mannes nicht von der Hand
weisen, der sich um dieselbe Zeit in der Stadt befand, wo jene Vorgänge
stattfanden, der beim Beginne derselben auf der Straße war und dabei
seinen „nagelneuen Hut" einbüßte, der endlich den Fortgang der Ereignisse
mit allen Einzelnheiten beschreibt, verwundete und getödtete Personen ganz
individuell, nur mit Unterdrückung des Namens bezeichnet.

12*

Von ungleich ernsteren Folgen waren die Auftritte in Padua. Die Studenten der beiden italienischen Universitäten, die in friedlichen Zeiten die rohen Manieren des deutschen Burschenthums mit den ausgelassenen Sitten des Quartier Latin zu verschmelzen wußten, ohne Zucht und im Durchschnitt ohne Pietät für ihre Lehrer, von denen ein großer Theil in feiger Nachgiebigkeit ihren Ausgelassenheiten durch die Finger sah, mitunter selbst ihren Neigungen schmeichelte, waren in Tagen politischer Aufregung stets bei der Hand, in das Vordertreffen von Demonstrationen zu rücken, mit den academischen Behörden, mit der Polizei, mit dem Militär anzubinden. Schon im Laufe des Jänner hatte es an Trauerabzeichen für die „feriti di Milano" nicht gefehlt; eine vom Professor Ab. Agostini in der Chiesa del Santo gelesene Messe war von den Studierenden zu einer politischen Kundgebung in Masse benützt worden; im Atrium des Universitätsgebäudes hatten häufig, während die Hörsäle leer standen, unruhvolle Versammlungen stattgefunden; Director Spongia, Professor Menin, die sich bis dahin eines gewissen Ansehens zu erfreuen hatten, waren verhöhnt, ausgepfiffen worden, als sie sich Mühe gaben die jungen Leute vor Unvorsichtigkeiten zu warnen, zur Ordnung und Ruhe zu ermahnen. Einzelne Verhaftungen machten das Uebel nur ärger; die Freigebliebenen schmiedeten Pläne, ihre in den Polizeiarresten von San Matteo sitzenden Commilitonen zu befreien.

Es begann das Tragen der sogenannten Ernani-Hüte, auch Hüte all' italiana (à la corse) genannt, mit schwarzer Straußfeder geschmückt. Dem Rector Magnificus Professor Racchetti ward einer in dem Hörsaal, wo sich eine ungewöhnliche Menge von Studierenden zusammengefunden hatte, aufgenöthigt. Auch Hüte mit weißer und grüner Feder, wozu sich schnell die ergänzende rothe gesellte, zeigten sich auf den Straßen. Die Polizei machte Jagd darauf, ließ sich aber bald, über Vermittlung des Podestá und des von den Studenten gedrängten Rectors, zu dem gefährlichsten von allen Schritten bestimmen, zu einer halben Maßregel, indem sie hinsichtlich der Hüte mit den dreifarbigen Federn das Verbot aufrecht hielt, jene mit schwarzen Federn dagegen „zeitweilig" gestattete, „hauptsächlich in der Erwägung, daß nach Versicherung des Rectors in der Mehrzahl der Studierenden nur der Wunsch herrsche, einer vorübergehenden jugendlichen Laune zu genügen — di soddisfare ad un capriccio momentaneo e giovanile". Es geschah, was nicht ausbleiben konnte. Die Studenten, durch den e i n e n Erfolg übermüthig gemacht, versuchten einen zweiten — die Erneuerung des Rauchverbotes. Am 5. Februar fand man an den Wänden der Kaffeehäuser die gebieterische Aufschrift: Qui non si fuma; auf den Gassen wurden Rauchende angehalten und mit Drohungen gezwungen, die Cigarren wegzuwerfen. Sonntag den 6. hatte man es auf die Militärmusik abgesehen; ruhige Leute, die ihr auf der Piazza dei Signori zuhörten, wurden von lärmenden Haufen fortgedrängt. Neue Demonstrationen in den Kaffeehäusern: beim Erscheinen rauchender Militärs verließen die Studenten wie auf ein gegebenes Zeichen und mit Geberden der Verachtung augenblicklich die Räume. Tags darauf (Montag den 7.) Bestattung eines Studenten Namens Placco; alle Studenten mit Ernanihüten; die ersten Familien Padua's senden ihre Diener im Trauerzug, die „zum Zeichen des Verständnisses und der Verbrüderung" mit jenen vermischt hinter die Bahre treten, auf welcher eine Blumenkrone mit dreifarbigem Bande prangt; dazwischen gemeine mit italienischen Hüten geschmückte Leute, denen zulieb die Studenten ihre Fackeln zerbrechen und schweigend mit ihnen theilen; der Zug setzt sich in Bewegung, unheimliche Stille, durch keinen Laut als den der fallenden Schritte unterbrochen; man kommt an der Hauptwache vorbei, die Fackeln senken sich, ohne Befehl, und werden wieder in die Höhe gehoben, sobald man an dem Gewaltsitze der „bewaffneten Soldknechte" vorbei ist. Abends 7 Uhr treten einige ungarische Soldaten, die glimmenden Cigarren im Munde, in das Kaffeehaus della Vittoria auf dem Herrenplatz; die dort anwesenden Studenten erheben sich, verlassen in Masse den Raum, sammeln sich draußen, rufen herausfordernd durch die Glasfenster auf die Soldaten: „Heraus mit euch! heraus!" Diese, nachdem sie ihren Kaffee genommen, verlassen den Ort; einer der Studenten ruft ihnen zu: „Hinunter mit den Cigarren, ungarische Schweine!" Die Soldaten ziehen vom Leder, machen sich Raum durch den Haufen der lärmenden schimpfenden drohenden Studenten; Gedränge und Getümmel auf dem Platze, ohne weitere Folgen; nur einer der Studenten soll eine ernstere Ver-

wundung davon getragen haben. Eine Deputation von Studenten
erscheint beim Provinzialdelegaten, Gubernialrath Anton Ritter von
Piombazzi; auch der Podestá von Padua und der Polizei-Ober-
commissär Dominic Leonardi finden sich ein. Alle drei verfügen sich
zum Generalmajor Fürsten Fritz Liechtenstein, dann zum Feldmarschalllieutenant Baron d'Aspre, Commandanten des zweiten Armeecorps, bei
welchem sich inzwischen das Officiercorps versammelt hatte, kommen
aber übel an. Sie finden die Stimmung der Herren in höchstem
Grade gereizt: „das Militär sei durch die fortwährenden Unverschämt-
heiten von Seiten der Studenten auf das äußerste gebracht; das Maß
der Zurückhaltung sei erschöpft; man gedenke, wenn es nochmals zu
einer Herausforderung kommen sollte, keine Schonung gegen die Buben
zu üben". Die drei Beamten ziehen sich unverrichteter Sache zurück,
indem sie sich gestehen müssen, daß die Zügellosigkeit der Studenten
in der That alles Maß überschreite und das einzig denkbare Mittel,
weiterem Uebel Einhalt zu thun, in der Schließung der Universität
und der Fortschickung der Studierenden zu suchen sei. Noch in derselben Nacht, halb eilf Uhr, wird der Privatdiener des Militär-Ober-
arztes Dr. Korda, Paul Libran mit Namen, Husar, beim Nachhause-
gehen in Begleitung von zwei andern Privatdienern von acht bis zehn
jungen Leuten meuchlings mit Dolchstichen angefallen, so daß er schwer
verwundet auf dem Platze bleibt.

Man hat zehn Jahre später dem Grafen Cavour die unverdiente
Ehre angethan, ihn für den Erfinder jener Theorie zu halten, durch
die er, den „Besitz Oesterreichs in Italien" in einen permanenten „Angriff auf Sardinien" umwandelnd, die Begriffe von Aggression und
Defension ihre Plätze wechseln ließ. Die Priorität dieser Erfindung
gebührt ohne Frage der Universitätsjugend von Padua. Am Morgen
(8. Jänner) nach jenem Angriffe auf die „porchi ungheresi", die
ihnen freilich als gereizte Eber die Zähne gewiesen, und nach dem
meuchlerischen Anfalle eines unschuldigen Soldaten ließen die Studenten den lauten Ruf nach Maßregeln ertönen „ond' essere gua-
rentiti dagl' insulti dei militari" und bestürmten die Gewölbe aller Schwertfeger und Büchsenmacher, um sich Pistolen, Seiten-
gewehre, Dolche u. dgl. zu verschaffen „per difendersi dall'

eventuale attaco del militare", während zwölf Damen
begleitet von zwölf Rittern, dann Mitglieder der Provinzial- und
Municipalcongregation mit dem Bischofe beim Delegaten Piombazzi
und beim Divisionär F.M.L. Grafen Franz Wimpffen vorsprachen,
um „per protezione e garanzia dei cittadini"
Wechsel der Garnison und augenblicklichen Rückzug der Soldaten
in die Casernen zu verlangen, wenn man verhüten wolle, daß „ein
See von Blut" vergossen werde. Wohl waren es nicht alle, vielleicht nicht einmal die Mehrzahl der Studenten, von denen dieß
Treiben ausging. Ein großer Theil derselben beeilte sich, theils aus
Mißbilligung des Geschehenen, theils in Vorahnung dessen, was noch
kommen sollte, die Stadt zu verlassen und die academischen Behörden
wie das Polizeicommissariat gaben ihnen gern Urlaub. Desto unge-
bärdiger trieben es die Zurückbleibenden. Nachmittags zwei Uhr waren
die Höfe und Hallen des Universitätsgebäudes von einer ungewöhn-
lichen Anzahl Studierender, unter die sich auch gemeines Volk gemischt hatte, erfüllt; der Rector wurde bestürmt, ob und wie den ausgesprochenen Wünschen willfahrt worden sei; neue Forderungen tollster
Art kamen dazu: Errichtung einer Studentengarde, Verbot für das
Militär die Kaffeehäuser zu besuchen, Verlegung des Zapfenstreiches
auf fünf Uhr Nachmittag; um vier Uhr wolle man wiederkommen,
sich endgiltigen Bescheid zu holen. Gegen die anberaumte Stunde
füllten sich die Räume der Universität von neuem, während die Kaufläden in der Stadt, wie auf ein gegebenes Losungswort, mit banger
Eile geschlossen wurden und ein unruhiges Gedränge die der Universität zunächst gelegenen Straßen füllte. Der Rector Magnificus versucht durch eine kluge Auskunft die Studenten zu beschwichtigen;
scheinbar gelingt es ihm und die Menge in den Höfen und Hallen
wird schütterer. Aber mit dem Glockenschlag fünf — um dieselbe
Stunde und an demselben Tage wie in Pavia — bricht der Sturm
fast gleichzeitig an mehreren Punkten der Stadt los. Die Schildwache vor dem Postgebäude wird von einem Rudel Studenten gereizt; man will sie zwingen eine Cigarre zu rauchen, Steine fliegen,
man rückt ihr an den Leib, ein Profoß, der ihr beizuspringen sucht,
kommt arg in's Gedränge; die Angreifer scheinen mit Gewalt in das

Gebäude dringen zu wollen; ein zufällig einhermarschirender Trupp
Soldaten zersprengt den Haufen, von dem sich ein Theil in ein Haus
flüchtet, sich da verrammelt; die Soldaten wollen eindringen, doch
Gegenstände aller Art fliegen auf sie herab. Um dieselbe Zeit schreiten
zwei Lieutenants von Kaiserjägern, Steffenelli und Gerliczky, an der
Universität vorbei; „Poveretti porchi tedeschi“ hören sie höhnisch
aus dem Haufen der vor dem Gebäude angesammelten Studenten.
„„Wer ist damit gemeint?““ „Voi altri“. Die Officiere greifen zu
ihren Säbeln, die Studenten dringen auf sie ein; jene können sich
der Ueberzahl nicht erwehren, ziehen sich, Hiebe nach allen Seiten aus-
theilend, durch die Stradella del Sale auf die Piazza delle Erbe zurück, die Studenten ihnen nach; Gerliczky, von einem schweren Stein
getroffen, stürzt zu Boden, sein Kamerad dringt gegen die Angreifer
vor, eine Abtheilung Husaren, mit Menage-Einkäufen beschäftigt, läßt
den Handel, zieht schnell vom Leder und kommt den Officieren zu
Hilfe. Jetzt hört man vom Thurm des Universitätsgebäudes Sturm
schlagen; der Müller Luigi Zoja, ein übelberüchtigtes Subject, der
Mützenmacher Gaetano Dina und ein gewisser Mezzalura hatten sich
den Zugang zu verschaffen gewußt. Aus der Mitte der Studenten
erschallen Evvivas auf Pio Nono, auf Italien, „Tod den Deutschen!“
„Zu den Waffen“; doch sie werden von den Husaren bald in die
Flucht geschlagen und ein Theil von ihnen gewinnt das Caffé Pedrocchi,
dessen Räume sich von wilden Gruppen füllen. Inzwischen eilen
Patrouillen, von der Caserne degli Eremitani und von der Hauptwache entsandt, auf den Kampfplatz; aus den Häusern fliegen Wurfgeschosse aller Art, ein ganzer Lehnstuhl sogar, auf sie herab, von der
Gasse werden sie mit Steinwürfen empfangen, aus dem Kaffeehaus
fallen Schüsse. Wuthschäumend dringen die Soldaten hinein, wo die
mit Dolchen, Terzerolen, langen Krummmessern bewaffneten Aufrührer
schnell überwältigt werden und nun zu den Fenstern hinaus ihr Heil
in der Flucht suchen oder sich unter Tische und Bänke verkriechen,
kniefällig um ihr Leben flehen. Der Student Giovanni Anghinoni
von Bozzolo büßt mit dem Leben; Francesco Beltrame wird lebens-
gefährlich verwundet; Giov. B. Rigai, Sanfermo Rocco, der Schmidt
Luigi Carossa, der Hausirer Borjotti, der Sturmschlager Luigi Zoja

u. a. empfangen schwere, viele andere leichte Verletzungen; mit Mühe
gelingt es herbeigeeilten Officieren die Wuth der Soldaten zu bändigen. Um sechs Uhr hat das Handgemenge geendet. Die Garnison
rückt aus, nimmt Stellung auf den Hauptplätzen der Stadt, in welche
allmälig die Ruhe des Schreckens und der Erschlaffung einkehrt. In
der Nacht findet noch ein Angriff auf ein Finanzgebäude statt, der
aber von einer herbeigekommenen Scharwache vereitelt wird. Man
spricht von fünf Todten, von vierzig Verwundeten. Viele Verhaftete
befinden sich auf der Hauptwache, namentlich Studenten. Andere
Arretirungen folgen in der Nacht und Mittwoch den 9. Februar, darunter der Provinzialdeputirte Meneghini, der als einer der Haupt-
urheber der Unruhen galt, obgleich er sich gerade in diesen Tagen
äußerlich ganz unthätig gezeigt hatte; „Meneghini salva la pancia
non pei fichi, ma per le propine", berichtete am 8. der Polizeiobercommissär von Padua an Ritter von Call in Venedig; „er läßt sich
von niemand sehen, gibt weder Rath noch That." Zwei Professoren
der Universität, als regierungsfeindlich bekannt, häufige Besucher der
politischen Kränzchen der Sartori, wurden suspendirt, die Vorlesungen
der Universität zeitweilig eingestellt. Die Gewölbe und Kaufmanns-
läden blieben den Mittwoch über geschlossen, aus Furcht vor Wiederkehr der Unordnungen. Das war aber nicht mehr zu besorgen; die
Studenten, die nicht einheimisch oder verhaftet, verließen massenweise
die Stadt und von der Zeit an zählte Padua wieder zu den ruhigsten
Städten des Königreiches.

5.

Auch über Venedig lagerte anscheinend Ruhe. Nach dem großen
Theaterscandal vom 6. Februar blieb Fenice geschlossen; als es nach
ein paar Tagen wieder geöffnet wurde, tanzte die Cerrito beinahe vor
leeren Bänken. Keine Faschingslustbarkeiten; auf dem Marcusplatz
nur hin und wieder ein Arlecchino oder ein „Illustrissimo", ein „Re-

vicato" oder ein „Cavadenti", ein „Koch" oder ein „Teufel" zu sehen, bezahlte Leute als Lockvögel der Maskenverkäufer. Seltene Raucher auf den Straßen, und auch diese belästigte niemand, wenn es nicht die Schüler von St. Caterina oder von der Accademia delle belle Arti waren. Denn diese schienen jetzt die Rolle der Paduaner Studenten übernommen zu haben, pfiffen mißliebige Lehrer aus, beschimpften, verfolgten ihre Mitschüler, die sich der Schulzucht gefügig und ordentlich zeigten; jetzt erfolgte durch verstreute Zettel oder durch ein sogenanntes passavanti, ein in der Schule von Hand zu Hand gehendes Umlaufschreiben das Gebot als Zeichen italienischer Nationalität schmale Halsbinden zu tragen (a tener bassi i proprj colletti); bald wieder machten Petitionen um Aenderung des Studiensystems, um Entfernung von Professoren die Runde. Die übrige Bevölkerung blieb von diesen und ähnlichen Vorgängen ziemlich unberührt; Aufforderungen zu politischen Kundgebungen wollten nicht recht verfangen. Dafür arbeitete die revolutionäre Partei im stillen. Was in wenig Wochen sich erfüllen sollte, war zwar nicht, wie es auch nicht sein konnte, im einzelnen vorbedacht, jedoch im allgemeinen vorbereitet. Hören wir darüber einen Schriftsteller von jener Seite. „Man hat vielfach geglaubt, die Revolution von Venedig sei das Werk eines Tages gewesen, diesen so glücklichen und vollständigen Erfolg habe man mehr der Gunst des Zufalls als der Mühe zu verdanken." Allein dem sei nicht so. Wochen, Monate zuvor habe „die venetianische Jugend" auf dieses Ziel losgesteuert, habe sich, so verschieden auch die beiderseitige gesellschaftliche Stellung, mit den Soldaten der Marine-Infanterie zu thun gemacht, in gemeinen Kneipen vertraute Gespräche mit ihnen angeknüpft, sie, mit freigebiger Hand Geld spendend, über die allgemeinen Interessen zu belehren gesucht, sie ermahnt sich bereit zu halten. Dasselbe Verfahren habe man gegen die Arsenalotti eingehalten „als gegen diejenigen, die sich im gegebenen Augenblicke des wichtigsten Punktes der Stadt zu bemächtigen in der Lage wären". Gegenüber der Bevölkerung wurde kein Anlaß vorbei gelassen, Mißtrauen zu säen, Groll zu nähren. Das Wort eines österreichischen Staatsmannes, Italien sei nur ein geographischer Begriff, wurde mit Entrüstung verbreitet. „Welche Infamie! Unser schönes Italien, dieser prächtigste

Garten der Welt, ein geographischer Name! Gebe es Gott, daß wir es ‚a quel infame birbante' zeigen können, was dieser gemalte Fleck auf dem Globus vermöge!" Die unaufhörlichen Truppendurchzüge wurden benützt den Fremdenhaß zu schüren. Man brachte durch fortwährende Aufreizungen die Bevölkerung dahin, sich als Schlachtopfer, in jedem einzelnen „Deutschen" ihren Henker zu erblicken. Die Partei ließ es auch nicht an Fühlern fehlen. Für den 20. Februar war ein großer Spaziergang auf den Marcusplatz angesagt; würde die Marinebande spielen, so sollte diese bewirthet, von den Damen mit Camelien betheilt werden; erschiene dagegen die ungarische Bande, so wäre in Masse aufzubrechen und alle Zattere oder nach San Leonardo zu wandern.

Wohl blieb die Regierung nicht unthätig; allein die Schritte, die sie unternahm, mochten sie von Milde oder von Strenge eingegeben sein, führten nicht zu dem gewünschten Ziele. Die äußere Ruhe blieb ungestört, die innere Bekehrung wurde nicht erreicht, am wenigsten durch Leitartikel in der officiellen Zeitung; der Redacteur Dr. Locatelli erhielt anonyme Mahnungen, sich wohl zu überlegen, was er schreibe, so ihm sein Leben werth sei. Ein allerhöchstes Handschreiben vom 23. Februar an den Vicekönig betraf die Vorstellung der Centralcongregationen, die dem Obersten Kanzler zur Prüfung und Berathung übergeben worden seien; Seine Majestät erklärten sich zu jenen Verwilligungen geneigt, die mit den Interessen des Gesammtreiches, mit der Würde und den Pflichten der Krone nicht im Widerspruch ständen; der Monarch behalte sich vor, Persönlichkeiten des lombardovenetianischen Königreiches nach Wien zu berufen, um die wünschenswerthen Aufklärungen zu erlangen. Allein so wenig sich die Gutgesinnten durch den Inhalt dieser kaiserlichen Manifestation beruhigt fühlten, so gewaltig stach derselbe, wie es scheinen mußte, gegen die Maßregeln ab, welche die Regierung gleichzeitig gegenüber den Uebelwollenden zu ergreifen sich genöthigt glaubte. Nachdem schon eine frühere Kundmachung des Gouverneurs (vom 12. Febr.) den schlimmsten Eindruck hervorgebracht hatte — sie war heruntergerissen, an einigen Orten mit Unflath beschmiert, an andern der darunter stehende Name Pálffy vertilgt worden —, erfolgte am 25. Februar, drei Tage später

als in Mailand, in Folge a. h. Rescriptes vom 13. die Verkündigung des Standrechtes für den ganzen Umfang
des lombardo-venetianischen Königreiches in Fällen
von Aufstand und Aufruhr, von öffentlicher Gewaltthätigkeit gegen
Militär, Sicherheitswachen oder Regierungsbeamte, von Auflauf und
Meuterei, Verhetzung dazu und Theilnahme daran, von öffentlichen
Reden und anderen Handlungen, die Haß gegen die Regierung zu ent-
zünden im Stande wären. Unter dem gleichen Datum (25. Februar)
ertheilte ein Gubernialerlaß — unterfertigt Ludwig Graf Pálffy, Giuf.
di Segrebondi Conte Romani, Vicepräsident, Franc. Dr. Beltrame,
Gubernialrath — den politischen Provinzial-Behörden strenge Weisung,
Handlungen, die, obgleich an und für sich unschuldig, unter Umständen
den Charakter politischer Demonstrationen annehmen, für verboten zu
erklären und unnachsichtlich zu bestrafen. Als solche Handlungen wurden namentlich alle jene bezeichnet, wodurch die persönliche Freiheit
des Einzelnen, wie Cigarren zu rauchen, die Schnalle am Hutband
an beliebiger Stelle zu tragen, gewisse gesellige Orte, Vergnügungen,
Zusammenkünfte zu besuchen oder nicht zu besuchen, mit gewissen
Classen von Personen zu verkehren und dgl., eingeschränkt oder behindert würde; ferner das Singen gewisser Lieder, das Recitiren gewisser Gedichte, das Tragen bestimmter Kleidungsstücke, Farben oder
Abzeichen, Verfertigung, Schaustellung und Verkauf derselben; das
Beklatschen oder Auspfeifen gewisser dramatischer oder mimischer Darstellungen; die Sammlung von Unterschriften oder Beiträgen zu po-
litischen Zwecken. Die Strafen hätten zu bestehen im Erlage einer
Geldsumme bis zu 10000 österr. Lire zum Vortheile eines wohlthätigen
Zweckes; in Abschaffung aus dem Orte; in Confinirung an einen Ort
in oder außerhalb des Königreiches und Stellung unter Polizeiauf-
sicht; in Arrest; endlich gegen Ausländer in Verweisung aus allen
Ländern der Monarchie.

Man muß wohl zugestehen, daß es kaum möglich schien, Verfügungen, deren Nothwendigkeit für einen Theil des Königreiches un-
verkennbar war, für den andern nicht gleichfalls gelten zu lassen; darum blieb es jedoch nicht minder wahr, daß dieselben für das veneti-

anische Gebiet zur unrechten Zeit kamen. Vier Wochen früher wäre der Erlaß Pálffy's, dessen strenge Handhabung vorausgesetzt, von heilsamen Folgen gewesen; jetzt aber waren in Venedig die Tage der Demonstrationen eigentlich vorbei, wenn man nicht dem Treiben der Schuljungen bei Sta. Caterina, gegen die es andere Mittel gab, eine unbegründete Wichtigkeit beilegen wollte. Ueberdieß bezeichneten selbst Gutgesinnte nicht ohne Grund beide Erlässe für Venedig als zu hart, im Vergleiche zu dem, was in Mailand und in der Lombardie vorgefallen war und sich täglich erneuerte. An den Uebelgesinnten dagegen prallten die Pfeile der Drohung und Warnung ab; sie dienten ihnen nur zum Gegenstande der Mißachtung, des Spottes; sie trauten der Regierung ebenso wenig den Muth zu, diese Maßregeln der Strenge durchzuführen, als sie an die Aufrichtigkeit der vom Hofe gemachten Verheißungen glauben wollten.

Ueberhaupt trug die Stimmung Venedig's den Charakter der Gedrücktheit bei den Einen, der gespannten doch zurückhaltenden Erwartung bei den Andern an sich. Die Masse der erwerbenden und geschäfttreibenden Classen hatten sich noch nicht von den Störungen erholt, welche die Theuerung des Jahres 1847 und die dadurch herbeigeführte furchtbare Finanzkrisis in England auf alle Zweige des Handels und der Industrie geäußert hatte. Nun trat der schwere Druck dazu, den die allgemeine politische Constellation und die vorgefallenen Demonstrationen auf den immer schwächeren Zuzug von Fremden, auf die immer fühlbarere Einschränkung des häuslichen Aufwandes ausübten. Galanterie- und Luxuswaaren machten gar kein Geschäft. Die von den geheimen Führern nacheinander ausgehenden Verbote des Cigarrenrauchens, des Theaterbesuches, der Veranstaltung von Bällen und Lustbarkeiten hatten offenbar zugleich den Zweck, Handel und Verkehr zu entmuthigen, Mißvergnügen in alle Schichten der Bevölkerung zu verbreiten, die Zahl unbeschäftigter, darum zu politischen Zwecken desto brauchbarerer Arbeiter zu vermehren. Die edle Aufopferung einzelner Gewerken, wie des Buchdruckers Gius. Antonelli, der sein mehr als dreihundert Familien ernährendes Geschäft trotz der Stockung in Gang zu erhalten suchte, konnte weder auf die Länge ausreichen, noch im Ganzen Ausschlag geben. Dabei sank der öffent

liche Credit immer tiefer; Banknoten waren kaum an den Mann zu
bringen; wer Staatspapiere hatte, suchte sie los zu werden; die Ge-
richte wurden um Herausgabe der Depositen von Minderjährigen bestürmt, um sie in baare Münze umzuwandeln. Der Rückschlag auf
die Provinzen blieb nicht aus. In den Landstrichen, wo die Seiden-
cultur den größten Theil der Einkünfte abwarf,, wurden keine Bestellungen gemacht; Familien, die nicht zuwarten konnten, mußten ihre
Waare um einen Preis losschlagen, der bei weitem nicht die Er-
zeugungskosten deckte. Die Bevölkerung in den nördlichen Provinzen,
namentlich in den gebirgigen Gegenden von Belluno, waren von Haus
aus in mehr als einer Hinsicht schwierig und es ist in dem nachfolgenden Kriege die Beobachtung gemacht worden, daß es das Land-
volk in keinem Theile des lombardisch-venetianischen Königreiches so
entschieden mit der Revolution gehalten habe wie hier. Die von Noth
und Armuth gedrückten Bewohner der Gebiete von Cadore, Comelico,
Fonzaso waren von communistischen Gelüsten erfüllt, strebten eine
Theilung der Waldungen, der Gemeindegrundstücke an, während jene
von Cencenighe im obern Agordothale, wo die Werke von Voltaire
und Rousseau in den Händen der Landleute umliefen, einer sittlichen ·
und religiösen Verwilderung verfallen waren, die sie zu bereitwilligen
Werkzeugen für Umsturzpläne irgend welcher Art machte.

Wenn auf solche Art Mißmuth und Unzufriedenheit immer weiteren Spielraum gewannen und der neuerungssüchtigen Partei einen
fruchtbaren Boden bereiteten, so waren die Nachrichten, die fortwährend
aus allen Nachbarländern eintrafen, nur geeignet, ihre geheimen Hoffnungen stets von neuem anzufachen. Einer der italienischen Staaten
um den andern hatte in der letzten Zeit der radicalen Partei die um-
fassendsten Zugeständnisse machen müssen, während Mazzini durch Rundschreiben und Agenten das Feuer schürte und die selbstsüchtige Politik
Englands die Plane des jungen Italiens in der unverholensten Weise
unterstützte. Rom hatte seit vielen Monaten seine Civica, seine Con-
sulta; es erhielt ein neues, zum erstenmale aus weltlichen Elementen
zusammengesetztes Ministerium, eine Verfassung. In Palermo brach
der Bürgerkrieg aus, Sicilien sagte sich von dem Festlande los, eine
Umwälzung erfolgte in Neapel, König Ferdinand sah sich genöthigt-

seine treuesten Diener zu entlassen, dem Lande eine Constitution zu geben Die Regierung von Toscana mußte sich gleichfalls dem allgemeinen Rufe nach liberalen Staatseinrichtungen fügen. In Sardinien trat Carl Albert an die Spitze der Bewegung, die von Tag zu Tag lauter den Krieg gegen Oesterreich, die Vertreibung der „Deutschen" aus Italien predigte. Dazu das Treiben des siegestrunkenen Radicalismus in der Schweiz, der seinen leicht errungenen Sieg über die conservative Sonderbundspartei schonungslos ausbeutete und für die Vorstellungen der östlichen Großmächte nur taube Ohren hatte; die politischen Banketts in Frankreich, die aufregenden Verhandlungen über die inneren und auswärtigen Angelegenheiten in der französischen Deputirtenkammer, der Sturz des Ministeriums Guizot, der Aufstand in Paris, die Flucht Louis Philipp's, die provisorische Regierung, die Republik.

6.

Der laue Carneval in Venedig schloß mit dem 7. März am lauesten ab. Für die große Cavalchina, die sonst ein tolles und geputztes Gedränge von mehreren tausend Menschen in den herrlich erleuchteten Räumen des Fenicetheaters vereinigte, wurden dießmal alles in allem 140 Karten ausgegeben. Eine dumpfe Schwüle lagerte auf der Oberfläche der Gesellschaft, während sich Anzeichen geheimen Brütens in der Tiefe häuften. Dem Gouverneur kamen anonyme Drohbriefe zu, im wüthendsten Styl gegen seine Person, gegen die Glieder seiner Familie gerichtet. Je weiter die Tage im März vorrückten, desto sichtlicher wurde die Gährung. Am 16. durchflogen dunkle Gerüchte von folgenschweren Vorgängen in Wien die Stadt: „Metternich sei gestürzt, die ganze Bevölkerung, die Universität an der Spitze, habe sich mit dem Militär geschlagen, die italienischen Grenadiere hätten sich um den Kaiser geschaart, doch auf das Volk nicht geschossen." In den Nachmittagstunden fand auf der Piazzetta ein unangenehmer Auftritt statt. Die Gräfin Pálffy, die ihren gewöhnlichen Spaziergang machte, wurde von Personen der besseren Stände mit Hohn empfangen, von einer Gruppe gemeiner Leute mit Zischen und Pfeifen, mit dem Ruf „A casa!" verfolgt, so daß sie sich eilig in die Hallen der neuen Procuratien flüchten und ihre Wohnung gewinnen mußte. Schon am Morgen war durch die Stadt das Losungswort gelaufen: „Heute Abend in die Fenice!" Schwarz und roth, hieß es, werde man sich tragen, als Zeichen von Trauer und Blut. Vor Mittagszeit waren alle Logen vergriffen; das Schauspielhaus, durch ein Vierteljahr fast unbesucht, drohte mit einem die Stätte lärmender Auftritte zu werden, als plötzlich, kurz vor der Anfangstunde, durch öffentlichen Anschlag die Vorstellung abgesagt wurde. Etliche fünfzig Personen, die nach acht Uhr auf dem Campo S. Fantino erschienen und das Gebäude geschlossen fanden, brachen in eine höhnische Lache aus, zischten und riefen „Viva li Viennesi! fuori Manin!" verloren sich aber vor einer Patrouille in der Frezzeria. In mehrere Verkaufsgewölbe flogen Steine mit Papier umwickelt: „Wenn ihr Italiener seid, werdet ihr um neun ein halb Uhr schließen; wenn wir offen finden, Gnade euren Läden!" Einige schlossen, andere ließen offen, ohne daß sie jedoch, da die Polizei auf ihrer Hut war, belästigt wurden.

Wenn man sich die durchaus loyale Haltung des österreichischen Küstenlandes in den Jahren 1848 und 1849 in's Gedächtniß ruft und das heutige Treiben der übermüthigen Nessunopartei dagegen hält, so kann man sich kaum eines gelinden Fröstelns erwehren, wie diese ihrem Ursprunge nach slavisch-deutsche Stadt und Landschaft in der kurzen Spanne Zeit von kaum zwölf Jahren dem anti-österreichischen Einflusse der Italianissimi in die Hände gespielt werden konnte. Im Jahre 1848 zählte Triest zu den loyalsten Städten der Monarchie. Die erste Kunde von der Bewegung in Wien, die Mittwoch den 15. März nach Triest gelangte, versetzte die Bevölkerung in die größte Unruhe; alle Geschäfte hörten auf, alle Gemüther waren auf's heftigste ergriffen, man eilte nach dem Posthause um die Ankunft der zweiten Diligence abzuwarten. Sie kam und brachte die Nachricht, daß die Communication zwischen Wien und Grätz abgebrochen sei. Die Un-

ruhe steigerte sich von Minute zu Minute. Eine sorgenvolle Nacht
ging dahin, der Morgen des 16. März brachte noch immer nichts
tröstliches und nur durch einen Brief aus Cilli erfuhr man, daß der
Telegraph die Herstellung der Eisenbahn verkündete. Von zehn Uhr
Abends bis in die tiefe Nacht harrte eine dicht gedrängte Schaar vor
dem Postgebäude auf die Ankunft des Courierwagens. Der Regen
goß in Strömen, aber er zerstreute die Wartenden nicht. Ein Kaufmann war der Post über Optschina nach Sessa entgegengefahren, um
die Nachrichten früher zu empfangen und mitzutheilen. Um halb ein
Uhr kam sein Wagen die Strada vecchia herabgerollt, die harrende
Menge umringt ihn: „Alles ist bewilligt", ruft er heraus, „Volks-
vertretung, Preßfreiheit!" Da durchschüttert maßloser Jubel die nächt-
liche Stille, Lebehochs auf den Kaiser, auf das Vaterland, auf die
Wiener lösen einander ab, als plötzlich eine Stimme durchdringt und
ein entschiedenes „Lume!" ruft. Schnell war das Losungswort ergriffen; „Lichter! Lichter!" tönt es durch alle Straßen und lockt die
erwachten Schläfer an die Fenster; wie wenn man einen Pulverfaden
gelegt und angezündet hätte, waren im Nu alle Straßen erleuchtet.
Hinter den Lichtern der Fenster, auf den Balconen erschienen grüßende,
mit Tüchern wehende Frauen. Bald war auch der Hafen ein Licht-
meer, auf den Spitzen der Masten, im Tauwerk der Schiffe hingen
große beleuchtete Papierkugeln. Jetzt erst kam die Post an, die Bureaux wurden geöffnet, die Briefe herausgegeben, sie brachten die Bestätigung der Nachrichten des vorausgeeilten Kaufmanns. Die Menge
wuchs mit jeder Minute und in unverabredetem Einverständnisse wälzte
sie sich lavinenartig vor das Regierungsgebäude. Da öffnete der Gouverneur Robert Altgraf zu Salm das Fenster, wünschte dem Volke
Glück zur Wiedergeburt des Vaterlandes. Die Volkshymne wurde
angestimmt und erst gegen den frühen Morgen stillte sich der Jubel,
um in den nächsten Stunden in gesteigertem Maße auf's neue zu
beginnen.

In Venedig harrte am Vormittag des 17. März eine Anzahl
von Personen, worunter sich der Notar Giuriati, der israelitische
Doctor Namias und andere bemerkbar machten, von Haufen ge-
meinern Volkes umgeben, auf dem Molo der Ankunft des triester

Lloyddampfers in aufgeregter Spannung entgegen. Als man des
Schiffes gegen eilf Uhr ansichtig wurde, warf man sich in die Gondeln,
die alsbald den Dampfer umtanzten, worauf freudiger Ruf, rasche
Fragen und Antworten, Jubeltöne herüberschallten: Bestätigung der
dunklen Gerüchte von gestern, die Censur aufgehoben, Einberufung der
Landstände und Centralcongregationen. Alsbald füllt sich der Molo;
die Spaziergänger auf dem großen Platz, durch das lebhaft und ver-
worren von der Piazzetta hinüber dringende Geschrei herbeigelockt,
eilen dahin, die Gondeln vom Dampfschiff setzen ihre jubelnden In-
sassen an's Land, die Hauptwache unter den Hallen des Dogenpallastes
tritt, ungewiß was der Zusammenlauf zu bedeuten habe, unter das
Gewehr. Lebhaftes Durcheinandersprechen, Hutschwenken und Sack-
tuchwehen; der Knäuel setzt sich gegen den Marcusplatz in Bewegung,
einzelne Schlagworte „Manin" „Tommaseo" werden laut. Vor den
Fenstern des Gouverneurs macht die Menge Halt; wirres Rufen und
Lärmen; Graf Pálffy erscheint auf dem geöffneten Balcon, beginnt
einige Worte von seiner immer bewiesenen Vorliebe für Venedig, wird
aber übertäubt durch den Tumult, ohne daß er, was jene zu verlangen,
noch diese, was er zu gewähren im Begriffe, vernehmen können. Da
entwickelt sich unten der Vorschlag eine Deputation an den Gouverneur zu senden; Notar Giuriati unter den ersten; bald zeigen sich
einige der Abgeordneten auf dem Balcon, mit Sacktuchwinken und
Handbewegungen aller Art die mit jedem Augenblick wachsende Menge
unten beschwichtigend und guten Erfolg verheißend, während die andern
drinnen mit dem Gouverneur in lebhafter Unterhandlung begriffen
sind. Der gutmüthige Graf stand Folterqualen aus. Alle Hebel
der Ueberredung und Einschüchterung wurden gegen seine schwankende
Ueberzeugung in Bewegung gesetzt: der Sturz des Fürsten Staats-
kanzlers, der allein das bisherige System gehalten, die Gewährungen
aus Wien, denen bald andere nachfolgen würden, die Eigenschaften
der beiden Männer, die zumal, wie man wisse, von der ersten Instanz
nicht schuldig befunden worden seien. Der Gouverneur gab endlich
nach, trat auf den Balcon hinaus: „Faccio quel che non dovrei —
Ich thue, was ich nicht sollte" hub er an und wollte weiter reden;
doch der Haufe unten wußte genug und fort stürmte er über die

Piazzetta auf die Riva degli Schiavoni vor das Gebäude, worin
Manin und Tommaseo gefangen saßen.

Die Physiognomie der Stadt hatte inzwischen rasch ein verän-
dertes Ansehen gewonnen. Gewiß war es die überwiegende Mehrzahl
von Venedig's Bewohnern, die nach so langen Wochen voll trüber
Zeitungen und noch trüberer Befürchtungen den überraschenden Umschwung mit aufrichtigem Danke begrüßte und der leicht erregbaren
Freudigkeit ihres Herzens vollen Lauf ließ; doch mitten in dem Freuden-
rausche fehlte es nicht an Erscheinungen, die bedenklich machen mußten.
Gleich nach Anlangen des triester Dampfbotes hatten sich auf dem
Marcusplatz und in den einmündenden Gassen rasch die Kaufläden
geschlossen und die es nicht freiwillig thaten, nöthigte ein gebieterisches
„Serra! serra!" dazu. Jubel und Gesang durchtönte den Platz und
dessen Umgebung, „viva la constitutione, viva l'Imperatore, vivano
i Tedeschi!" Italiener eilten auf Deutsche zu, umarmten sie, drückten
ihnen die Hände: „Adesso siamo fratelli, siamo liberi tutti". Officiere wurden geküßt, in die Höhe gehoben, schreiend und singend im
Triumph herumgetragen, selbst solche, die das Volk von früheren Ein-
schreitungen her in unangenehmer Erinnerung hatte, es sollte alles
vergessen sein. Auf allen Schiffen entfalteten sich festliche Flaggen,
aus den Fenstern der Häuser und Palläste wurden bunte Teppiche
herausgehängt. Ein frohes Gewoge belebte den Marcusplatz, auf
das ein heiterer Frühlingshimmel herablächelte. Gleichzeitig aber
hatte, ehe man sich dessen mitten im freudigen Taumel versah, eine
Reihe von Kaffeehäusern ihre Aufschriften gewechselt: an die Stelle
des caffé all' imperatore war das caffé all' unione getreten, hier
hieß eines caffé Manin, dort ein anderes caffé Tommaseo.

Die Träger der beiden letzteren Namen befanden sich bereits
in Freiheit. Von der Kanzlei Pálffy's war in der Eile eine Weisung
an Gubernialrath Mathias Remigius Lindner, Nachfolger des Ritter
von Call, in der General-Direction der Polizei, aufgesetzt und
gleichzeitig an das Präsidium des Criminaltribunals der Befehl abgeschickt worden, die „Angesichts der gebieterischen Umstände bewilligte
Freilassung Manin's und Tommaseo's augenblicklich in Vollzug zu

ſetzen.*) Doch das Volk war ſchneller an Ort und Stelle als die
Agenten der Polizei und die Boten des Gerichtes. Seine Freunde
erzählten von Manin, er habe, als das Volk jauchzend in ſeinen geöffneten Kerker gedrungen, nicht eher heraustreten wollen, bevor ihm
nicht vom Präſidenten des Gerichtshofes die Verſicherung gebracht
werde, daß es ein geſetzlicher Beſchluß ſei, der ihn in Freiheit ſetze; aber
ſo ſtürmiſch habe die berauſchte Menge mit ihm hantiert, daß er
nicht Zeit gehabt, ſich ordentlich anzuziehen; einen Schuh erſt habe
er am Fuße gehabt, den andern nicht, als er herausgezerrt und auf
der Straße von neuem Enthuſiasmus empfangen wurde; in dieſem
Augenblicke erſt ſei bleichen Antlitzes der Präſident des Criminaltribunals, Paul Abram, herbeigeeilt gekommen und habe mündlich die
Beſtätigung gebracht. Tommaſeo wußte ſich den Ovationen, ſo ihm
zugedacht waren, bald zu entziehen und durch ſtille Gäßchen ſeine be-
ſcheidene Wohnung bei S. Giovanni nuovo zu gewinnen. Manin
aber wurde auf einen Stuhl gehoben und umdrängt von dem lärmenden Schwarm auf den Marcusplatz getragen, wo vor dem Caffé
Florian Halt gemacht, ein Tiſch herausgeholt und der Triumpha-
tor ſammt ſeinem curuliſchen Seſſel darauf geſtellt wurde. Manin
in ſeinem vernachläſſigten Anzuge, ſich die langen Haare rückwärts
ſtreichend, wendete ſich zu dem Volke, das er ermahnte ſich nicht ge-

---

*) Der in den „Carte segrete e atti ufficiali della polizia austriaca in
Italia" (Capolago 1852) III. Seite 225 abgedruckte Wortlaut geht ſo:
No. 900 — gh. — All' I. R. Consigl. di Governo Dirett. Gen. di
Polizia sig. Lind ner. Venezia. — In vista delle imperiose circo-
stanze ho trovato di assumere sopra di me la responsabilità di
ordinare che gli arrestati Nicolò Tommaséo e Ludovico *(sic!)* Manin
vengano immediatamente liberati dall' arresto e ridonati alla libertà.
Ne la prevengo, sig. Dirett. Gen., soggiungendo d'aver di già inte-
ressata la presidenza del Tribunale criminale di disporre l'esecu-
zione all' ordine presente. — Pallffy — Dalla presidenza dell' I.
R. Governo. — Kopp.
    Die Aufſchrift auf dieſem in der Angſt und Verwirrung ausgefertigten
Befehl lautete, wie der gut unterrichtete Berichterſtatter der „Revolution
in Venedig" in der „Gegenwart" IV. S. 727 verſichert, buchſtäblich:
K. k. Herrn Moriz Lindner, k. k. Gubernialrath und Generalpolizeidirector
in Venedig".

waltsam gegen die Regierung aufzulehnen; doch gebe es Zeitpunkte, fügte er bei, in denen man um heilsame Verbesserungen bitten könne. Er wollte dem Gouverneur ein dankendes Lebehoch bringen, doch die Fenster von dessen Wohnung blieben geschlossen; nur die hohe Gestalt eines Generals sah man sich drinnen bewegen. Der geleitende Haufe raffte den Redner wieder auf und trug ihn, nicht ohne einige Angst, da die zeitweise hinter dem viceköniglichen Pallast aufgestellte Hauptwache unter das Gewehr getreten war, von dem Platze weg nach seiner Wohnung. Ein Theil der Menge, die Manin und Tommaseo aus ihrer Haft geholt, war unmittelbar von da weg nach dem Correctionshaus, wo einige Unruhestifter von Padua und Treviso saßen, ein anderer nach dem Polizeigefängnisse von S. Severo geeilt und verlangte mit stürmischen Rufen die Herausgabe von Guglielmo Stefani aus Vicenza, von Dr. Andrea Meneghini aus Padua, deren Freilassung inzwischen vom Gouverneur gleichfalls bewilligt worden war und die mit dem nächsten Bahnzug abfuhren. Einem gewissen Marco Lanza, wegen aufrührerischer Schriften verhaftet, sowie einigen andern politischen Gefangenen gab der persönlich an Ort und Stelle geeilte Generalpolizeidirector die Freiheit. Inzwischen hatte die Menge das Gitter, das den Eingang zu den Häftlingen absperrte, in Stücke geschlagen und drang in den Corridor; der Wachposten stellte sich mit vorgehaltenem Gewehr entgegen, das, als es ein junger Mensch, mit einem Bruchstück des Eisengitters in der Hand, beiseite hauen wollte, losging und sich in dessen Gesicht entlud; es war nicht scharf geladen und darum die Verletzung keine gefährliche. Die Uebermacht der andringenden Rotte war nicht aufzuhalten, sie strömte in das Gebäude, hauste in der Kanzlei, aus deren Fenstern sie eine Menge von Papieren und Acten in den Canal warf, und wälzte sich nach vollbrachtem Siegeswerk auf den Marcusplatz.

Dort begann es immer bunter und toller herzugehen. An die Stelle der wohlgekleideten Personen, die sich immer mehr verloren, traten Rotten aus der Hefe des Volkes, zum Theil barfüßig, eine Seltenheit in Italien, und inmitten dieser unwürdigen Gesellschaft bemerkte man Livreen angesehener venetianischer Häuser, Gondolieri und Bediente, gleichsam anordnend im Gedränge hier und dort beschäftigt. Der Ton einer Trommel und einiger Blasinstrumente von der Piazzetta her ließ das Erscheinen einer Militärbande vermuthen wie in den frühern schönen Tagen friedlichen Verkehres; es waren aber, wie sich bald zeigte, nur einige Spielleute der Marine, vom Volke aufgegriffen und herbeigeholt, die sich auf dem Platze aufstellten und einige beliebte Weisen ertönen ließen. Jetzt brach sich durch das Gedränge ein Zug von Leuten aus dem Pöbel Bahn, an ihrer Spitze ein blondgelockter Jüngling, eine kleine Gypsbüste von Pius IX. empor-haltend, und sogleich drängte sich unter lautem Jubelrufen die ganze Menge um das Bild, machte einen Kreis, warf sich auf die Knie, neigte den Kopf zu Boden, schlug sich an die Brust dreimal nach einander. Bald darauf gab es im zweiten Stockwerk der alten Procuratien eine neue Schau. Aus den Fenstern des Conte Contarini Zaffo bogen sich die jugendlichen Gestalten seiner beiden Töchter heraus, die Arme geschmückt mit schmalen Bandstreifen in den italienischen Farben; junge wohlgekleidete Männer machten die Leute auf dem Platze auf-merksam, und so oft die Bandstreifen auf's neue wehten, jubelte der Pöbel, klatschte in die Fäuste. Es währte nicht lange, so kam aus denselben Fenstern eine aus allerhand Kleiderresten zusammengenähte tricolore Fahne zum Vorschein, die noch heftiger bejubelt und be-klatscht wurde. Allmälig nahm die Stimmung eine gereiztere Färbung an. Unter der Menge erschienen immer mehr tricolore Abzeichen, auf Hüten prangte mit Kreideschrift: „Viva l'Italia", während einem Manne, der sich mit einem weißrothen Fähnchen zeigte, dieses aus der Hand gewunden, in Stücke gerissen und mit Füßen getreten wird. Der Tumult wächst immer mehr, eine Manifestation verdrängt die andere. Plötzlich sieht man an dem Taue eines der drei großen Maste, die vor der Stirnseite des Marcusdomes stehen, einen schweren Klumpen in die Höhe steigen, der sich oben entfaltet und die drei italienischen Farben in die Luft hinausflattern läßt. Aus vollen Händen werden in die Mütze des Mannes, der dieß zuwege gebracht, Geldstücke ge-worfen; die Masse auf dem Platze bricht in ein Beifallsgebrüll aus, das noch zunimmt, als auch auf einem der beiden andern Bäume dasselbe Zeichen entrollt wird. Da erschallen, mitten in das lärmende Getümmel hinein, von dem Wachtschiffe im Hafen her drei nach einander in Zwischenräumen von je einer Minute abgefeuerte Doppelschüsse — das Alarmzeichen, das die Garnison unter Waffen ruft. Es war ein Uhr Nachmittag.

Die Militärbehörde von Venedig, an deren Spitze der Stadt- und Festungs-Commandant F.M.L. Ferdinand Graf Zichy stand, hatte es in der letzten Zeit an Vorkehrungen für mögliche Ereignisse nicht fehlen lassen. Es waren bereits am 27. Februar Alarmdispositionen für den Fall eines Volksauflaufes, für die Lagunenvertheidigung getroffen; vom Admiralschiff eine Anzahl von einfachen oder Doppel- schüßen, vom Marcusthurm ausgehangene schwarze oder rothe Fahnen bei Tag, Laternen bei Nacht waren für die Signalisirung bestimmt. Man hatte die Casernen mit Brechstangen, Fackeln, Laternen versehen, jeder Caserne eine Anzahl von Schiffen sammt Ruderern bereit gestellt. Aber gerade diese letzten Maßregeln, für das rechtzeitige Erscheinen der Truppen an den ihnen angewiesenen Orten unerläßlich und durch die zweifelhafte Verläßlichkeit der gewöhnlichen Fährleute geboten, war wenige Tage zuvor zurückgenommen, statt dessen eine geheime Con- scription aller in der Nähe der einzelnen Casernen vorfindigen Schiffe angeordnet worden, die aber, wenn man der nöthigen Anzahl von Schiffsleuten nicht versichert war, ihren Zweck verfehlen mußte. Am 17. März war kein Anlaß in dieser Hinsicht etwas zu bedauern; freiwillig boten sich bei allen Casernen Schiffe und Ruderer an und brachten die Truppen pünktlich an Ort und Stelle. Eine Compagnie des Regimentes Kinsky stieg auf der Piazzetta an's Land und mar- schirte geraden Weges auf die drei Mastbäume los, empfangen von Pfiffen und Mißtönen über diese unwirsche Unterbrechung der bis zu diesem Zeitpunkte schrankenlosen Lustbarkeit. Eine ungeheure Leiter wurde herbeigeschafft um von einem der Maste das revolutionäre Banner herabzunehmen, was aber nicht gelang; das Tau an einem andern wurde durch den Säbelhieb eines Officiers mitten in dem toben- den, das Häuflein der Soldaten umstürmenden Getümmel entzwei gehauen, aber die Lappen oben verfingen sich irgendwo und fielen eben so wenig als die erstern zu Boden. Das Volk machte sich an die Officiere, suchte sie durch Liebkosungen zu gewinnen, zum Abmarschiren

zu bewegen. General Culoz, der mit einigen Officieren aus dem viceköniglichen Pallaste schritt, fand sich alsbald von einem dichten Knauel
umringt, den seine stattliche Figur hoch überragte; die Leute drängten
sich mit Betheuerungen und Bitten an ihn heran, so daß er Mühe
hatte sich ihrer Umstrickungen zu erwehren und mit seiner Begleitung
in den Reihen der Soldaten Sicherheit zu finden. Schon hatten auch
die andern Truppenabtheilungen den Platz erreicht: drei weitere Compagnien Kinsky, die vor dem Regierungsgebäude Stellung nahmen,
drei Compagnien italienischer Grenadiere, zwei Compagnien Peterwardeiner Gränzer, die sich vor den neuen Procuratien aufstellten. Einige
kleine Schiffe der Marine legten am Ufer der Piazzetta an, während eine
Abtheilung Gränzer die Brücke della Pietá auf der Riva degli Schiavoni
besetzte. Aber als ein gegen diese Brücke herankommender Haufe die Höhe
derselben von Soldaten abgesperrt sah, waren im Augenblick mehrere
Schiffe im Canal der Länge nach neben einander gestellt, Bretter darüber
gelegt und der Haufe zog unter den Augen der überraschten Soldaten
trockenen Fußes über das Wasser gegen den Marcusplatz zu.

Die Entwicklung dieser Truppenmassen rief in der ungeberdigen
Menge wechselnde Empfindungen hervor. Die italienischen Grenadiere
wurden mit Evviva empfangen, als „fratelli" begrüßt, während die
Steirer und die Gränzer mit Schimpf und Hohn verwünscht wurden.
Die Bewegungspartei schien nur auf den Eintritt eines solchen Ereignisses gewartet zu haben, um sofort ihre ersten Forderungen zu
stellen. Eine Sendschaft, Dr. Giuriati an der Spitze, fand sich beim
Gouverneur ein und bat um Entfernung der Truppen, deren Anblick
das Volk nur aufstachle. Pálffy schlug das Begehren ab: „Man
habe nicht ohne Grund die Truppen allarmirt; nun sie da seien, ver-
riethe es Schwäche oder Laune, sie wieder zurückzuschicken; doch gebe
er sein Ehrenwort, daß sie sich passiv verhalten würden, dafern die
Ruhe nicht weiter gestört werde." Man ließ nicht ab in ihn zu
dringen: „es möge eine Bürgerwehr bewilligt werden, die geeignet sei
die öffentliche Ordnung aufrecht zu erhalten, unter deren Obhut er
selbst sich wohler fühlen werde, als unter dem Schutze gemeiner Söld-
linge." Als der Graf erwiderte, diese Bewilligung zu geben liege
nicht in seiner Macht, erboten sich Pietro Fabris, Mitglied der

Centralcongregation, und Nicoló G. B. Morosini, Provinzialdepu-
tirter, zum Erzherzog-Vicekönig nach Mailand zu reisen. Pálffy
verhieß auch einem solchen Schritte wenig Erfolg, konnte sie jedoch
nicht abhalten ihr Vorhaben auszuführen. Während dieser Verhandlungen im Regierungspallaste wuchs die Unruhe unten auf dem Platze;
das Militär setzte allen Herausforderungen eine abwehrende Haltung
entgegen. Da gelang es ein Paar Leuten sich in den Glockenthurm
von S. Marco zu schleichen; sie fliegen die Treppen hinauf und alsbald tönen über den Platz und weithin durch die Stadt jene unheimlichen Schläge, die unter gewöhnlichen Verhältnissen Feuer, in aufgeregten Zeiten Sturm verkünden. Bald wiederhallt von andern Thür-
men das gleiche Signal. Das Militär verhält sich noch immer ruhig.
Endlich wird eine Abtheilung Grenadiere beordert den Marcusthurm
zu besetzen. Die Masse, welche diese Bewegung bemerkt, umdrängt
stärker als zuvor den Thurm und die Maste; die Kinsky müssen
das Bajonnet fällen, um den Anschwall abzuwehren, der sich im Augenblick, von den Soldaten eine kurze Strecke verfolgt, in wilde Flucht
auflöst und mit Angstgeheul in das gegenüberliegende Kaffeehaus
wirft, dessen Glastafeln, Spiegel, Einrichtungsstücke dabei in Trümmer
gehen. Der eben zuvor dichtgedrängte lärmende Platz ist fast leer,
die Stürmer auf dem Thurm sind verjagt, zwei Menschen sind bei
dem Vordringen des Militärs, sei es durch Bajonnete getroffen, sei
es im fliehenden Getümmel der Menge niedergerissen, leicht, einer
schwer verwundet worden und letzteren, der bald seinen Geist aufgab,
legen einige Leute, offenbar von berechnenderen Anstiftern aufgefordert,
vor die Reihe der italienischen Grenadiere nieder, die aber keine Miene
machen, dem Volke Recht, ihren deutschen Cameraden Unrecht zu geben.
Es war eine unter solchen Umständen nicht ungewöhnliche romantische
Unterstellung, wenn in jenem Leichnam derselbe blondgelockte Jüngling
wiedererkannt werden wollte, der kurz zuvor die Gypsbüste des
Papstes vorgetragen hatte. Später kam heraus, Heiko Hansen Dig-
gelaar aus Emden, Capitän des hannoverschen Schooners Janus, der
am andern Tage in die See stechen wollte, sei im stürmischen Gedränge zu Boden geworfen und zu Tode getreten worden.

Noch einmal wurde die Ruhe gestört, als von der Riva degli

Schiavoni mit wüstem Geschrei ein zahlreicher Haufe herstürmte, mit Stangen, Latten, Hacken und allerhand Werkzeugen bewaffnet; das Militär sperrte schleunig die Piazzetta von dem Marcusplatz ab und warf sich dem Andrang mit gefälltem Bajonnet entgegen, worauf die wilde Rotte, mit den weggeworfenen Stücken ihrer Bewaffnung die ganze Piazzetta bedeckend, schleunig die Flucht ergriff. Um fünf Uhr zog das Militär in die Casernen ab, größere Bereitschaften blieben im Regierungsgebäude, auf der Haupt- und Burgwache zurück; zahlreiche Scharwachen streiften die ganze Nacht durch die wieder still gewordenen Gassen der Stadt. Ein starker Regen hatte sich eingestellt und leistete den militärischen Vorsichtsmaßregeln Vorschub.

7.

Der Morgen des 18. März, Samstag, begann wie der Abend des 17. geendet hatte; der Himmel mit Wolken verhangen, die Gemüther von Bangigkeit oder Ingrimm erfüllt. Erst nach 10 Uhr Vormittags ließ der Regen nach. Alsbald füllten kleinere und größere Gruppen den Marcusplatz, in gereiztem Tone die Vorgänge des gestrigen Abend besprechend. Die lauten Verwünschungen trafen vorzüglich das Regiment Kinsky, das man aus der Stadt entfernt wissen wollte; aber auch die Gränzer als nicht-italienische Truppen wurden nicht geschont. Viele Kaufläden blieben geschlossen. „Morte ai Tedeschi" war auf allen Mauern zu lesen. Das Militär auf den Hauptwachen des Dogenpallastes und all' Ascensione, beide vom Regiment Kinsky bezogen, stand unter Waffen; den Marcusthurm hielten Grenadiere besetzt. Ein matter, nichts sagender Aufruf des Gouverneurs „an die Bewohner der venetianischen Provinzen" war wenig geeignet die fieberhafte Aufregung zu dämpfen.

Eilf Uhr Vormittags war vorüber als zwei Gränzsoldaten über den Marcusplatz marschirten. Sie wurden die Zielscheibe höhnenden Unfugs, Gassenjungen warfen ihnen Stäbchen zwischen die Beine andere Wurfgeschosse trafen sie unter vielstimmigem Spott und Schimpf, sie waren genöthigt sich mit vorgehaltenem Gewehr, den Finger auf dem gespannten Hahn, gegen die Hauptwache all' Ascensione zurück- zuziehen; man sah den sonnenverbrannten Gesichtern den schweren Kampf zwischen racheglühender Entflammung und pflichtgebotener Mäßigung an; von der Hauptwache eilte Mannschaft zu ihrem Bei- stand heran und nahm sie in ihre Reihen auf. Das macht den Pöbel, in dessen Gedränge man jedoch auch elegante Herren und Diener aus vornehmen Häusern wahrnimmt, nur übermüthiger; er lockert einige der großen Plattsteine, womit der Marcusplatz und die Piazzetta belegt sind, hebt sie in die Höhe und läßt sie mit der ganzen Wucht ihrer Schwere niederfallen, daß sie in hundert kleine Stücke zerschellen, eine furchtbare Waffe in den Händen geschickter Werfer, wie der ge- meine Mann in Italien fast durchweg ist. Von der Hauptwache werden Patrouillen ausgesandt, bei deren Anrücken die Haufen aus- einanderstieben; doch kaum haben die Soldaten rechtsum gemacht, so fliegt ihnen ein Hagel von Steinen in den Rücken. Die Soldaten wenden und feuern in die Luft; als aber dadurch die aufgestachelte Menge nur zudringlicher wird, ihre Angriffe verstärkt, folgt eine zweite ernste Salve; fünf Leute stürzen todt, mehrere verwundet nieder, der Platz ist im Moment wie gekehrt. Die Todten und schwer Getroffenen wurden alsbald in das Krankenhaus geschafft; erstere waren Eugenio Zen genannt Sagradina, ein Kräuterhändler Piangi, drei Unbekannte, darunter ein Kind; unter den schwer Verwundeten befand sich ein Kammerdiener des Hauses Giustinian, dem das rechte Bein abgenommen werden mußte; die übrigen waren ein 62 jähriger Greis, zwei Männer von 42 und 26, vier Bursche von 15 bis 17 Jahren. Fast bei allen fanden sich, als sie im Spitale entkleidet und durchsucht wurden, Fünf- francstücke in den Taschen, ein Commentar zu der Aeußerung eines der Leiter: „Fünfhundert haben wir bezahlt und tausend sind uns ge- kommen!" Es war ungefähr zwei Uhr als, wie am vorigen Tage, von der Hafenwachcorvette die Allarmschüsse ertönten. Aber durch die Stadt hörte man kaum diese, sondern nur das Geschrei: „Blut ist geflossen! Die Deutschen haben geschossen, cani tedeschi, brutti mostri! Eine guardia civica, wir müssen uns sichern gegen solche Metzeleien!"

Den Leitern der Bewegung kam diese Schreckenskunde wie gerufen. Manin, der von der Erfolglosigkeit des gestrigen bei dem
Gouverneur versuchten Schrittes sogleich in Kenntniß gesetzt worden
war, hatte seine Freunde für den heutigen Tag auf das Stadthaus
beschieden, um die Municipalcongregation selbst für die Errichtung
der Civica in Thätigkeit zu setzen. So hatten sich denn Vormittags
die Advocaten Manin, Avesani, Benvenuti, Mengaldo, Costi, die Notare Giuriati und Cameti, der Bürger Levi in den Bureaux des Municipiums zusammen gefunden und auf ihr Andringen hatte sich, kurz
vor der beklagenswerthen Katastrophe, der Podestá in Begleitung sämmt-
licher Assessoren zum Gouverneur begeben, während jene, der unaus-
weichlichen Gewährung gewiß, auf der Municipalität zurückblieben
und die ersten Grundlinien zur Einrichtung der Bürgerwehr entwarfen.
Graf Pálffy schien auf das Begehren der Municipalität vorbereitet
zu sein; nach kurzer Unterhandlung erklärte er im Einverständnisse
mit dem Stadt- und Festungs-Commandanten seine Bereitwilligkeit zur
Bewaffnung von tausend Bürgern. Fabris und Morosini, die am
gestrigen Tage abgereist waren und den Erzherzog Rainer in Verona
getroffen hatten, überbrachten bald darauf das gleiche Zugeständniß
von Seite des Vicekönigs. Alsbald verkündeten kurze von der Municipalcongregation ausgehende Anschläge den Beginn der Einzeichnung,
zu welchem Zwecke die Stadt in sechs Bezirke eingetheilt und eine
Anzahl von Listen aufgelegt wurde. Nicht lange, so sah man Männer
aller Classen und jeden Alters mit irgend einer Waffe in der Hand,
oft einen, erst jüngst standrechtmäßig verpönten Ernanihut auf dem
Haupte, den angewiesenen Versammlungsplätzen zuschreiten, begrüßt
von dem Evviva der Vorübergehenden. Ungefähr fünf Uhr Abends
durchzogen die ersten Scharwachen die Stadt, mit weißen Schärpen
geziert, welche die Führer über die rechte Achsel, die andern um die
Mitte des Leibes trugen, sonst aber in der buntesten Weise gekleidet
und bewehrt. Da gab es Waffen aller Art. Bei einer und derselben
Patrouille sah man Jagdgewehre, Staatsdegen, Küchenmesser, Pistolen
und — Bratspieße beisammen. Einträchtig schritten Elegants, Lastträger, Advocaten, Stiefelputzer und Kaufmannsdiener nebeneinander.
Eine Rotte führte Manin, eine andere Tommaseo, und wo sie vorbei-

kamen, „mit dem Degen in der Hand an der Spitze eines Fähnleins` edler venetianischer Jünglinge", hielt die Menge an „die beiden er lauchten Bürger mit Interesse und Bewegung zu betrachten."

Den Truppen, die sich über das gegebene Allarmzeichen auf den Weg nach ihren angewiesenen Plätzen gemacht, jedoch bei den Gon doliers nicht mehr die gestrige Willfährigkeit getroffen hatten, war noch unterwegs der Befehl wieder umzukehren zugekommen. An die verschiedenen Polizeiämter konnte die Mittheilung nicht rasch genug gelangen und es standen an mehr als einem Punkte der Stadt Zu sammenstöße zwischen der bewaffneten Macht und der neuen Bürger wehr zu besorgen. Der Obercommissär von Dorsoduro verlangte von der Generaldirection Verstärkungen, indem er mit seiner geringen Mannschaft der „gefährlichen Zusammenrottung bewaffneter Personen" im Pallaste des Conte Salvi nicht gewachsen sei. Die Physiognomie der Stadt hatte ein bedrohliches Aussehen. Die erhaltenen Waffen schienen die Erbitterung nur gesteigert zu haben, was sich in tausend Wahrzeichen kundgab. Man sprach von Rache für die Vormittags Gefallenen, von Entfernung aller nicht-italienischen Truppen, vor allem des Regiments Kinsky. Die revolutionäre Partei setzte alle Hebel der Einschüchterung in Bewegung und wußte es in der That dahin zu bringen, daß die von den Kinsky besetzten Wachposten mit Aus nahme der Burgwache und zweier abgelegenen Punkte abberufen wurden. Die abenteuerlichsten Gerüchte wurden verbreitet: es werde in der Nacht eine sicilianische Vesper gehalten, alles, was deutsch, niedergemacht, die Casernen in Brand gesteckt, das Arsenal erstürmt werden. Das Stadtviertel Canale reggio, hieß es, sei das zumeist feindlich gesinnte, und alle Augenblicke kamen anscheinend wohlgesinnte Leute in die dort gelegene Jesuitencaserne mit der Meldung, daß das Volk schon zum Angriff heranrücke. Einzelne Officiere, die sich auf die Straße wagten, erfuhren Unbild jeder Art, liefen selbst Gefahr an Leib und Leben. Ein Oberlieutenant von Kinsky gerieth in einen Volkshaufen, der ihn mit Thätlichkeiten bedrohte; er versuchte sich gegen die Municipalität zurückzuziehen, ein gleichfalls verfolgter Cadet der Jäger schloß sich ihm an, der bald durch einen aus dem Fenster geschleuderten Blumen topf zu Boden gestreckt wurde; der Officier rettete sich, seiner Waffe beraubt, verwundet, in die Grenadiercaserne und mußte seinen jüngern Cameraden den Messerstichen der Rotte überlassen*). Die Volkshaufen mehrten sich gegen Abend immer mehr und verwegene Gestalten musterten drohenden Blickes alle, die das Aussehen von „Tedeschi" hatten.

In derselben Zeit, da die Bevölkerung Venedigs aus einer zweifelvollen bangen gehässigen Aufregung in die andere geworfen wurde, hatte Triest zwei Tage kinderfroher Seligkeit durchlebt, wie sie der Einzelne nur in der Wonne der ersten jugendlichen Liebe, ein Volk nur in dem Hochgefühle der ersten jugendlichen Freiheit genießen kann. Mit dem Morgen des 17. März brach ein wahrer Freudentag an. „Heute ist ein Nationalfest!" war an allen Hausthüren zu lesen. Die Läden blieben geschlossen, in frohem Gedränge durchflutete die heitere Menge alle Straßen, vor dem Kaffeehaus des Tergesteum ward allen, die vom Taglohn leben, ein Frühstück gereicht. Abends war das Theater glänzend erleuchtet; tausenstimmige Hochs, Sacktücher in lebhaftem Wehen geschwungen, die Nationalhymne angestimmt, auf stürmisches Verlangen wiederholt, von dem begeisterten Chor der Zuschauer mit tiefer Rührung mitgesungen. Doch der vergnügten Unordnung des Freitag sollte die geschäftige Ordnung des Samstag folgen. „Oggi si lavora!" war das Losungswort; alle Kaufläden waren offen, alle Geschäfte im Gang, wenn gleich die innige Freudigkeit manche Absprünge machte. Denn es kamen neue Nachrichten aus Wien — die Geschenke des 15. März. Der Gouverneur, der Bischof, der Bürgermeister begeben sich in feierlichem Aufzug auf das Rathhaus. Altgraf Salm verliest vom Balcon das Patent; Jubel, Dank, Beglück-

---

*) Revolutionäre Blätter erzählten den Vorgang in bezeichnender Weise so: „Dem heldenmüthigen Volk gelang es einen Soldaten zu entwaffnen; ein anderer, den Cameraden zu befreien und zu rächen, springt herbei; da trifft ihn ein Blumentopf von oben aus einem Fenster herabgeworfen; er wird verwundet, gepackt, in den Canal gestoßen; da ergriff ,un nobile sentimento di pietà' für ihn diejenigen ,che n'erano stati minacciati'"— ein Haufen von vielleicht Hunderten, bedroht von einem einzelnen Soldaten, der seinen Cameraden retten will! — „sie werfen sich in's Wasser, ziehen ihn heraus und führen ihn zu einem Wundarzt!"

wünschung und wieder Jubel! Aber weil der Frohe will, daß alles
froh sei, so kam jetzt der Gedanke an die Schwesterstadt drüben am
andern Gestade des adriatischen Meeres, an das schöne Venedig.
„Wie sieht es dort aus? Wissen sie schon, was wir wissen?" Vom
Municipalpallast eilt die Menge auf den Molo von S. Carlo. Das
Dampfschiff von Venedig wird sichtbar, ein schwarzer Punkt; der schwarze
Punkt wird größer unterscheidbarer, eine Kugel von Rauch in langer
Linie sich verdünnend; es kommt näher, Freudenrufe schallen ihm entgegen,
man kann es kaum erwarten, daß die Ankömmlinge an das Land steigen;
man drängt sich um sie, preßt sie in die Arme, bestürmt sie mit hundert
Fragen; auf den Schultern der ungeduldigen Hörer werden einige in das
nahe Kaffeehaus „Tommaso" getragen, das bereits seinen Namen in Caffé
„Tommaseo" umgewandelt hat. Ein Venetianer besteigt eine improvisirte
Tribüne, erzählt was in Venedig am gestrigen Nachmittag vorgefallen,
beschreibt die Stimmung, in der er die Stadt verlassen und die so
sehr verschieden von der Stimmung, in welcher er diese Stadt hier
antrifft. Mit gespannter Theilnahme wird ihm zugehört, abwechselnd
Freude und Schrecken jagen auf der Fährte seiner Worte. Ein Schlagwort wird gegeben, stürmischer Enthusiasmus ruft Beifall: es wird
der Antrag gestellt, augenblicklich einen Dampfer abzuschicken, um
Venedig durch die frohe Kunde aus allen Qualen des Zweifels und
der Bangigkeit zu reißen. Man stürmt in das Tergesteum, zur Deckung
der Kosten für die Sonderfahrt wird eine Subscriptionsliste eröffnet,
die sich schnell mit hunderten von Unterschriften füllt; aber die Direc-
tion des Lloyd gibt das nicht zu, sie selbst läßt ein Boot abgehen
auf eigene Rechnung. Drei Uhr Nachmittag setzt sich der Dampfer
„Trieste", der vor wenig Stunden von Venedig angekommen, in der
Richtung dorthin in Bewegung, lauter Zuruf gibt ihm das Geleite,
stille Segnungen folgen ihm aus der Menge nach, die steht, nachschaut,
nachruft, nachwinkt so lang Gesicht und Gehör auslangen. Einen
Greis aus dem Volke sieht man an der äußersten Spitze des Molo
in die Knie sinken; er entblößt das Haupt, faltet die Hände und spricht
mit Thränen in den Augen und leise sich bewegenden Lippen fromme
Wünsche für die glückliche Fahrt und den glücklichen Ausgang. Und
jene, die auf dem Schiffe sind, denen der Dampf nicht schnell genug

treibt, die von der doppelten Angst gepeinigt werden, daß das Schiff
bei einbrechender Nacht, bei bewegtem Meer den Hafen nicht erreiche,
daß es zu spät komme, während inzwischen Ereignisse eintreten können,
die nicht zeitlich genug verhütet wurden. . . .

Ueber Venedig lagerte ein mondheller Himmel, doch über den
Gemüthern seiner Einwohner düsterer Unmuth und bange Schwüle,
als nach neun Uhr Abends plötzlich eine Bewegung auf dem Marcus-
platze entsteht und alles dem Molo zueilt. Unerwartet kommt ein
Dampfboot von Triest im Hafen an, die Schiffslaternen leuchten in
weiß und rothen Farben, laute „Viva Venezia! Viva la costituzione!"
schallen herüber. Die Leute am Ufer werfen sich in die Barken, die
bald vollgepfropft zu dem Dampfer hinjagen, Aufklärung, Nachrichten
verlangen. Lautes Freudengeschrei erfüllt die Luft. Mit kurzen Worten
erfährt bald alles den gewichtigen Inhalt. Die Menge strömt auf den
Marcusplatz, einzelne Haufen eilen auf die Riva Spielleute herbei-
zuholen. Der Podestá findet sich ein; „Foste mandati da Dio —
Ihr kommt vom Himmel gesandt!" sind die Worte, womit er die
Triester begrüßt; denn die Befürchtungen, daß es zu einem blutigen
Zusammenstoß kommen könne, waren noch nicht vorüber. Jetzt aber
sind sie es mit einemmale. Der Balcon des Gouverneurs öffnet sich,
Graf Pálffy tritt heraus, schwenkt den Hut mit weißrother Cocarde
und liest mit bewegter Stimme der horchenden Menge das kaiserliche
Patent vom 15. März, indem er herzliche Worte beifügt an die Bevölkerung Venedigs, deren Mitbürger zu heißen er sich immer stolz
gefühlt, und an jene der freundlichen Stadt, die mitten in der eigenen
Freude der benachbarten Schwester gedacht habe. Was jetzt folgt,
spottet jeder Beschreibung. Das noch frische Blut, worauf man tritt,
ist vergessen; man lacht und schreit, jubelt und springt, umarmt und
küßt sich; ein Hoch folgt dem andern: „Viva l'Imperatore, la costituzione, Venezia, il conte Palffy! Vivano i nostri fratelli Tries-
tini! Vivano i messaggieri ed il messaggio!" Alle Fenster sind
im Nu beleuchtet, Tapeten werden herausgehangen, Fahnen in rother
und weißer Farbe ausgesteckt, Tücher geschwungen. Einige haben
die erste Ablesung nicht vollständig gehört, man verlangt eine zweite,

der Podestá tritt vor und liest noch einmal das Patent. Die Musikbande der Marine, von zahlreichen Nationalgarden begleitet, erscheint
auf dem Platze, spielt die Volkshymne auf, und jubelnd, die Weise
nachsingend, durchwogen Volksmassen bis in die späte Nacht hinein
die Stadt.

8.

In manche der nördlichen Städte war die Nachricht von den
wiener Errungenschaften über Land fast gleichzeitig wie nach Venedig
gekommen.

So nach Treviso, wo die letzten Tage hindurch das Postamt
von neugierigen Gruppen förmlich belagert war. Als in der dritten
Nachmittagsstunde des Freitag (17. März) die erste sichere Botschaft
ankam, bemächtigte sich der Bevölkerung eine zügellose Freude. Ein
Volkshaufe der buntesten Färbung, Arbeiter, Gesellen, Facchini,
wälzte sich unter wirrem Geschrei, mit Fahnen aus schmutzigen Lappen und bunten Sacktüchern gebildet, von der Post durch die Straßen
der Stadt. Ein großes Weinfaß wurde inmitten des Zuges geführt,
zwei flinke Mundschenken credenzten mit fröhlichen Trinksprüchen in
voller Thätigkeit den herandrängenden Leuten die vollgefüllten Pocale,
die in unglaublicher Schnelligkeit und unter begeisterten Toasten: „Evviva
la costituzione! Evviva l'Italia!" geleert wurden. Ein nie gesehenes,
nie erlebtes Schauspiel, schreibt ein Augenzeuge, bot sich dar. „Sämmtliche Handlungen sperren, sich in Festkleider werfen, Brust und Haupt
mit tricoloren Schärpen und Bändern schmücken, dreifarbige Fahnen
aus den Fenstern flattern lassen war das Werk eines Augenblicks.
Auf allen Hauptplätzen wimmelt es von vergnügten freudeglühenden
Gesichtern, in zahllosen Massen ziehen sie durch die Straßen mit den
roth-weiß-grünen Fahnen und Cocarden, von rauschenden Musikbanden begleitet, von jubelnden Evvivas überschrieen; alle Glocken
der sämmtlichen Kirchen ertönen in feierlichem Geläute, im Ueber-

14

maß der Freude umarmt und küßt sich alles, was sich begegnet, in brüderlicher Eintracht und Freundschaft ohne Unterschied ob Deutscher oder Italiener; mit den glühendsten Freundschaftsversicherungen reichen sich Freund und Feind versöhnend die Hände; „adesso siamo tutti fratelli, tutti uniti, tutti amici" ertönt es von Tausenden wie aus einem Munde, die erbittertsten Fanatiker sind seit einer Stunde die liebenswürdigsten Kosmopoliten, die wüthendsten Deutschenhasser geben in den freundschaftlichsten Aeußerungen, in den wärmsten Ausdrücken die ausgedehnteste Toleranz kund: „Non c'é tedesco, non c'é italiano, siamo eguali, uomini e fratelli!" Keinen Augenblick war seit drei Uhr Nachmittag das caffé militare, der gewöhnliche Sammelplatz aller Deutschgesinnten, das Rendezvous der Officiere leer gestanden; jeder vorübergehende Italiener stürzte begeistert hinein, umarmte jeden der ihm in den Wurf kam, in der Meinung es sei ein Deutscher oder ein Militär; „Evivvano tutti, fratellanza e pace!" waren die Losungsworte, von einigen breiten Küssen begleitet, die er zurief und wie ein Besessener wieder weiter eilte. Abends war die Stadt glanzvoll illuminirt, ein jubelndes Gedränge flutete durch alle Straßen, Musikbanden zogen einher, dreifarbige Fahnen wehten darüber, edle Damen spendeten tricolore Bänder jedem, der noch keine hatte; das Theater in festlicher Beleuchtung, seit langen Wochen zum Erdrücken voll, von unermüdlichen immer wiederkehrenden Hochrufen erschüttert: „Evviva la costituzione, evviva l'unione, evviva l'Italia il nostro bel giardino del mondo!" Am folgenden Tag, Sonnabend 18. März, feierliches Dankamt in der Kathedrale und eine gluterfüllte Rede des Predigers Damin, zu charakteristisch als daß wir uns versagen könnten die Hauptstellen daraus herzusetzen:

> „Hoch Italien, hoch das Vaterland, hoch für immer die italienische Nationalität! Geboren mit uns, eingeworden (immedesimati) mit uns, sind diese Gefühle unsere Natur, unser Blut, sind sie unser Leben. Begraben seit vielen Jahren in unsern Herzen auferstehen sie jetzt zu frischem Leben, rein wie die Morgenröthe, warm wie die sommerliche Sonne, fruchtbar wie der Thau, bewegt (oscillanti) wie ein frisches Lüftchen, ungeduldig wie die Liebe. Hoch Italien, hoch das Vaterland, hoch, hoch für immer die italienische Nationalität!"

„Aber, o Italiener, o Brüder, o ihr theuerſten Söhne
Treviſo's, hoch rufen wir noch und vor allem andern dem
Glauben unſeres Gemüthes, unſerm Glauben, dem unbefleckten
Glauben. Sehet in dieſem ſchönen weißen Schleier, der ihn
umkleidet, ſehet vorgezeichnet die erſte Unſchuld, verſinnbildlicht
die Reinheit des unbefleckten Lammes; ſehet von dieſem Weiß
aufgehellet den Sinn, beſeitigt die Unwiſſenheit und den Irrthum, befruchtet die Geiſter. Hoch rufen wir weiter der Hoffnung unſerer Herzen, der theuern, der ſüßen Hoffnung! Sehet in
dieſem lebhaften Grün verkündet den April der Jahreszeiten,
die Fruchtbarkeit der Unternehmungen, ſehet von dieſem Grün
angefeuert den Heroismus, geſtählt den Muth, vernichtet den
Schmerz. Hoch rufen wir der Liebe unſeres Innerſten, der
glühenden muthigen Liebe! Sehet in dieſem Roth veranſchau-
licht den unſchätzbaren Werth unſerer Erlöſung, ausgedrückt
die Liebe eines Gottes; ſehet von dieſem Roth gereinigt, getröſtet,
entflammt die Seelen, ſehet von dieſen Flammen erfüllt und
eingenommen die Herzen Aller. Unter dem Banner des Glaubens, der Hoffnung, der Liebe nimmt euch die Religion auf
unter dem Banner des Weiß, des Grün, des Roth ladet
euch Italien ein". . . .

„Ach du, o gebenedeiter Jeſus, du haſt uns reich bevor-
zugt, da du wollteſt, daß unſere Augen ſich öffnen ſollen das
ſchöne Licht dieſes Italien zu ſchauen, daß unſere Bruſt die
reine Luft dieſes Italien trinken ſolle. Ach du, du ſelbſt haſt
dieſes Italien geſchaffen mit dem Lächeln auf der Lippe, auf
daß es anlache die ganze Natur, die ganze Welt; o du, du
ſelbſt haſt dein Kreuz in dieſem Italien aufgepflanzt, auf daß
es ſei die Beherrſcherin aller Nationen, Herrin aller Völker;
du, du ſelbſt haſt in dieſem Italien deinen Stellvertreter ein-
geſetzt, weil du ihn vor allem uns nahe, an uns gebunden
wollteſt. Die Liebe zum Vaterlande iſt ein natürliches Gefühl, ſelbſt das Thier liebt das Vaterland, aber für uns iſt ſie
noch etwas mehr; ſie iſt ein übernatürliches Gefühl, ein himm-
liches, ein göttliches. In uns iſt die Vaterlandsliebe, erleuchtet
durch die Vernunft, geleitet von der Vorſicht, begünſtigt von
der Einheit, in uns iſt ſie eine Liebe, die ſtets Dir theuer iſt,
eine Liebe fruchtbar an hochherzigen Unternehmungen, eine Liebe,
welche die Religion einet mit der Geſellſchaft, die Erde mit dem
Himmel, den Menſchen mit Dir. Hoch Italien, hoch das
Vaterland, hoch der Wiederherſteller der Königreiche, der Er-
löſer der Völker, der vielgeliebte, der unerſättliche (immenso),
der unſterbliche Pio Nono!" . . .

Das war, wie ſich ein revolutionäres Blatt bei einer ähnlichen

Gelegenheit ausdrückte, „tutto pel popolo, niente per la costituzione, niente pell' odiata austriaca dominazione!"

Gleiche Erscheinungen kamen mehr oder minder in allen Städten vor. Ueberall dieselbe plötzliche Umstimmung der stille brütenden Erbitterung in lauten maßlosen Jubel; überall festlich beleuchtete, von Evvivas und Festgesängen widerhallende Schauspielhäuser am Abend, freiwillige Stadtbeleuchtung mit geräuschvollem Straßenleben bis in die späte Nacht, feierliches Tedeum in allen Kirchen am andern Morgen; aber auch überall die Abzeichen und Losungsworte des lang unterdrückten aber nun desto stürmischer hervorbrechenden nationalen Fanatismus, das dreifarbige Symbol, der Cultus von Pio Nono, die Einheit und Unabhängigkeit Italiens; fast überall unter der lachenden Oberfläche allerhand Wahrzeichen bedrohlicher künstlich genährter Gährung in der Tiefe. In Udine war am 17. Illumination, am 18. Tedeum; alles trug die tricolore Cocarde, die Priester und Alumnen des bischöflichen Seminars nicht ausgenommen*); des Abends im Theater mußten die Schauspieler auf Verlangen des Publicums die Cocarde aufstecken, die Räume wiederhallten von dem „Inno di Pio Nono", den die ganze Gesellschaft anstimmte und mitsang, und mittelst der Sacktücher wurde eine Kette von den Logen mit dem Parterre und von da mit der Bühne gebildet. In Padua verließen am Nachmittag des 17. die Studenten zahlreich ihre Hörsäle und mischten sich heiter und fröhlich unter das Volk, das alle Straßen belebte. Mit dem dritten Eisenbahnzug kam der seiner Haft in Venedig entlassene Dr. Meneghini an; Tausende empfingen ihn auf dem Bahnhof und begleiteten ihn in die Stadt, wo ihm die Pferde ausgespannt und der Wagen von jungen Leuten unter endlosem Zuruf der Menge durch mehrere Straßen

---

*) Den eigenthümlichsten Ausdruck fand die Begehung der Constitutionsfeier in der Eingabe eines Polizeibeamten folgenden Inhalts:

All' I. R. Direz. Gen. di Polizia in Venezia. — Non sapendo in che meglior modo festeggiare il memorando avvenimento della costituzione, rinunzio all'impiego che ho finora coperto. — Vincenzo Ceccato, ex-access'sta presso il Commissariato Sup. di Polizia in Udine.

gezogen wurde. Lebehochs auf den Kaiser, auf die italienischen Grenadiere „die ihn beschützt hatten", auf die Ungarn, auf Pio Nono, auf
Italien brachen durch die allgemeine freudige Bewegung durch. Um
dem Andringen des Volkes zuvorzukommen gaben die Behörden die
politischen Gefangenen aus den Criminal- und Polizei-Arresten frei.
Am andern Tage ward das Gewühl in den Straßen durch die zahlreiche Landbevölkerung vermehrt, die zu Fuß und in Karren in die
Stadt strömte. Auf der Piazza de' Signori wurde gegenüber der k. k.
Hauptwache ein dreifarbiges Banner entfaltet; d'Aspre wollte es
herabnehmen lassen, ließ sich aber eines andern bereden und gestattete
der friedfertigen Begeisterung des Volkes freien Lauf; sein Name war
der schützende Damm gegen jede muthwillige Aufreizung. Wohl
fehlte es auch in Padua nicht an Versuchen der revolutionären Partei,
der allgemeinen Bewegung andere Zielpunkte zu geben, allein sie schlugen
fehl. „Man solle die aus Padua entfernten Studenten zurückrufen,"
hörte man hier und da; doch im Gegentheil waren es die in Padua
zurückgebliebenen Studenten selbst, von denen viele um die Erlaubniß
baten die Stadt zu verlassen und die Behörden, klug genug, bewil-
ligten allgemeine Vacanzen bis nach Ostern. Alles trug sich mit tricoloren Abzeichen; die kaiserlichen Beamten selbst, um nicht mißliebig
aufzufallen, mußten diesem Wunsche des Volkes nachkommen, das jedoch,
durch die eingeschüchterten Hetzer nicht irregeleitet, damit nichts übles
meinte. Nachmittags wurde auf dem Prato della Valle von der
Musikbande die Volkshymne abgespielt und auf lauten, Zuruf der
Menge wiederholt.

An allen Orten wurde schnell Volksbewaffnung eingeführt; selbst
die Landbezirke um die größeren Städte herum ertönten von Waffen-
geklirr meist unter unmittelbarer Leitung der Landgeistlichen. Wo
Garnisonen lagen, wurde die Theilnahme im Wachdienste, die Mit-
beziehung der Hauptwache verlangt und von den Militärbehörden
allenthalben gewährt. In der Festung Palmanuova bekam die Civica ein Thor und drei Lunetten zur Besetzung. Aber der entschlossene
und geistreiche d'Aspre allein konnte wagen, was an allen andern
Orten früher oder später sich bestrafen sollte. D'Aspre ließ zwar
auch die Nationalgarde gemeinschaftlich mit dem Militär den Wach-

dienst versehen; doch gebrauchte er dabei die Vorsicht, die bewaffneten Bürger überall in der Minderzahl auftreten zu lassen. Padua war vielleicht die einzige Stadt im venetianischen Gebiete, wo nicht einmal freudige Ausgelassenheiten und Unordnungen vorfielen: alles hatte ein geregeltes Ansehen und schien in der vortrefflichsten Harmonie zu gehen; die Bürger selbst waren Tag und Nacht bemüht jeden Anlaß zur geringsten Störung beiseite zu räumen.

Verona wurde am 18. März früh durch die Ankunft des Vicekönigs überrascht, der Tags zuvor Mailand verlassen hatte. Gegen Abend ging das Wort: „Andiamo al vicerè!" durch die Stadt und alsbald sammelte sich das Volk auf dem kleinen Platze vor dem Gasthaus alle due Torri, wo die erzherzogliche Familie abgestiegen war; man verlangte stürmisch, der Vicekönig solle sich auf dem Balcon zeigen. Ein heftiger Regen zerstreute die Menge, zahlreiche Patrouillen durchstreiften die Straßen, die Thorwachen wurden verstärkt, der Anastasiaplatz, die Piazza de' Signori besetzt. Es wird erzählt, die erzherzogliche Familie habe die Stadt noch in derselben Nacht verlassen, nach Mantua gehen wollen; der jugendliche Erzherzog Rainer aber habe sich gegen einen solchen „Furcht verrathenden" Schritt ausgesprochen, von dem auch alle anwesenden höhern Officiere abriethen. Am folgenden Tage überall dreifarbige Cocarden, die Statue der gekrönten Verona auf dem Brunnen der Piazza delle Erbe mit einer großen tricoloren Fahne geziert. Der Erzherzog bewilligt eine Civica von vierhundert Mann auf der Grundlage des Besitzes und der Intelligenz, die Garnison wird zurückgezogen. Nun allgemeiner Enthusiasmus, weiße Cocarden; die Reichen theilen Geld unter das Volk aus, das sich dem Genuß geistiger Getränke hingibt; Soldaten werden umarmt, Officiere im Caffé Brà geküßt, ein Husarenlieutenant wird auf einem Stuhl herumgetragen: „Vivano i nostri fratelli Ungheresi. Nachmittag großes Schauspiel in der Arena, alle Thore geöffnet, viele tausend Menschen strömen hinein, die 400 Auserwählten stellen sich unten in der Mitte auf und ziehen unter dem Schall der Musik und dem stürmischen Jubelruf der Menge hinaus auf die Municipalität, aus welcher sie bald darauf mit Jagdflinten, Karabinern, alten Ge-

wehren u. dgl. bewaffnet wieder herausziehen. Inzwischen packen die
Jesuiten in aller Stille und sind Montags aus ihrem Hause verschwunden, das sogleich von der Nationalgarde zur Caserne eingerichtet wird.

9.

Ein heiterer Tag brach Sonntag der 19. März über Venedig
an und wie das strahlende Firmament zeigte sich heiter und strahlend
die allgemeine Stimmung. Alle Schiffe im Hafen waren lustig be-
wimpelt und beflaggt in festlichem Schmuck, von allen Seiten schau-
kelten die Gondeln mit weißrothen Fähnchen geschmückt gegen den
Marcusplatz, aus allen Fenstern hingen bunte Teppiche heraus. Jeder
Groll schien vergessen, von den Gemüthern ein drückender Alp gehoben,
nach der ängstlichen Beklemmung der letzten Tage athmete man leicht
und frei auf.*) Frohes Getümmel belebte alle Plätze, wogte bunt
und heiter durch die Straßen, die neue Bürgerwehr patrouillirte dazwischen und faßte jene lichtscheuen Gestalten in's Auge, die bei den
letzten Auftritten so schnell aufgetaucht waren und sich noch nicht
wieder verkrochen hatten. Ueberall nur weiß als die constitutionelle
Farbe oder weiß und roth als Abzeichen der Regierung, die Männer
der Bürgerwehr durchaus mit diesen Farben geschmückt. Erst später
kam in den Fenstern neben dem weiß und roth ein grünes Tuch zum
Vorschein, allmälig tauchten auch auf Hüten und an den Kleidern
tricolore Abzeichen auf; je weiter der Tag vorrückte, desto mehr gewannen letztere die Oberhand, bis zuletzt jene fast völlig verschwunden
waren; ja gegen Abend sprach man davon, daß die Regierung selbst
auf die drei Masten die tricolore Flagge aufziehen und mit fünfzehn
Freudenschüssen begrüßen werde.

---

*) Unter den Aufschriften und Maueranschlägen, die man an hundert Orten
traf, war auch der Ruf: „Es leben die Baiern!" „Diesen", sagte man,
„verdanken wir alles; wären sie nicht vorwärts gegangen, so wäre Oesterreich geblieben, was es war".

Vom Patriarchen und von der Municipalität erschienen Aufforderungen an die Bevölkerung, am morgigen Tage zu der gewohnten
friedlichen Beschäftigung zurückzukehren die Arbeit wieder aufzunehmen:
„sie möge in Ruhe die weitern Folgen der kaiserlichen Entschließungen
abwarten, in der Freude sich mäßig erweisen und durch all' das ihrer
Stadt jene ruhige Heiterkeit wiedergeben, die immer eine der schönsten
Eigenschaften des guten venetianischen Volkes gebildet habe."

Am Vormittag ging der gestern Abends angekommene Dampfer
nach Triest wieder ab, wo er Nachmittags anlangte. Er führte einen
Abgeordneten von Venedig an Bord, der sich, vom frohen Jubel der
Erwartenden begrüßt, auf die Municipalität verfügte und vom Balcon
herab der Nationalgarde von Triest den warmen Dank der „städtischen
Garde von Venedig" abstattete. „Die städtische Garde", hieß es in
der Adresse die er verlas, „entstand wie durch Zauber aus dem Blute,
welches die letzten Opfer der Gewaltherrschaft vergossen. Die Ruhe
trat sofort wieder ein, als Triest uns die Freudenbotschaft der Reformen brachte. Segen den Edlen, die in ihrer heiligen Begeisterung
uns den Trost in unsern Leiden brachten. Nein, die Verbrüderung
der Völker ist kein Traum. Die städtische Garde von Venedig, die
bald wie die Triester eine nationale sein wird, bittet die Schwester
Dolmetscherin der tiefsten von diesem feierlichen Beweise der Liebe
angeregten Dankgefühle unserer Vaterstadt zu werden. Möge die
Vorsehung solche Liebe würdig lohnen und die von der Freiheit des
Gedankens und des Wortes geheiligten Bande immer enger knüpfen!"
Von der Municipalität wurde der Venetianer in das Tergesteum geleitet, wo er im Lesesaale des Lloyd auf einer improvisirten Tribune
neue Worte des Dankes für die „Rettung Venedigs durch Triest"
sprach und dafür enthusiastischen Beifall, Küsse und Umarmungen erntete.

In Venedig nahm die laute Lustbarkeit mit dem Vorrücken der
Tagesstunden und dem Genusse geistiger Getränke zu. An Geld fehlte
es den gemeinen Leuten nicht, jedes „Evviva l'Italia", womit er einen
vorübergehenden Nobile grüßte, brachte ihm eine kleine Spende. Die
seit drei Tagen herumlungernden Arbeiter machten daraus eine förm-
liche Erwerbsquelle und wer nicht freiwillig hergab, wurde darum an-
gegangen. Auch die italienischen Soldaten hatten freien Ausgang,

während die andern, namentlich die vom Regiment Kinsky, in ihren Casernen zurückgehalten wurden. Vom frühen Morgen bis in den späten Abend, bis lange über die zehnte Stunde hinaus sah man die italienischen Grenadiere, die Hände voll Geld, die dreifarbigen Bänder vorn an der Brust, Arm in Arm mit Leuten aus dem Volke von einer Schenke zur andern schlendern. Und noch ungebundener zeigten sich die Soldaten der Marine mitten im Gewühl. In Trupps von sechs und mehr erblickte man zu später Abendstunde Soldaten der Marine-Infanterie die Riva degli Schiavoni hinab über den Ponte della Paglia gegen den Marcusplatz kommen und, wo sie auf eine Gruppe Volkes stießen, mit einem lauten „Evviva l'Italia!" gleichsam das Bekenntniß ihrer Gesinnungen ablegen. „Ich sah einen solchen Trupp mehreren Officieren ihres Corps begegnen", erzählt ein aufmerksamer Beobachter; „auf einen Augenblick schien bei den Soldaten eine Verlegenheit bemerkbar, aber auch nur auf einen Augenblick, und der folgende militärische Gruß schien mir fast förmlicher von Seiten der Officiere als der Soldaten. Wohlthuend war es dagegen, desselben Weges einen Trupp kaiserlicher Matrosen herabkommen zu sehen, fröhlich, wie es die Sitte dieser Menschen ist, und leichten Schrittes, mit einem frischen „Evivva l'Italia e l'Austria!" die Begegnenden begrüßen, dann sich neben der Hauptwache aufstellen und in wohlklingendem Männerchor die Melodie des österreichischen Volks-liedes absingen. Mit den Matrosen verglichen können die Marine-soldaten als Müssiggänger gelten und so bestätigte sich's auch hier, daß der ernsthaft arbeitende Mann auch immer der verläßlichere ist."

An Kundgebungen des öffentlichen Jubels fehlte es nicht. Mehr als einmal im Tage umdrängte die Menge den Platz vor den Fenstern des Gouverneurs, verlangte ihn zu sehen, begrüßte ihn mit Evvivas, Wehen der Sacktücher, Schwenken der Hüte. Gleiche Freudenbezei-gungen begleiteten die Gräfin, als sie auf dem Platze sichtbar wurde — „debito compenso alle angosce de' giorni passati; il popolo è sempre giusto né suoi sentimenti!" — Des Abends war ein großer Theil der Stadt beleuchtet, die Fenice mit Menschen überfüllt und als der Gouverneur in der Loge erschien, löste ein Hoch das andere ab: auf die Constitution, auf Manin und Tommaseo — „nomi inse-

parabili come quelli dé Dioscuri avvivatori"—, auf die Bürgerwehr, auf „Ferdinand den constitutionellen Kaiser", was der Gouverneur mit einem Hoch auf Venedig erwiderte, worauf wieder ein Hoch
auf den Grafen Pálffy folgte, auf Pio Nono, auf Italien, bis zuletzt
ein witziges Lebehoch „auf das Stillschweigen" dieses endlich herstellte.
Der Platz und die Piazzetta waren belebt bis in die späten Abend-
stunden. Auch Spaziergänger aus den besseren Ständen fanden sich
ein; doch man konnte sich's nicht verhehlen, es war eine andere Bevölkerung, es waren neue Gestalten, keine Spur von der früheren
reichen und doch leichten Zierlichkeit, welche diesen Platz zum ersten
Gesellschaftssaal der eleganten Welt machte.

Und an demselben Abend, der Venedig's schönsten Tag schloß,
gab der Himmel ein Zeichen, ernst und deutungsvoll. Wir haben erfahren, wie diese Erscheinung in Mailand, in vielen lombardischen
Städten ein ernstes Schauspiel, von dem man zur Stunde in Venedig noch keine Ahnung hatte, illustrirte; vernehmen wir, welchen
Eindruck sie in der Lagunenstadt zurückließ. „Es war", schreibt unser
obiger Gewährsmann, „einer jener gepriesenen lauen venetianischen
Abende, wo sich im milden, alles sanft vermittelnden Mondlicht das
herrliche Himmelsgewölbe, die weitgedehnte flimmernde Fläche der See
mit den sich riesenhaft daraus erhebenden Schattengestalten der Schiffe,
und die stolzen Denkmale einer großen kunstschaffenden Vergangenheit
in der Seele des Betrachters zu einem überwältigenden Bilde vereinigen . . . als mit einem die Scene sich verdunkelte, durch Stunden ein Kampf am Himmel sich zu entfalten anfing. Nicht grau, nicht
ballenförmig gerundet wie wohl sonst, war es eine rabenschwarze Wolke,
die wie eine Felsplatte von ungeheurer Ausdehnung sich an das freundliche Gestirn andrängte, das sich der erdrückenden Vormauer erwehren
zu wollen schien, aber nur auf Augenblicke und, wie verwundet im
langen Kampfe, von einem grau-röthlichen Dunstkreis umhüllt zum
Vorschein kam." Nie hatte man eine ähnliche Erscheinung gesehen, man
fühlte sich wie ergriffen von den Leiden des milden Gestirns, und ernste
Gedanken ohne feste Gestalt und bestimmten Inhalt erfüllten selbst
das Gemüth solcher, die keine abergläubische Furcht kannten.

10.

Aber jene, in deren Händen die Zügel der Stadt lagen, gewahrten nicht die deutungsvollen Zeichen am Himmel, nicht die unzweideutigen Vorgänge unter ihren Augen.

Das gemeine Volk ist vielleicht überall, wenn man den Abschaum davon wie billig ausscheidet, seiner unverdorbenen Anlage nach gutmüthig, frohen, vertrauensvollen Empfindungen leicht zugänglich. Das Volk von Venedig ist dieß in höherem Grade als irgend eines. Das Volk von Venedig hatte eben so wenig Grund der österreichischen Herrschaft abhold zu sein, als es Grund hatte sich nach dem gesunkenen Adelsregiment zurückzusehnen. Von seiner Seite waren die Freudenbezeigungen am Sonntag gewiß aufrichtig gemeint, und aufrichtig gemeint war es auch, als am Montag, der Ansprache des Patriarchen und der Aufforderung der Municipalität folgeleistend, die Bevölkerung wieder an ihre gewöhnlichen Beschäftigungen ging. Auch in die bessern Kreise brachte die ungewohnte freie Bewegung ein angenehmes Gefühl. Man begann sich in den neuen Zustand hinein zu finden, man brauchte sich nicht lispelnd wie vordem, mit Angst vor lauernden Ohren und verrätherischen Zungen, zu unterhalten; Zeitungen und Zeitschriften lagen frei auf, die früher zurückgehaltenen Hefte, oft der halbe Jahrgang, wurden ohne Anstand herausgegeben. Das sahen die Actenmänner der Regierung und rieben sich vergnügt die Hände: „Es ist alles im besten Gang!" Aber den Wurm sahen sie nicht, der unter der schimmernden Hülle nagte und die Grundvesten unterwühlte, auf denen ihr stolzer Bau ruhte. Auch außerhalb der Regierung stehende Personen ließen sich durch die allgemeine Stimmung täuschen und glaubten am Ende aller Wirren zu sein, wo man in Wahrheit am Vorabend derselben stand. „So mußte Venedig's Krisis enden", schrieb man der A. A. Z. unter dem 19. März; „nur so konnte sich ein Volk benehmen, dessen Gemüth das arglofeste ist, weit empfänglicher für Milde als für Strenge, biegsam und geschmeidig, wenn die angewandten Mittel die geeigneten sind!"

Der revolutionären Partei kam der unerwartete Umschwung der Gemüther zur Freude und Dankbarkeit in hohem Grade ungelegen; sie war darum den ganzen Montag (20. März) hindurch eifrig bemüht jeden Anlaß zu benützen, um Besorgniß und Mißtrauen zu säen. Was ernstlich beunruhigen konnte, war die Ungewißheit über Mailand, von wo seit zwei Tagen alle Nachrichten fehlten. Als F. M. L. Gerhardi in Verona den Lieutenant Grafen Georges von Pimodan mit Depeschen an Grafen Gyulai nach Triest abschickte*) und Pimodan fragte, was für Auskunft er, wenn man darnach verlangte, über den Stand der Dinge in Mailand geben solle, antwortete der General: „Daß wir nichts wissen; daß die Communicationen mit der Armee des Marschalls und Mailand unterbrochen sind; daß wir gerüchtweise erfuhren, daß er sich in der Citadelle eingeschlossen habe, um die Stadt zu bombardiren, daß es daselbst bereits 4000 Todte und Verwundete gäbe und daß er, falls die Empörung kein Ende nähme, die Stadt in Brand zu stecken gedenke." Wenn schon der Commandant von Verona solchen Angaben trauen mußte, so kann man sich vorstellen, was im Volke erzählt und geglaubt wurde. In den Städten und Städtchen der nördlichen venetianischen Provinzen traf Pimodan die ungeheuerste Aufregung und hatte es bei mehr als einer Gelegenheit nur seiner entschlossenen Geistesgegenwart zu danken, daß er ungefährdet weiter kam. Auf dem großen Platze von Sacile wurde Mittags den 21. sein Wagen von einer Zahl abenteuerlich gekleideter junger Leute angehalten; sie ersuchten ihn aus dem Wagen zu steigen und führten ihn auf das Stadthaus, wo acht bis zehn schwarz gekleidete Männer um einen Tisch saßen. Man wünschte Nachrichten aus Mailand zu haben. Pimodan erzählte, was er wußte,

---

*) Pimodan gibt dafür in seinen „Erinnerungen" den 19. März an; es kann aber erst am 20. vorgefallen sein, wie aus dem Verlaufe seiner Erzählung bis zum 23., richtig 24. März hervorgeht, wo er mit seinen Zeitangaben regelmäßig um einen Tag hinter dem wirklichen Datum der Geschehnisse zurück ist.

und fügte bei, daß Radetzky die Stadt vernichten werde, wenn der Aufruhr kein Ende nehme. Der zuversichtliche Ton des jungen Offi- ciers schüchterte jene ein, doch faßten sie sich wieder und einer sagte: Wir wollen die Republik; Gleichheit für alle!"

Dieses Losungswort hatte auch schon in Venedig unter den Führern der Bewegung die Oberhand gewonnen. In den Clubbs beim Provinzialdeputirten Morosini und bei Dr. Giuriati hatten in den letzten Tagen die heftigsten Debatten stattgefunden, welche Form man der künftigen Regierung geben wolle. Der gemäßigtste Vorschlag war jener des Advocaten Benvenuti: ein unabhängiges lombardisch- venetianisches Königreich unter einem Sohne des Erzherzogs Rainer. Doch zuletzt drang Giuriati mit der „Republik" durch; die Erin- nerung an die alte Staatsform Venedigs, die Hinweisung auf das neue Beispiel Frankreich's verschafften seinem Vorschlage den Sieg. Man war sich noch nicht bewußt, wie man den Streich führen wolle, aber man that alles, um ihn vorzubereiten. Die Masse der Bevöl- kerung Venedig's ahnte nicht, welches Spiel mit ihr getrieben wurde, und es war bewunderungswürdig, wie es die Leiter verstanden, sich einerseits die beispiellose Verblendung der Regierung zu Nutzen zu machen, um alles nöthige zurechtzulegen, alles hinderliche beiseite zu schaffen, andrerseits das Volk aus einer Aufregung in die andere zu treiben und doch vorzeitige Unordnungen nicht zum Ausbruch kommen zu lassen, bis der rechte Moment gekommen sein würde, um mit einem Schlage alle Minen springen zu lassen.

In Venedig wußte man von Mailand wenig mehr als daß seit zwei Tagen die Posten ausgeblieben waren; nur Gerüchte der aben- teuerlichsten Art gingen durch die Stadt. Ebensowenig fehlte es an Märchen aller Art, die von den Unruhestiftern aus der unmittel- baren Nähe geholt und fortwährend verbreitet wurden. Bald hieß es, daß das italienische Militär die Stadt verlassen und nur das Regiment Kinsky zurückbleiben sollte; dann wieder: in Chioggia habe sich das Volk des Castells bemächtigt, die Besatzung die Waffen ge- streckt; später: auf dem Lido stehe das Regiment Kinsky in offenem Kampf mit den dortigen Arbeitern am Festungsbau. In lächerlicher Weise wurde fünf Uhr Nachmittags plötzlich ausgesprengt, einige Soldaten des Regiments Kinsky seien „bewaffnet" gesehen worden!! Andere sagten, einige Officiere des Regimentes hätten sich auf dem Marcus-platze gezeigt. „Tradimento!" scholl es; „man hat versprochen die Deutschen in die Casernen zurückzuziehen und sie spioniren in der Stadt." In einem Augenblick war die ganze Stadt in Allarm, alles griff zu den Waffen, auf den Dächern der Häuser wurden alle mög-lichen Vorbereitungen getroffen. Doch „glücklicherweise", fügt ein Augen-zeuge naiv hinzu, „war das Gerücht ungegründet und in weniger als einer Viertelstunde die Ruhe hergestellt." Das Regiment Kinsky mußte überhaupt nach beiden Seiten herhalten: gegen die Bevölkerung, um diese in ängstlicher Aufregung und im Haß gegen die „fremden" Truppen zu erhalten; gegen die Regierung, um selbe einzuschüchtern und ihrer treuesten Stütze zu berauben. Es wurden Besorgnisse für die Sicher-heit des Regiments, gegen das die Wuth des Volkes kaum zurückzu-halten sei, und wieder Besorgnisse für die ruhige Haltung des Volkes, das durch die Nähe dieser Krieger fortwährend aufgeregt werde, aus-gesprochen. Man brachte es dahin, daß auch die Burgwache, der letzte Posten im Mittelpunkt der Stadt, von dem Regiment geräumt und von Gränzern bezogen wurde. In seinen Casernen bei den Je-suiten und Incurabili wurde das Regiment auf das schärfste bewacht. Immer kamen Deputationen an den Obersten Friedrich Freiherrn von Bianchi, den tapferen Sohn des tapferen Herzogs von Casalanza, die Warnungen und falsche Nachrichten brachten, die Entfernung des Regiments zu erwirken, dessen Benehmen im Fall einer Katastrophe auszuholen suchten. Unter dem Vorwand, das Regiment vor An-griffen des Volks zu schützen, war die Caserne unausgesetzt von Pa-trouillen der Nationalgarde umschwärmt, dadurch aber jede Commu-nication mit den andern Truppentheilen abgeschnitten; kein Schreiben gelangte mehr an den Ort seiner Bestimmung, Befehle der Vorgesetzten blieben aus; man mußte zu dem Mittel greifen, Diener in Civil-kleidern auszusenden, um nur einigen Verkehr nach auswärts zu unterhalten.

Einen andern Stein des Anstoßes für die revolutionäre Partei bildeten die im innern Becken des Hafens aufgestellten größern und kleinern Kriegsschiffe. Sie und alles, was darauf vorging, war Gegenstand unausgesetzter Wachsamkeit von Seiten der geheimen Leiter. Auf allen in der Nähe liegenden Kauffarteischiffen waren junge Männer vertheilt, die jede Bewegung beobachteten: ob die Mannschaft gewechselt, ob sie verstärkt, ob Schießbedarf dahin gebracht oder dort bereitet werde. Auf diesem Wege brachte man in Erfahrung, daß auf die k. k. Corvette Clemenza eine Abtheilung Gränzer eingeschifft worden sei, um sich des Gehorsams der zweifelhaften italienischen Mannschaft zu versichern; zugleich wurde das Gerücht ausgestreut, daß man daselbst congrevische Raketen verfertige, um damit die Stadt zu beschießen. Noch spät in der Nacht vom 20. auf den 21. kam es zu einer Zusammentretung zwischen der Guardia civica und einigen bereits gewonnenen Marineofficieren. Eine aufgeregte Verhandlung fand statt; einer der Officiere erklärte: „Ich meinestheils lasse der Corvette gegenüber zwei Kanonen aufführen, um sie bei der ersten Bewegung, die sie macht, in den Grund zu bohren". Am folgenden Tage erschien eine officielle Erklärung des Corvetten-Capitäns Turra, „daß am Bord der k. k. Corvette la Clemenza eben so wenig als am Bord der andern Fahrzeuge im Hafen von Venedig congrevische Raketen sich befinden, sowie auch, daß das Detachement von Croaten, das sich zeitweilig auf eben dieser Corvette befand, diesen Morgen auf Befehl Sr. Excellenz des Herrn Viceadmirals zurückgezogen worden sei". In der That hatte man sich, was den letzten Punkt betrifft, durch die heuchlerischen Vorspiegelungen der Fischer im Trüben einschüchtern lassen und eine Maßregel widerrufen, die durch das Gebot der höchsten Klugheit vorgeschrieben war.

Gegenüber dieser immer mehr hervortretenden Schwäche der Regierung wußte die revolutionäre Partei auf jede Weise ihre eigene Truppenmacht zu verstärken. Am Morgen des 21. erließ die Municipalcongregation eine Aufforderung an die Bürger, sich zahlreicher wie bisher in die Register der Nationalgarde einzuzeichnen, „um dadurch den Dienst zu erleichtern und wirksamer zu machen". Die Regierung rechtfertigte sich in einem öffentlichen Anschlage, daß sie es, weit entfernt ihre Beamten daran zu hindern, vielmehr mit Vergnügen sehe, wenn sich diese in die Reihen der Bürgerwehr stellen und dadurch Gelegenheit finden, zur Aufrechthaltung der Ordnung und öffentlichen

Ruhe mitzuwirken. Von den Arsenalarbeitern erschien eine Kundgebung ihrer patriotischen Gesinnung: „Die Arsenalotten wurden seit
Jahrhunderten in den schwierigsten Wechselfällen des Staates verwendet, sie waren stets die Lieblingswache des Dogen, die Feuerwächter
seines Pallastes, die Ruderer des Bucentoro, wo zusammenfloß, was
das Vaterland am vornehmsten und heiligsten besaß"; im Hinblick auf
so glorreiche Erinnerungen erwarteten sie daher, daß man sie nicht
ausschließen werde, sich in die Listen der bürgerlichen Nachtwache (guardia civica notturna) einzutragen. Am 21. wurden der Civica zwei-
hundert Säbel aus dem Secarsenal, vierhundert Flinten aus dem Zeughaus verabfolgt; die Hauptwache im Dogenpallaste, der Thurm von
San Marco waren ihr bereits übergeben. Allgemein trugen schon die
Nationalgarden tricolore Abzeichen. Und warum nicht? Waren doch
in aller Stille auf dem Maste vor der Marcuskirche dreifarbige Banner „von Amtswegen" aufgezogen worden!

Und dieser umsichtigen verschmitzten emsigen Partei stand die
Civil- und Militärverwaltung der Stadt mit verbundenen Augen, mit
schlaffen Armen gegenüber! Je mehr jene ihre Kräfte sammelte, desto
mehr verzettelte diese die ihrigen. Wenn von Anfang her die Vertreter der Regierung mit den Männern des Abfalls im geheimen
Bunde gewesen wären, so hätten die Dinge nicht günstiger für diese,
nicht bedrängender für jene verlaufen können. In dem entscheidenden
Wendepunkte stand die Generalpolizeidirection von Venedig ohne Haupt
da; Gubernialrath Lindner hatte sein Amt niedergelegt, wenige Tage
nachdem er es angetreten. Graf Pálffy, der in der ersten Zeit den
Zumuthungen der Bewegungspartei einige Festigkeit entgegengesetzt
hatte, gab sich von Tag zu Tag mehr seiner „Vorliebe für Venedig
und dessen Bewohner" hin. „M. de Pálffy est tout-à-fait bon
homme", äußerte lächelnd einer der Bewegungsmänner, „so friedliebend und nachgiebig, daß er uns am Ende erlauben würde ihn selbst
einzusperren, blos um die liebe Ruhe aufrecht zu erhalten." Ihm stand
in diesem, unter andern Umständen gewiß ebenso liebenswürdigen als
löblichen Bestreben der Stadt- und Festungscommandant Graf Zichy
getreulich zur Seite, ein General, über dessen Fähigkeit man sich im

Hauptquartiere des Grafen Radetzky einer bedauerlichen Täuschung hingab. Schönhals nennt ihn einen „Mann, dessen Treue über jeden Verdacht erhaben war", worin wir ihm gern beistimmen; allein wenn er hinzusetzt, daß Zichy „das volle Vertrauen des Feldmarschalls" besessen und daß dieser „unmöglich voraussetzen konnte, daß es einem als tapfer bekannten Manne im Augenblicke der Gefahr an Muth und Entschluß zum Handeln fehlen werde", so sollte sich dieser Irrthum bitter bestrafen. Der nächste im Commando war Generalmajor Ritter von Culoz, ein ganzer Mann, der mit bitterem Unmuth den kopflosen Zugeständnissen, die man eine nach der andern den Leitern der Bewegung machte, und der um sich greifenden Demoralisation der Truppen zusehen mußte.

Die Garnison von Venedig bestand aus zwei Bataillons des steirischen Regiments Kinsky (Nr. 47), deren Gros in der Incurabili- und in der Gesuiti-Caserne einquartiert war; in der nicht weit von der ersteren gelegenen Transporthauscaserne befand sich ein Bataillon Peterwardeiner Gränzer; außerdem das dritte Bataillon des venetianer Regiments Wimpffen (Nr. 13), ein aus Divisionen von Este (Nr. 26) und Zanini (Nr. 16) zusammengesetztes Grenadierbataillon, Venetianer, das fünfte für den Sanitätsdienst bestimmte gleichfalls italienische Garnisonsbataillon, endlich Artillerie und eine Genieabtheilung. Der Geist aller dieser Truppen war in den Tagen der ersten Conflicte ein vortrefflicher, jener der italienischen Grenadiere bis Samstag Abend ein untadelhafter. Doch nichts geschah ihn zu erhalten. Da war kein kräftiger Tagesbefehl, der dem Soldaten die Bedeutung der Ereignisse auseinandergesetzt, aber ihm gleichzeitig die Pflichten seines Standes, die Gebote der Disciplin, des Fahneneides, der Ehre an's Herz gelegt hätte. Da war keine militärische Feierlichkeit, die unter solchen Umständen den doppelten Vortheil gebracht hätte, das soldatische Gefühl rege zu erhalten und die Truppen zu beschäftigen, namentlich die einheimischen vor verführerischem Müßiggang abzuhalten. Tagelang ließ man den italienischen Soldaten herumschwärmen, in unbehindertem Verkehr mit den Verhetzern des Volkes, jeder Ueberredung, jeder Geldspende, jeder treubrüchigen Verbrüderung zugänglich. Die wackern Kinsky wurden aus allen Stellungen zurückgezogen, in ihre Casernen verwiesen, unthätig, von jeder dienstlichen Bekanntgebung abgeschlossen. Ihr in dieser vereinzelten auf sich selbst angewiesenen Lage auf eine harte Probe gestelltes Selbstvertrauen hielt nur der entschlossene Oberst Bianchi aufrecht. Allen warnenden einschüchternden verheißenden De- nunciationen und Deputationen, von denen die beiden Casernen ohne Unterlaß heimgesucht wurden, ertheilte er die gleiche Antwort: „daß man von höheren Befehlen abhänge, aber jeden Angriff auf's kräf- tigste zurückweisen werde"; auf die schönsten Berufungen an „Mensch- lichkeit" und „Brüderlichkeit" wollte der harte Mann nichts geben. Noch in der Nacht vom 21. auf den 22. erschien in einer der Casernen ein Nationalgarde mit der Nachricht, daß auf dem Marcusplatz ein großer Auflauf sei, der Gouverneur sich geflüchtet habe, Manin lasse fragen, was das Regiment zu thun gesonnen sei. Die Antwort war nicht nach dem Wunsche des Fragers und er entfernte sich, um sie ohne Zweifel an den Ort zu tragen, von wo man ihn geschickt hatte.

Aber die armen Gränzer, oder, wie man sie durch ganz Italien nur schlechtweg nannte Croaten! Was litten sie unter einer Be- völkerung, deren Sprache sie nicht verstanden, deren Uebermuth und Haß sie nur fühlten, ohne daß einer von ihren Obern da gewesen wäre, ihr soldatisches Ehrgefühl und Selbstvertrauen wach zu erhalten. Nach Zurückziehung der Kinsky hatten sie den Wachdienst im vicelöniglichen Pallast, den sie mit allen Zeichen der Entmuthigung besorgten. In der Kleidung vernachläßigt, von Müdigkeit übermannt, mit dem Aus- druck der Niedergeschlagenheit in den schlaffen Zügen standen sie im Hof herum oder lehnten erschöpft an einer Wand, saßen auf den Stufen, mit ihrem Gewehr im Arm oder zur Seite, bis die Herren Nationalgarden so gefällig waren, sie am Abend des 21. ihres Dienstes zu entheben. Es war das letzte Zugeständniß, das noch zu erwirken war, um das Militär gänzlich aus dem Brennpunkte der Stadt zu entfernen. Der Deputation, welche dieses Verlangen stellte, „indem sonst die Ruhe der Stadt nicht verbürgt werden könne", soll Zichy geantwortet haben: „Meine Herren, Sie fordern von mir meine Ehre und meinen Kopf. Sind Sie nicht im Stande, Ihr Versprechen zu halten, so bleibt mir nichts übrig, als mir eine Kugel durch den Kopf zu jagen. Indessen will ich thun, was ein Mann dem Volke gegenüber vermag, um Blutvergießen zu verhindern. Mit Ausnahme von zwei Officieren und 50 Mann sollen alle Gränzer abziehen, und 50 Mann von der Civica sollen mit diesen gemeinschaftlich Wache halten". Die Deputation betheuerte, daß sie gar nichts anderes im Sinne habe, als Ordnung und Ruhe in der Stadt zu erhalten. Alsbald zogen die Gränzer ab, zog die Civica auf und stellte zwei Lastträger als Schildwache am Hauptthore des Pallastes auf.

Die Leitung der k. k. Marine befand sich in treuen aber verhängnißvollen Händen. Das Obercommando war seit kurzem dem Viceadmiral Anton Ritter von Martini anvertraut, einem Manne, der in seiner doppelten Eigenschaft als „Deutscher", trotz seines italienisch klingenden Namens, und als „Landratte" bei der fast durchweg aus italienischen Elementen bestehenden Marine nichts weniger als gern gesehen war. Noch minder war er dieß bei den Leitern der Bewegung. Es war von der Thätigkeit, die der neue Vice-Admiral seit Antritt seines Amtes entwickelt hatte, eben nicht viel zu erzählen, aber der Unwille über die Besetzung, welche die Commandos einiger zum Dienst nach außen verwendeten Kriegsschiffe erfuhren, sprach laut dafür, daß es nicht das Interesse der regierungsfeindlichen Partei war, dem er zu huldigen sich bereit finden lasse. Ungleich höher in der Befähigung, aber auch ungleich höher im Parteihasse stand der Marine-Adjutant Linienschiffs-Capitän Marinovich. Johann Ritter von Marinovich, einer der talentirtesten Marineofficiere, dem Erzherzog Friedrich zur Unterweisung in den Seewissenschaften beigegeben, hatte auf den Reisen, die er mit diesem hoffnungsvollen Prinzen unternahm, ausreichende Gelegenheit gefunden, einen reichen Schatz von Kenntnissen und Erfahrungen zu sammeln. Als nach der entdeckten Verschwörung der Bandieras dem jungen Erzherzog der Oberbefehl über die österreichische Seemacht anvertraut wurde, war Marinovich anerkanntermassen die Seele der ganzen Marineverwaltung. Das Ereigniß des Jahres 1844 war an Marinovich nicht ohne tiefe Eindrücke vorübergegangen; es hatte sich ihm nicht umsonst der Einblick in die gefährliche Verstrickung enthüllt, die keinen kleinen Theil der Marine Oesterreichs in ihren Netzen gefangen hatte, und es zeugte für seinen staatsmännischen Blick, daß er den neu geschaffenen Kriegshafen

15*

von Pola sogleich dafür zu benützen wußte, alle verfügbaren Bestandtheile der Flotte dort zu vereinigen und dadurch dem Bereich
neuer Verführungsversuche zu entziehen. Eine abgetakelte Corvette
als Wachtschiff, mehrere bewaffnete Lagunen-Penichen im Hafen, einige
für den Augenblick völlig unverfügbare Fahrzeuge im Arsenal waren
das um und auf, das sich in den venetianischen Gewässern befand;
zwei kleinere Kriegsschiffe, zwei Kriegsbriggs und zwei Fregatten waren
theils im Hafen von Triest, theils auf verschiedenen Expeditionen;
alles andere: zwei Fregatten, zwei Corvetten, zwei Briggs, eine Goe-
lette und dreizehn Penichen lagen im Hafen von Pola. Die ge-
hässigste Rolle fiel dem Obersten Marinovich im Arsenale von Venedig
zu; denn hier galt es, den Haushalt dieses großartigen Instituts von
der überwuchernden Fülle von Mißbräuchen zu reinigen, die sich durch
eine lange Reihe minder sorgsamer Verwaltungen eingeschlichen hatten.
Er ging an's Werk mit unbeugsamem Vorsatz und führte es aus mit
eiserner Strenge. Er fand Beschleppungen in ausgedehntestem Maße
an der Tagesordnung; es wurde versichert, daß die vollständige Einrichtung gar mancher Wohnung in der Stille aus dem Arsenal heraus-
gegangen sei; selbst geringfügige Dinge, die jeder der vielen hundert
Arbeiter des Abends mit sich nach Hause nehmen zu dürfen glaubte,
machten im Lauf eines Jahres eine bedeutende Rubrik aus. Da
wurden plötzlich alle Fenster des weitläufigen Gebäudes mit dichten
Eisengittern versehen, die Arbeiter allabendlich vor dem Austritt
aus dem Arsenal Mann für Mann auf das genaueste durchsucht, und
weh jenem, bei dem sich nur das geringste vorfand; Abzüge vom
Lohn oder augenblickliche Entlassung waren die unerbittliche Folge
davon. Hand in Hand mit diesen Maßregeln ging eine Verminderung
des Wochenlohns, die, um das Ergreifen eines andern Erwerbs-
zweiges offen zu lassen, allmälig aber consequent durchgeführt wurde.
Und während bei dem Marineadjutanten Marinovich in gerechter
Würdigung so erfolgreicher Verdienste um die Herstellung der Disciplin
und die Ordnung des Haushaltes Auszeichnungen und Zulagen sich
häuften, häufte sich auch unter der großen Zahl der Arbeiter, ihrer
Weiber, Kinder und Angehörigen, unter der gesammten mit diesen
verkehrenden Schichte der Bevölkerung eine immer tiefer wurzelnde

Erbitterung gegen den Mann, der ihnen den kargen Wochenlohn ver-
ringerte, der ihnen durch eine lästige und langwierige Durchsuchung
täglich eine Stunde über die gewöhnliche Arbeitszeit entzog, der ihren
Familien so manche gewohnte Nebenvortheile für die Haushaltung,
waren es auch nur ein paar Holzspäne zum Abkochen ihrer Polenta,
mit unerbittlicher Strenge vorenthielt. Es war natürlich, daß der
Geist von Ungebundenheit, der mit dem neuen Umschwung über einen
großen Theil der Bevölkerung gekommen war — so sehr entgegengesetzt dem Geist unverbrüchlicher Ordnung und Ueberwachung, unter
dem Marinovich's Maßregeln die Arsenalarbeiter hielten! — den
lang verhaltenen Haß derselben gegen ihren erbarmungslosen Meister
auf den Gipfelpunkt schraubte. Es ward ihm der Tod geschworen
und nicht blos Freunde warnten ihn, sein unmittelbarer Vorgesetzter rieth
ihm ab, sich gegenüber einer so hoch gestiegenen Aufregung im Arsenal
blicken zu lassen. Allein der Mann wollte sich durch nichts von der
pünktlichen Erfüllung seiner Pflichten abschrecken lassen. Da brach
am Dienstag (21.) Nachmittag ein Aufruhr unter den Arbeitern aus
und Marinovich sah ein, daß er dem ungleichen Kampfe aus dem
Wege gehen müsse. Nicht ohne Mühe gelang es einer Abtheilung
Nationalgarde eine Brücke frei zu machen, unter welcher die Barke
des Obersten passiren und ihn ungefährdet an Bord der Hafencor-
vette la Clemenza bringen konnte. Seine Retter gaben ihm die eindringliche Mahnung mit, daß er auf das fernere Erscheinen im Arsenal, solange die Gemüther nicht völlig beruhigt, verzichten möge. Die
immer heftiger lodernde Wuth der Arbeiter dagegen konnte die Civica nur durch die Versicherung stillen, daß Marinovich für immer das
Arsenal verlassen habe.

Der Himmel war den ganzen Dienstag trüb verhangen. Der
Marcusplatz, die dahin führenden Gassen und Gäßchen waren von
einer ab- und zuströmenden Menge bewegt. Kleine Ruhestörungen,
die der Pöbel an einem und dem andern Punkte der Stadt versuchte,
wurden von der herbeigeeilten Civica auf gütlichem Wege beigelegt.
Auf der Bevölkerung lastete der Alp unbestimmter Befürchtungen,
wogegen die nicht-einheimischen Bewohner durch das immer wiede

auftauchende Gerücht einer bevorstehenden sicilianischen Vesper in Angst und Schrecken versetzt wurden. Am 20. drängten sich die angesehensten deutschen Familien Venedig's zum Bureau des österreichischen Lloyd, um Karten für das an jenem Abend absegelnde Dampfschiff zu erhalten; zufällig lag dießmal nur ein kleiner Dampfer im Hafen und der größte Theil der Billets-Suchenden mußte zurückgewiesen werden.

Wer von Furcht und Besorgnissen nichts wußte, waren einzig die kaiserlichen Behörden. Hatten sie auch Ursache dazu? Im Gegentheile! War ja doch so große Sorgfalt getragen worden, allen Wünschen der Bevölkerung „um Blutvergießen zu vermeiden" auf das bereitwilligste zu entsprechen! Hatte man sich doch so sehr beeilt alles zu erfüllen, ohne das sehr ehrenwerthe Leute versicherten „für die Ruhe der Stadt nicht einstehen zu können! Noch einiges beiseite geschafft, dessen Anblick, wie dieselben vertrauenswürdigen Personen behaupten, nur „zur Aufregung der Gemüther" dient, und die Dinge werden ganz ruhig ablaufen! Lassen wir statt uns jemand andern sprechen, einen loyal gesinnten Italiener, den seine Geschäfte am 20. März nach Venedig führten und der die Eindrücke, so er von da mitgenommen, folgendermaßen offen legt: „Obgleich an diesem Tage nichts bemerkenswerthes vorfiel, fand ich Anlaß genug, die volle Ueberzeugung in mir zu gestalten, daß man sich mit sichern wohlüberlegten Maßregeln Schritt für Schritt, der in einer unbegreiflichen Täuschung befangenen Regierung gegenüber, dem Ziele der Losreißung von Oesterreich nähere. Ein Privatgeschäft führte mich in den Pallast des Gouverneurs, wo ich Gelegenheit fand, während ich mich bei Sr. Excellenz anmelden ließ, mit mehreren hochgestellten Beamten über die Lage der Dinge einige Worte zu wechseln. Hier wurden mir auf den ersten Blick zwei Dinge klar: daß in ganz Venedig niemand so wenig von der wahren Lage der Dinge wußte als eben das Gouvernement, und daß dessen Leitung in diesem kritischen Augenblicke Personen anvertraut war, über deren Rathlosigkeit und gänzliche Unfähigkeit auch nicht einen Augenblick Zweifel herrschen konnte. Die Leiter der Bewegung haben diese Ungewißheit meisterhaft zu benützen verstanden, wie denn überhaupt die Ausführung ihres Vorhabens ein wahres Meisterstück politischer Klugheit war. Das Terrain wurde Schritt für Schritt

gewonnen und zwar durch die beharrliche Anwendung e i n e s e i n z i g e n
M i t t e l s , nämlich sich vor Verrath von Seiten der bewaffneten Macht
zu schützen. So gelang es alle wichtigen Punkte den Händen der
Guardia civica zu übergeben; so gelang es das deutsche Regiment
Kinsky zu entfernen, die italienischen Truppen und die Marine für
sich zu gewinnen; so gelang es das Gouvernement eines Vertheidigungs-
mittels nach dem andern zu berauben. Die in der venetianer Zeitung
enthaltenen officiellen Erklärungen zur Widerlegung der ausgestreuten
Gerüchte liefern den besten Commentar zu dieser Darstellung der
Ereignisse. Sobald man irgend ein neues Zugeständniß wollte, streute
man ein neues Gerücht von verrätherischen Maßregeln die Stadt in
Brand zu stecken u. s. w. aus und allarmirte das Volk, zu dessen
Beruhigung nun nichts übrig blieb als nachgeben und zugestehen. . .
Gegenüber solchen Thatsachen äußerte einer der ersten Gubernialräthe,
wie alles vortrefflich gehe und jede Befürchtung mehr und mehr
schwinde!" —

11.

„Wer in künftigen Zeiten die Ereignisse dieses Tages erzählen
hört, dem wird es unglaublich scheinen, daß die Stunden ausgereicht
haben konnten sie zu erfüllen, und wie derselbe (Tag) eine neue Aera
für Venedig bezeichnet, so wird er ein Gegenstand der Verwunderung
in der Geschichte dastehen." Mit diesen Worten leitete ein gewisser
Giovanni Minetti seinen Bericht über den 22. März 1848 in der
venediger Zeitung ein, jenen Tag, an dem die Sonne Oesterreich's
den Fall von Venedig und weiter gegen Abend jenen von Mailand
erblicken sollte.

Schon seit einiger Zeit war vom Patriarchen von Venedig eine
kirchliche Andacht auf Mittwoch den 22. März angesagt und das gläu-
bige Volk zur frommen Begehung derselben ermahnt worden. Ein
gnadenreiches Bild der Madonna ward im Dom von S. Marco zur

Anbetung ausgestellt. Doch die Leiter der Bewegung hatten sich denselben Tag zu einem profaneren Werke auserjehen.

Am Vormittag berief die Municipalcongregation ihre Glieder zusammen und lud „eine Anzahl einflußreicher Bürger" ein, sich unter den drängenden Umständen des Augenblicks ihr anzuschließen. Unter den letzteren befanden sich die beiden Advocaten Angelo Mengaldo, erwählter Commandant der Nationalgarde, und Gio. Franc. Avejani, der sich um die Entwerfung des ersten Reglements für dieselbe besondere Verdienste erworben hatte. Die Verhandlung war keine stürmische, man war längst einig, was man wollte und Mengaldo wurde mit dem Auftrage betraut, beim Gouvernement die Räumung des sogenannten Land-Arsenals von den daselbst casernirten Croaten durchzusetzen. Mengaldo traf den Gouverneur und Festungs-Commandanten in voller Rathsversammlung, welcher auch der Vice-Admiral Martini beigezogen war. Auf das von dem Abgeordneten der Municipalcongregation vorgebrachte Begehren wurde erwidert: „die Forderungen folgten eine der andern; keine werde gestellt ohne die Versicherung beizufügen, daß ihre Erfüllung zur allgemeinen Beruhigung beitragen werde; doch kaum sei dem Wunsche willfahrt, so werde über neue Aufregung geklagt und ein weiteres Zugeständniß beansprucht; man möge endlich ohne Umschweife aussprechen, wie weit die wahren Absichten des Volkes gehen?" Der Abgeordnete wußte, mit wem er es zu thun hatte, und trug nicht einen Augenblick Bedenken rund heraus zu sagen: „„Die Stadt wird nicht in Ruhe sein, bevor sich alle Mittel des Angriffs und der Vertheidigung in den Händen der Bürger befinden"". „Das heißt nichts mehr und nichts weniger als unsere vollständige Abdankung verlangen!" „„Es steht mir nicht zu, hierüber eine Aufklärung zu geben; ich kann nur sagen, daß sich nicht für die beklagenswerthen Folgen einstehen lasse, die daraus entspringen würden, wenn man auf der Verweigerung dieses allgemeinen Wunsches verharren wollte; ich ziehe mich übrigens zurück, um der Municipalität den Erfolg meiner Mission zu berichten"". Wir haben dafür kein bestimmtes Zeugniß, halten es aber für nichts weniger als unwahrscheinlich, daß der Vice-Admiral, der sich nicht lange nach dem Scheiden Mengaldo's aus dem Gouvernementsgebäude auf das Arsenal begab, wirklich den Auftrag mit sich genommen habe, die Zurückziehung der Croaten zu vollziehen. Für nicht unwahrscheinlich halten wir dieß darum, weil etwas ähnliches, das gleichzeitig nach anderer Seite hin erfolgte, außer Zweifel steht. Es wurde nämlich von „sehr wohlmeinenden“ Leuten — die Regierung hatte eine solche Masse von guten Freunden! — dem Gouvernement zugesteckt, daß es mit den auswärtigen Forts nicht ganz richtig stehe; dabei gereiche das Verweilen des Regiments Kinsky inmitten der Stadt zur „immerwährenden Aufregung des Volkes“; man könne daher nach zwei Seiten hin gutes thun, wenn man diese Truppen nach jenen Forts entsende. Der Rath wurde mit Dank angenommen und General Culoz mit dem Befehl fortgeschickt, die Maßregel in Ausführung zu bringen.

In mehr als einer Hinsicht der wichtigste Punkt Venedig's war das Arsenal; einen besonderen symbolischen Werth legte ihm zudem die öffentliche Meinung bei. Denn wie das frühere Staatsrecht Ungarns die Ausübung der königlichen Macht und Vorrechte an den Besitz der Krone des heiligen Stephan, so knüpfte eine alte Ueberlieferung die Herrschaft über die Königin des adriatischen Meeres an den Besitz von ihrem Arsenal. Doch war es nicht sowohl dieser Grund als vielmehr allgemeine Rücksichten der Hausordnung, warum die Zugänge desselben von jeher mit eifersüchtiger Strenge bewacht und niemand, der nicht zu dessen Personalstand gehörte, ohne ordnungsmäßigen Erlaubnißschein der Eintritt gestattet wurde. Mußte daher das Endziel jener, die den Plan der Losreißung Venedig's schmiedeten, darauf gerichtet sein, in diesem großartigen Werkhause der Lagunenstadt festen Fuß zu fassen, so kam es darauf an, einen Vorfall zu benützen, der das Einschreiten der Nationalgarde als Wächterin über Ruhe und Sicherheit nothwendig machte und sie mitten in das treibende Herz von Venedig's altem Ruhm und Ansehen hinein brachte. Die moralischen Schlüssel dazu hatten die Männer des Abfalls längst in Händen. Die Arsenalarbeiter hatten ihre Gesinnungen in der Adresse vom 21. März vor aller Welt kundgethan, die Marinesoldaten fraternisirten seit Tagen unausgesetzt mit der Menge, der eingeschüchterten, unter einer Bevölkerung von fremder Zunge doppelt schwerfälligen

Croaten durfte man bald Meister zu werden hoffen, der Mehrzahl der Officiere und Beamten war man gewiß — ein Mann weg und das Arsenal von Venedig lag den listigen Verleitern des Pöbels zu Füßen. Man darf nicht so weit gehen zu behaupten, daß Manin und Genossen unmittelbar veranlaßt haben, was sich gräßliches am Vormittag des 22. März im Arsenale von Venedig zutrug. Aber daß es ihnen darum zu thun war, den größten Stein des Anstoßes auf die eine oder andere Weise außer Spiel zu bringen, daß ihnen jener Mann, nachdem ihn ohne ihr Zuthun ein furchtbares Schicksal ereilte, „sehr gelegen starb": dafür zeugt der ganze Verlauf der Ereignisse, dafür zeugt vor allem das schmachvolle Stillschweigen, das sich gegenüber einer so cannibalischen That auch nicht den leisesten Hauch von Tadel oder Mißbilligung entschlüpfen ließ.

Weder die Warnung wohlmeinender Freunde noch die Abmahnungen seines Vorgesetzten F.M.L. Martini, wenigstens für diesen Tag das Arsenal nicht zu betreten, noch endlich das laut genug sprechende Vorspiel dessen, was seiner wartete, am vorigen Nachmittag vermochten den Arsenalcommandanten von der gewissenhaften Erfüllung seiner Dienstpflicht abzuhalten. Obgleich Marinovich so vorsichtig war, mit seinem Erscheinen im Arsenal am Morgen des 22. März nicht herausforderndes Spiel zu treiben, so wußten es doch bald Mehrere, unter den Arbeitern lief die Kunde von Mund zu Mund und wildes Gebrüll „Morte a Marinovich!" erscholl alsbald durch ihre Reihen. Marinovich wird jetzt die Gefahr inne, in die er sich gestürzt, und eilt den Schauplatz, dem er gestern nur mit Noth entronnen, in aller Stille zu räumen. Er wirft sich in eine gedeckte Barke, einige Officiere wollen ihn durch das sogenannte neue Thor gegenüber den öffentlichen Gärten entschlüpfen lassen. Doch das Thor ist verschlossen, der Schlüssel muß gesucht werden, und: „Den Schlüssel zur Porta nuova für den Obersten Marinovich!" verbreitet sich's mit Blitzesschnelle durch das Arsenal. Die Arbeiter eilen in Masse in die bezeichnete Gegend, vergebens suchen einige der beliebteren Officiere sie zu beschwichtigen, während das Schiffchen in der Mitte des Canals Isoletto auf- und abfährt. Da entschließt sich der Oberst an's Land zu steigen; er umarmt den wachhabenden Officier und bittet ihn um Vertheidigung feines Lebens; der händigt ihm die Schlüffel des nahegelegenen Thurmes ein, in den fich Marinovich wirft, um in deffen obern Räumen Hilfe und Erlöfung abzuwarten. Die untere Thüre hat er hinter fich zugeworfen und abgefperrt, die Stiege gewonnen, doch den Eingang, der in das obere Stockwerk führt, findet er gefchloffen. Schon kommt ein Haufe der Wüthendften an die untere Thüre heran, mit Artfchlägen wird diefe gefprengt und herein dringen wuthfchnaubend die Vorderften, einen Augenblick ftille haltend bei dem Anblick des Oberften, der mit zwei Piftolen in der einen Hand, mit dem gezogenen Säbel in der andern auf Höhe der Stiege fteht. „Wollt ihr mich lebend oder todt?" fragt er mit fefter Stimme. „„Lebend"", donnert die Menge. Er verfpricht von feinen Waffen keinen Gebrauch zu machen und fchreitet die Treppe herab. Die Arbeiter ftürzen ihm entgegen die Treppe hinauf und wie fich die rachebürftenden Leute an ihn drängen, ftößt ihm einer fein Werkzeug, einen ungeheuern Schiffsbohrer, von unten hinauf in den Bauch, von den andern fallen Stiche, Stöße, Schläge auf den rücklings Hinftürzenden ein, der unter Flüchen und Verwünfchungen bei den Beinen ergriffen und die Stiege herabgezerrt wird, daß der Kopf von Stufe zu Stufe mit dumpfem Gepolter niederfällt. Lebend und noch einige Augenblicke mit dem qualvollften Tode ringend, langt der Unglückliche am Boden an und verlangt mit brechender Stimme um einen Priefter; doch Hohnlachen und „kommende Woche" grinft ihm von feinen Henkern entgegen, die fich mit fatanifcher Freude an den herzzerreißenden Zuckungen ihres Opfers weiden und fich mit gieriger Haft irgend ein von feinem Blut getränktes Stück Zeug zu verfchaffen fuchen. Die fchaudervolle Wildheit der That hatte die Leute wie ausgewechfelt. „Ich bin Vater von fechs Kindern", hörte man einen fonft als gutmüthig bekannten Arbeiter fagen, „aber wenn ich morgen deßhalb foll zu Tode gerichtet werden, fo erkläre ich noch den heutigen Tag, wo ich meine Hände in das Blut diefes Menfchen tauchen konnte, für den freudigften meines Lebens.

Unmittelbar nach der erften Nachricht von der Schreckensthat führte ein gewiffer Franc. Olivieri eine Abtheilung Nationalgarde in das fonft forgfältig abgefchloffene Innere des Arfenals, unter dem fchicklichen Vorwand die Ruhe herzuftellen, und fandte gleich darauf

eine Anzahl seiner Leute ab, um die zur Hafenwacht bestimmte Corvette sammt dem kleinen Dampfboote zu besetzen.

Der Marcusplatz, die Piazzetta, die Riva de' Schiavoni wogte,
wie an den vorangegangenen Tagen, vom frühen Morgen von einer
zahlreichen Volksmenge und es fiel auf, daß sich im Laufe des Vormittags wiederholt Gerüchte, die sich auf den Tod des Arsenalcommandanten bezogen, verbreiteten und Zusammenläufe hervorriefen; bald
hieß es er sei ermordet, dann wieder er sei durch die Bemühungen
der Guardia civica gerettet worden. Da kam gegen die Mittagstunde
die Riva herab ein Zug des ärgsten Pöbels gewälzt, aus dessen fürchterlichem Gebrüll die Worte vernehmbar wurden: E andato quel cane,
é andato!" und schnell flog die Botschaft durch die ganze Stadt,
und „E uno!" hörte man wilde Gesellen ausrufen.

Schon über die ersten unsichern Nachrichten hatte sich Manin
in Begleitung seines Sohnes auf den Weg nach dem Arsenal gemacht. Er war, so erzählten nach der Hand seine Freunde, durch die
Erlebnisse der letzten Tage stark angegriffen und die bekümmerte Gattin,
mit Mühe die innere Bewegung zurückhaltend, habe ihm zugerufen,
da sie ihn gehen gesehen: „Vai forse a lasciare la vita!" Doch er
habe erwiedert: „„Può darsi"" und sei hinausgeschritten, dem Zuge
seiner innern Stimme folgend. Auf dem Weg schlossen sich mehrere
Gleichgesinnte, darunter Giuriati, an ihn an und als sie auf den
Platz vor dem Arsenal kamen, fanden sie schon einige hundert Mann
der Civica über die Kunde des Vorfalls herbeigeeilt und vor dem
Eingang im Gevierte aufgestellt. Manin führte die Schaaren eine
nach der andern hinein und ließ sie auf dem innern Platze nächst dem
Eingang eine Aufstellung nehmen: er selbst verfügte sich mit dem inzwischen herbeigekommenen F. M. L. Martini und einigen Anführern
der Bürgerwehr in das Commandaturbureau des Militärhafens. Nach
ungefähr einer Stunde von Unterhandlungen trat Manin heraus und
unternahm in Begleitung einiger Andern einen Rundgang durch die
Räume des Arsenals, die gemessene Weisung zurücklassend, daß sich
bis zu seiner Rückkunft niemand vom Platz zu rühren habe. Der
Viceadmiral und die anwesenden Marineofficiere waren Gegenstand

der schärfsten Beobachtung. Einigen, die im Gespräche beisammen standen, wurde Stillschweigen auferlegt und als sie der Mahnung nicht augenblicklich Folge leisteten, der Befehl mit schärferer Betonung wiederholt. Martini verlangte den Ort zu verlassen, wo er noch vor wenig Stunden zu befehlen hatte: er wolle sich zum Grafen Zichy begeben und verspreche sich unter der Aufsicht des Notars Giuriati zu halten, kein anderes Wort als in italienischer Sprache zu reden. Giuriati war nicht abgeneigt in das Begehren zu willigen; doch die Guardia civica widersetzte sich einstimmig und erklärte den Admiral für ihren Gefangenen, worauf ihm Giuriati den Degen abforderte und erhielt. Manin war jetzt von seiner Recognoscirung zurückgekehrt und verlangte, daß die Glocke zur Zusammenberufung der verschiedenen Meisterschaften geläutet werde. Martini wollte Einwendungen machen, doch Manin entgegnete barsch: „Ich befehle es!" und es geschah. Die Arsenal-bevölkerung war bald versammelt, doch jetzt war der Schlüssel zu dem Waffensaale nicht zu finden, aus welchem sie nach Manin's Anordnung ausgerüstet und in Schaaren getheilt werden sollten. „Wenn binnen fünf Minuten die Schlüssel nicht da sind", herrschte Manin, „so wird das Volk, das die Gitter meines Gefängnisses niedergerissen hat, das Thor mit Gewalt einrennen!" Schon wurden von einigen Leuten Stehleitern auf Rollen herbeigeschafft, um durch die Fenster in die innern Räume des Gebäudes zu dringen, als sich dort mit einemmal Manin zeigte, die „Bürger" zur Ruhe verwies und, um Gehör bittend, sie mit der Botschaft überraschte, daß sich der Vice-admiral herbeigefunden habe das Arsenalcommando an den Obersten Leo Graziani abzugeben, was ein erschütterndes Evviva hervorrief. Das Arsenal war nun förmlich in den Händen der Revolution; an 50000 Feuerwaffen fanden sich darin vor, womit sich ohne Wahl und Ordnung die in die Säle dringenden Arsenalotten, Gardisten, Leute aus dem Pöbel betheilten. Manin eilte hinaus, um der zahlreich herbeigeströmten Menge das große Ereigniß zu verkündigen; himmelstürmender Jubel erfolgte und der kühne Tribun setzte sich, von dem zahlreichen größtentheils den untern Volksschichten angehörigen Troß in triumphirendem Aufzug geleitet, gegen den Marcusplatz in Bewegung.

Die Marinesoldaten machten vom ersten Augenblick, nachdem der Fall der großen Seewerkstätte entschieden war, gemeinsame Sache mit den Aufrührern. Ein einziger Mann fand in sich den Muth zu dem Entschlusse, der Revolution den leicht erkauften Sieg aus den Händen zu winden. Gabriel Freiherr von Buday de Bátor, Sohn eines Theresienritters, Commandant des Marine-Infanterie-Bataillons, sammelte eine Abtheilung desselben, kaum 200 Mann, in der Via Eugenia, erinnerte sie, mit der Betheuerung an ihrer Spitze sterben oder siegen zu wollen, an den Eid, den sie ihrem Kaiser und Herrn geleistet, und führte sie zum Angriff gegen das Arsenal. Doch „Evviva l' Italia! Evviva la Marina!" erscholl aus der Masse des Volkes, aus den Reihen der Nationalgarden und Arsenalotten, die den Platz vor demselben füllten. Die Truppe stutzte und machte Halt; mehrere Officiere versorgten ihre Degen. Umsonst feuert Budan seine Leute an, ihrer Ehre und Pflicht treu zu bleiben; der Commandant der Nationalgarde erklärt den Soldaten, daß sie hinfort nur den Befehlen von Venedig zu gehorchen hätten; Budan commandirt Feuer — „das letzte Wort deutschen Commandos, das wir zu hören bekamen", bemerkt ein venetianischer Berichterstatter —, doch die Soldaten machen Gewehr bei Fuß. Der Befehlshaber der Nationalgarde fordert dem Major seinen Degen ab, mehrere Soldaten, von denen er verehrt und geliebt wurde, beschwören ihn jeden fruchtlosen Widerstand aufzugeben; doch mit dem Rufe: „Es lebe der Kaiser! Soldaten vertheidigt euren Commandanten!" stürzt sich Budan den Nationalgarden und Arsenalotten entgegen. Von Bajonnetstichen und Säbelhieben getroffen sinkt er zu Boden; ein Pistolenschuß, der in seiner unmittelbaren Nähe gegen ihn abgefeuert wurde, hatte sein Ziel verfehlt. Verwundet und gefangen wird er in das Arsenal geschleppt, wo ihm der Degen mit Gewalt aus der krampfhaft geschlossenen Hand entwunden werden mußte*). Nun ist der Abfall allgemein.

---

*) Man hat die Wahl zwischen der obigen Erzählung und den Berichten in revolutionären Blättern, denen zu folge Budan von den Bajonneten seiner eigenen Soldaten, die wüthend auf ihn eingedrungen, verwundet worden wäre. Doch abgesehen von dem Umstande, daß die letzt erwähnten

Die Soldaten reißen die schwarzgelben Abzeichen von ihren Hüten und werfen sie in den Canal, dessen Wasser damit bedeckt werden — „gleichsam als ob die Gewässer von Venedig zuerst die Schande fort-spühlen sollten, welche diese Farben so lange Zeit über Italien ge-bracht", wie es in den Sieges-Bulletins der revolutionären Partei heißt. Die Marine-Infanterie, ihre ehrvergessenen Officiere an der Spitze, marschirt mit dem Ruf: „Viva l'Italia, la repubblica, San Marco!" auf dem Arsenalplatze auf, ihr folgt die Marine-Artillerie, das Matrosen-Corps, alle die tricolore Cocarde auf der Kopfbedeckung.

Ein einziger Punkt im Arsenal war noch im Besitz der recht-mäßigen Gewalt; allein er konnte die allgemeine Flut nicht aufhalten, sein Widerstand war schwach und kurz.

12.

Während dieser Vorgänge im Arsenal waren an einem andern Punkte der Stadt die Würfel über das Schicksal der Königin der Adria zwischen Oesterreich und der Revolution bereits im Fallen.

Was sich Gräßliches im Arsenal erfüllt hatte, war durch einen gewaltsamen Zusammenstoß tollkühnen Pflichteifers auf der einen, entmenschten Rachedurstes auf der andern Seite entstanden, männ-liche Festigkeit und männliche Leidenschaft in offenem Kampfe mit einander. Doch was sich Erbärmliches im Regierungspallaste unter den Procuratien erfüllen sollte, war das ungleiche Spiel, das ränke-voller Uebermuth und listige Ueberredung der Einen mit der Rath-losigkeit und pflichtvergessenen Ohnmacht der Andern trieb, ein an-

---

Berichte insgesammt an einer gewissen Unklarheit der Darstellung leiden, haben wir keinen Augenblick Bedenken getragen, welcher Seite wir mehr Glauben zu schenken haben. — Buday verlor in der Wachtstube, worein er geschleppt wurde, bald das Bewußtsein und blieb stundenlang dahin gestreckt liegen, bis sich ein Wundarzt seiner erbarmte, ihm die Wunden verband und ihn einer langwierigen Heilung entgegenführte.

widerndes elendes Schauspiel. Uns übermannt, indem wir daran gehen die Schmach Oesterreichs aufzuzeichnen, das Gefühl des feurigen Blitzes von Karthago, als er auf dem Vorgebirge Lilybäum zähnknirschend den Vertrag unterfertigte, laut dessen er das schöne Sicilien den übermüthigen Römern überliefern mußte. Nie ist eine herrlichere Stadt auf unverantwortlichere Weise dem Feind oder einer aufrührerischen Partei in die Hände gespielt worden; nirgends hat sich zu dem unermeßlichen Schaden des Verlustes eine beschämendere Fülle von Kurzsichtigkeit und Schwäche, wodurch jener herbeigeführt worden, hinzugesellt. Wen trifft die Schuld dieses beklagenswerthen Ereignisses? Die Einen schreiben sie dem Militärcommandanten zu und sprechen den Gouverneur von dem Augenblicke an frei, nachdem er seine Macht in die Hände des erstern niedergelegt habe. Aber was war es mit all' den zweckwidrigen verkehrten Maßregeln, die jenem Zeitpunkte vorhergingen, ihn vorbereiteten und herbeiführten? Und wer war Ursache, daß eben erst in jenem Momente und nicht schon früher, da es noch an der Zeit war, der Militärgewalt jene außerordentlichen Befugnisse zugestanden wurden, die von außerordentlicher Sachlage geboten sind? Darum legen Andere alle Schuld auf die Schultern des Gouverneurs und entschuldigen den Militärcommandanten, dem die Hände gebunden gewesen seien, so lange jener an der Spitze der Regierung stand. Aber stand nicht er an der Spitze der Militärverwaltung? Besaß er nicht seine Instructionen und Befugnisse? Hatte er nicht den ausdrücklichen Auftrag vom Feldmarschall, bei der leisesten Gefahr keinen Augenblick zu zaudern, Stadt und Festung in Belagerungszustand zu erklären? War er nur da, um blindlings auszuführen, was an militärischen Unvorsichtigkeiten und Unregelmäßigkeiten von unberufener Seite angeordnet wurde? Allerdings standen im letzten Moment, bis wohin man es hatte leider kommen lassen, die Sachen verzweifelt schlimm. Allerdings hatte man sich in wahnsinniger Verblendung einen Vortheil um den andern aus den Händen winden, hatte die Hauptwache auf der Piazzetta, die Wache im Gouvernementsgebäude, die Thurmwache von San Marco vom Militär räumen lassen, und stand so der wichtige Mittelpunkt der Stadt, der Herd und Brennpunkt jeder Bewegung, völlig in den Händen der revolutionären Partei. Allerdings war die gewünschte und erwartete Verstärkung, die der Garnison durch das Regiment Fürstenwärther zukommen sollte, ausgeblieben, weil man daffelbe aus ganz unbegründeten Besorgniffen in Trieft zurückgehalten hatte. Allerdings war die Disciplin des italienischen Theiles der Besaßung auf's äußerste gelockert, nachdem man sie die ganze Zeit über mit allen Elementen der Bevölkerung hatte verkehren, allen Lockungen der Verführung und Erkaufung anheimfallen laffen. Aber man hatte zwei Bataillone des tapfern Regiments Kinsky, man hatte ein Bataillon getreuer Gränzer, man hatte Artillerie mit durchaus verläß-licher Bemannung, die sämmtlich von lang verbiffenem Ingrimm zitternd nur den Moment herbeiwünschten, um die maßlosen Aufreizungen zu rächen, die sie in den letzten Tagen vereinzelt und unter zaghafter Oberleitung hatten erbulden müffen. Und selbst von den italienischen, obgleich so arg versuchten und verstrickten Truppen blieb es in Frage, ob sie die Stirne haben würden, die Fahne, der sie den Eid geschworen, mit schnödem Treubruch zu verlaffen, sobald sie solche in entschloffener Hand aufgepflanzt sähen. Nichts konnte berechtigen, die Hände that-los in den Schoß sinken zu laffen, ohne auch nur den Versuch einer Rüftung und Gegenwehr zu machen; nichts konnte es entschuldigen, daß man, nachdem Vormittags der scheidende Abgesandte der Muni-cipalität seinen Handschuh hingeworfen hatte, nachdem die Kunde von dem schauervollen Ende Marinovich's in den Pallaft gedrungen war, in unthätiger Berathung beisammen blieb und daß sich so beide, der Gouverneur und der Festungs-Commandant, von der aufrührerischen Municipalcongregation belagern und in einem Netze fangen ließen! Denn diese letztere hatte nicht sobald den Bericht Mengaldo's vernommen, als sie eine Deputation aus ihrer Mitte ernannte und mit dem Auftrag zu den beiden Chefs der Civil- und Militär-Verwal-tung sandte: denselben den ausgesprochenen Wunsch der Bevölkerung zu wiederholen und die Stadt vor Blutvergießen zu bewahren. In der Deputation befanden sich der Podeftá Conte Gio. Correr, die Municipal-Affefforen Luigi Michiel und Dataico Medin, der Advo-cat Giov. Francesco Avesani, der Kaufmann Leone Pincherle und das Mitglied der Centralcongregation Pietro Fabris, welcher letztere sich unterwegs anschloß; erst während des Laufes der Unterhandlungen trat Angelo Mengaldo hinzu. Ueber diesen Lauf steht uns ein gleichzeitiges Document zu Gebot, das in den venetianer Blättern veröffentlicht wurde und später in alle gedruckten Samm-lungen übergangen ist. Es ist zwar dasselbe nur einseitig von den Augenzeugen und Theilnehmern der siegenden Partei abgefaßt. Da uns jedoch eine unmittelbare Zeugenschaft von der andern Seite nicht zugänglich geworden*); da jenes Document durch die volle Unter-schrift der betheiligten Gewährsmänner verbürgt und dessen Glaub-würdigkeit, so viel uns bekannt, durch keinerlei dagegen erhobene Ver-wahrung und Einsprache in Zweifel gestellt ist; da es in umständlichem Zusammenhang den Gang der Verhandlung wiedergibt und der In-halt an keinen innern Unwahrscheinlichkeiten leidet, vielmehr uns durch-aus dem bekannten Charakter der darin redend und handelnd an-geführten Personen zu entsprechen scheint und jedenfalls mit dem schmählichen Erfolg in vollkommenem Einklang steht: so tragen wir kein Bedenken dieser Darstellung zu folgen, indem wir uns nur, wie sich von selbst versteht, die Unabhängigkeit unserer beurtheilenden Auf-fassung, die mit jener der Unterfertiger des Documents nicht überall zusammentrifft, vorbehalten.

Die in den Rathsaal vorgelassene Deputation wurde von dem Gouverneur mit einer Rede empfangen, worin er im Tone bittern Vorwurfes auseinandersetzte, wie aller Güte der Regierung nur Miß-trauen und Verdächtigung von der andern Seite entgegengetreten sei; wie diese durch grundlose Verläumdungen den Argwohn des Volkes fortwährend aufgeregt und unterhalten habe; wie man ausgesprengt habe, die Regierung wolle alle eingebornen Truppen aus der Stadt ziehen, um Venedig dem gewaltthätigen Uebermuth der auswärtigen zu überlassen, darauf wieder, das Wachtschiff im Hafen sei mit con-grevischen Raketen angefüllt, um damit die Stadt zu beschießen...

„Sind wir hierher gekommen", unterbrach Avesani den Gou-verneur mit dem barschen Trotz des Rebellen, der sich seiner neu ge-

*) Solche wäre in den Acten des über den Festungs-Commandanten Grafen Zichy abgeführten Processes zu suchen, die uns aber, zweifelsohne in Wien befindlich, nicht zu Gebote standen.

schaffenen Macht bewußt ist. „sind wir hierher gekommen, um nach gewohnter Weise (all' uso antico) Vorwürfe zu vernehmen oder um zu unterhandeln?"

Es war das letzte Wort von Würde, das von loyaler Lippe fiel, als sich Graf Pálffy über diese brutale Unterbrechung in die Höhe richtete und sagte: „„Ich spreche nicht mit dem Herrn Avesani, so es ihm nicht genehm ist mich anzuhören; ich spreche mit dem Herrn Podestá und den Andern!"" Er fuhr darauf fort: wie jedesmal die Beruhigung der Bevölkerung zugesichert worden sei, dafern nur das und jenes bewilligt sein werde, was aber, sobald es gewährt worden, jedesmal nur größere Aufregung und gesteigerte Forderungen hervorgerufen habe; nun habe er seinen Rath versammelt, um zu vernehmen, was man noch verlange, auf daß hierüber, wofern es in seiner und des Gremiums Macht liege dem Verlangen zu gewähren, in dieser Versammlung verhandelt werde.

Der Podestá ergriff das Wort mit der Erklärung, daß die Municipalcongregation die gegenwärtige Deputation erwählt habe, um Sr. Excellenz zu eröffnen, was sie zur Vermeidung von Blutvergießen für unerläßlich halte; denn dieß liege der Municipalität vor allem am Herzen, dafür habe sie in den letzten Tagen alle Mühe daran gesetzt und setze sie fortwährend daran; in dieser Absicht lade er hiermit den Doctor Avesani ein, im Namen der Deputation das Wort zu führen.

Avesani hub an: Der Herr Gouverneur dürfe nicht ein gewöhnliches Begehren innerhalb des Bereiches seiner Befugnisse erwarten; alle Verstellung sei jetzt am unrechten Platz, kein Augenblick zu verlieren; er wolle sich darum nicht erst auf eine Widerlegung der ungehörigen Eingangsworte des Herrn Gouverneurs einlassen, wolle nicht über die Grundhältigkeit oder Ungrundhältigkeit der allgemeinen Mißstimmung im Lande Worte verlieren, noch die Unzulänglichkeit der dem Lande in der letzten Stunde gemachten späten Zugeständnisse erörtern; der Moment dränge unmittelbar auf das wesentliche einzugehen, und dieß wesentliche bestehe darin: die österreichische Regierung begebe sich ihrer Macht in Venedig.

„Wenn es so weit gekommen ist", rief Graf Pálffy aus, „so ent-

16*

äußere ich mich der Gewalt und lege dieselbe, meinen Instructionen gemäß, in die Hände des Herrn Militärcommandanten; die Stadt hat hinfort nur mit ihm zu unterhandeln".

Avesani, dadurch nicht im geringsten aus der Fassung gebracht, bemerkte, er habe den Grafen Zichy kurz zuvor beim Oeffnen der Thüre im anstoßenden Zimmer wahrgenommen; er bitte daher ihn rufen zu wollen, auf daß er sogleich das Begehren vernehme und seinen Bescheid ertheilen könne.

Graf Palffy ging nun selbst den Stadt-Commandanten zu holen, setzte ihn in Kenntniß von dem Ansinnen der Deputation, einem Ansinnen, auf welches zu hören das Gubernium nicht in der Lage sei, weßhalb er seine Gewalt in die Hände des Herrn Feldmarschalllieutenants niederlege und von diesem Augenblicke an aufhöre Gouverneur zu˘ sein; er wolle ihm nur noch empfohlen haben, daß er in der Vollführung seiner ernsten Pflichten soviel als möglich diese schöne monumentale Stadt schonen möge, für welche er, der Gouverneur, stets die lebhafteste Theilnahme empfunden habe.

Graf Zichy drückte sein Erstaunen über die gestellte Anforderung aus, auf die er weder eingehen könne noch wolle; er dürfe zwar nicht verhehlen, ebenfalls Vorliebe für die Stadt Venedig zu tragen, in der er seit so vielen Jahren weile, doch die Pflicht habe den Vortritt vor seinen Gefühlen und er werde sie strengstens zur Erfüllung bringen.

Der Sprecher der Deputation war mit nichten in der Stimmung, sich in den Irrgängen hohler Redensarten zu ergehen; er sagte kurzweg, diese Erklärung nehme er für eine Absage, er wolle sofort das Volk in Kenntniß setzen und der Herr Feldmarschalllieutenant möge die Verantwortlichkeit für das Blutbad auf sich nehmen, das die Folge davon sein werde.

Graf Zichy hielt ihn zurück und ermahnte ihn sich zu mäßigen.

„Mäßigung ist hier nicht am Ort", erwiderte Avesani, der mit Phrasen nicht Handel trieb, „der Worte sind genug gemacht worden, kommen wir zur Sache. Die erste Forderung ist: Die deutschen, mit einem Wort die nicht-italienischen Truppen gehen fort, die italienischen bleiben hier!"

„Unmöglich!" rief Zichy aus. „Wir werden uns schlagen!"

„Gut, so werden wir uns schlagen!" warf Avesani trocken entgegen und wandte sich zu gehen.

Der Graf versuchte ihn von neuem zu halten, bat ihn sich in seine Lage zu versetzen, es gehe um seinen Kopf, wollte er in solches Begehren willigen.

„In derartigen Krisen geht es um den Kopf eines jeden, um den Kopf aller", entgegnete Avesani. Weisungen von Wien, setzte er hinzu, könne man nicht abwarten, noch von wo anders her; es sei schon genug Zeit verloren worden; jede Stunde, jeder Augenblick könne entscheidend sein und Blutvergießen bringen: „die Formulirung des Begehrens ist in spartanischem Styl, in spartanischem Styl gebe man uns Bescheid".

Der Feldmarschalllieutenant erwiderte, wenn er auch das Verlangen im Grundsatz zugeben wolle, so könne er doch einen ausdrücklichen Befehl solcher Art unmöglich hinausgeben; was er zu thun vermöge, sei auf's höchste, die Räumung der Stadt von allen Truppen ohne Unterschied anordnen und, im Fall daß ein Theil dem Befehl nicht Folge leisten wolle, dies ruhig hinnehmen.

„Nichts von verdeckten halben Maßregeln. Soll Blutvergießen vermieden werden, so ist eine klare Erklärung unausweichlich. Dem Volk ein halbes oder ein zweideutiges Zugeständniß machen, ist so viel, als ein Blutbad herbeirufen, um die Zweideutigkeit zu heben und alles oder mehr als alles zu erzwingen. Das Interesse und die Sicherheit der deutschen Truppen erfordert es daher selbst, sich mit schwankenden Ausdrücken nicht abzumühen."

Der Forderung wurde endlich nachgegeben und Avesani schritt zum zweiten Punkt: „Die bezeichneten Truppen machen sich sogleich nach Triest auf den Weg und zwar über Meer."

Der Feldmarschalllieutenant wendete ein, er könne unmöglich hindern, daß die einzelnen Abtheilungen zu ihren Corps stoßen oder unter den Schutz der Forts sich begeben.

„Im Gegentheil", fiel Avesani ein, „auch die Forts müssen verlassen werden. Und meinen Sie, daß wir Venetianer mit den Truppen, die wir uns vom Halse geschafft, unsern Brüdern in den Provinzen ein Präsent machen werden? Oder sollen wir zugeben, daß sie abziehen, um das Heer in unserm lombardisch-venetianischen Königreiche zu vermehren?"

Der General wollte Vorstellungen machen, doch Avesani schnitt ihm die Rede ab, der Augenblick dränge, Hin- und Herreden sei nicht am Ort, die unabänderliche Forderung heische einfaches ja oder nein.

„„Ja denn, in Gottes Namen!""

Avesani stellte die dritte Forderung: „Alles Kriegsmaterial von was immer für einer Art verbleibt in Venedig!"

Versuch von Einwendungen von der einen, trockene Abweisung von der andern Seite, die Forderung wird zuletzt zugestanden.

„Viertens: Alle Cassen bleiben hier".

„„Es ist aber doch nöthig die Truppen zu bezahlen und den Abmarsch zu bestreiten"".

Der Sprecher der Deputation fand das Begehren billig und bewilligte — den Napoleonischen Grundsatz vor Augen: man müsse dem weichenden Feind goldene Brücken bauen — nicht nur die Transportkosten, sondern auch Sold für drei Monate.

Schließlich verlangte Avesani, die beiden Grafen sollen bis zur vollendeten Erfüllung des Vertrages als Geißeln zurückbleiben.

Der Civilgouverneur beschwerte sich bitter über diese Anforderung, da er sich seiner Macht begeben und nicht das geringste mit den Zugeständnissen des Generals zu schaffen habe, in dessen Händen sich alle Gewalten vereinigten; Avesani möge selbst erklären, ob er verdiene in solcher Weise behandelt zu werden, ob er sich nicht jederzeit als Ehrenmann benommen habe.

„Ehrenmann, ja," sagte Avesani, „und ich will hinzusetzen: mit theilnehmender Vorliebe dem Lande gewogen (affezionato al paese) bis vor drei Monaten; aber seit drei Monaten haben Sie die gröbsten Fehlgriffe gemacht, und zwar eigene Fehlgriffe, außer jenen, die von den Befehlen des Mannes herrührten, den ihr als den Nestor der Diplomatie auspojauntet und der statt dessen mit seinem verstockten Widerstand gegen den Strom der Zeit die österreichische Monarchie an den Abgrund geführt hat".

Der Feldmarschalllieutenant hielt sich nicht weniger über die Zumuthung auf, als Geißel zurückbleiben zu sollen, bemerkte aber, er müsse ohnehin sich mit dem Vollzug der Vertragspunkte befassen und daher nothwendigerweise als der letzte zur Abreise zurückbleiben. Alle Anwesenden, die übrigen Glieder der Deputation inbegriffen, legten sich ins Mittel, daß auf diesem Vertragspunkt nicht bestanden werde, und Avesani reichte zuletzt dem Grafen die Hand mit den Worten hin: „Geben sie mir Ihr Ehrenwort, General, daß Sie der letzte am Platze sein wollen!"

Die Vertragspunkte, denen man auf Anbringen des Feldmarschall-lieutenants noch die Verpflichtung, für den Transport der Familien der Officiere und Soldaten vorzusehen und diesen sowie den Civilbe-amten für Person und Familie, Hab und Gut Bürgschaft zu leisten, beifügte, wurden zu Papier gebracht, in zwei gleichlautenden Exem-plaren ausgefertigt und unterschrieben, das eine dem Grafen Zichy in Händen gelassen, das andere von der Deputation zur feierlichen Hinterlage im Archiv der Municipalität übernommen. Das denkwür-dige Actenstück begann mit den Worten: „Um Blutvergießen zu ver-meiden, hat S. E. der Herr Graf Ludwig Pálffy, Gouverneur der venetianischen Provinzen, über die von Sr. E. dem Grafen Johann Correr, Podestá von Venedig, den Municipalassessoren und andern hier-zu abgeordneten Bürgern empfangene Mittheilung, daß dieser Zweck ohne die unten folgenden Bestimmungen nicht erreicht werden könne, bei Niederlegung seines Amtes in die Hände Sr. E. des Grafen Fer-dinand Zichy, Commandanten der Stadt und Festung Venedig, dem-selben auf's wärmste empfohlen, Rücksicht auf diese durch schöne Mo-numente so ausgezeichnete Stadt zu nehmen, für die er stets die leb-hafteste Zuneigung und loyalste Anhänglichkeit beurkundet hat. In Folge dessen hat der Herr Graf Zichy, von der Nothwendigkeit durch-drungen, und im gleichen Wunsche vergebliches Blutvergießen zu ver-meiden, mit den Unterzeichneten folgendes Uebereinkommen getroffen: 1. In diesem Augenblicke hört die Civil- und Militärregierung sowohl zu Lande als zur See auf, und wird in die Hände der provisorischen Regierung niedergelegt, welche eingesetzt und von den unterzeichneten Bürgern übernommen werden wird". Hierauf folgten die andern Vertragspunkte 2) bis 8), deren Inhalt wir aus der geführten Ver-handlung bereits kennen; unterfertigt waren „Graf Zichy, Feldmarschall-

lieutenant, Commandant der Stadt und Festung", die sieben oben genannten Mitglieder der Deputation, dann Franc. Dr. Beltrame, Antonio Muzzani und Constantino Alberti als Zeugen, die drei letztge-
nannten Räthe des g e w e s e n e n k. k. Guberniums von Venedig.

Die Verhandlungen im vieeköniglichen Pallaste waren noch in
vollem Gange, es mochte vier Uhr Nachmittags sein, da wiederhallten
die Säulengänge des Marcusplatzes, der sich über die schon durch die
ganze Stadt verbreitete Nachricht von der Einnahme des Arsenals
mit einer stets wachsenden bunten Menge eleganter Herrchen und
feiner Dämchen, gemeiner Leute und wilder Gestalten zu füllen begann, von wüstem von der Riva herübertönenden, immer näher dringenden und stärker anschwellenden Geschrei und Evvivaruf. Jetzt bog
der Vortrab eines wirren Haufen bewaffneten Volkes, untermischt mit
abenteuerlich gekleideten Nationalgarden, mit Matrosen, Marine- und
Land-Soldaten, mit Arsenalotten und zerlumpten Cannareggiottinnen,
alles mit der dreifarbigen Cocarde geschmückt, auf die Piazzetta ein,
der sich, eine mit der phrygischen Mütze bedeckte dreifarbige Fahne
über alle Köpfe emporgehalten, gegen den Marcusplatz herabwälzte;
inmitten des Platzes, vor dem Pallast des Gouverneurs machte der
abenteuerliche Zug halt und zog augenblicklich, gleich dem fabelhaften
Magnetberg, alles, was in der Nähe war, an sich heran. Da ward
ein Mann auf einen Tisch gehoben, klein und schwächlich, mit dem Ausdruck der Erschöpfung in den blassen Zügen, doch Blitze sprühten aus
den mit Brillen bewaffneten Augen und Donnerworte drängten sich
von seinen Lippen zu lösen — es war M a n i n, der nun, einen blanken
Säbel in der rechten Hand schwingend, mit wilder Begeisterung zu
sprechen begann, den Fall des Arsenals „des letzten Asyls der Gewaltherrschaft" verkündete, der alten Größe Venedigs, deren stumme
Zeugen ernst ringsum herabblickten, gedachte und mit dem hinreißenden
Ausruf schloß: „Viva la repubblica! Viva San Marco!" Seine
Worte hatten, so sehr er sich angestrengt, nur die Nächsten verstanden,
die Entfernteren wußten nicht, was das zu bedeuten habe; als nun
das Schlagwort bekannt wurde, lähmte jäher Schrecken alle Zungen,
ernste Gedanken über den Ausgang einer so unvorhergesehenen Wen-

bung stellten sich plötzlich vor die Seele der Zuhörer; die Guardia
civica am Eingang des viceköniglichen Pallastes schien sich einen Augenblick wie unschlüssig in Vertheidigungszustand setzen zu wollen . . .
da brach mit einemmale das Eis, tausendstimmiges Evviva erscholl
und wollte nicht enden, in das zuletzt auch die Gouvernementalwache
mit einstimmte; die Waffen klirrten und wurden wie zum heiligen
Schwur emporgehoben, die Leute umarmten und küßten sich, tanzten
vom Taumel ergriffen herum. Da drang abermals Manin's Stimme
durch: „Venedig sei blos eine jener Republiken, aus deren Vereinigung
die Einheit Italiens hervorgehen müsse; darum Viva l'Italia!" Und
Viva l'Italia rief es aus der Menge und der Jubel und der Taumel
begann von neuem. Jetzt öffneten sich die Fenster im ersten Stock-
werke des viceköniglichen Pallastes und verkündet ward dem Volke,
was zum Vollmaß seines Rausches noch fehlte: die Abbankung des
Gouverneurs und des Festungs-Commandanten, das Ende der österreichischen Herrschaft, die Uebernahme der Gewalt von den Deputirten
der Municipalität, die provisorische Regierung.

Was jetzt folgte, ist schwer zu beschreiben. Lauter Lärm durch
alle Gassen und Gäßchen; abgefallene Soldaten, Nationalgarden, Leute
aus dem Volk, allgemeines Durcheinanderrennen; kleine Jungen klet-
tern an die Thüren der Häuser hinan und reißen jene unschuldigen
Blechzeichen der k. k. privilegirten Feuerversicherungsanstalten, die den
doppelköpfigen Adler trugen, herunter, die nun auf die Erde geworfen
und mit Füßen zerstampft oder zerbrochen, mit Flüchen und Be-
schimpfungen in den Canal geworfen werden; die Leute in den Häusern
eilen bestürzt an das Fenster, unter die Hausthür, bis der Ruf: Evviva la repubblica! Evviva San Marco! die Lösung des unheimlichen
Räthsels brachte. Der Paduaner, den wir am 20. sprechen ließen,
wollte sich, nachdem er Zeuge der Vorfälle auf dem Marcusplatz gewesen, schleunig wegbegeben. „Ich eilte", schreibt er, „in die bereit-
stehende Gondel, den Bahnhof zu erreichen. Die Gondolieri waren
wie ausgewechselt und nicht zu bändigen. Sie ruderten aus allen
Kräften, um die ersten zu sein, die große Kunde in die entlegenen
Stadttheile zu bringen; sie gebärdeten sich wie toll, aus allen Kräften
Viva la repubblica! Viva San Marco! schreiend. Ich sah, wie

die Leute am Ufer die Köpfe schüttelten und uns verwundert nach-
sahen. Auf dem Bahnhof angekommen, strömten auf den Ruf Viva
San Marco! alsbald Polizeileute, Finanzwächter, Unterofficiere des
Regiments Wimpffen, Eisenbahnbeamte und Volk, einen weiten Kreis
um uns bildend, zusammen. Die Gondolieri erzählten und beriefen
sich immer auf mich: ,il nostro barone'. Alsbald erschallte gränzenloser Jubel; die Polizei insbesondere, Commissäre nicht ausgenommen,
überbot alles in Evvivarufen, die von dem andern Ufer des großen
Canals beantwortet sich bald tausendstimmig durch den ganzen Stadttheil verbreitete. In weniger als einer Viertelstunde waren die kaiserlichen Adler überall heruntergenommen, mit Füßen getreten, in den
Canal geworfen". Mit seiner Rückfahrt nach Padua war es nun
nichts, er mußte wieder zurück in die Stadt. Er gebot seinen Gon-
dolieren Stille; doch da sah er die Richtung mehr als eines Gewehr-
laufes auf seine Brust gerichtet, weil dem Ruf auf die Republik
keine Antwort folgte Die Stadt war zum brausenden Meer geworden, dessen Ströme sich durch alle noch so engen dunklen und
entfernten Gäßchen wälzten. Den anwidernsten Anblick gewährten
einige italienische Officiere, die schamlos ihren Verrath zur Schau
trugen, in kaiserlicher Uniform mit der dreifarbigen Echarpe und Cocarde angethan. Man sah ganze Züge der abtrünnig gewordenen
Mannschaften durch die matt erleuchteten Straßen ziehen, Soldaten
von Wimpffen, von der Marine, Leute der Polizei- und Finanzwache.
Alle Bande der Disciplin waren gelöst. Grenadiere zogen daher mit
runden Männerhüten auf dem Schädel. Einige Officiere der Marine
wurden auf die Schultern gehoben und im Triumph herumgetragen.
Die Guardia civica durchzog in Abtheilungen, von dem unermüdlichen
Zuruf des Volkes begleitet, nach dem Trommelschlag im Sturmschritt
alle Quartiere der Stadt, die dreifarbige Fahne voran, die einzelnen
Leute bewehrt mit Waffen aus allen Jahrhunderten von den Römern
bis auf die jüngste Zeit, darunter eine bedeutende Menge von Helle-
barden. An den Straßenecken war folgender Aufruf zu lesen:

Es lebe Venedig! Es lebe Italien! Bürger, der Sieg ist
unser und ohne Blut. Die österreichische Civil- und Militärregierung ist gestürzt. Ruhm unserer braven Nationalgarde!

Die Unterzeichneten, eure Mitbürger, haben den förmlichen Vertrag abgeschlossen. Eine provisorische Regierung wird eingesetzt, und einstweilen im Drange des Augenblicks haben die unterzeichneten Contrahenten dieselbe unverzüglich übernehmen müssen. Es lebe Venedig! Es lebe Italien!

Giovanni Correr. Luigi Michiel. Dataico Medin. Pietro Fabris. Giov. Francesco Avesani. Angelo Mengaldo. Leone Pincherle.

Den Venetianern kam die Sache selbst so unglaublich vor, daß sie sagten, Zichy habe sich durch Bestechung zur Uebergabe der Stadt verleiten lassen, doch sei ihm später die versprochene Summe nicht ausbezahlt worden. Doch wer von österreichischen Patrioten Theilnehmer dieses Ereignisses war, der stahl sich fort von dem Schauplatze tollen Triumphes und suchte einen einsamen Ort, den Gefühlen der Trauer und der Beschämung ungehinderten Lauf zu lassen. „Wenn ich je bitterlich geweint habe", so drückt sich einer derselben aus, „so war es an diesem Tage, wo ich der unwillführliche Augenzeuge der Republiksverkündigung war, da ich mich eben zufällig in Geschäften auf der Straße, in der Merceria befand. Ich eilte nach Hause, auf der Straße war ich in meiner erregten Gemüthsstimmung nicht sicher, aber in meinen vier Wänden überließ ich mich meinem gerechten und verzeihlichen Schmerz".

Gegen Abend sanken die beiden Helden des Tages erschöpft auf ihr Lager und ruhten aus, Manin auf seinen Lorbeern, Zichy auf seinen . . . Disteln. Denn diesem kamen fortwährend neue Hiobsposten zu und immer gab es noch einzelnes zu bewilligen, „um Blutvergießen zu vermeiden" und „aus Vorliebe für diese schöne durch Monumente verherrlichte Stadt." Jenem aber, dem Volkstribun, dem Dictator der Zukunft, wurden Ovationen bereitet, die er vor Müdigkeit und maßloser Erschöpfung aller Kräfte durch vier aufgeregte Tage und Nächte nicht annehmen konnte. Spät Abends begab sich eine Abtheilung der Guardia civica vor seine Wohnung, Willens ihm eine dreifarbige Fahne zu überreichen. Es hieß, er sei für niemand zugänglich, und so wurde die Fahne dem im Hause Manin's aufgestellten Wachposten eingehändigt, deſſen Führer Minotto ſie mit einem Kuße übernahm und emporhaltend mit lauten Evvivas auf Manin, auf die Republik, auf San Marco, auf Italien begrüßte. Doch wenn ſich auch Manin zurückgezogen hatte, war doch dafür Sorge getragen — „gleichſam als fürchtete er, daß das Volk ihn vergeſſe in dieſer ſeiner augenblicklichen Unſichtbarkeit", wie ſich ſein Biograph ausdrückt —, daß das Volk von Venedig ſich mit ihm beſchäftige; denn ein Anſchlag war an allen Straßenecken zu leſen:

Venedig Abends den 22. März 1848.

Venetianer!

Ich weiß, daß ihr mich liebet, und im Namen dieſer Liebe bitte ich, daß ihr euch in der gerechten Kundgebung euerer Freude mit jener Würde betraget, die Männern eigen iſt, die würdig ſind frei zu ſein.

Euer Freund
Manin.

13.

Venedig war am Abend des 22. März nicht vollends in den Händen der Revolution. Noch tagelang ſollten die Advocaten und Notare, deren Kniffe den kaiſerlichen Behörden die Gewalt aus den Händen gewunden hatten, vor einem trotzigen Ueberbleibſel der geſtürzten Macht zittern und bangen. Es hätte eines Handſtreiches aus dem nahen Padua bedurft und die wiedererſtandene Republik hätte die Dauer ihres Daſeins nach Stunden, nicht nach Monaten gezählt. Der Handſtreich erfolgte nicht, er konnte nicht erfolgen, es war für dießmal „beſtimmt in Gottes Rath" Venedig ſollte fallen — doch nicht ohne der Welt zu zeigen, wie ſich Pflichttreue und Ausdauer beherzter Männer inmitten einer See von Abfall und Verrath zu behaupten vermöge.

In den ersten Nachmittagstunden hatte General Culoz in die Caserne des Regiments Kinsky den Befehl überbracht, daß drei Compagnien des Regiments die Forts S. Andrea, Alberoni und Malghera zu besetzen haben, daß aber die Meinung verbreitet werden solle, es gehe ein ganzes Bataillon ab. Um 5 Uhr wurden die drei Compagnien mit Gepäck und Bettsorten eingeschifft und fuhren in drei verschiedenen Richtungen ab.

Das Fort Alberoni und das nahe gelegene S. Andrea wurden von den betreffenden Compagnien bald und ohne Anstand erreicht. Man traf sie in völlig verwahrlostem Zustand. Wenn nach der Hand in Venedig erzählt wurde, in den Kanonen von San Nicolo am Lido seien Vogelnester gefunden worden, so ist uns das nichts weniger als unglaublich. In den langen Friedensjahren war vieles für den Bedarf einer augenblicklich nöthigen Vertheidigung versäumt worden. Das mag sich wenn nicht entschuldigen doch erklären lassen und ist wohl auch an andern Orten unter ähnlichen Verhältnissen vorgekommen. Aber ganz unverantwortlich war es, daß das Festungs-Commando von Venedig, nachdem seit dem 17. März die Dinge ein unläugbar bedrohliches Ansehen gewannen, auch nicht das mindeste unternahm, um die auswärtigen Festungswerke gegen einen Ueberfall durch eine Abtheilung der Civica, durch eine Handvoll landstürmender Bauern ausreichend zu sichern. Bei den vorgenannten zwei Forts war in dieser Hinsicht glücklicherweise noch nichts verloren. Die Truppen fanden keinen Widerstand, nur Mangel. Die Kanonen lagen großentheils zerlegt in den Depositorien, statt der zu ihrer Bedienung nothwendigen Mannschaft waren nur einige Ordonnanzen vorhanden, an Lebensmitteln fand sich so gut wie nichts vor und der größte Mangel stellte sich an Trinkwasser ein, das bisher stets nur für die kleine Friedenswache zugeführt worden war. Dennoch schritt die brave Mannschaft unverdrossen an ihr Werk, richtete sich ein so gut es eben ging und wies von da an, abgeschnitten von aller Verbindung und ohne weitere Befehle von ihren Vorgesetzten, alle Drohungen und Verführungsversuche mit unbeugsamer Festigkeit zurück.

Wechselvollere Abenteuer hatte die nach dem Fort Malghera bestimmte Compagnie zu erfahren. Es war auffallend, daß die mit so großer Bereitwilligkeit beigestellten Schiffe sich mit ungewöhnlicher Lässigkeit vorwärts bewegten. Es war auffallend, daß die Schiffe nicht beisammen halten wollten, jene mit dem Gepäcke waren weit voran, die mit der Maunschaft kamen langsam und schwerfällig nach. Noch auffallender war es, daß man, als die ersten Schiffe am Ort ihrer Bestimmung anlangten, das Fort bereits besetzt fand und zwar von Leuten, denen die neuen Ankömmlinge keineswegs genehm waren. Am auffallendsten aber war es, daß die Schiffer mit den Leuten im Fort ganz einverstanden schienen, indem sie alsbald Fahrzeuge und Bemannung im Stich ließen, an's Land sprangen und die Barken, wie Wilhelm Tell das Schiff Geßler's, in das Wasser zurückstießen. Und doch war ja die Compagnie gleich den beiden andern auf den ausdrücklichen Wunsch der Einwohner „um das Volk zu beruhigen" aus Venedig hierher beordert worden!

Doch erzählen wir der Ordnung nach! Als die nach Malghera bestimmte Compagnie nach langsamer Fahrt um halb acht Uhr Abends in die Nähe des Forts kam, fand sie dasselbe von einer Menge Guardia civica und von der in Mestre liegenden fahnenflüchtigen Abtheilung des fünften Garnisonsbataillons besetzt und die in langen Zwischenräumen anlangenden Schiffe wurden mit heftigem Gewehrfeuer begrüßt. Die ersten Barken waren jene mit dem Gepäcke und den Strohsäcken, deren geringe Mannschaft hinter der Brustwehr eines Außenwerkes Schutz suchen mußte. Acht Mann unterhielten eine volle Viertelstunde lang das Feuer; der Gefreite Simon Rauscher wurde verwundet und erhielt später wegen seiner erfolgreichen Ausdauer die silberne Medaille 1. Classe. Dem dritten Schiff wurde von den am Ufer ziehenden Gondeliers der Strick abgeschnitten, zwei Mann sprangen unter dem feindlichen Feuer in's Wasser und brachten ihre Cameraden glücklich an's Land, die nun selbst zum Angriff im Sturmschritt vorschritten und die von den Verräthern schnell verlassenen Posten einnahmen. Endlich kamen auch die letzten Schiffe an, deren Bemannung zuerst hinter dem Eisenbahndamm Stellung nahm und sodann gleichfalls nach Malghera hinüber marschirte. Ein eigenes Zusammentreffen fügte es, daß die beiden ersten Officiere der Compagnie geborene Italiener waren, der eine, Oberlieutenant Gio. Giupponi, ein Friauler, der andere ein mailänder Nobile Hugo Visconti Menati, Lieutenant. Doch beide Ehrenmänner, ihrer Pflicht und Fahne treu, waren entschlossen ihre Aufgabe, koste es was es wolle, erfolgreich zu Ende zu führen. Da wurde ihnen Kunde dessen, was inzwischen in Venedig vorgefallen war. Noch trugen sie Bedenken, den empfangenen Neuigkeiten Glauben beizumessen, ein Waffenstillstand sollte eintreten, die eine Caserne von den Truppen, die andere von der Guardia civica besetzt bleiben, ein Bote eilig nach Venedig geschickt werden, um weitere Befehle einzuholen. Die Zwischenzeit benützte die Guardia civica, von den abgefallenen Officieren des Garnisonsbataillons unterstützt, um im Wege verführender Ueberredung der Truppen Herr zu werden: Tausende seien es, die das Fort bereits besetzt haben; die schwache Compagnie sei nicht im Stande ihnen die Spitze zu bieten; sie mögen daher, um einen blutigen Zusammenstoß zu vermeiden, die Waffen strecken und gutwillig nach Venedig zurückkehren. „Sie sind Italiener", sagt man dem commandirenden Oberlieutenant, „und alle Italiener haben die Sache der Republik ergriffen". „„Italiener bin ich, aber kein Hundsfott und so lange ich diese bisher mit Ehren getragene Uniform anhabe, werde ich meinem Schwur und den Pflichten der Ehre getreu bleiben"". Inzwischen hatte Giupponi über die Vorfälle in Venedig die traurigste Gewißheit erhalten und mußte sich entschließen, seine Truppen wieder nach Hause zu führen. Aber nun waren keine Ruderer aufzutreiben. Da trat Giupponi den Wortführer der Insurgenten an und sagte trocken, ihm seine Uhr vorweisend: „Ich sehe, wo das hinaus will. Da schauen Sie die Zeiger an — wenn von jetzt in fünfzehn Minuten nicht die nöthige Anzahl Barcaruoli für meine Schiffe da ist, lasse ich meine Compagnie antreten, commandire Feuer und werde mich bis zum letzten Mann raufen. Dieß zu ihrer Richtschnur!" Doch dazu kam es nicht; es währte keine zehn Minuten und die Barcaruoli waren an ihren Rudern, die Mannschaft bestieg die Schiffe und steuerte der Gesuiti-Caserne zu, in der sie zeitlich des andern Morgens eintraf.

Dort und in der Incurabili-Caserne hatte sich, kaum daß die Schiffe mit den nach den Forts abgehenden Compagnien aus dem

Gesichtskreis entschwunden waren, ein wichtiges Ereigniß begeben. Unmittelbar nach Abschluß der schmachvollen Capitulation war General
Culoz neuerdings erschienen, hatte die anwesenden Officiere zusammen
berufen und ihnen erklärt, daß er für seine Brigade die Uebereinkunft,
an der er keinen Theil habe, nicht anzuerkennen gesonnen sei. Enthusiastischer Zuruf begrüßte seine Worte. Man hatte sich kaum über
die unerwartete Wendung der Dinge zurecht gefunden, als sich einige
Kanonenboote, von den neuen Herren der Stadt mit unglaublicher
Schnelligkeit bemannt, vor der Incurabili-Caserne aufstellten, um selbe,
die nach ihrer Lage die gefährlichste schien, einschüchternd im Zaum
zu halten. Ein größeres Boot, ungefähr zehn Kanonen stark, hatte
gleichzeitig der Piazzetta gegenüber angelegt, um jeden Angriff der
Truppen unmöglich zu machen.

Noch ein Punkt der Stadt, wie schon früher angedeutet wurde,
befand sich am Abend des 22. März im Besitz der kaiserlichen Besatzung, die Caserne der Peterwardeiner Gränzer auf dem sogenannten
Isolotto in der Nähe des Land-Arsenals. Gleich nach dem Einmarsch
der Nationalgarden in das Arsenal war eine Abtheilung an jenen
Punkt beordert worden, um die Truppen, auf deren Treubruch man
nicht zu hoffen wagte, im Schach zu halten. Die armen Leute befanden
sich in der bittersten Lage. Abgeschnitten von aller Verbindung, ohne
Kenntniß dessen, was außerhalb ihres Standpunktes vorging, umgeben
von allgemeinem Abfall und Verrath, hielten sie Stand gegen alle
Verlockungen und Drohungen. Die zu ihrer Beobachtung aufgestellte
Abtheilung der Nationalgarde wurde bald verstärkt, auch eine halbe
Compagnie des abgefallenen Bataillons Wimpffen nahm ihnen gegenüber Stellung. Von der einen Seite wurde ihnen gesagt, all' das
geschehe nur zu ihrer eigenen Sicherheit, denn das Volk wolle mit
Gewalt ihre vereinzelte Caserne stürmen; von der andern sahen sie
Kanonen auffahren und zwei Boote mit kartätschengeladenen Geschützen legten ihrem Standort gegenüber an. Dazwischen fortwährende Unterhandlungen. Es wurde ihnen das Versprechen abgenommen,
auf das Volk nicht zu schießen, wogegen sie keinen Angriff erfahren
sollten. Bis in die zehnte Abendstunde verblieben sie in dieser ein

geſchüchterten Lage und wieſen alle Aufforderungen, ſich „zu ihrem Schuß vor einem Volksangriff" der Bürgergarde anzuvertrauen, ſtand- haft zurück. Endlich traten zwei Officiere, ein Hauptmann und ein Lieutenant, mit den Belagerern wegen Niederlegung der Waffen in Unterhandlung und ſchon war der Vertrag, gegen die hartnäckige Widerrede der wackern Mannſchaft, im Zug der Ausführung, als der gemeſſene Befehl des Commandanten 'anlangte, um keinen Preis eine Capitulation einzugehen. Die beiden Officiere, die den Vertrag ein- gegangen hatten, gaben ſich nun ſelbſt den Meuterern als Geißeln in die Hände, wogegen dieſe, um die Gränzer gegen jede Befürchtung ſicher zu ſtellen, zwei von ihren Leuten der Caſerne als Geißeln über- gaben und ſo die Nacht beiderſeitig „in buona armonia" zugebracht wurde.

Nach der Hand beliebte die revolutionäre Partei ſich zu rühmen, ſie habe die „Croaten" durch ungeladene Geſchüße in Unthätigkeit gehalten und das ſo viel gerühmte Arſenal von Venedig ſei leeren Flinten gegenüber (dinnanzi a vuoti fucili) gefallen. Dem Volk aber wurde das gnadenreiche Bildniß der Madonna das an dieſem Tage zur Anbetung in der Marcuskirche ausgeſtellt war, in Erinnerung gebracht und ſcheinheilig geſprochen: „E' un miracolo della Madonna— ein Wunder der Himmelsjungfrau iſt's!"

In derſelben Nacht vom 22. auf den 23. März verließ der Exgouverneur Graf Pálffy in aller Stille die Stadt, für deren „herr- liche Monumente" er ſo lebhaft fühlte. Bereits vor ſieben Uhr Abends befand er ſich am Bord des Dampfers Erzherzog Friedrich, der ihn nach Trieſt bringen ſollte, von welcher Gelegenheit gleichzeitig der franzöſiſche Marſchall Marmont, ein ſpaniſcher Infant, mehrere deutſche Beamte mit ihren Familien u a. Gebrauch machten. Das Schiff ſollte um zehn Uhr Abends abgehen. Aber noch vor dieſer Stunde ſtieg ein Marine-Officier an Bord und ſagte zu den Nationalgarden, die ſich auf dem Schiffe befanden, mit lauter Stimme: „Meine Herren ich mache Sie verantwortlich, daß das Dampfſchiff nicht vor Morgen früh abgehe, es muß zwei Transportſchiffe in's Schlepptau nehmen, worauf die deutſchen Truppen eingeſchifft werden ſollen!" Er entfernte sich und als er auf seiner Barke davon fuhr, hörte man ihn, der ehrlosen Abgefallenen einen, triumphirend ausrufen: „Das ist ein Sieg! ohne einen Tropfen Blut zu vergießen haben wir Venedig bekommen!" Die wachhabende Civica bestand größtentheils aus jungen Leuten, den ersten Familien Venedigs angehörend. Sie benahmen sich äußerst artig und besonders gegen den Exgouverneur mit rücksichtsvoller Achtung. Sie bewirkten auch, daß der Dampfer, als bis drei Uhr Morgens keine weitere Meldung über die angekündigten Transportschiffe kam, den Hafen verlassen konnte. Graf Pálffy küßte beim Abschied herzlich gerührt jeden einzelnen von ihnen.

Als man ungefähr anderthalb Stunden darnach auf offener See war, trat der Capitän des Schiffes zu dem Exgouverneur und sagte: „Euer Excellenz, ich befinde mich in großer Verlegenheit; ich habe von unserem Agenten in Venedig Depeschen der republicanischen Regierung erhalten, mit dem gemessenen Auftrag, dieselben geraden Weges nach Pola zu bringen und an die dortige Marinestation abzugeben." Graf Pálffy war sichtlich bestürzt, denn die Absicht lag am Tage, die in den Häfen von Istrien und Dalmatien stationirte Flotte mit in den Abfall Venedigs hinein zu ziehen; er suchte den Capitän von seinem Vorhaben abzubringen und berief sich auf das ihm gleich jedem anderen Passagier zukommende Recht, zu verlangen, daß er auf der ordentlichen Route ohne Aufenthalt und Umschweife an den Ort seiner Bestimmung gebracht werde. Andere Reisende traten hinzu, faßten den Capitän beim Ehrenpunkt: „er mache sich zum Landesverräther, wenn er diesen Befehl vollziehen wolle, er comprommittire nicht allein sich, sondern die loyale Gesellschaft, in deren Diensten er stehe; das Schiff sei ein österreichisches, der trieſter Lloyd ein österreichisches Institut und jeder gute Oesterreicher am Bord müsse alles aufbieten solch' pflichtvergessenes Vorhaben zu hintertreiben." Der Capitän bat, sich in seine Lage zu versetzen: „er habe Weib und Kind; wenn er die Depeschen nicht nach Pola bringe, dürfe er sich in Venedig nicht wieder blicken lassen, man würde ihn dort aufknüpfen; wolle man ihn hindern nach Pola zu fahren, so werde er das Schiff wieder nach Venedig zurückführen."" Zuletzt schlug denn doch der nachdrucksvolle Ernst, mit dem die andern gegen ihn auftraten, seine Bedenklichkeiten zu Boden und er erklärte, sie ordnungsgemäß nach Venedig bringen zu wollen, wohin sich bereits das Schiff in der Richtung befinde. Einige Passagiere hatten übrigens mittlerweile den Maschinenmeister, einen ehrenhaften Engländer, von dem Vorhaben des Capitäns unterrichtet und ihm das Versprechen abgenommen, die Maschine augenblicklich stillhalten zu machen, sobald man erkennen würde, daß gegen Pola losgesteuert werde.

Dazu kam es aber nicht. Als die Nebel sich zerstreuten, sah man die ferne Küste von Triest vor sich und von dort kam der Dampfer Trieste entgegengebraust. „Qual nuova di Venezia?" wurde von dort hinübergerufen. „Repubblica!" tönte vom „Erzherzog Friedrich" die kurze Antwort zurück, und „Viva la Repubblica! Viva San Marco!" schallte es auf dem „Trieste", war noch lange aus der Ferne zu vernehmen, als die beiden Dampfer schon weit aus einander waren.*) Solche Demüthigung ward dem abziehenden Ex-Gouverneur, der sich beschämt und bestürzt inmitten der ihn umgebenden Getreuen zu verbergen suchte, noch auf den Weg mitgegeben.

14.

Binnen wenig Stunden des letzten Nachmittags hatte die oberste Leitung von Venedig dreimal gewechselt. Die legitime Civilverwaltung hatte ihre Macht an die Militärgewalt abgetreten, von der sie nach der kurzen Dauer erniedrigender Unterhandlungen in die Hände jener

---

*) „Giovedì 23. marzo dell' anno di grazia e veramente di grazia, mille ottocento quarant' otto, la bandiera di San Marco sventolò per la prima volta sul mare Adriatico, dopo cinquanta anni, ed i viva repubblicani si scontrarono nell' aria, là su quelle onde stesse che fino a pochi dì prima guidavano a noi le migliaia d'invasori tedeschi e non gli avevano inghiottiti" ecc. T. Seismit-Doda, soldato della guardia civica: Il primo saluto a San Marco in mezzo al Golfo Adriatico. Raccolta ecc. p. 144—148, wo man diese Scene des langen und breiten ausgemalt findet.

17*

übergangen war, die im Namen der Municipalität beim Acte der
Capitulation als Sprecher und Zeugen fungirt hatten. In der darauf
folgenden Nacht legten diese Personen ihre Befugnisse in die Hände
des Commandanten der Guardia civica, des „Bürgers" Angelo Men-
galbo nieder und betrauten ihn mit dem Auftrage, die Bildung
einer provisorischen Regierung zu vermitteln „die zeitweilig so lange
die Zügel führen sollte, bis die Reinigung des italienischen Bodens
von dem gemeinsamen Feinde es gestatten würde, eine allgemeine
National·Versammlung zu berufen und auf solcher die Regierung
definitiv festzustellen". Die Verhandlungen zu diesem Ende wurden
sogleich eingeleitet und waren, ehe der Morgen graute, zum Schluß
gebracht. Zunächst frug es sich natürlich, wer an die Spitze der jungen
Republik gestellt werden solle. Drei Männer waren es vor allen,
denen man die eingetretene Wendung zu danken hatte: Giuriati, der
in seinem Advocatenclubb seit lange die Bewegung eingeleitet, am 17.
März die Befreiung der politischen Gefangenen erwirkt, bei den vor-
läufigen Berathungen über die künftige Regierungsform die „Republik" beantragt und durchgesetzt hatte; Manin, dem man die Einnahme
des Arsenals am Vormittag, die Proclamirung der Republik am
Nachmittag des 22. März verdankte; Avesani, der bei der Verhandlung
im Regierungspallaste, wodurch das österreichische Regiment gestürzt
wurde, die Hauptrolle gespielt, die Verhandlung beinahe allein geführt
hatte. Von Giuriati konnte für den ersten Posten füglich nicht die
Rede sein; er galt den Eingeweihten als eine Nullität; man hatte
von seinen Geistesgaben keine hohe Meinung; zudem that seine stot-
ternde Redeweise auch seiner äußeren Würde Eintrag. Die Wage
schwankte also nur zwischen Avesani und Manin. Avesani war an
Wissen, an Redegabe und Gewandtheit ohne Zweifel der bedeutendere; von seiner Geschicklichkeit und Schlagfertigkeit im Unterhandeln
hatte er eben die glänzendste Probe abgelegt. Avesani war geschätzt
und gefeiert, aber auch gefürchtet; er war wenig beliebt, er galt für
einen Aristokraten; in der Zeit nach Manin's und Tommaseo's Verhaftung hatte ihn die öffentliche Stimme sogar zweideutiger Haltung
geziehen. Dagegen umstrahlte das Haupt Manin's die Gloriole des
Martyriums für die Freiheit; seine nicht tiefe aber schlagende Bered-

samkeit riß die Maſſe fort; er war der volksthümlichſte Mann von
Venedig, deſſen Einfluß jedem, der ihn von der erſten Stelle verdrängt
hätte, gefährlich werden mußte. Als er in der Verſammlung erſchien,
war das Los bereits gefallen, ſein Name aus der Wahlurne hervor-
gegangen. Die übrigen Rollen waren unter Manin's Einfluß bald
vertheilt. Am folgenden Nachmittag ſollte die Kundmachung ſtattfinden.

Die erſte republicaniſche Nacht verging in tollem Freudentaumel,
unter Muſik und Geſang, unter lautem Evviva, unter boshaften Wißen
über „Kommißbrod" und „Erdäpfel", über alles, was deutſch war,
unter Verunglimpfungen des geſtürzten Regiments und ſeiner Abzeichen.
Doch keine Gewaltthätigkeit fiel vor; kein Privateigenthum, die Schilder mit kaiſerlichen Adlern ausgenommen, erfuhr Beſchädigung, kein
Einzelner Unbill. Das gute Volk von Venedig! Was hatten die Ver-
führer alles angewendet ſeine Begriffe zu verwirren, einen künſtlichen
Enthuſiasmus anzufachen, einen widernatürlichen Haß zu ſchüren! Und
doch äußerte ſich dieſer Haß, die vereinzelte Gräuelthat der Arſenal-
arbeiter abgerechnet, überall nur, wenn wir ſo ſagen dürfen, in ab-
ſtracto. Gegen das öſterreichiſche Regiment waren die bitterſten Sachen
zu vernehmen; die von Wien verkündeten Zugeſtändniſſe galten als
ſchlau gelegte Fallen; die Soldateska war eine Horde hinterliſtiger
Henkersknechte, die es einzig auf die Peinigung und Unterdrückung der
Einwohner abgeſehen hatten; die Civil- und Militärbehörden ſannen
auf nichts als auf Lug und Trug. Auf die Frage, warum in dem
Pallaſt des Gouverneurs ſo zahlreiche Nationalgarde ſei, gab ein Mann
aus dem Volke zum Beſcheid: „Damit ich und auch Sie mein Herr
in unſern Betten ruhig ſchlafen können; denn dort treiben ſie nichts
als ſchnöden Verrath — fanno sempre belli tradimenti". Frauen
aus dem Volke konnte man raiſonniren hören: „Seit vier und
dreißig Jahren hat man von Wien aus auf alle unſere Bitten mit
n e i n geantwortet: wie können wir eine ſolche Regierung lieben?!"
Und die naheliegende Einwendung, daß ja Oeſterreich ein anderes
geworden und daß Venedig mit der neu gewährten Freiheit unter
dem Schutz einer ſo großen Macht nur gedeihen könne, erfuhr die
Antwort: „Nein, das iſt unmöglich! Oeſterreich ſchuldet uns zu
viel an Geld, an Freiheit und Blut, als daß wir ihm noch ver-

trauen könnten!" Doch das waren eingelernte Redensarten. Im einzelnen brach fast allenthalben jene natürliche Gutmüthigkeit, jenes leutselig gefällige Wesen durch, das die liebenswürdigste Seite des venetianischen Charakters ist. Der einzelne Oesterreicher, selbst wo er sich offen als solcher kundgab, erfuhr keinerlei Belästigung, fand, wenn er liebreich mit den Leuten sprach, freundliche Begegnung; „einige küßten mir die Hand, viele sagten un buono signore!" versichert einer unserer Gewährsmänner. Die Leute waren selbst gegen Officiere wieder zu Liebesbezeigungen aufgelegt, wie in den ersten schönen Stunden des 17. März, und mehr wie einer derselben, der es als Nicht-Italiener verschmähte mit seinen abgefallenen Soldaten in die Dienste der Revolution zu treten, verließ geherzt und geküßt beim Abschied die Stadt, von der er Grüße an das tapfere „Deutschland" mitnehmen möge.

Zeitlich früh am 23. März kam der um zehn Uhr des vorigen Abend von Triest abgefahrene Dampfer im Hafen von Venedig an. Er führte unter andern den Lieutenant Grafen Pimodan an Bord, dem Ghulai Depeschen an Zichy mitgegeben hatte*). „Kaum hatte ich mich", erzählt Pimodan, „den Eindrücken des ersten Anblickes der Lagunenstadt hingegeben, als eine Unzahl von Menschen uns vom Gestade ein brüllendes ,fuori la Bandiera!` ,viva la repubblica! viva San Marco!` entgegenrief, das uns auch vom Wachtschiff aus commandirt wurde. Wie groß war mein Erstaunen, als die Matrosen die kaiserliche Flagge abnahmen und zwei an Bord des Schiffes gekommene Marineofficiere, die ein Rest von Schamgefühl abhielt mir gerade in's Gesicht zu blicken, mich höflich aufforderten, in eine Gondel zu steigen, um vor die provisorische Regierung in den Regierungs-Pallast gebracht zu werden." Dort hieß man ihn in einem Saale warten, in dem zahlreiche, laut durcheinander conversirende und lebhaft gesticulirende Gruppen sich befanden. Mit dreifarbigen Schärpen ausgerüstete Secretäre und Adjutanten rannten von einem Saale zum

---

*) Was nun im Texte folgt, erzählt Pimodan in seinem Tagebuche zum 22. März, an dem es aber, wie aus allen Nebenumständen hervorgeht, nicht vorgefallen sein kann.

andern und als Pimodan einen Marineofficier in deutscher Sprache anredete, entgegnete dieser und zwar ebenfalls mit deutschen Worten, ein barsches „ich spreche nicht deutsch", worauf er dem Grafen den Rücken zukehrte. Viele von den Anwesenden schienen in großer Verlegenheit zu sein; ihre blassen entstellten Züge sprachen deutlich von innerer Angst und Furcht. Plötzlich brachte ein von Schweiß und Staub bedeckter junger Mann einen Brief, den man laut vorlas, ohne in der Verwirrung Pimodan's, eines Gefangenen, Gegenwart zu beachten. Das Revolutions-Comité von Treviso setzte in diesem Schreiben die provisorische Regierung von Venedig in Kenntniß, daß man die Republik nicht zu proclamiren wage, solange die Oesterreicher sich in der Stadt befänden, von denen man das Aeußerste befürchten müsse. Alles war bestürzt und man rief nach dem General Solera, der eben den Saal durcheilte. Nach einer Stunde bangen Wartens wurde Pimodan vor Manin gebracht, dessen Züge den Ausdruck der Erschöpfung trugen und dessen Blick wie erloschen war. Er sah den Lieutenant mit einem forschenden Auge an, als wenn er den Zweck seiner Anwesenheit in Venedig während eines solchen Augenblicks hätte errathen wollen; hierauf legte er seine Hand auf ein mit Goldstücken gefülltes Fach seines Schreibtisches und fragte, indem er seine Blicke auf Pimodan heftete und mit der Hand im Golde wühlte: „Sie wollen wohl einer der Unsrigen sein und mit uns für die Freiheit kämpfen?" „„Mein Herr, ich bin Officier des Kaisers und kenne als solcher nur meine Pflicht."" „Nun wohl, ganz nach Belieben. Einstweilen wird man Sie hier als Gefangenen behalten". „„Mein Herr!"" entgegnete Pimodan nach einigem Besinnen, „„ich habe von der Proclamation der Republik in Venedig nichts gewußt, ich bin auf der Durchreise nach Verona begriffen, wo ich zu meinem Regimente stoßen will; hier hat man mich zum Gefangenen gemacht; lassen Sie mich daher mit dem Grafen Zichy sprechen, damit er mir später bezeugen könne, daß ich meiner Fahne nicht untreu geworden sei, da ich nach den Militärgesetzen, die Sie wohl kennen werden, in solchem Falle cassirt würde." Manin gestattete die Bitte und ließ Pimodan in den Regierungspallast führen, wo man ihn in einem Saale unter ungefähr dreißig jungen Leuten das weitere erwarten hieß. Einer derselben näherte sich ihm, um eine dreifarbige Cocarde an seinen Rock zu heften, und als Pimodan ihn zurückstieß, rief er drohend aus: „Hüten Sie sich! Sie sind unser Gefangener, und das Volk hat gestern bereits zwei österreichische Officiere und den Chef des Arsenals erschlagen". Nun drangen sie alle auf Pimodan ein, rissen ihm sein Portépée, seine Rose und Goldquaste ab, ohne daß ein Widerstandsversuch auch nur möglich gewesen wäre. Gleich nach dieser Gewaltscene führte ihn der Officier, dem man ihn übergeben hatte und der dieses Treiben zu mißbilligen schien, zum Grafen Zichy, der seit dem gestrigen Abend das Bett nicht verlassen hatte. Vergebens suchte ihm Pimodan, nachdem er ihm unter andern von seiner Verhaftung erzählt hatte, durch Zeichen bemerkbar zu machen, daß er im Aermel seines Rockes Depeschen verborgen hätte, die er auf das Bett fallen lassen wollte; der General war zu sehr in sich selbst versunken und zu niedergedrückt, um Pimodan's Bewegungen zu beachten. Unverrichteter Sache kehrte Pimodan in den Vorsal zurück, wohin eben ein junger Mensch mit verstörter Miene die Nachricht brachte, daß die „Croaten" nicht abziehen wollten und die Pulvermagazine in die Luft zu sprengen drohten, falls man sie angreifen würde.*) „Pah!" rief ein Mann mit unheimlichen Gesichtszügen aus, „sie werden schon abziehen!" worauf er sich an einen Tisch setzte, schnell einige Zeilen auf ein Blatt Papier schrieb, mit welchem er in das Gemach des Grafen Zichy eilte. Nach wenigen Augenblicken kehrte er mit triumphirender Miene zurück, Graf Zichy hatte den von jenem ausgefertigten Abzugsbefehl unterschrieben.

Als Pimodan bald darauf aus dem Regierungspallaste geführt wurde, wußte er seinem Begleiter zu entkommen, stieg in eine Barke und befahl, indem er eine ruhige Haltung und einen gleichgiltigen Ton anzunehmen suchte, die Richtung nach Mestre einzuschlagen. Kaum war er jedoch in den großen Canal eingefahren, als sein weißer Mantel ihn den am Ufer Wandelnden verrieth und sogleich von allen Seiten

---

*) Offenbar bezieht sich dieß auf die siebenzehn Kinsky's auf der Insel San Spirito; doch im Munde der Revolutionäre mußten die Croaten für alles herhalten.

der Ruf ertönte: „Ein Officier, der flüchtet! ein Oesterreicher, ein Officier! Gondoliere, bringt ihn an's Land!" Ein junger Mann, elegant
gekleidet und von edler Haltung, der eine Patrouille anführte, verlangte seine Papiere zu sehen. Rasch entschlossen reichte ihm der
Lieutenant seinen Courierpaß. Die Gefahr, in der Pimodan schwebte,
mochte jenem Mitleid einflößen; mit den Worten „Alles in Ordnung"
stellte er ihm den Paß zurück und hieß den Gondoliere weiter fahren.
In Mestre glücklich angelangt, gab die Erinnerung an die unentschlos-
sene Haltung der Venetianer dem jungen Officier den Gedanken ein,
nach Padua zu dem dort commandirenden General Freiherrn d'Aspre
zu gehen. Seine Energie, seine Talente waren der ganzen Armee bekannt und Pimodan war der Ansicht, daß der General mittelst einiger,
in diese über ihre Freiheit noch verblüffte Stadt geworfenen Bataillons die kaiserliche Autorität wieder herstellen könne. Es ist in Pimodan's „Erinnerungen" ergötzlich zu lesen, welche Kniffe der verschmitzte
Italiener, bei dem er Pferde und Wagen bestellte, anwandte, um ihn
von seinem Vorhaben abzubringen. „Leider", bekennt Pimodan weiter,
„hatte ich den lügenhaften Berichten über Padua Glauben geschenkt,
so daß ich direct nach Castelfranco ging, wo ich meine Cameraden
fröhlich und schlagfertig antraf".

Inzwischen fand in Venedig die feierliche Einsetzung der provisorischen Regierung statt.

In den ersten Nachmittagstunden standen sämmtliche Garden, so
nicht durch den Dienst anderwärts in Anspruch genommen waren,
ungefähr 2000 an der Zahl, auf dem Marcusplatze in drei Colonnen
längst den drei Seiten des Platzes aufgestellt; der neugebildete Stab
der Civica und das Häuflein jener Personen, die am gestrigen Tage
durch einen Act von Geschäftsführung ohne Auftrag die vorbereitenden
Schritte getroffen hatten, stand vor der Marcuskirche zwischen jenen
drei Säulen, von deren Spitzen nun die tricoloren Banner der italienischen Einheit flatterten. Aus der Pforte der Basilica trat der greise
Patriarch, Cardinal Jacob Monico, heraus, blieb auf den Stufen
vor derselben stehen und flehte Segen vom Himmel auf die nationalen
Farben herab, indem er mit wenigen Worten die Bürger-Soldaten

ermahnte, dabei das andere Banner nicht zu vergessen, an dem sie treu
und fest halten müßten, die Kirche. Nun trat der General-Com-
mandant der Bürgerwehr an der Spitze seines Stabes in die Mitte
der Garden und ließ vom Chef seines Generalstabes, Bürger Giuj.
Giuriati, die Namen jener Personen ablesen, die er für würdig und
geeignet erachtete, daß in ihre Hände die Führung der neuen Regierung zeitweilig gelegt werde. Jeder Name wurde mit Beifall und
Zuruf begrüßt und die Wahl war in wenig Minuten vollzogen. Men-
galbo ging nun in Begleitung seines Generalstabes die Reihen der
Garden ab, als sich mit einemmal eine Stimme vernehmen ließ: „Habt
acht! Ehre dem Banner der Republik der vereinigten Staaten!"
Der americanische Consul schwenkte seine Fahne, die Garde präsen-
tirte das Gewehr und tausendstimmiges Evviva erschütterte die Luft,
Giuriati eilte auf den Consul zu und eine wechselseitige Umarmung,
wie es in einem Berichte aus jenen Tagen heißt, bezeichnete die brü-
derliche Vereinigung der beiden Republiken, „die sich gleichen Ursprun-
ges zu rühmen haben, da, wenn die eine ihren ersten Ursprung Flücht-
lingen verdankte, die inmitten des Meeres eine freie Zufluchtsstätte
suchten, die Väter der zweiten über Meer in einen andern Welttheil
gegangen waren, der Tyrannei zu entfliehen!" Gleiche Ehre wurde
den Farben der französischen Republik gebracht, die ein französischer
Nationalgardist, Desveaux mit Namen, schwang.*) Mitten in den
allgemeinen Jubel hinein kam von Brescia die Privatnachricht, datirt
vom 21.: „Mailand frei, Radetzky in den Händen der Bürger, ob
todt oder lebendig wisse man nicht". Zum Schlusse defilirten die Garden,
an der Spitze die neugeweihte tricolore Fahne und die Fahne des
heil. Marcus.

Die neu gewählten Glieder der provisorischen Regierung ver-
theilten die Geschäfte unter einander und brachten dieß in öffentlichem
Anschlag zur allgemeinen Kenntniß: Manin, der erwählte Präsident,

---

*) Derselbe rückte in die Spalten der venetianer Zeitung ein schwülstiges
Beglückwünschungsschreiben an die neue Republik ein: „Tel est le Lion,
symbole de votre force qui, le plus fort et le plus courageux
des animaux, en est le plus doux quand on ne l'inquiète point!"

übernahm das Aeussere, Tommaseo Cultus und Unterricht, Dr. Jacopo
Castelli die Justiz, Dr. Franc. Edler von Camerata, gewesener k. k.
Gubernialrath beim Cameralmagistrat von Venedig, die Finanzen,
der pensionirte k. k. Generalmajor Franz Solera den Krieg, der Com-
mandant des bestandenen k. k. Marine-Artilleriecorps, Major Anton
Marchese Paulucci delle Roncole, jetzt „Bürger" Anton Paulucci, die
Marine, Dr. Pietro Paleocapa das Innere und die Bauten, Leone
Pincherle den Handel, dazu der Schneider „Angelo Toffoli, Arbeiter,
ohne Portefeuille." Das Ministerium des Innern erhielt am folgenden
Tage durch Verfügung Manin's der Bürger Dr. Carlo Trolli, zwei
Tage früher noch k. k. Appellationsrath. Die ersten Verfügungen der
neuen Regierung waren eine Versicherung an alle in der Stadt weilenden Fremden, welcher Nation immer sie angehören und welcher Art
immer ihre politischen Antecedentien sein mögen, daß gegen sie jede
Rücksicht werde beobachtet werden, „die unter gebildeten Nationen und
zumeist in diesem ob seiner Gastfreundschaft bekannten Lande geboten
ist"; ein Decret, laut dessen von der Republik die Söhne des bei
den beklagenswerthen Ereignissen des 17. März auf dem Platze ge-
bliebenen Eugenio Zen an Kindesstatt angenommen und alle Verwundeten von diesem Tage, sofern sie dessen bedürften, unterstützt wurden;
eine Bekanntmachung, die alle jene gemessener Verantwortlichkeit unter-
warf, die von den Arbeitsleuten und Taglöhnern des Arsenals Waffen an sich zu bringen versuchten; endlich ein Aufruf an die Bürger
in Betreff des feierlichen Te-Deum, das der Patriarch-Erzbischof über
Einladung der provisorischen Regierung in der Basilica von San Marco
abhalten werde.

Abends war das Teatro Fenice glänzend erleuchtet, ein Hymnus
auf die Nationalgarde mußte unter endlosem Beifallklatschen wiederholt werden, Lebehochs auf alles mögliche wurden ausgebracht; zuletzt
erreichte der Jubel den höchsten Gipfel, als die Büste des Papstes auf
die Bühne getragen wurde, „des ersten und obersten Anstifters dieser
ganzen großen Thatsache der Wiedergeburt Italiens."

Der Fall von Venedig ward schnell bekannt durch das ganze Gebiet und rasch fielen eine nach der andern die schönen Städte der Terraferma. Wir haben es in der Lombardie gesehen, wie die bedrängten Garnisonen der verschiedenen Städte, dem Vorbild ihres vor den Mauern und in den Straßen Mailand's kämpfenden Führers nachstrebend, fast durchaus Beispiele von Muth, Entschlossenheit, Ausdauer für die ruhmvolle Kriegsgeschichte Oesterreichs lieferten. Wir werden leider hier das Widerspiel sehen, wie die überlisteten Commanden der venetianischen Städte, das entmuthigende Beispiel des Festungscommandanten der Hauptstadt vor Augen, mit wenigen Ausnahmen über die erste Aufforderung der übermüthigen Revolution das Feld räumten.

Kaum war in das nahe Treviso die Nachricht von der Capitulation Venedig's gelangt, als die Civilverwaltung gestürzt und eine provisorische Regierung, Dr. Giuseppe Olivi als Präsident an der Spitze, gebildet ward. Der nächste Schritt war, sich zum Militärcommandanten F.M.L. Franz Grafen Ludolf zu begeben und mit diesem, die Capitulation von Venedig in der Hand, dasselbe Spiel zu versuchen, das mit dem Grafen Zichy so trefflich gelungen war. „Da die Verhältnisse hier dieselben wie in Venedig" und „um ein Blutbad zu vermeiden" kam eine Vereinbarung folgenden Inhaltes zu Stande: „Das Militärgouvernement der Stadt und Provinz von Treviso hört auf, wie schon früher die Civilverwaltung aufgehört hat, die Gewalten beider gehen in die Hände der provisorischen Regierung über; die croatischen Soldaten, die Cavallerie, Artillerie, die Genie- und andere nicht-italienische Truppen, so in der Stadt und Provinz von Treviso stationirt sind, wie nicht minder die Garnison von Belluno werden ohne Waffen abziehen, mit Ausnahme der Officiere, denen die eigenen Waffen verbleiben; Kriegsvorräthe aller Art sowie die Kriegscasse verbleiben der provisorischen Regierung, welche die Sorge für die zurückgelassenen Kranken, sowie die Bestreitung für den Unterhalt und die Beförderung der abziehenden Truppen übernimmt; der Abmarsch erfolgt unmittelbar auf der Straße nach Triest oder auf einer andern, wie es Se. Excellenz der F.M.L. Graf Ludolf für besser finden wird; Se. Excellenz F.M.L. Graf Ludolf gibt sein Ehren-wort der letzte am Platz zu bleiben zur Gewährleistung der getroffenen Uebereinkunft." Es war wahrhaftig nicht die Schuld des mit seinem Ehrenwort verpflichteten Generals, daß der Vertrag nicht buchstäblich er-füllt wurde. Aber die widerspänstige Besatzung fand nicht für gut gegen-über einem nicht ebenbürtigen Feind die Waffen zu strecken, sondern erzwang sich mit diesen in der Hand den Abmarsch aus der insur-girten Stadt und durch das insurgirte Land in das treue Görzische. Auch die in Belluno stationirte Abtheilung Gränzer, etwa fünf-hundert Mann stark, verließ gegen den Inhalt des Vertrages die Stadt mit Sack und Pack. Die Einwohner waren aber schon damit zufrieden, die Nationalgarde besetzte alle von den Truppen verlassenen Posten und die Bevölkerung strömte in die Kathedrale, um die Be-freiung der Stadt vom kaiserlichen Militär durch ein Dankopfer zu feiern.

In Udine befahl G. M. Joseph Auer, aus dessen Munde das Wort citirt wurde: „Ihr Herren von Friaul habt das Herz des Löwen und die Verschlagenheit des Fuchsen"; es ist uns nicht be-kannt, ob die „Herren von Friaul" das gleiche dem G.M. Joseph Auer nachgesagt haben. An demselben Tage, da die Capitulation von Treviso unterzeichnet ward, versammelte sich der Bürgerausschuß von Udine auf der Municipalität, verstärkt durch mehrere einflußreiche Bürger und wählte einen Ausschuß, der sich sogleich als provisorische Regierung constituirte und den Podestá Antonio Caimo Dragoni an seine Spitze rief. Das neue Gouvernement verfügte sich vorerst zum Delegaten der Provinz Carl Freiherrn von Pascotini, der zögernd erklärte im Drang der Umstände das Beispiel seiner vorgesetzten Au-toritäten in Venedig befolgen zu müssen, und sodann in des letzteren Begleitung zum Brigadier, bei dem sich auch der Commandant des dritten Bataillons von Este (Werbbezirk Udine) Joseph Freiherr Reichlin

von Meldegg und der Platzcommandant Hauptmann Franz Freiherr
von Maasburg einfanden. Die Uebereinkunft war bald geschlossen
und von allen Anwesenden unterzeichnet: „Alle Civil- und Militär-
Autorität in der Provinz von Friaul geht in die Hände der provisorischen Regierung über; die sämmtlichen Truppen der Provinz werden
dem neuen Gouvernement zur Verfügung gestellt, wobei es den nicht-
italienischen Officieren und Soldaten frei bleibt den Dienst zu verlassen und unter den Vorsichten, die das Gouvernement zu treffen
finden wird, in ihre Heimat zurückzukehren; Waffen und Kriegsmaterial jeder Art bleiben der Provinz und werden unmittelbar an die
provisorische Regierung ausgefolgt, desgleichen alle Cassen, aus denen
nur die Kosten der Weiterbeförderung sowie die dreimonatlichen Be-
züge der die Provinz verlassenden Militärs und Beamten bestritten
werden; der Delegat und der Generalmajor verpflichten sich mit ihrem
Ehrenwort, zur Gewährleistung der eingegangenen Vertragspunkte
die letzten in der Stadt zu bleiben." Die Uebereinkunft wurde in
fünf gleichlautenden Abschriften zu Papier gebracht und von sämmtlichen Mitwirkenden unterfertigt am 23. März 1848 vier Uhr Nachmittag.

Die empfindlichste Folge der Capitulation von Udine war der
Fall von Osoppo und Palmanuova, das erstere mit einem gut
gelegenen Fort, das zweite eine Festung, in der sich dreißig Stück schweren
Geschützes, 15000 Stück Musketen und 300000 Patronen befanden.
Laut eines besondern Artikels der Convention war der General gehalten, der provisorischen Regierung unmittelbare Schreiben an die
Commandanten der zwei „Festungen von Palma und Osoppo" einzu-
händigen, worin diese von dem Inhalt der getroffenen Uebereinkunft
in Kenntniß gesetzt würden. Solches geschah, schleunigst wurden Eil-
boten abgeschickt und am Morgen des 24. kam die Nachricht von
der Uebergabe der beiden Orte an die provisorische Regierung zurück.

Trevijo, Belluno, Udine, Palmanuova und Osoppo, das ganze
nördliche Land bis in die Berge von Tirol hinein, an einem Tage
ohne Schwertstreich in den Händen der Insurrection! Stadt und Land
hatten mit einem Schlag ein anderes Aussehen genommen. Die italienischen Truppen sowie die treulose Finanzwache stolzirten mit trico-

loren Cocarden einher, auf die kaiserlichen Adler wurde förmlich Jagd
gemacht, die Finanzwache in Udine warf die Tafel ihres Amtsge-
bäudes in die Fluten der Roja, die ABCschützen der Elementarschule
zerbrachen die ihre in Stücke, die Zöglinge des Militärinstituts in
Cividale stellten sie als Zielscheibe für die Kugeln ihrer Flinten
auf. Das ganze Land war in Aufruhr, Jagdflinten, Pistolen, Säbel
wurden hervorgesucht und eine der ersten Handlungen der provisorischen
Regierung war, die Anfertigung von viertausend Stück Lanzen und
ebensoviel Dolchen zur Bewaffnung der Bevölkerung zu decretiren.
Die schnell organisirten Banden auf dem Lande standen gewöhnlich
unter dem Commando der Ortsgeistlichen. Vorzüglich in den an die
deutsch-slavischen Provinzen gränzenden Gebieten war der Landsturm wie auf einen Zauberschlag gebildet. Als die von Udine zur
Uebernahme von Osoppo abgeschickten Commissäre nach Magnano
kamen, fanden sie die Brücke verrammelt und besetzt; sie mußten
sich mit ihren Creditiven, die auf das genaueste geprüft wurden, aus-
weisen, ehe man sie passiren ließ.

In den südlichen Provinzen ging es nicht tröstlicher her. In
Rovigo legte der Delegat Graf Michael Straffoldo am Morgen des
24. seine Gewalt in den Schoß der Municipalcongregation nieder.
Um 3 Uhr Nachmittag kam der nach Padua gereiste Oberst des achten
(lombardisch-venetianischen) Jägerbataillons Sebastian Poschacher von
Poschach nach Rovigo mit dem Befehl zurück, seine sowohl in der
Stadt als längs des Po stationirten Jäger und eine Escadron Husaren aufbrechen zu lassen. Die Jäger verweigerten den Abmarsch,
verließen des Abends mit den Waffen in der Hand ihre Caserne,
marschirten auf den Stadtplatz und verbrüderten sich, einige blinde
Schüsse in die Luft feuernd, mit den Bürgern. Der Oberst eilt herbei, versucht seine Leute zur Rückkehr zu bewegen, muß sich aber nach
fruchtloser Bemühung zu einer Capitulation bequemen, die, unter viel
ungünstigeren Verhältnissen ungleich ehrenvoller als jene von Treviso
und Udine, zwar allen Jägern Freiheit ließ sich der Sache der Stadt
anzuschließen und augenblicklichen Abmarsch der Husaren und aller
nicht-italienischen Officiere und Soldaten forderte, aber diesen letzteren

nicht nur Waffen und Bagage, sondern auch dem Obersten die Mit-
nahme der Kriegscasse gewährleistete.

In Chioggia nächst Venedig, einem größtentheils von armen
Fischersleuten bewohnten Ort, lag eine kleine Abtheilung vom Garnisonsbataillon und ungefähr achtzig Mann Kanoniere. Spät Abends
am 24. März verbreitete sich plötzlich das Gerücht, daß der Platz-
major Joseph Freiherr von Gorizzutti die gesammte Garnison auf das
Castell S. Felice zu ziehen beabsichtige, um die Stadt zu beschießen.
Es wurde nach ihm gefahndet. Die Guardia civica griff ihn im Hause
des Podestá auf und nöthigte ihm den schriftlichen Befehl an seine
Soldaten ab, die Waffen niederzulegen, alle Posten zu räumen. Des
andern Tages wurden die Kanoniere unter Begleitung von einigen
italienischen Soldaten nach Triest eingeschifft, wo die letzteren festgenommen und gefangen gesetzt, endlich aber, so versicherten venetianer
Berichte, „in Freiheit gesetzt wurden, damit sie uns Kunde brächten,
daß wir uns in vierzehn Tagen wiedersehen werden."

Einen ganz andern Verlauf als in den übrigen Städten des
Venetianischen nahmen die Dinge in Padua. Hier gebot ein d'Aspre,
der mit soldatischer Kraft und Entschlossenheit dem rings hereinbrechenden Unglück und Verfall abtrotzte, was zu erhalten war. In
der Nacht von 22. auf den 23. März hatte der Student Alvisi auf
einer eigens abgesandten Locomotive die Botschaft der neuen Republik
in Venedig nach Padua gebracht. Die Nachricht verbreitete sich schnell
durch die ganze Stadt, Maueranschläge verkündeten sie der Bevölkerung, die in lauten Jubel ausbrach. Doch der währte nicht lange.
Der commandirende General zeigte keine Lust sich die Ereignisse über
den Kopf wachsen zu lassen; die Stadtthore, der Bahnhof wurden
stark besetzt, wie die Tage her von Militär und Guardia civica gemeinschaftlich, doch letztere überall in schüchterner Minderzahl. An
die Stelle des übermüthigen Taumels trat bald bange Stille. Man
kannte d'Aspre als den Mann, mit dem sich in ernsten Dingen nicht
scherzen lasse; eine Deputation, die sich den Muth nahm, von ihm
die Uebergabe der Hauptwache an die Nationalgarde zu verlangen,
erhielt zum Bescheid: „Eher werde ich die Stadt auf einen Schutt-

haufen zusammenschießen, ehe ich in eine solche Forderung willige", und schnell flog dieses Wort auf ängstlichen Fittigen durch die Stadt. Der greise Bianchi befand sich in diesen Tagen bei d'Aspre auf Besuch. Als man ihm die Vorgänge in Venedig hinterbrachte, rief er den Boten, einen Italiener, mit den Worten an: „Also wollt ihr Krieg?" Auch dieser Ausspruch wurde sogleich bekannt und trug wenig zur Erheiterung der Neuerungssüchtigen bei. Leute, die guten Muthes und triumphirenden Blickes von Venedig auf den Bahnhof von Padua kamen, sahen, wie man sie von weitem mit dem Finger auf dem Mund bedeutete, jeden herausfordernden Ruf zu unterbrücken. Die Guardia civica von Padua leistete das unglaubliche, um die Ruhe aufrecht zu erhalten, jeden Conflict zu vermeiden. Dennoch fürchtete man allgemein ein Bombardement, gegen welches in der ganzen Stadt bange Vorsichtsmaßregeln getroffen wurden. Den ganzen Tag über waren die Stadtbehörden in beschwichtigender Thätigkeit nach unten und nach oben. Freitag den 24. war Zahltag aus den öffentlichen Cassen; aber in der vierten Nachmittagsstunde des 23. kam von d'Aspre der Befehl, alle Gelder an die Militärbehörde abzuliefern; bald darauf erschien der Oberst Gustav Graf Wimpffen mit einer starken Abtheilung Soldaten und gönnte dem Cassier nicht mehr als eine Viertelstunde Zeit um alles in Ordnung zu bringen, worauf die in Empfang genommenen Cassen in die Caserne der Eremitaner abgeführt wurden. Neue Bestürzung der Einwohner. Gegen Abend hieß es, drei Kanonenschüsse würden das Signal sein, daß sich das Militär auf dem Prato della Valle zusammenziehe, drei Doppelschüsse das andere, mit Sturm vorzudringen und, was sich in den Straßen zeigte, niederzustoßen. Des Abends harrte alles in seinen Häusern eingeschlossen dieser Zeichen, die Stunden der Nacht vergingen in angstvoller Erwartung. Es war ein leerer Schrecken. Statt dessen kam Freitags den 24. März von dem gefürchteten d'Aspre eine freundliche Zuschrift an die Municipalität, dieses Inhalts: „Die in Padua stationirten Truppen würden für eine andere Bestimmung abmarschiren, aber das Militärspital sammt dem dazu gehörigen Personale zurücklassen, der Feldmarschall-Lieutenant empfehle daher der Menschlichkeit des Municipiums wärmstens das Schicksal der Kranken; ebenso bleibe ein Theil der Vorräthe zurück, für deren Bewahrung ihm die Rechtlichkeit und oft bewiesene Willfährigkeit der Stadtgemeinde bürge; dieselbe Willfährigkeit nehme er zur schleunigen Herbeischaffung der Transportmittel in Anspruch, rücksichtlich deren sich die Commune mit dem Platzcommando in's Einvernehmen setzen wolle; zugleich fordere er, um beim Abmarsch jede Unordnung und die daraus für die Stadt entspringenden traurigen Folgen zu verhüten, die Nationalgarde zur Mitwirkung und Begleitung der Truppen auf; wenn eine Zeit vor dem Abmarsch der Verkehr durch die Thore gehemmt, die Communication auf der Eisenbahn unterbrochen sein werde, so geschehe dieß lediglich aus militärischer Vorsicht, worüber sich daher das Publicum nicht zu beunruhigen habe".

Die es lasen trauten ihren Augen, die es hörten ihren Ohren kaum, daß sich das unglaubliche ereignen sollte. Denn es ist kein Zweifel, daß, wenn es blos auf die Behauptung der Stadt Padua ankam, d'Aspre durch den heilsamen Schrecken, den sein Name einflößte und den er durch die gemessensten Vorkehrungen, durch die bündigste Zurückweisung jedes unstatthaften Begehrens in stete Erinnerung zu bringen wußte, dasselbe geleistet haben würde, was im ganzen lombardisch-venetianischen Königreiche unter noch schwierigern Verhältnissen einem einzigen Manne gelungen ist, dem umsichtigen und entschlossenen „Burgvogt von Mantua", dem martialischen Reitergeneral Gorczkowski. Aber so wichtig der Besitz von Padua in der Nähe von Venedig, in der Mitte zwischen der Armee Radetzky's und den anzuhoffenden Verstärkungen aus dem Innern des Reiches war, so ungleich wichtiger war unter den augenblicklichen Umständen die Sicherung Verona's und der Linie, die unter allen Verhältnissen dem Heere längs der Etsch gewahrt bleiben mußte. Es zeugt für den hohen Flug von d'Aspre's kriegerischer Seele, daß er im entscheidenden Zeitpunkte, da bedenkliche Kunde aus Verona herüberkam, e i n e s Sinnes mit seinem Feldherrn vor den Mauern Mailand's, alle kleinlichen Bedenklichkeiten von sich zu weisen und den selbständigen Entschluß zu fassen wußte, die Stadt, die er beherrschte preiszugeben und zur Deckung jener hinzueilen, die fortan der Angelpunkt aller militärischen Operationen werden mußte.

Die Physiognomie der Bevölkerung von Padua blieb unverändert. Nicht mit Posaunenschall wurde die Nachricht von dem nahen Abmarsch der Truppen durch die Stadt verkündet; der Einzelne brachte es mit gedämpfter Stimme dem Einzelnen: „Die Stadt wird unser, ohne daß ein Schuß fällt!" Keine voreilige Freude auf den Straßen, dieselbe scheue Stille wie am vorigen Tage, nur durch größere Geschäftigkeit seitens des Militärs unterbrochen. Eilig sah man Ordonnanzen hin und her rennen, in den Casernen aufpacken und zum Aufbruch rüsten, einzelne Soldaten auf der Straße entbehrliche Habseligkeiten zum Verkauf anbieten. Die Stadt war nach allen Seiten abgeschlossen, alle Thore gesperrt, alle wichtigeren Punkte militärisch besetzt. Bis zum letzten Augenblick noch fürchtete man einen blutigen Zusammenstoß, Stunde für Stunde erschienen Proclamationen, das Volk über jede neue militärische Maßregel aufzuklären, um Ruhe und Mäßigung zu beschwören. Nach vier Uhr sammelte sich das Militär vor den Casernen, zwischen sechs und sieben Uhr Abends erfolgte der Abmarsch auf der Straße nach Vicenza: zwei Bataillone E.H. Franz Karl, das neunte Jägerbataillon, vier Schwadronen Reuß-Husaren und eine Batterie. Stumm mit verbissener Wuth und drohenden Blickes sah man die Truppen zur Stadt hinausmarschiren, stumm mit verhaltenem Groll und funkelnden Augen sah man die spaliermachende Menge sich an den Zug herandrängen; die Nationalgarde stand zwischen beiden, umgab das Militär und hielt das Volk zurück. „Nie noch", versichert ein Augenzeuge, „habe ich eine solche Stille in dieser Stadt bemerkt, außer dem Klirren der Waffen hörte man durch zwei Stunden kaum einen Laut". Auch nachdem die Hauptcolonne die Stadt verlassen, währte die Stille fort; die Thore blieben geschlossen, die später nachziehenden Abtheilungen mit dem Gepäck erhielten das schützende Geleite der Nationalgarde.

Abends eilf Uhr begann das Abreißen der kaiserlichen Adler wie in den andern Städten. Der Delegat Ritter von Piombazzi und der Polizeiobercommissär Leonardi hatten sich, einer schon früher getroffenen Verabredung gemäß, dem abziehenden Militär angeschlossen, ersterer seine Functionen an den Vicedelegaten Campojanpiero, letzterer die seinigen an den Bezirkscommissär Malanotti abgetreten. Am folgenden Tage wurde die Civilverwaltung aufgelöst, ein provisorisches Comitato dipartementale, durch freie Stimmgebung gewählt, übernahm die Leitung der Stadt und Provinz, Andrea Meneghini als Präsident, die Professoren Zambelli und Cotta, ferner Cavalli, Gradenigo, Leoni und Grilli als Glieder. Nun machte sich der Haß gegen das gefallene Regiment, solange zurückgedämmt und verhalten, in Aeußerungen jeder Art, in dem Hervorziehen gehässiger mit geschäftiger Phantasie in das ungeheuerliche verzerrter Thatsachen Luft. Der Polizeicommissär Malanotti, ein geborner Meraner, wurde ergriffen und mit Mühe den Händen des Pöbels entrissen, der in der ersten Wuth nichts weniger als seinen Kopf verlangte. Die Sbirren wurden entwaffnet, alle amtlichen Papiere in Beschlag genommen und in der ersten Hitze beschlossen, die Liste der geheimen Angeber mit Bekanntmachung ihrer Wohnung zu veröffentlichen. Letzteres erfolgte jedoch nicht, im Gegentheile erschien einige Tage darauf ein Decret des Comitato, worin jede Beschuldigung irgend einer Person als Polizeispion, dafern solches nicht erwiesen werden könne, mit strenger Strafe verpönt wurde. Und so nachhaltig wirkte das Beispiel des aufopfernden Einschreitens der Guardia civica, des willfährigen Gehorsams der Bevölkerung aus den vergangenen Tagen in jene der ungefesselten Freiheit hinüber nach, daß Padua ein Beispiel gab, wie keine andere Stadt des Königreichs unter gleichen Umständen. Kein Deutscher, kein Diener der gestürzten Regierung erfuhr weiter eine ernstliche Beschimpfung; selbst jenen, die als eifrige Werkzeuge des gefallenen Systems bekannt waren, ward nicht nur der unbehinderte Abzug verwilligt, man nahm sie auch gegen jede persönliche Beleidigung in Schutz. Die Guardia civica war unermüdlich in ihren Bestrebungen Ruhe und Ordnung aufrecht zu halten, Leben und Eigenthum der zurückgebliebenen Fremden vor jedem Angriff zu schützen.

In Verona hatte General Gerhardi bei der fortwährenden Anwesenheit des zu Verwilligungen und sanften Mitteln geneigten Erzherzogs Rainer einen schweren Stand. Die Tage waren vorbei, wo der Viertelnachlaß an der Salzsteuer, die Erweiterung der Ausnahme von der Personalsteuer, die Verheißung einer Revision des Stempelgesetzes, die der Vicekönig in seinem Aufrufe vom 22. März „a tutti li abitanti del Regno Lombardo-Veneto" mit der

„Stimme eines Vaters der zu seinen Kindern spricht" kundmachte, die
empörten Wogen des öffentlichen Geistes hätten zur Ruhe bringen
können, und auch die Vergünstigungen, die der Erzherzog „in der Absicht den guten und loyalen Veronesen einen besondern Beweis seiner
Zuneigung zu geben" gestattete, nämlich vierzehntägige Befreiung von
der Verzehrungssteuer rücksichtlich aller Gegenstände mit Ausschluß von
Wein und geistigen Getränken und ohne Ausdehnung auf den städtischen
Zuschlag, war in solcher Zeit nur geeignet, den Durst nach weitern
Zugeständnissen zu reizen. Zu diesen fand sich aber Gerhardi nicht
herbei, der die erste sich darbietende Gelegenheit benützte, der Bevölkerung seine wahre Meinung zu offenbaren. Die Castelle Vecchio
und San Felice wurden mit Geschütz versehen, mit Artillerie besetzt,
die Kanonen auf der Hauptwache des Platzes Brà verdoppelt. Eine
Deputation von Bürgern fand sich beim Erzherzog ein, der sie zu
beschwichtigen suchte: „es werde nichts feindseliges beabsichtigt, doch
müsse man auf alles gefaßt sein." Am Montag erschienen plötzlich
die Eisenbahnarbeiter von S. Michele vor Porta Vescovo, bei ihrem
Anblick wird das Thor geschlossen, jene wollen Gewalt anwenden, die
Soldaten halten an sich, Bürger eilen hinaus, vertrösten die Arbeiter
mit der Hinweisung auf die „neuen Gewährungen": der Bürger habe
Waffen erhalten, die Officiere seien jetzt „nicht mehr Herren sondern
Brüder." Die Arbeiter ziehen wieder ab. Indessen wird der Andrang zur Nationalgarde immer größer, man spricht von 5000; da
man nicht mehr Waffen erlangt, so erhalten die „Candidaten" ein
weißes Band um den Hut, womit sie die Runde durch die Stadt
machen. Gerhardi war außer sich über alle diese Vorgänge. Dazu
kam eine Depesche aus dem Hauptquartier, die den Abmarsch des
Regiments E.H. Ernst nach Brescia anordnete. Gerhardi antwortete:
„Solange nicht das Regiment Fürstenwärther, das von Triest über
Venedig erwartet wurde, angekommen, sei es unmöglich Truppen von
Verona abmarschiren zu lassen; jeden Augenblick könne die Revolution
förmlich ausbrechen; alles trage dreifarbige Bänder, das Volk sei gewonnen mit Brod und Wein, die Civilbehörden haben keine Gewalt."
Die Staffete kam übrigens nicht an den Ort ihrer Bestimmung; sie
wurde aufgefangen, und vielleicht durch den Inhalt derselben kühn

gemacht traten die Männer der Bewegung vor den Feldmarschall-
Lieutenant mit der Forderung, der Civica die Besetzung der Thore
und der Castelle zu überlassen. Gerhardi schlug den ersten Theil des
Begehrens ab; „was die Castelle betreffe, so mögen sie versuchen sie
zu nehmen, wenn sie sie haben wollten".

In dieser Lage sandte Gerhardi den eben von Triest und Venedig zurückgekommenen Lieutenant Pimodan an d'Aspre mit der
Aufforderung ab, alle seine Truppen nach Verona zu führen. Dahin
war aber jener, wie wir wissen, bereits im Anmarsche. Pimodan traf
ihn vor Vicenza, wo d'Aspre den dirigirenden Adjuncten der k. k.
Finanzintendanz kommen ließ und ihm eine Zahlung von 80000 fl.
abverlangte. Dieser versicherte das Geld nicht beisammen zu haben,
auch würde er sich ohne formelle Ermächtigung der größten Verant-
wortlichkeit aussetzen, wollte er einem solchen Ansinnen willfahren.
D'Aspre wollte von keiner Einwendung hören, erklärte im schlimmsten
Fall sein Vorhaben mit Gewalt durchzusetzen. Endlich legte sich
die Municipalität, einen gewaltsamen Zusammenstoß befürchtend, in's
Mittel; der Podestá Gaetano Constantini und der Assessor Valent.
Pasini erschienen bei dem General und bewogen ihn sich mit einer
Summe von 42000 Lire austr. zufrieden zu stellen, die sie gegen spätere
Ausgleichung mit der Finanzcasse aus städtischen Mitteln aufzutreiben
sich verpflichteten. Um zwei Uhr Nachmittag räumten die Truppen
die Stadt, in der sich gleich darauf eine provisorische Regierung constituirte, den ehemaligen Podestá an der Spitze.

Am frühen Morgen des 26. verließ der Vicekönig Verona in
der Richtung nach Tirol. Die aus dem Schlafe mit der Nachricht
überraschte Bevölkerung zeigte bedenkliche Symptome von Aufregung;
die Municipalcongregation erließ einen Aufruf und legte es den Ein-
wohnern an's Herz, ihre bisherige besonnene und mäßige Haltung zu
bewahren; ein patriotischer Bürger Luigi Trezza widmete hundert Säcke
türkischen Weizens zur Vertheilung unter die ärmern Classen. Da
erscheint d'Aspre mit seinen durch die Besatzung von Vicenza verstärkten Truppen, dankt den Bürgern für ihren Eifer um Erhaltung
der Ruhe und Sicherheit, erklärt ihnen aber zugleich, er wolle sie
mit dieser Obsorge, die hinfort seine Soldaten übernehmen würden,

nicht weiter beläſtigt wiſſen. Die Nationalgarde wurde förmlich auf-
gelöſt, die Verzehrungsſteuer wieder eingeführt, die Civilbehörden
unter die Militärgewalt geſtellt, das Standrecht verkündigt, die Paß-
vorſchriften bei den Thoren auf das ſtrengſte gehandhabt.

16.

Der Marcusplatz von Venedig war in den erſten Tagen der
neuen Republik ununterbrochener Schauplatz von Feierlichkeiten, feſt-
lichen Aufzügen, nationalen Ceremonien, Ovationen, Apotheoſen. Sam-
ſtag den 25. März, am Feſte Mariä Verkündigung, wurde in der
Baſilica von S. Marco ein feierliches Tedeum unter Abſingung des
ambroſianiſchen Lobgeſanges gehalten. Die ſämmtlichen Glieder der
proviſoriſchen Regierung wohnten bei: Manin „mit dem Adlerblick,
mit dem offenen Sinn voll großer kühner Entwürfe, mit der Macht
der Rede, die feſſelt, überzeugt und beſiegt", Tommaſeo „der Philoſoph
und Dichter voll ſanfter Empfindungen", Caſtelli „mit dem Scharfſinn
und Rechtsgefühl, der eifrigſte Vertheidiger des mein, der bereitwilligſte
und edle Beſchützer des dein" u. ſ. w. Nach Beendigung des Gottes-
dienſtes traten ſie vor den Altar und begaben ſich von da in die
Sacriſtei, um mit dem Patriarchen Freundſchafts- und Ergebenheitsver-
ſicherungen zu wechſeln. Am folgenden Sonntag (26.) großer Enthuſiasmus im Theater S. Benedetto, die Piushymne geſungen, eine große
dreifarbige Fahne auf der Bühne entfaltet. Der Advocat Hippolyt
Anſelmi macht den Vorſchlag einer Sammlung zu dem doppelten
Zwecke: erſtens ein bleibendes Denkmal zu errichten „per adorar
tre santi", die gefallenen „Märtyrer der Freiheit" Moro und die beiden
Bandiera; zweitens der hinterlaſſenen verwittweten Mutter und
fünf Brüdern des Moro hilfeleiſtend beizuſpringen. Unter ſtürmiſchem
Beifall werden ſogleich beträchtliche Summen gezeichnet. Von da eilt
man in das Theater Fenice und erneuert dort den gleichen Vorſchlag

mit dem gleichen Erfolg. Tags darauf (27. März) erschien ein Decret der provisorischen Regierung: „Die Brüder des Schiffsfähndrichs
Moro, Blutzeugen der heiligen Sache Italiens, sind Söhne der Republik, ihre Mutter erhält eine angemessene Pension; die Republik wird
Sorge tragen für ein Monument zum Gebächtniß der Brüder Bandiera".

Von allen Seiten strömten Beglückwünschungen, Anerkennungen,
Beitrittserklärungen zu. Der Consul der französischen Republik, be-
gleitet von allen anwesenden Bürger-Landsleuten, begab sich in den
Sitz der provisorischen Regierung, ihr seine Sympathien auszudrücken,
fest überzeugt, daß er mit nächstem von seiner Regierung die Voll-
macht, die junge Republik officiell anzuerkennen, überbringen werde.
Aehnliches erfolgte von Seiten des Consuls der vereinigten Staaten
von Nordamerika. Der Patriarch von Venedig zeigte der provisorischen
Regierung an, daß er den Clerus seiner Diöcese zu Gebeten für die
Republik „secondo il rito Ecclesiastico" angewiesen habe. Das
Appellations- und Criminal-Obergericht, dessen Präsident, der geheime
Rath Vincenz Schrott seine werthe Person in Sicherheit gebracht und
dieses erfreuliche Ereignis dem Grafen Taafe nach Wien telegraphisch
mitgetheilt hatte, gab eine von sämmtlichen Gliedern des Gremiums
unterfertigte Adhäsionsadresse ein; desgleichen der Cameralmagistrat
mit dem ergebensten Beifügen, daß er alle unterstehenden Organe und
Aemter in solchem Sinne bereits instruirt habe; item die sämmtlichen
Abgeordneten der Centralcongregation im Namen der von ihnen re-
präsentirten Städte und Provinzen. Die provisorische Regierung von
Treviso erstattete unmittelbare Anzeige von der geschlossenen Capitulation — wie jubelten die Venetianer über das „senza armi"!
wie wiederholten sie es einer dem andern, kopfschüttelnd in höhnischer
Verwunderung „senza armi"! wie schnitt den vereinzelten loyalen
Oesterreichern so tief in die Seele diese Schmach für die österreichischen
Waffen gegenüber einer extemporirten undisciplinirten Auflehnung,
dieses unselige „senza armi"! — und fügte die Erklärung bei, es
sei „Wunsch und Verlangen der Stadt und Provinz, sich in vollkom-
menen Einklang und unter die Botmäßigkeit der provisorischen Regierung von Venedig zu stellen"; ebenso die provisorische Regierung

von Udine, zugleich mit der Bitte um Waffen und Kanonen; nicht minder, noch am selben Abend nach Abmarsch der d'Aspre'schen Truppen, die Municipalität von Padua; desgleichen jene von Feltre, von Castelfranco, die provisorische Regierung von Vicenza u. s. w.

Siegeshymnen in gebundener und ungebundener Rede auf das Volk, auf den Löwen von S. Marco, auf den leichten unblutigen Sieg, auf den Beginn einer neuen Aera für die Lagunenstadt. „Das Volk, dasjenige was unter einer absoluten Regierung die Plebs genannt wird, ist ein Ameisenhaufen von Helden und Talenten, vorzugsweise in diesem schönen Italien, wo jeder Mensch geboren wird mit einem göttlichen Funken, der nur der Nahrung bedarf um hellstrahlendes Licht zu werden. Kann man Plebs nennen jene Leute, die am 18. mit ihren Nägeln die Steine auf dem Marcusplatz lockerten und in Stücke schlugen um sich Waffen daraus zu machen? Kann man als Plebs bezeichnen jene Jungen von acht bis zehn Jahren, welche die ersten waren die feindlichen Bajonnete zu verhöhnen, welche nach der ersten Salve tanzten inmitten des Pulverdampfes und Rufe von Evviva ausstießen? Wer Arbeiter gesehen, mit Familie belastet und ohne Hilfsmittel, nach nichts als nach Waffen verlangen und das eigene Leben in die Schanze schlagen, der wird nicht zugeben, daß man sie Plebs nenne, sondern als Brüder sie in seine Arme schließen!" — „Der Adler ist geflohen, wie der Blitz entschwunden; der Löwe, der bisher geschlummert, ist furchtbar erwacht! Der geflügelte Löwe hat nur geruht um desto mächtiger sich aufzurichten, um den Scepter des Despotismus zu Staub zu machen, um mit seinen gewaltigen Tatzen den Doppelkopf des räuberischen Aar zu erdrücken. Die Waffen, die uns der verscheidende Despotismus zugeworfen, nicht aus Liebe zu uns, sondern aus Furcht vor uns, sie waren von jedem Venetianer von vornherein geweiht ihn zu tödten, zu verjagen diesen großmüthigen Schenker, großmüthig in seiner Bedrängnis, großmüthig in einer Stunde, nachdem er zuvor durch drei und dreißig Jahre unerbittlich gewesen. Und wie wurde der Sieg errungen! Andere Revolutionen werden mit Thaten der Gewalt, mit Strömen von Blut erkauft, die unsere ist frei von jeder triefenden Makel. Die Vaterlandsliebe hat sich erhoben und unsere Feinde sind gewichen".*) „Hoch Venedig, hoch du zauberische Sirene, die ihren stolzen Unterdrücker in den Netzen fing! Diese Königin des Meeres, an Mariä Verkündigung gegründet, feiert nach einer Reihe von fünfzehnthalb hundert Jahren des Ruhmes, der Hoffnung, der Unterdrückung an demselben Tage den Anfang einer neuen Aera ihrer Geschicke. Unter Wundern und Mysterien hat sie sich erhalten, ist sie gefallen, richtet sie sich wieder auf. Und damit alles zusammentreffe die Welt in betäubendes Erstaunen zu setzen, ein M a n i n gab sie verloren,**) ein M a n i n brachte sie wieder zum Leben!"

Doch sie waren nicht ohne Dornen, die Rosen, welche die wieder erstandene Republik im Freudentaumel der ersten Tage pflückte. Der verachtete und verspottete Feind, an Köpfen nicht zahlreich aber an Haltung drohend und trotzig, weilte noch inner den Mauern der eigenen Stadt; die abgefallenen Elemente desselben, bald verführt und schnell gewonnen, waren mitunter schwierig zu behandeln und die eingewohnte Soldatenehre rüttelte sie manchmal auf gegen ihre neuen Herren; Triest, Istrien und Dalmatien ließen sich nicht verlocken von der zauberischen Sirene; stärker als Ulysses, der seine Ohren mit Wachs verstopfte, hörten sie ihre Stimme aber folgten ihr nicht.

Wohl gab es einzelne Enthusiasten in der Lagunenstadt, die als Vergegenwärtiger des jenseitigen Landstriches auftraten und jubelnd bekränzt wurden. Ein phantastischer Dalmate erinnerte seine in Venedig weilenden Landsleute an das jahrhundertjährige Band, das ihr Küstenland mit der Lagunenstadt verbunden, das sie gemeinsam Leid und Freude tragen lassen; forderte sie zur Einzeichnung ihrer Namen und zur Bitte an die provisorische Regierung auf, sich der venetianer Nationalgarde einreihen zu dürfen; tausendstimmiges Echo durch ganz

---

*) Der Bürger Leonidas Deivil hat diesen Gedanken in einem Distichon ausgemalt:

Cur ventorum animas ut mos non Martius affert?

Egit amor patriae quos agere esset opus!

**) Der letzte Doge Luigi Manini, mit dem Advocaten Manin durchaus nicht verwandt.

Italien werde diesem Schritte Beifall zujauchzen. Eben so innig schienen die Beziehungen zwischen Venedig und Triest durch die letzten herzlichen Vorgänge mit einander verwebt, in begeisterten Lobreden und Gedichten wurden sie verherrlicht: „Jetzt ist das Band der Zuneigung, das uns früher inmitten von Faschnachtsbelustigungen und Zureisen, von frohen und festlichen Begrüßungen vereinigte, jetzt ist es heilig, ist unauflöslich geworden, weil es nicht lustige Reigen, sondern gemeinsame Mißgeschicke geweiht haben und den Mißgeschicken gemeinsame Hoffnungen und Freuden.'*) Wohl gab es in Dalmatien unter der italienischen Bevölkerung so manche Sympathien für die nationalen Ideen der hesperischen Halbinsel; wohl glühte noch in wenigen ergrauten Köpfen die Erinnerung an die Zeiten des ehemaligen Dogenthums und vielleicht lebt er noch heute, jener venetianische Patriot, der alljährlich am Jahrestag des Sturzes der Republik ein altes Banner mit dem Löwen von S. Marco hervorholte und voll wehmüthiger Pietät dessen Lippen mit süßem Cyprerwein bestrich. Aber das waren eben nur vereinzelte Erscheinungen in den verwälschten Städten. Die überwiegende Mehrzahl der slawischen Bevölkerung auf dem Lande blieb solchen Sympathien fremd, und selbst der italienische Dalmate hatte es nicht vergessen, was jene sogenannte Republik, herrischer, spähender und schergenreicher als irgend eine Despotie, seinem Vaterlande gewesen; nicht vergessen, daß Dalmatien den systematischen Ruin seiner einst so gepriesenen Landschaften jenem stolzen und gebieterischen Venedig nachfluchte; nicht vergessen, daß in der Signoria

---

*) In einem Hymnus an die Nationalgarde von Triest singt der Venetianer
Gio. Querini Stampalia:

Chè tutti educati d' Italia ai bei soli
Di un' unica madre noi siamo figliuoli,
É pari l' accento cui il labbro risponde,
Ci bagna le sponde medesimo un mar.

San Marco e San Giusto nei giorni tranquilli
All' ombra seduti dei patrii vessilli,
San Giusto e San Marco nel dì del periglio
Con fermo consiglio disposti a morir ecc.

der Beschluß schon gefaßt war, alle Oel- und Maulbeerbäume in ganz Dalmatien zu vertilgen.

In Triest vollends hatte die Nachricht von den Vorgängen in Venedig und die kräftige Ansprache, die Altgraf von Salm im ersten Augenblicke der Ueberraschung an die Bevölkerung richtete, eine unbeschreibliche Wirkung hervorgebracht. Kaum war der Aufruf verbreitet, als Tausende vor das Regierungsgebäude eilten, um dem Kaiser, der Constitution, der Nationalgarde stürmische Hochs zu bringen, die sich wiederholten, als der Gouverneur auf den Balcon trat und die Versammlung versicherte, den Kaiser von den loyalen Gesinnungen seiner Triestiner in Kenntnis setzen zu wollen. Nachmittags marschirte die Nationalgarde auf, zog mit der Militärbande an der Spitze durch die Straßen, von der jubelnden Bevölkerung begrüßt, Militär und Civil feierten warme Verbrüderung und in mehr als einem Männerauge sah man Thränen der Rührung über dieß seltene Schauspiel. Ein Venetianer, der es diesen Manifestationen gegenüber wagte, die Republik auszurufen und das dreifarbige Banner zu entfalten, ward augenblicklich festgenommen, die Fahne unter Schimpf und Spott herabgerissen. Am folgenden Tage richtete auch der Stadt-Commandant, F.M.L. Franz Graf Gyulai einen herzlichen und feurigen Aufruf an die Triestiner, ergriffen von Rührung über die Kundgebungen, deren Zeuge er am gestrigen Tage gewesen, beseelt von dem Gedanken, „daß kein Opfer von ihm und von Seite der unter seinen Befehlen stehenden Garnison gescheut werden solle, um eine so biedere und so würdige Bevölkerung zu schützen." „Triestiner", rief er aus, „seid versichert, daß unsere Begeisterung für euch keine Gränzen kennt und daß unser letzter Blutstropfen zu eurer Vertheidigung fließen soll." Diese Ansprache, in die noch die Erinnerung an seinen Vater gewebt war, „der einst eine Schaar eurer Mitbrüder befehligte, welche die lebhafteste Vaterlandsliebe freiwillig zum Kampf gegen fremde Willkühr führte", steigerte das patriotische Hochgefühl der Triestiner auf den Gipfelpunkt. Keine Stadt in der Monarchie zeigte eine loyaler begeisterte Haltung als Triest in diesen Tagen. Wo sich der Gouverneur, der Stadt-Commandant, der beliebte Polizeidirector zeigten, wurden sie mit Jubel begrüßt. Dagegen war es für niemand gerathen, sich mit einer andern

Cocarde als der kaiserlichen auf die Straße zu wagen. Italiener, die
sich mit dem dreifarbigen Band sehen ließen, erfuhren öffentliche Beschimpfung und der Gouverneur sah sich genöthigt, in einem eigenen
Erlaß die Wahrung des Gastrechtes „an jedem Fremden der die Abzeichen seines Vaterlandes entfaltet" anzuempfehlen. Die Nachricht,
daß eine Sendung Baumwolle, von einem triester Handelshause nach
der Schweiz bestimmt, in Venedig auf Befehl der provisorischen Regierung angehalten worden sei, vermehrte die Erbitterung. Schilder
italienischer Handelsfirmen wurden heruntergerissen, Demonstrationen
gegen die italienische Oper fanden statt, die sofort eingestellt werden
mußte. Die Erbitterung zu erhöhen, kam Tag für Tag kaiserliches
Militär an, das in Folge der schimpflichen Capitulationen von der
neuen Republik fortgeschafft und an der Küste von Istrien an's Land gesetzt wurde; die ersten 580 Mann am 23. Nachmittag mit dem Dampfboot, die folgenden Tage kleinere Abtheilungen auf Küstenfahrern;
sie brachten Verwünschungen, sie brachten Schamröthe und Zornesglut
mit; „man hat uns verrathen und verkauft!" sagte der gemeine
Mann.

Misbehagen unwillkommener Enttäuschung ergriff die Männer
der neuen Republik ob solcher Kunde, die man durch allerhand
Erfindungen zu beschönigen suchte. Aeußere Umstände trügen die
Schuld an dieser „schmachvollen" Haltung von Triest; eine zusammen-
gekaufte Reaction habe das bewirkt; der Gouverneur habe unter
das müßiggehende Gesindel Geld vertheilen lassen; in die Nationalgarde habe sich von Anfang eine Masse „Oesterreicher" eingedrängt,
alle kaiserlichen Beamten, alle „Spione", ein und der andere in Triest
angesiedelte „Signorotto" u. dgl. Doch was half aller Gram und
Zorn? Dalmatien kam nicht, Istrien regte sich nicht, Triest kehrte sich
ab, und was das empfindlichste dabei, die Schiffsmacht, welche die
Revolution von Venedig nach der leichten Gewinnung des Arsenals
schon als die ihrige betrachtet hatte, blieb für sie verloren. Die Commandanten der beiden Wachtschiffe im Hafen von Triest trafen wohl
Anstalten sich zu entfernen und ihre Fahrzeuge, das eine mit der Casse
an Bord, nach Venedig zu bringen; doch zur rechten Zeit kam ihre
Absicht auf, sie wurden festgenommen, die Mannschaft unter scharfe

Ueberwachung gestellt. Die Hauptmacht der Kriegsschiffe aber lag in Pola, von starken Batterien beschützt, unter den Befehlen eines Mannes, dessen Name schon ominös für jedes treubrüchige Gelüste klingen mußte, des Schiffscapitäns Johann Buratovich von Flaggentreu. Und wie scharf dort die Aufsicht gehandhabt wurde, das hatte leider in Folge unseligen Mißverständnisses ein kaiserliches Fahrzeug selbst zu erfahren. Am 28. März Abends wurden in Triest vier Compagnien Heß, zwei auf dem Dampfer Mitrowski nach Rovigo, zwei auf dem Mahmudin, Capitän E. Meksa, eingeschifft. Letzterer lief am Morgen des folgenden Tages im Hafen von Pola ein. Vom Fort Kaiser Franz wurde durch das Sprachrohr das Gebot „Ferma!" hinübergerufen, auf dem Schiffe wahrscheinlich nicht vernommen oder verstanden, jedenfalls nicht beachtet, so daß man im Fort Verdacht gegen die österreichische Flagge schöpfte, unter der sich das Schiff zeigte. Ein blinder Kanonenschuß wurde abgefeuert, den aber der Capitän nicht für eine Warnung, sondern für eine Begrüßung nahm und „il Saluto" ausrief; keine zwanzig Secunden darauf fiel aus dem gegenüberliegenden Fort Maximilian ein zweiter Schuß, absichtlich außer der Richtung des Schiffes gehalten, um es vor dem weitern Einlaufen zu warnen; jetzt folgten in kurzen Pausen zwei 36pfündige Hohlkugeln, deren erste die auf der Brücke stehenden beiden Officiere, Capitän und ersten Lieutenant, niederschmetterte, die zweite in die Officierscajüte fuhr, beide Seitenwände durchbohrte, auf dem Boden zerplatzend den Hauptmann Franz Büttner tödtete und den untern Theil des Schiffes in Brand steckte, das nun allmälig zu sinken begann. In diesem schrecklichen Augenblicke eilt alles auf das Verdeck, schwingt weiße Tücher, der Oberst hält seinen Hut in die Höhe, alles ruft: „Vivat Ferdinand, Constitution! Freunde!" Aber noch eine dritte Hohlkugel und eine achtzehnpfündige Vollkugel kamen herangejagt, beide ohne weitern Schaden; alles drängt in das Rettungsboot, das aber nur fünfzehn Mann faßt. Nun erst wird der Oberst vom Ufer aus erkannt und unter Schmerzensausrufungen hält der Tirailleurscommandant seine immer noch bei den Geschützen thätigen Leute zurück. Die Fregatte Bellona sandte eilig drei Rettungskähne ab, die mit größter Lebensgefahr die Mannschaft von dem Schiffe aufnahmen — sieben Mann der Truppe wurden

vermißt, die wahrscheinlich beim Hineinspringen in die Boote in das
Meer gestürzt waren —, während der Brand durch das eindringende
Waffer und die Thätigkeit der Matrosen gelöscht wurde.

17.

„Unsere Flotte wird in Pola zurückgehalten", riefen entrüstet
die neuen Republicaner; „Freiwillige auf! Macht die Schiffe frei und
bringt sie uns herüber!" Doch die provisorische Regierung von Benedig konnte nicht daran denken eine Unternehmung auf Pola zu
wagen; sie besaß nicht die Mittel dazu und hatte vor der Hand zu
Hause vollauf zu thun.

Der Organismus der neuen Land- und Seemacht war leicht geschaffen, die Cadres waren bald bestellt, an Ministern, Generalen und
Officieren war kein Mangel. Die in Benedig lebenden italienischen
Pensionisten boten sich fast ohne Ausnahme für den neuen Dienst an;
desgleichen eine große Anzahl activ dienender Italiener, vom Regiment
Kinsky ein einziger Lieutenant, ein junger Phantast; alle öffentlichen
Blätter machten Pomp mit dieser Acquisition. Die Portefeuilles
des Kriegs und der Marine übernahmen, wie wir wissen, zwei abgefallene österreichische Militärs: Franz Solera, vordem Oberst des
in Benedig stationirten Grenadierbataillons, mit Generalscharakter in
Ruhestand versetzt, „ein Kriegsminister mit dem man Häuser einrennen
könnte", wie sich ein Officier über ihn ausließ, „ein Mensch der es
unter jedem andern Gouvernement nicht zum Gefreiten gebracht haben
würde", und Marchese Paulucci, der schon lange in das Interesse der
Verschwörung gezogen war, aber bis auf den letzten Tag die loyale
Maske vorgehalten hatte. Oberst Graziani übernahm das Obercommando der republicanischen Marine, Agostino Milanopulo wurde als
Contreadmiral Chef seines Generalstabs, der pensionirte Oberstlieutenant
Gelmi übernahm das Platzcommando. Die für den Dienst in der
innern Stadt bestimmte Guardia civica stazionaria sollt. auf

drei Legionen, jede zu drei Bataillons von sechs Compagnien, hundert
Mann stark, gebracht, jeder eingeborne Insasse vom 18. bis 55. Jahr
von gutem Leumund und entsprechender Körperschaft zum Eintritt
verpflichtet werden, ausgenommen dienende Militärs, Geistliche, die
Chefs und die untergeordneten Diener der Behörden, und ausgeschlossen
jene so ein unehrenhaftes oder schmutziges Gewerbe treiben; Haus-
bediente, Taglöhner, Coloni sollten einem besondern Reservecorps ein-
gereiht werden. Mit der Leitung der Organisation wurde der Bürger
Carlo Rabaelli betraut, unter Beihilfe eines Organisationscommissärs
in jedem Sestiere der Stadt. Für den äußern Dienst ward eine Guardia civica mobile geschaffen, zehn Bataillons zu sechs Compagnien
von hundert Mann; Verpflichtung auf ein Jahr; Versorgung —
wer nicht umsonst dienen kann und will — mit Brod und Dach,
einer oder anderthalb italienischen Lira, auch Lira ex- austriaca genannt, für jeden Tag des in der Stadt oder außerhalb der Stadt
zu leistenden Dienstes; General Giorgio Bua, pensionirter kais. Oberst,
wurde mit der Organisation derselben betraut. Bei der gesammten
Bürgergarde behielt sich die Regierung nur die Ernennung der Ober-
officiere vor, vom Hauptmann abwärts hatte jede Compagnie ihre
Führer selbst zu wählen. Die Corps der Matrosen, Marinesoldaten
und Seeartillerie wurden aufrecht erhalten und durch neue Enrollements
von Freiwilligen verstärkt; die Officiers- und Unterofficiersstellen sollten
binnen kurzem besetzt werden „attendendo il ritorno d'alcuni de
nostri confratelli dai bastimenti armati"; Bürger Major Somini
bekam ein Corps militärischer Gendarmerie — Dienstpflicht drei Jahre,
Löhnung anderthalb Francs für den Tag —, Bürger Oberstlieutenant
Nicolo Bertacchi ein Artilleriecorps zu errichten. Endlich wurde ein
Vertheidigungsausschuß (comitato di difesa) bestellt, dem Kriegsminister und der Regierung überhaupt zur berathenden Unterstützung,
„zusammengesetzt aus alten Militärs von erprobter Treue und Tapferkeit", Bürger Bua an der Spitze.

Allein nicht so schnell als der Rahmen gezeichnet, war er auch
ausgefüllt. Von der provisorischen Regierung, vom Chef der Nationalgarde, von den einzelnen Organisatoren erflossen wiederholte Aufforderungen an Bürger und Fremde, sich in die Reihen der bewaffneten

Macht zu stellen. „Das Gouvernement organisirt das Heer. Alle
tapfern Italiener, die zu Napoleon's Zeiten gedient, ladet es ein sich
beim Kriegsminister zu melden, wo sie ihre entsprechende Einreihung
unter den tricoloren Fahnen erhalten werden. Fremde die für die
heilige Sache der Unabhängigkeit Italiens kämpfen wollen, erhalten
dadurch das Bürgerrecht." Jede Verzögerung sich in die Listen der
Bürgergarde einzuzeichnen wurde als grobe Pflichtversäumung gegen
das Vaterland erklärt. Mengaldo nahm die Mitwirkung der Seelsorger in Anspruch, daß sie als Diener des Herrn vom Altar herab
an alle Bürger die Mahnung mögen ergehen lassen, dem heiligen Ruf
zu folgen. Für den activen Kriegsdienst hatte man von Anfang her am
meisten auf die abgefallenen Soldaten gerechnet und von diesen machten
jene des Arsenals am wenigsten über sich klagen. Sie fühlten sich
behaglich, nachdem das scharfe Regiment ihres hingeschlachteten Chefs
ein Ende hatte. Die provisorische Regierung beeilte sich eine Lohn-
erhöhung eintreten zu lassen; sie vertraute, „eingedenk, wie viel unter
der alten Republik die Arsenalotten zu den äußern Siegen und zur
innern Sicherheit des Staates beigetragen haben", die Vertheidigung
des Arsenals einzig den Meisterschaften desselben an, aus deren für
tauglich und würdig befundenen Gliedern eine Arsenalgarde gebildet
werden sollte. Um eine ausreichende Schiffsmannschaft aufzutreiben
forderte der Marineminister die italienischen, namentlich dalmatinischen
Seeleute und Schiffscapitäne auf, in die neu zu bildende Kriegsmarine
zu treten; die letzteren sollten vorderhand bis sie die erforderlichen
Kenntnisse sich angeeignet und ihre Fähigkeit erprobt hätten, als Sub-
alternofficiere aufgenommen werden.

Schwieriger ging es mit der Bildung einer Landmacht. Der General en Chef der Nationalgarde erließ an die Grenadiere, an die Linien-
und Marine-Soldaten einen Aufruf sich zur Bildung einer bürgerlichen
Mobilgarde, die vor allem die Vertheidigung der Republik gegen äußere
Gewalt zu übernehmen hätte, enrolliren zu lassen; von dem Augenblick
der Einschreibung sollten sie ihren Sold erhalten, die Unterofficiere
zur Einübung der Nationalgarde verwendet werden, die tüchtigsten in
den Rang von Officieren hinaufrücken. Aber die Soldaten, deren
Bande man in hohnsprechender Weise gelöset, hatten es nicht so

verstanden, daß sie nun ihren Nacken unter ein neues Joch beugen sollten. Ein großer Theil machte sogleich Gebrauch von der schimpflich gewonnenen Freiheit und ging seiner Heimat zu. Der Kriegsminister mußte bittere Vorwürfe hören, daß er die Soldaten nicht von Anfang her gehalten und in Pflicht genommen, sondern ihnen den Wiedereintritt freigelassen habe. Er vertheidigte sich mit der kleinlauten Erklärung: „Beinahe alle Landsoldaten, sich frei glaubend, hätten unter dem Vorwande, daß sie sich zur Vertheidigung des Landes nach Hause begeben, der Stadt den Rücken gekehrt; er habe nichts als seine Stimme gehabt, um sie zurückzuhalten und die provisorische Regierung habe für klug erachtet stillschweigend zu gestatten, was sie nicht habe hindern können." Der Kriegsminister und der Chef der Nationalgarde sandten den Ausreißern Aufruf über Aufruf nach. „Wollet euch nicht entledigt halten der beschworenen Pflicht dem gemeinen Wohl zu dienen", sprach Mengaldo, „da vielmehr dieser Eid heute mehr als je bindend geworden ist; denn jetzt haben wir, durch euch erobert, ein Vaterland für uns, das wir vereint mit unserem Blut vertheidigen müssen". „Die Disciplin ist die Grundlage der Macht", sagte Solera und vergaß dabei seinen eigenen Treubruch; „wo sie wankt, ist der Schaden unvermeidlich. Ehe der Feind, der uns so lange bedrückt, nicht völlig unser Land geräumt hat, denke keiner daran zum väterlichen Herd zurückzukehren. Wie viel angenehmer, wenn er dieß erst dann thun wird, bis er ausrufen kann: Auch ich habe zur Befreiung mitgewirkt!"

18.

Die Bande der Subordination in dem Augenblick sprengend, wo man ihm eine schimpfliche Pflichterfüllung zumuthete, hatte Generalmajor Carl Ritter von Culoz erklärt, die von seinem bisherigen Obercommandanten eingegangene Capitulation nicht anzuerkennen. Statt seine Truppen einschiffen und die schmählich verkaufte Stadt räumen zu lassen, hatte er sie in den Casernen vereinigt, seine Familie, die

treugebliebenen Officiere der italienischen Bataillone, die Militärbe-
amten in dieselben gezogen und dort eine abwartende Stellung eingenommen, bis von Triest oder von Padua aus Entsatz käme. Culoz
zog um jede Caserne einen kleinen Rayon von Vorposten, innerhalb
dessen freie Bewegung gestattet war und den auch die Patrouillen der
Guardia civica, die außerhalb dieses Umkreises ihre Wachen ausstellte,
ungehindert durchstreifen durften. Die Truppen, welche derart zu-
sammengehalten wurden, gehörten in der überwiegenden Mehrzahl dem
Regiment Kinsky an, darunter an 300 Mann und mehrere Officiere
Italiener, von denen insgesammt, mit Ausnahme des vorhin erwähnten Abtrünnigen, kein einziger in seiner Dienstpflicht schwankte; außerdem Gränzer und Artillerie. Sie waren in mehrere Casernen vertheilt; verschiedene Inselwachen, die von ihnen bezogen waren, wurden
allmälig abberufen oder mußten sich nothgedrungen auf die Haupt-
truppe zurückziehen. Eine derselben, die sich im letzteren Falle befand,
hat wegen ihrer ruhmvollen Entschlossenheit und Ausdauer ganz Europa
von sich reden gemacht, obgleich der geschäftigen Fama der einfache
Thatbestand, wie er auf Wahrheit beruhte, nicht genüge that, sondern
sich mit allerhand buntem Flitter ausstatten lassen mußte. Es war
eine Abtheilung Kinsky, ein Corporal, ein Gefreiter und fünfzehn
Gemeine, die sich bei dem Pulverthurm der kleinen Insel S. Spirito
befand. Nachdem die Capitulation geschlossen war, erging an sie der
Aufruf zur Uebergabe; er wurde zurückgewiesen. Zwei ausgerüstete
Kanonenboote kamen herbei die Aufforderung wirksam zu unterstützen,
doch gleichfalls ohne Erfolg. Im Gegentheile erfolgte die Drohung
des Postens, sich mit dem Thurm in die Luft zu sprengen, falls etwas
feindseliges versucht würde. Es wurde ihnen, zum Beweis, daß es
mit der Capitulation Ernst sei, ein vom Festungs-Commandanten unter-
fertigtes Schreiben überbracht*); da aber dieses, in italienischer Sprache
abgefaßt, den deutschen und slovenischen Männern unverständlich war,
so wiesen sie es zurück und verlangten einen deutsch geschriebenen Befehl. Unterdessen gingen auf der Insel Wasser und Lebensmittel zu
Ende. Die Soldaten begehrten, daß ihnen beides herbeigeschafft werde,

---

*) Ohne Zweifel jenes, dessen Ursprung wir aus Pimodan's Erzählung kennen.

immer mit der Drohung im Hintergrund, den Thurm im Falle der
Weigerung in die Luft zu sprengen. Das Verlangte wurde mit ängstlicher Beflissenheit gebracht und die Soldaten trieben die Vorsicht so
weit, daß sie die Ueberbringer von den Speisen erst kosten ließen, ehe
sie selber davon nahmen. Erst nach zwei Tagen wurde ein schriftlicher
deutscher Befehl überbracht, worauf der Posten nicht länger in seiner
Abgeschlossenheit verweilen zu dürfen glaubte, zuvor aber noch Abzug
mit Waffen und Gepäck sich erzwang. Der feindliche Anführer, ein
abgefallener Marineofficier, konnte sich der Bewunderung des Muthes
und der Klugheit des kleinen Häufleins nicht erwehren und reichte dem
Corporal zum Abschied die Hand; hatte er doch selbst noch vor
wenig Tagen der Armee angehört, der diese schlichten Helden zum
Ruhm gereichten!*)

Die Revolution konnte ihres Sieges nicht froh werden, solange
noch die bewaffnete Macht der gestürzten Regierung in ihrer Mitte
Stand hielt. Täglich erschienen Deputirte und Minister der provisori-

---

*) Im „Soldatenfreund" vom Jahre 1850 („Das Regiment Kinsky in den
Jahren 1848 und 1849") S. 517 sind die Namen der siebzehn Braven
zu lesen wie folgt: Corporal Franz Gornig, der dafür die silberne Me-
daille I. Classe erhielt; Gefreiter Georg Dinnig; Gemeine: Anton Stoppar,
Lucas Fuhrmann, Thomas Ratschel, Georg Lubey, Caspar Schausky,
Georg Groye, Lucas Esch, Franz Schnabel, Michael Lubi, Michael Godey,
Jacob Waich, Franz Bratuscha, Franz Suppan, Franz Kozbek, Valentin
Egrinz. Es wurde im Texte des mannigfachen Flitters erwähnt, womit
die in ihrer Einfachheit erhebende Geschichte ausgeschmückt wurde. So
war in einem Flugblatte zu lesen: „Noch nicht genug, nach einiger
Zeit sind ihre Lunten, die Tag und Nacht brennend erhalten werden
müssen, zu Ende. Man begehrt andere und zwar mit der Versicherung,
daß noch Vorrath genug da sei, um im Weigerungsfalle den Thurm in
die Luft zu sprengen. Was ist zu thun den Schaden zu verhüten, der die
Stadt bedroht? Man gewährt ihnen auch diese Forderung und sie stehen
siegreich unbesiegt in der Mitte zahlreicher Feinde. ... Da wehen endlich
Oesterreichs Adler wieder auf den Wällen (?) der berühmten Stadt. Die
Heldensöhne liegen an der Brust ihrer jubelnden Landsleute und Mitbürger, und auch Oesterreich hat sein Thermopylä aufzuweisen". — Auch
in den besten Zeitungen war wochenlang, nachdem schon kein Mann österreichischer Truppen in Venedig hauste, die Geschichte in einer verschwom-
menen Unbestimmtheit zu lesen, so daß man glauben mußte, die wackern
Kinsky befänden sich noch in ihrem Pulverthurm.

schen Regierung in den Casernen, zu allem bereit, was nur immer den Abzug befördern konnte. Die revolutionären Beamten entwickelten die größte Willfährigkeit, die Guardia civica zeigte sich von einer dankenswerthen Aufmerksamkeit, die Truppe wurde reichlichst mit allem nöthigen versehen. Aber dem General lag daran Zeit zu gewinnen, die Unterhandlungen in die Länge zu ziehen, bis er über die Möglichkeit oder Unmöglichkeit eines Entsatzes sichere Ueberzeugung gewonnen haben würde. Von seiner Seite wurde jetzt dasselbe Spiel getrieben, das in früheren Tagen die revolutionäre Partei mit so großem Geschick zu führen wußte. Jeder Forderung des Generals folgte die Gewährung von Seiten der provisorischen Regierung, aber jede Gewährung der letztern hatte eine neue Forderung des erstern zur Folge. Die auf der Hauptwache befindlichen fünf kaiserlichen Fahnen wurden herausgegeben, mehrere gefangen gehaltene Officiere ausgeliefert, abgenommene Rüstungen und Waffen zurückerstattet, das in Mestre zurückgehaltene Regimentsfuhrwerk überbracht u. dgl. Dennoch fehlte es nicht an Momenten, wo ein blutiger Zusammenstoß unvermeidlich schien. Wie die Revolution den leichten Sieg durch die Schwäche eines Commandanten gewonnen hatte, der noch immer in der Stadt gehalten ward: so glaubte sie den unvermutheten Trotz eines Theiles der Garnison auch nur der unbeugsamen Strenge des Befehlhabers zuschreiben zu dürfen und Schleichwege aller Art wurden versucht die Truppen dem Gebote desselben abtrünnig zu machen. Eines Tages erschien in der Incurabili-Caserne ein Nationalgarde unter dem Vorwande, er sei von dem im Regierungsgebäude streng bewachten Festungs-Commandanten abgeschickt und habe das Regiment aufzufordern, der Capitulation zu gehorchen und abzureisen, ohne sich an die Befehle des Brigadiers zu halten. Der Mann kam schlecht an. General Culoz, von dem Vorfall schnell in Kenntniß gesetzt, zwang ihn die Aussage in seiner Gegenwart zu wiederholen. Plötzlich wie auf einen Wink stand die Besatzung unter Waffen, die gegen die Caserne postirten Kanonenboote setzten sich über diese Demonstration gleichfalls in Bereitschaft, Inden — jetzt erst zum allgemeinen Erstaunen! — ihre Geschütze und im Augenblick schien der Kampf entbrennen zu wollen. Es kam aber zu nichts und

Tags darauf entschuldigte sich das revolutionäre Ministerium ob der unberufenen Einmischung „eines unbekannten Zwischenträgers".

Aber selbst wenn man der Befürchtung gewaltsamen Zusammenstoßes nicht Raum geben wollte, barg die Anwesenheit der treugebliebenen kaiserlichen Truppen für das Regiment Manin's eine unläugbare Gefahr. Sie wirkte nachtheilig auf die Disciplin der neugeschaffenen republicanischen Soldatesca, und härteren Stand als mit den in ihre Heimat zurückgegangenen Soldaten hatte der armselige Kriegsminister mit den in Venedig zurückgebliebenen Fahnenflüchtigen. Ehre und Pflichtgefühl ist bei dem gemeinen Soldaten, so sehr es von manchem für einexercirtes Außenwerk angesehen werden mag, nicht etwas, das sich wie Staub von den Füßen schütteln läßt, und die Nähe der Casernen, in denen der treugebliebene Theil der Garnison noch immer weilte, wirkte auf die eidbrüchigen Ueberläufer wie die warnende Stimme des Gewissens. Am wenigsten äußerte sich dieser Einfluß bei den Officieren und Soldaten der Marine-Infanterie, die vielmehr eine auffallende Keckheit zur Schau trugen. Aber Leute des abgefallenen Bataillons Wimpffen, wenn sie vermischt mit den andern Mobilgarden patrouillirend an den Casernen vorbeizogen, konnten sich nicht enthalten die kaiserlichen Officiere anständig zu grüßen; die Miene und Haltung der Grenadiere hatte einen eigenthümlichen von kaum verhehlter Scham beschwerten Ausdruck. Diese machten ihren neuen Officieren, vor allem dem Kriegsminister Solera am meisten zu schaffen und fügten sich nur mit unwilligem Trotz unter das Commando von Leuten, gegen deren Person und Charakter sich der letzte Funke ihres militärischen Selbstgefühles empörte. Der provisorische Kriegsminister ging in Ermangelung einer eigenen Uniform in seinen Civilkleidern umher, zum Abzeichen eine große dreifarbige Schärpe über die Achsel geschlagen, seinen entwürdigten Säbel, an dem noch das kaiserliche Port-épée hing, an der Seite. Eines Morgens erschien er zeitlich früh in der Incurabili-Caserne und verweilte da an zwei Stunden, wie es schien zu einem Besuche, wie sich aber nachher offenbarte als Flüchtling vor seinen neuen Untergebenen; er war an demselben Morgen in der Caserne der abgefallenen Grenadiere gewesen, diese hatten ihn beschimpft und fortgeschafft, er sei nicht werth das „kaiserliche" Port-épée zu tragen.

Endlich war die provisorische Regierung in der Lage, dem Brigadier den sichern Beweis zu liefern, daß General d'Aspre Padua auf-
gegeben, Vicenza geräumt, sich nach Verona gezogen habe. Jede Hoffnung auf Entsatz von außen war geschwunden und nach sieben Tagen
erwartungsvollen Hinhaltens wurde der Befehl zum Abmarsch gegeben,
nachdem noch zuvor der in der Capitulation bedungene dreimonatliche
Sold ausgezahlt worden war. Die Gränzer*), die Artillerie und die
Besatzung der noch nicht geräumten Inseln wurden zuerst eingeschifft,
zuletzt die Truppen aus den Casernen Gesuiti und Incurabili, am
28. März Abends. Von den italienischen Soldaten des Regiments
Kinsky fehlte nicht ein Mann. Alle beseelte ein Geist frohen Muthes,
aus der Lage qualvollen Zuwartens gerissen zu sein und hoffentlich
neuer entschiedener Thätigkeit entgegen zu gehen. Die Einschiffung erfolgte auf dem Dampfer Sophia und siebenzehn kleineren Segelfahr-
zeugen. Mittwoch den 29. früh wurden die Anker gelichtet und unter
dem Wehen der kaiserlichen Flagge auf dem Verdeck des Dampfers
und unter dem begeisternden Abspielen der Volkshymne verließ der
Rest der getreuen Garnison den Hafen der treulosen Stadt. Als man
Triest ansichtig wurde, grüßten weit hinaus in die See blickend kaiserliche Wimpeln freudig entgegen und das Volk empfing die ankommen-
den Schiffe mit dem Ruf: „Evviva la fedeltà!"

---

*) Wir sind nicht in der Lage anzugeben, in welcher Weise die Peterwardei-
ner Gränzer in der kleinen Arsenalcaserne auf dem Isoletto aus ihrer vereinzelten Lage befreit wurden. Nach der sehr mager und allgemein gehaltenen Darstellung in der „Skizze der Ereignisse an der untern Donau
in den Jahren 1848 und 1849 mit besonderer Beziehung auf das Peterwardeiner Regiment" (Wien, Manz 1852) S. 4 wären sie nicht unmittelbar nach der Capitulation, sondern erst mit dem Regiment Kinsky nach
Triest abgezogen.

19

Unter die ersten Maßregeln der provisorischen Regierung gehörte die Umgestaltung der alten Behörden und deren Besetzung mit neuen Personen. Das bisherige Generalgouvernement der venetianischen Provinzen wurde provisorisch in einen „politischen Magistrat" umgeschaffen, mit einstweiliger Beibehaltung der alten Attribute. Den Posten eines Delegaten der Provinz Venedig erhielt der Bürger Guido Avesani. An die Stelle des davongegangenen Schrott wurde der Hofrath Bürger Giorgio Foscarini zum Appellationspräsidenten, an dessen bisherigen Posten der Appellationsrath Bürger Dominic Beretta zum Präsidenten des Civiljustiztribunals, der Appellationsrath Bürger Alois Rubbi zu jenem des Criminaljustiztribunals ernannt. Die Räthe dieser Gerichtsbehörden sowie die Prätoren wurden in ihren Stellen belassen. Wenige Tage später, mit Decret vom 29. März, ward aber ein provisorisches Revisionstribunal mit den Attributen jenes von Verona errichtet, welches für alle Civil- und Criminal-Angelegenheiten, deren Acten bis zum 22. März nicht nach Verona abgegangen waren, als dritte Instanz eintreten sollte. An die Spitze desselben wurde der binnen wenig Tagen zum zweitenmal beförderte Bürger Foscarini berufen, der sich sechs Räthe aus dem Gremium des Appellationsgerichtes wählen sollte; an seiner statt hatte der frühere Hofrath beim Appellationsgerichte Bürger Benedict Bertolini einstweilen die Functionen eines Präsidenten des Appellationsgerichtes zu übernehmen.

Mit diesen äußeren Umstaltungen der politischen und richterlichen Behörden gingen wesentliche innere Veränderungen Hand in Hand. Vorzüglich thätig war das Justizdepartement. Unterm 24. März erfloß ein von den beiden ehemaligen Advocaten Manin und Castelli, jetzigen Ministerpräsidenten und Justizminister unterzeichnetes Decret, womit „in Erwägung, daß ein großer Theil der bürgerlichen Ordnung an die Moralität der Advocaten gewiesen ist" das Decret des Königreichs

Italien vom 9. August 1811 in seinen die Constituirung eines Disci-
plinarrathes, sowie die Rechte und Pflichten der Advocaten betreffenden
Artikeln wieder in Wirksamkeit gerufen wurde. Mit Decret von demselben Tage wurde jedem, der was immer für eines Verbrechens an-
geklagt ist, „das natürliche Recht der Vertheidigung" zuerkannt; sobald
das Verfahren nach der bisherigen Weise geschlossen, ist dem Angeklagten nach dessen Wahl oder von Amtswegen ein Vertreter beizu-
geben und diesem das Recht zu wahren, bis zur Zeit des Spruches,
so oft es für nöthig befunden wird, frei und ohne Zeugen mit dem
Angeklagten zu verkehren. Unterm 25. März wurde die in der bisherigen Gesetzgebung normirte Beiziehung von politischen und Cameral-
Repräsentanten zu den Gerichtssitzungen, so oft den Fiscus betreffende
Rechtssachen in Verhandlung waren, abgestellt. Zwei Decrete vom 26.
warfen die Administrativjustiz über Bord: „In Anbetracht, daß die
Verhängung von was immer für einer Strafe an Freiheit, Ehre oder
Vermögen ausschließend der richterlichen Gewalt angehört, deren unbe-
dingte Unabhängigkeit die sicherste Gewähr für die Immunität des
Bürgers ist, treten für alle Recurse in Pönfällen an die Stelle der
politischen Behörden das Criminal- und das Appellationsgericht; alle
von Cameral- oder politischen Behörden veranlaßten Vormerkungen
auf den Grundbesitz sind über die ordnungsmäßig vorgebrachte Bitte
der Besitzer zu löschen, da der Staatsschatz in rechtlicher Hinsicht keiner
Prärogative vor dem Privaten sich erfreuen darf und folglich jede
Vormerkung, so nicht über Einwilligung des Besitzers oder durch richterlichen Spruch erfolgt war, als ungiltig anzusehen ist."

Die provisorische Regierung that vom ersten Tage alles, was
nur der Geist des Liberalismus oder der Volksthümlichkeit an Gestattungen und Erleichterungen, an Abschaffungen und neuen Einrichtungen
zu verlangen schien. Mit Decret vom 24. März wurden alle wegen
politischer Vergehen (per incolpazioni riferibili ad opinioni politiche)
verhafteten Personen in Freiheit gesetzt; am folgenden Tage die auf
den 30. März angekündigte Lotterieziehung suspendirt; am 26. die
Personalsteuer „in den vereinigten Provinzen der venetianischen Republik"
abgeschafft; am 27. alle aus politischen Ursachen von der Universität
verwiesenen Studenten wieder zugelassen; am 28. die Strafe der

Stock- und Ruthenstreiche als den italienischen Sitten widerstreitend und der Würde freier Menschen zuwider sowohl für das Landheer als für die Marine aufgehoben; unter demselben Datum der Preis des Salzes um ein Drittel herabgesetzt; am 29. März die Freiheit aller Religionsbekenntnisse, die volle Gleichheit in allen bürgerlichen und politischen Rechten proclamirt, alle in den bestehenden Gesetzen diesem Grundsatz zuwiderlaufenden Bestimmungen für erloschen erklärt.

Aber welche noch so eifrigen, noch so weitgehenden Verfügungen einer nicht liberalen, sondern liberalsten Regierung könnten gleichen Schritt halten mit den sich häufenden und überstürzenden Wünschen einer Bevölkerung, die sich plötzlich der gewohnten Schranken ledig fühlt? Ein Schwall von Hoffnungen, ein Heer von Vorschlägen, ein Sturmlaufen von Forderungen bedrängte von allen Seiten die Männer der Verwaltung. Längst vergilbte Pergamente wurden aus Schutt und Moder hervorgeholt, alt verbrauchte Gerechtsame, einerlei ob gut oder schlecht, in Erinnerung gebracht, Einrichtungen jeder Art aus der republicanischen Zeit, die den geänderten Verwaltungsgrundsätzen seit 1815 hatten weichen müssen, wieder aufgefrischt. Hier verlangt ein beiseite geschobener ragioniere pubblico die Wiederherstellung dieser unter der österreichischen Regierung abgeschafften Zunft mit der Berechtigung für die in den Decreten vom 3. November 1805 und 22. Mai 1806 ausgedrückten Geschäfte. Dort ladet ein geschäfte-hungriger Notar alle „azionisti per cariche acquistate della cessata ed ora miracolosamente risorta Repubblica di Venezia" in seine Kanzlei zur Aufnahme und Instruirung ihrer Ansprüche ein. Ein Dritter fordert von der Republik als einen Act der unausweich-lichsten Gerechtigkeit die Rückerstattung aller „diritti di Passo, Ponti, Porte, Attiragli, Staderatico, Avviamenti ecc.", an deren frühere Eigenthümer, sowie die Zurückgabe aller Güter an die Priester dell' Oratorio, detti Filippini, als welche nicht inbegriffen gewesen in dem Decrete vom 25. April 1810. Ein Vierter faßt den Inbegriff der allgemeinen Erwartungen in folgende Aufzählung zusammen: „Ab-schaffung des Lotto; Ausgleichung der Maße und Gewichte; Ein-führung eines geordneten und für das ganze Land gleichförmigen

Münzsystems; Offenhaltung der Bibliotheken alle Tage und jeden
Abend; Austheilung der Aemter nach Verdienst; Freiheit des Unter-
richts; Laufpaß für die Jesuiten; der Clerus nicht mehr Werkzeug
der Knechtung, sondern Lenker unserer theuersten Gefühle; Abschaffung
des Stempels und des Salzmonopols, Verminderung der Abgaben;
Vervollkommnung des Volksunterrichts; Arbeitervereine, Gewährleistung
der Arbeit, Verbesserung des Systems der öffentlichen Wohlthätigkeit;
Entfernung aller jener, die sich unter dem ehrlosen österreichischen Regiment der Unterdrückung ihrer eigenen Mitbürger beflissen gezeigt
haben; Freiheit des Handels; Abschaffung der Todesstrafe; Sicherheit
der Person gegen polizeiliche Willkühr; schleunige Organisation der
Bürgerwehr; Ernennung von kriegserfahrenen Anführern; Ueberwachung
der falschen Patrioten, deren viele unter dem Seidenband der Tricolore Gift bergen" u. s. w. Das hastige Durcheinanderschwirren der
verschiedensten Ideen blieb nicht auf die Köpfe und auf das Papier
beschränkt, es machte sich auf dem offenen Markt geltend. Der Marcusplatz, in den ersten Tagen ein Schauplatz heitern Jubels und rosiger
Triumphe, ward bald zur Stätte wirren Lärmens und Durcheinander-
tobens. Redner standen aller Orten auf und bildeten Kreise um sich,
besprachen mit heftiger Kritik, was geschehen und was nicht geschehen,
verschonten keine Maßregel und keine Person. Umsonst war die
Warnung, daß keine Regierung möglich sei, wenn jeder Stuhl im
Kaffeehaus zur Rednerbühne gemacht werde, wenn jedes kleine Kränzchen
die Anmaßung habe, sich als ein zweites Gouvernement zu geberden.
Alle Mauern waren mit Aufrufen und Placaten verunziert und eine
eigene Zeitung „Il libero Italiano" trat mit dem ausgesprochenen
Motiv in's Leben, auf daß dadurch „das Bedürfniß schwinde, alle
Wände mit widersprechenden und vielartigen Schreibereien zu besudeln".

Am meisten machte den neuen Regenten das zu schaffen, was
sie selbst mit so künstlicher Erhitzung großgezogen hatten: der blinde
Fremdenhaß und die überreizte Italomanie. Manin und Tomaseo
hatten jetzt gut predigen, „sich des Sieges würdig zu erweisen und die
Besiegten zu achten, weil es von bester Vorbedeutung ist das Unglück
zu ehren, weil unser Glaubenssatz die Verbrüderung ist und weil alle
Sprachen Brüdern der großen Familie Gottes angehören"; sie hatten

gut warnen, daß, „wer immer aus Meinungs- oder politischen Ursachen jemanden beschimpfe, von der Nationalgarde zu dem nächsten Pfarrer zu führen sei, welcher, das wahre Amt des Priester-Bürgers ausübend, ihn über das Vergehen, so er gegen die Ehre des Vaterlandes begangen, ermahnen werde", und die Drohung anfügen, daß „gegen Rückfällige strengere Maßregeln werden ergriffen werden". Die Masse verstand nichts von dieser neuen Theorie kosmopolitischer Zahmheit, und Enthusiasten waren genug bei der Hand, die lang verhaltene Glut zur hellen Flamme anzufachen. „Wie mag man uns vergessen machen, daß wir Herren auf diesem Boden sind? Wie mag man uns verwehren, wenn wir die Luft, die wir athmen, rein und frei haben wollen? Wie mag man jetzt verweigern, was man früher vom gestürzten Regiment verlangt hat: daß nur Italiener angestellt sein sollen? Will man es nicht wissen, daß im Reptile schon die Zunge tödtlich ist und daß die Deutschen, unsere ärgsten Feinde, kaum fünfzig Stunden von uns entfernt sind? Darum ein Ende mit der falschen Politik, welche die Schlange am Busen nährt, fort so schnell als möglich mit allen Fremden, die noch unter uns weilen!"

Solche Reden gingen aber nicht blos gegen die gebornen Deutschen, sie zielten eben so sehr, ja noch erbitterter gegen die eigenen Landsleute, die früher in Diensten der gestürzten Regierung gestanden hatten. Eine Maßregel hob gleich in den ersten Tagen den kaum berufenen Minister des Innern aus dem Sattel. Mit Decret vom 25. März hatte Carlo Trolli den Bürger Luigi Brasil, weiland k. k. Rath, Polizei-adjunct und Vorsteher des Bücherrevisionsamtes, zum provisorischen General-Polizeipräfecten „mit den Attributen des gewesenen General-directors" ernannt. Darüber maßloses Zettergeschrei: „Was ist von einem Minister zu erwarten, der seine Thätigkeit mit einem so exorbitanten Decrete beginnt? Wie darf man in solcher Weise das Andenken des vernichteten Ungeheuers neuerdings wachrufen? Wie kann man die Polizei der Republik mit den Attributen des früheren eingewohnten Spionirsystems ausstatten? Wie ist zu erwarten, daß sich der altergraute Diener der Polizei jener gehässigen verwerflichen Mittel und Formen werde entwinden können? Die Polizei der Republik hat eine andere Bestimmung, andere Grundsätze, andere Wege; ihre Auf-

gabe ist einzig Sicherheit des Staates, Sicherheit der Person, Sicherheit des Eigenthums; daher gehört auf den Platz eine andere Person
mit geänderten Attributen!" Der allgemeine Unwille war aufgestachelt,
tumultuarische Aufläufe fanden statt, mit wildem Geschrei tobte die
Masse gegen die Maßregel, gegen den Ernannten, gegen den Minister.
Am 26. März erschienen zwei Decrete: laut des einen hat der Bürger
Luigi Brasil seine Entlassung von der Stelle eines Polizeipräfecten
verlangt und von der provisorischen Regierung erhalten; laut des
andern hat der Bürger Carlo Trolli um Enthebung von der Stelle
eines Ministers des Innern angesucht und ist ihm solche von der provisorischen Regierung mit dem Vorbehalt zugestanden worden, seine
ausgezeichneten Fähigkeiten und bewährte Vaterlandsliebe bei geeigneter
Gelegenheit zu verwenden.

Es ging aber den andern Ministern, es ging selbst den gefeierten
Koryphäen der Befreiung Venedigs Manin und Tommaseo nicht um
ein Haar besser. Jener, der in Saus und Braus die glänzende Rolle
eines Volkstribuns spielte und den verführerischen Trank aus seinem
schimmernden Ehrenbecher schlürfte, dieser, der nach wie vor im bescheidenen Stübchen, von seiner bejahrten Wirthschafterin bedient,
hauste, arbeitete und empfing, sie beide bekamen nicht minder wie alle
andern die giftigen Bisse des Neides und des Mißtrauens zu fühlen,
den bittern Trank der Kränkung und der Verleumdung zu verkosten.
In einem eigenen Decrete, von den beiden genannten unterzeichnet,
sprach sich die provisorische Regierung über die Verunglimpfungen
aus, denen sie in Gesammtheit und jeder einzelne aus ihrer Mitte
fortwährend ausgesetzt sei, und schloß mit den Worten: „Wir haben
die Sorgen, die Mühen, die verhängnißvolle Bürgschaft der Regierung
nicht auf uns genommen, um jener Würde verlustig zu gehen, die
wir unter schwierigen Verhältnissen uns in unserm Privatleben zu erhalten gewußt haben. Bürger, entweder nehmt uns mit einemmal
euer Vertrauen oder wisset in denen, die euch regieren, euch selbst
zu achten!"

Doch das waren häusliche Zwistigkeiten, von denen nach außen
hin nichts verlautete. Der schwere Alp war abgewälzt, die Stadt

und die Regierung, von der gefährlichen Inwohnerschaft der Incurabili-
und Gesuiti-Caserne endlich erlöst, konnte frei aufathmen und den
vollständigen Sieg nach allen Weltgegenden ausposaunen.

Die junge Republik säumte nicht in diplomatische Beziehung
mit den auswärtigen Mächten zu treten. Die für diesen Zweck ausgefertigten Noten sind sämmtlich vom 28. März, dem Tage, an dem
man die Gewißheit von der Einschiffung der letzten kaiserlichen Truppen
hatte, datirt, zeichnen sich aber durch eine klug angelegte Verschiedenheit
der Abfassung aus, je nach dem Geiste und den Gefühlen der Regierung,
an die man schrieb. In der gleichlautenden Ausfertigung an die
„Staaten von Rußland, Preußen, Türkei, Niederlande, Belgien, Schweiz,
Dänemark, Schweden und Norwegen, Spanien, Portugal, Brasilien,
Baiern, Hannover, Oldenburg, Hamburg, Bremen und Lübek" wurde
einfach das eingetretene Ereigniß mitgetheilt, das man weder zu recht-
fertigen noch zu erklären nöthig habe — „c'est l'histoire qui se
chargera de ce rôle" —; allgemeine Versicherung der Schonung
aller fremden Rechte ward beigefügt und die Hoffnung ausgesprochen,
daß die neue Constituirung „ne sera que resserrer les liens qui
doivent tôt ou tard unir tous les peuples." Gegenüber den Regierungen von Sardinien, Toscana und Neapel wurde zwar das Losungswort der Einheit Italiens nicht vergessen, aber diese Einheit ausdrücklich mit der Scheidung in verschiedene Staaten zusammengereimt
und die Versicherung gegeben, die Republik gedenke „mit allen Staaten
Italiens nicht blos Frieden zu erhalten, sondern auch einen Bruder-
bund einzugehen, von welchem die Zolleinigung ein Zeichen und eine
Folge sein solle". Gegenüber von Rom und von England floß er-
klärende Entschuldigung ein, warum der Name der Republik angenommen worden sei, nämlich nur folgend den alten Ueberlieferungen,
„welche die Quelle sind wie der Rechte so der Pflichten und weil die
Annahme einer anderen Benennung Verläugnung der Geschichte und
der Erbschaft der Vorältern gewesen wäre. Eine Nation wie die
englische, bei welcher die Achtung der Traditionen eine Art socialen
Dogmas ist, muß es fühlen, was heiliges diese Provinzen in ihren
alten Erinnerungen haben". Brüderlicher Gruß und Dank wurde
nach Frankreich hinübergesandt, in galanter Sprache und höflichen

Wendungen: „Venedig ist voll Erinnerungen der alten Relationen zwischen Italien und Frankreich*); die Unglücklichen wissen zu lieben; es ist gut manchmal unterdrückt zu sein, um desto besser die wahre Größe zu fühlen." Die americanischen Freistaaten wurden erinnert, daß „der Bürger eines italienischen Freistaates der erste ihr Land entdeckt, dem der Bürger eines andern italienischen Freistaates den Namen gegeben" habe; „der Ocean scheidet uns, aber die Sympathie verbindet uns und die Freiheit, gleich dem elektrischen Telegraphen die Meere durchschneidend, wird uns euer Vorbild bringen" u. s. w. Auch Griechenland empfing ein besonderes Begrüßungsschreiben, worin es unter anderm lautete: „Die Sklaverei hatte uns geschieden, möge die Freiheit uns vereinigen! Gedenkt unserer alten Beziehungen der Freundschaft und des Ruhmes, gedenkt dieses Namens von Venedig, der noch gesegnet ist auf den jonischen Inseln und den die Greise nach fünfzig Jahren nicht aussprechen können „sans pleurer de tendresse."

20.

Venedig war befreit und nur Hohn und Spott, nicht e i n e edle Regung, die der gefallenen Größe selbst des erbittertsten Feindes gebührt, hatte es für den „vermaledeiten zweiköpfigen Adler" (bestemmiata aquila bifronte), unter dessen Fittigen es doch allen Glanz und Wohlstand wiedergewonnen hatte, der ihm in den letzten Zeiten der altersiechen Dogenwirthschaft verloren gegangen war! Nicht mehr nagte „der scythische Geier an den Eingeweiden des italienischen Prometheus!" Die „nordischen Horden", wie sie dem vorurtheilbefangenen Wälschen in der Cultur als „barbari" galten, wurden auch im Punkte der Religion als „eretici", als „pagani" hingestellt, die darum der Straf-

---

*) Namentlich aus dem ersten Halbjahr 1797, nachzulesen in Botta storia d'Italia l. X. A. d. V.

engel des Herrn aus dem Paradiese des wahren Glaubens für immer hinausgestoßen habe. „Gott hat zerdrückt den Hochmuth unserer Feinde und zerbröckelt die Hartnäckigkeit ihres Treubruches. Er hat sie mit Blindheit geschlagen. Der Tisch Balthasar's war der Rath, in dem sie saßen, vertrauend der erkauften Macht, die sie für unerschütterlich hielten, und nicht wahrnehmend die Zeichen, von allmächtiger Hand geschrieben, erglühend in unermeßlicher Höhe. Die Zeichen sind erfüllt. Der Fremde, stark an Waffen und Kämpfen, geht über die Berge zurück, ohne zu kämpfen, in Flucht gejagt durch den Finger Gottes!"

Venedig war befreit und sang Hymnen und Siegeslieder und ließ sich preisen und beglückwünschen von den Städten des Festlandes. „Drei und dreißig Jahre lang unterdrückt durch blöde und heimtückische Tyrannei empfinden wir endlich unseren Odem nicht mehr gepreßt in unserem Busen! Unsere Schiffe mögen das Meer durchfahren, um nach allen Seiten die Kunde zu bringen, daß Venedig den Stein der Gruft, in dem es begraben lag, zersprengt hat, daß es strahlend in all' seinem Lichte sich auf den Wellen wieder aufgerichtet hat!" Aus dem lombardischen Cremona kam (27. März) ein Schreiben „an die vielgeliebte Republik von Venedig": „Die Freiheit hat dem Löwen der Adria die Flügel aufgerüttelt! Die Lombardie begrüßt die neue Aera von San Marco. Die wiederaufgestandene Republik thronet königlich über ihrem Meere; unter den günstigsten Auspicien durchfurche der Handel die Wogen des Ocean!" Aber ein etwas prosaisches Begehren knüpfte sich unmittelbar an diesen begeisterten Lobgesang: „Das wichtigste Bedürfniß unter den Artikeln der strengen Rothwendigkeit ist das Salz. Wir haben den Preis herabgesetzt, aber es fehlt uns an Vorrath. Die Republik wird die Bestellungen der gestürzten Regierung nicht anerkennen." Darum möge man Salz senden, zu billigen Preisen; man dürfe pünktlicher Bezahlung gewärtig sein.

Venedig war befreit, aber es sollte es nicht allein, ganz Italien sollte es sein! „Dieses classische Land, so oft überflutet, in Blut gebadet und unterjocht von den Barbaren, weil zu schön und zu wenig mächtig in seiner Zersplitterung, in der mißtrauischen Selbständigkeit seiner vielen kleinen Städte und Staaten, deren oft einer, um sich den andern vom Hals zu schaffen, fremde Gewalthaber herbeirief, dieses classische Land, es muß jetzt ein Ende machen mit der schädlichen Eifersucht gesonderten Patriotismus; die Zeit ist vorüber, da zwischen den Völkern, welche die Etsch theilt, Widerwille statt Sympathie herrschte; Jahre wechselseitigen Verkehrs*) und gemeinsamer Leiden haben sie gelehrt einander achten und sich lieben. Italien hat keine andere Gränzen als die Alpen und das Meer. Wenn einst das betriebsame Triest mit seinem schönen Küstenlande, wenn das helden-müthige Dalmatien, schon durch so lange Jahrhunderte die treueste Vertheidigerin von Venedig, wenn die kräftigen und muthvollen Italiener von Tirol, die gesegneten Fluren von Modena und Parma dahin ge-langen das verhaßte Joch der Fremden abzuschütteln, dann mögen sich alle diese mit Venedig und der Lombardie vereinigen, unter dem gemeinsamen Namen, der keinem dieser Bestandtheile, um jede Eifer-sucht abzuhalten, eigen ist, der subalpinischen Republik. Und damit diesem Ziele jetzt schon zugesteuert werde, sei das Banner Venedigs grün am Stocke, in der Mitte weiß, das Hängende roth; oben im weißen Felde, umgeben von den drei Farben, der gelbe Löwe von San Marco; jene das Zeichen der italienischen Gemeinsamkeit, dieser das besondere Sinnbild einer der italienischen Familien, ein Unter-scheidungszeichen, kein Trennungszeichen; das ganze ein Zeugniß, daß die venetianische Seemacht vom ersten Augenblicke an eine ist mit der neapolitanischen, mit der sardinischen, mit einem Worte, daß ganz Italien nur eine italische Seemacht hat."

Venedig war befreit, ganz Italien sollte es werden, aber auch die andern Völker Europa's müssen und werden das Joch abschütteln, das auf ihnen lastet. Denn „das Ringen der unterdrückten Völker gegen die Könige wird sich schnell durch die ganze Christenheit fort-pflanzen: es ist die Peitsche Christi gegen die Räuber des Tempels. Die Traumgebilde der Diplomatie sind vernichtet, die allgemeine Ver-brüderung der Völker tritt an ihre Stelle. Frankreich hat den Ty-rannen verjagt, Italien hat sich den fremden Dränger vom Halse ge-schafft, Deutschland wird sich von seinen dreißig Despoten befreien und dann wird es Frankreich's, Italien's, Deutschland's Pflicht sein

---

*) Unter Oesterreich! A. d. B.

mit der Hand am Schwerte zu sagen: La Pologna sia libera e lo sarà! Das ist der heilige Kreuzzug der Völker! Polen ist der Christus der Nationen — voran, zaudern wir nicht ihn vom Kreuze herabzunehmen! Von Polen aus hat das höllische und verfluchte Werk angefangen, das dann im wiener Congresse erfüllt und besiegelt worden ist. Von den drei Räubern, die es in Stücke zerrissen und unter sich getheilt haben, sind zwei bereits zu Boden geworfen, ohnmächtig gemacht; es bleibt nur der russische Autokrat. Er hat, es ist wahr, die eine Hand in den Eingeweiden der Erde und holt daraus sein Gold; doch in der andern Hand hat er die Knute, die Geißel des Sklavenführers, womit er seine Tausende bewaffneter Sklaven vor sich hertreibt. Aber was helfen dem die Waffen, der nicht die Herzen hat, und mit welchem Herzen werden die Sklaven für die Sache ihres Tyrannen kämpfen?!"

Und welchen Namen wird das befreite Italien, werden die befreiten Völker Europa's aussprechen? Welchen andern als den gepriesenen Pio Nono's! O gewiß Du hast großartig beigetragen, unsterblicher Pius, zum Sturze dieses gefürchteten Kolosses, dieser Wage des europäischen Gleichgewichtes, mit Deinem heiligsten Segen, den Du vom Spender alles Guten auf dieses unser geliebtestes und schönstes Italien herabgefleht hast! Vor Deinem geheiligten Namen wirft sich die ganze Menschheit nieder als vor der Sonne der neuen Epoche. Dir allein schuldet der ganze Erdkreis die Erfüllung seiner Geschicke. Wie Bonaparte mit dem Eisen, so hast Du Dich mit dem Worte unsterblich gemacht. Aber das Eisen verstümmelt oder schlägt nieder, das Wort schafft und heilt. Bonaparte hat der Aufklärung der Völker mit Gewalt Bahn gebrochen, Du hast sie von den Gewaltherrschern befreit und an ihrer statt die Liebe Gottes und jene des Vaterlandes als Wächter gesetzt!" . . .

"Fia Luce ne' miei popoli!"
Pio disse, e luce fù.

Doch nur zu bald folgte kühlere Ueberlegung solchen Ausbrüchen sanguinischen Rausches und selbst die heißblütigsten Italiener mußten sich gestehen, daß man sich erst am Anfange des Endes befinde. Es war leicht den Mund voll zu nehmen und in hochtönendem Pathos zu sprechen: „Oesterreich war, es hat aufgehört zu sein! Der große Koloß ist auf dem Punkte auseinanderzufallen; seine verschieden- und fremdartigen Bestandtheile kehren zu den Verbindungen zurück, die ihnen die Natur angewiesen hat und die von Jahrhundert zu Jahrhundert durch die verschworene Uebermacht einiger Scheußale der Menschheit verletzt wurden". Auch war es süß allen Versicherungen williges Ohr zu leihen, welche diesen erhitzten Träumereien schmeichelten. In Wien und Pest, wurde behauptet, sei die Republik proclamirt, Böhmen abgefallen, in Südtirol die Revolution ausgebrochen, die ganze Steiermark stehe im Aufruhr.*) Aber wer sich die Mühe nahm, mit klarem Blick ein paar Meilen nach Westen oder ein paar Meilen nach Norden zu blicken, mußte derartiges Gerede in das Bereich der Märchen verweisen. Dort um Verona sammelte der alte Radetzky die zerstreuten Abtheilungen des Heeres offenbar nicht zu dem Zwecke, um mit Sack und Pack über die Alpen heimzuziehen, sondern um im günstigen Zeitpunkte mit verstärkten und erfrischten Kräften wieder hervorzubrechen. „Eine dichte Wolke von Bewaffneten," so mahnten die Besonnenen, „hat sich um Verona geballt, eine Macht,

---

*) In Wahrheit hielten diese übertriebenen Gerüchte in Venedig nur jenen das Gleichgewicht, die im entgegengesetzten Sinne in Wien verbreitet wurden. Am 23. März, da die kaiserliche Armee Mailand bereits preisgegeben hatte und sich durch die strafende Lohe von Melegnano den Marsch nach Verona deckte, wurde in Wien die baldige Ankunft einer „außerordentlich glänzenden Deputation angekündigt", „an welcher alle lombardischen Städte sich betheiligen wollen; es wird eine kleine Völkerwanderung nach Wien werden"; und von Venedig hieß es, „ein paar Schreier" hätten die Republik ausgerufen — „Mein Gott, es war Carnevalsnachfeier!" Freilich trafen nur zu bald die bestimmtesten Nachrichten von dem Verluste Mailand's, von dem Falle Venedig's ein. Allein schon am 26. wußte man in Wien Details über die durch die Regimenter Heß und Fürstenwärther bewirkte Wiedereroberung Venedig's zu erzählen; „die ganze Sache scheint nur ein Handstreich von Emmissären gewesen zu sein". Und von Mailand hieß es, Radetzky habe der Stadt drei Tage Bedenkzeit gegeben, eine Contribution von 20 Millionen Lire und Stellung von Geißeln aus den Familien des höchsten Adels auferlegt; in der Correspondenz einer wiener Zeitung vom 28. hieß es: „Daß sich Mailand auf Gnade und Ungnade ergeben, bestätigt sich".

die gefährlich werden kann, wenn uns nicht die Auflösung der Monarchie zu Hilfe kommt. Man fürchte sich nicht, aber man sehe sich
vor auf einen Rückstoß von Oesterreich! Man hoffe wohl, aber man
baue nicht auf die Demoralisation der Truppen!" Und nicht minder
bedrohlich gestalteten sich die Dinge jenseits der nördlichen Gränze
der Terraferma. Dort an den Ufern des Isonzo zeigten sich die Einwohner von dem regsten Patriotismus für die Sache Oesterreichs
erfüllt. Die görzer Nationalgarde, vereint mit der schwachen Garnison und der städtischen Miliz, durchstreifte Tag und Nacht Stadt
und Land, hielt jedes verdächtige Individuum an, griff Emmissäre
auf. Bald kam Verstärkung aus dem venetianischen Gebiete, jene
braven Gränzer, ungefähr zwölfhundert Mann, die trotz des „senza
armi" der Capitulation von Treviso sich von dort und von Belluno
mit Gewehr und Tornister aufgemacht und den Weg durch das insurgirte Land gebahnt hatten; von Triest aus trafen einige Compagnien
Infanterie mit hundert Mann Uhlanen und Dragonern ein. Mit
diesen Kräften, zu denen man den größten Theil der ursprünglichen
görzer Garnison schlug, konnte daran gegangen werden, längs den
Ufern des Isonzo einen Cordon gegen Friaul zu ziehen und Generalmajor Vincenz Victor von Pontis kam von Triest die Führung desselben zu übernehmen.

Der „Erbfeind" war nicht vernichtet, seine „Horden" standen
noch dießseits der Alpen; es galt ihn vollends zu verjagen, und alle
Kräfte sollten zusammenwirken das Werk der Befreiung zu vollbringen.
„Das ganze Land erhebe sich in Masse, daß die unermeßliche Ueberzahl dem wohlgeschulten Feinde Schrecken einflöße! Darum Waffen
und Bewaffnete um jeden Preis, keinerlei Sparsamkeit in Herbeischaffung der Mittel; verlangt Opfer vom Land und ihr werdet sie
in umfassendstem Maße erhalten; es handelt sich um unsere Existenz!" —
„Auf denn zum heiligen Krieg! Auf, ergreifet die Waffen Christi,
erhebet das Feldzeichen des Kreuzes, vertilget die ruchlose Schaar
werft sie über die Berge zurück! Denn gekommen ist die Zeit, nach
Gottes und Pio Nono's Rathschluß, da Italien befreit sein soll von

dem Uebermuth des Deutschen!*) Ein allgemeiner Kreuzzug ist durch ganz Italien verkündigt, von Rom aus ist er verkündigt!"

Doch es bedurfte derartigen Aufforderungen nicht; die provisorischen Regierungen aller venetianischen Städte boten ihre Kräfte auf, ihr Contingent zu dem gemeinsamen Kriege zu stellen. Allerorten war die Organisirung der Nationalgarde in vollem Gang; abgefallene Soldaten von allen Waffengattungen wurden, geschmückt mit der dreifarbigen Cocarde, einzelnweis unter die Civica gemischt oder marschirten in geschlossenen Schaaren einher; in den Dörfern waren die Pfarrer in Bildung des Landsturmes thätig. In Padua rückte am 30. eine Division eidbrüchiger kaiserlicher Jäger, ohne Zweifel jene von Rovigo, mit Trompetenschall und dreifarbiger Fahne an der Spitze unter dem Jubelruf der Bevölkerung ein. An demselben Tage zog eine Schaar fanatischer Jünglinge unter dem alten Obersten San Fermo, von vier Kapuzinern geführt, alle ein rothes Kreuz auf der Brust, kampfeslustig zu den Thoren hinaus; mehrere Priester, vollkommen militärisch gerüstet, befanden sich in ihren Reihen. Aus Treviso zog eine Legione trivigiana unter Giov. Gritti aus. Die Kriegsrüstungen wurden mit desto drängenderer Aengstlichkeit betrieben je näher die eine und andere Stadt dem vom „Feinde" besetzten Boden war. Vicenza war von der einen Seite in dieser Lage, Udine von der andern. Dort erließ die Junta einen Hilferuf möglichst zahlreich

---

*) Orsù le armi prendete di Cristo,
Della croce inalzate il vessillo,
L'empia schiera struggete, avvilite,
Conculcate Allemanno furor.

Chi si avanza e all' aspetto non trema
Della croce, vessillo di Dio? —
Non conosci, non credi Allemanno,
Non riponi tu in Dio la tua fé?
Ah si è tempo la patria non gema,
Per volere del Cielo e di Pio,
Sotto il piede di un empio tiranno
Che la sorte voleva dei Re.

Orsù le armi prendete di Cristo ecc.

herbeizueilen und sich in die Reihen der Vaterlandsvertheidiger zu
stellen, um in massenhafter Aufstellung den Feind zu hindern, daß
er nicht „auf seiner Flucht" den Weg durch diese Provinzen nehme
statt des natürlichen durch Tirol. „Schon sind bereit aufzubrechen die
von Treviso und von Padua. Die Vicentiner können und dürfen
nicht zurückbleiben. Das Loos ist gemeinschaftlich. Bisogna termi-
narla finalmente coll'inimico!" Die provisorische Regierung in Udine
setzte einen Kriegsausschuß zusammen, Alfonso Conti als Oberst der
Linie und Nationalgarde an der Spitze, Giov. Batt. Cavedalis als
Commandant der Artillerie und Luigi Duodo als Oberst vom Genie
ihm zur Seite. An alle friauler Urlauber von was immer für einer
Waffengattung erging die Einladung herbeizueilen zur Erkämpfung
der italienischen Unabhängigkeit und sich dem Kriegsausschuß vorzustellen.
Durch unmittelbare Mobilmachung der Guardia civica sollte ein Auf-
gebot von zehntausend Streitern zusammengebracht werden. Oberst
Conti erließ von Palmanuova 30. März ein Bando an die „braven
Nationalgarden der Bezirke von Udine, Codroipo, Palma, Cividale
und S. Pietro degli Schiavi," sich in Gonars und Trivignano zu
sammeln, an welchen beiden Orten für Unterkunft, Lebensmittel, Kriegsbedarf und Krankenpflege vorgesehen sein werde. Allarmirende Gerüchte sorgten dafür die allgemeine Unruhe und Aufmerksamkeit ge-
spannt zu erhalten; kaum ein Tag verging, der nicht neue Zeitung
brachte von allerhand Gewaltthaten, so die Truppen des „Feindes"
begangen, und von allerhand Repressalien, welche der bewaffnete Landsturm dafür genommen. Da hieß es, einen udineser Vetturin hätten
die Görzer durchgeprügelt, fünfzehn Postpferde aufgehoben, zwei Lombarden aus Deutschland kommend seien festgehalten worden; dagegen
würden alle von dort nach Italien gerichtete Transporte von den
„tapfern Friaulern" genommen; unter andern seien vier Wagen, mit
Leder und Tuch auf Monturen im Werth von 80000 Gulden nach
Verona bestimmt, aufgefangen, auf einige versprengte Uhlanen sei
Jagd gemacht worden, ein Bürger, im Straßengraben verborgen, habe
ihrer zwei mit einer Doppelflinte zusammengeschossen u. s. w. Die
provisorische Regierung fand sich dadurch veranlaßt ein Gebot an
alle Seelsorger, die es von den Kanzeln herab ihren Pfarrkindern

verlesen sollten, an alle Bezirkscommissäre und Gemeindevorsteher zu
erlassen, des Inhaltes: „Sobald das geringste von Bewegung der
österreichischen Truppen wahrzunehmen, sei sogleich alles unter Waffen
zu rufen, die Kunde in alle Gemeinden der Nachbarschaft zu tragen,
der Landsturm in Masse aufzubieten, gleichzeitig reitende Boten an
die provisorische Regierung abzusenden".

Aber schon flog Hilfe von außen herbei. Die ganze Halbinsel
widerhallte von dem Losungswort des heiligen Krieges; aus allen
Ländern unternahmen bewaffnete Schaaren — „nel nome di Dio
in Cielo e di Pio IX sulla terra" — den Kreuzzug gegen den
österreichischen Dränger. Die provisorische Regierung Venedig's po-
saunte die Nachricht in den hochtrabendsten Aufrufen und Kund-
machungen aus, moderne Tyrtäuse wuchsen aus der Erde, oder vielmehr stiegen aus der Höhe ihrer Dachstübchen auf die Straße herab,
um das Volk für den heiligen Krieg zu begeistern. Die römischen
Freischaaren waren die ersten, die sich auf den Weg machten. Am
20. März war in Rom der kaiserliche Adler vom Pallaste des österreichischen Gesandten herabgerissen, an dem Schweif eines Esels durch
die Stadt geschleift, auf der Piazza del Popolo besudelt und verbrannt worden. Kriegslustige Mannschaft begann von allen Seiten
zusammen zu strömen, die weiß-gelbe Fahne des Kirchenstaates wurde
mit der italienischen Tricolore umsäumt und die Hand Pius IX. —
so zum mindesten wurde durch ganz Italien erzählt und geglaubt —
flehte den Segen des Himmels auf sie herab. Am 24. war folgender
Tagesbefehl des Generals Durando erschienen:

Beehrt mit dem Vertrauen des Papstes, der mir den Befehl seiner Waffen anvertraut, fühle ich mich stolz mich Euren
General nennen zu können.

Der Augenblick ist ein ernster für Italien, für Europa.
In nächster Zukunft werden wir vielleicht berufen sein, große An-
forderungen zu erfüllen, edle Aufopferung zu bethätigen auf den
Ruf des Vaterlandes und seines heiligen Wiedererweckers Pius.

Milizen und Soldaten! Mein Degen, nicht unbekannt mit
Schlachten, wird Euer Führer sein, wo es Noth thut, auf dem
Pfade der Ehre.

Milizen und Soldaten! Die ganze Welt richtet den Blick

auf Euch und sagt: Laßt uns sehen wie die Milizen Italiens zur Arbeit gehen. Die ruhmgesättigten Geister derjenigen, die bei Legnano gekämpft, lächeln Euch vom Himmel herab zu; der große Pius gibt Euch den Segen des Allmächtigen, Italien baut auf Eure Tapferkeit und hofft, daß jeder von Euch der Pflicht des Bürgers und Soldaten Italiens entsprechen wird.

Viva Pio IX. — Viva l'indipendenza Italiana!

Als sich die ersten Zuzüge der Kreuzfahrer dem Po näherten, war es nichts weniger als das Gefühl der Freude, von welchem die Städte im südlichen Venetien ergriffen waren. „Auf die erste Nachricht von der Ankunft der römischen Freischaaren", lautete es in einem Schreiben aus Rovigo Ende März, „war alles bestürzt aus Furcht vor Plünderung; doch bald überwog die Ueberzeugung, daß Italiener Italienern nur helfen können". Immer neue Schaaren folgten nach. Auch Toscana hatte dem Drängen der Volksbewegung nachgegeben, hatte die Gebiete der befreundeten Regierungen von Parma und Modena, die gestürzt und verjagt waren, mit seinen Truppen besetzt und mußte nun den Kreuzzug gegen Oesterreich predigen lassen und den Schaaren unerfahrener Jünglinge und fanatischer Männer, die sich unter die heilige Fahne drängten, geschulte Officiere und Unterofficiere beigeben. Die erste Colonne, die auf den Kriegsschauplatz abrückte, bildeten die Studenten von Pisa, vierhundert an der Zahl, eine schöne und muthige Schaar. Aehnliches geschah im Neapolitanischen. Selbst aus dem fernen Sicilien waren Freischaaren in Anzug.

Italia farà da se! Konnten die Lose je ungleicher vertheilt sein, zu Gunsten der wälschen Halbinsel, zu Ungunsten Oesterreich's? Auf der einen Seite: Alle Länder der Monarchie am Vorabend bedenklicher Ereignisse, welche die Sammlung militärischer Kräfte in jedem derselben unerläßlich machen — die östliche Hälfte des Reiches unter ein abgesondertes Ministerium gestellt, das sich wenig geneigt zeigen wird, sein Kriegsvolk der bedrängten westlichen Hälfte zur Hilfe zu senden, das im Gegentheil, wenn nicht alle Anzeichen trügen, sein Contingent aus den Reihen der übrigen Armee zurückverlangen wird — in Oberitalien selbst nur ein kleiner Streifen Landes noch von österreichischen Truppen besetzt! Dagegen auf der andern Seite: Mailand,

Venedig, alle großen Städte mit Ausnahme von Verona, alle festen Plätze bis auf Mantua und Peschiera, das ganze lombardisch-venetianische Land in den Händen des bewaffneten Aufstandes — die Halbinsel von den Ufern der Adria bis zu den Vorgebirgen Thrinakrien's von einem Gefühle kriegerischer Begeisterung beseelt, aus allen Gegenden bewaffnete Schaaren zur Behauptung des gewonnenen, zur Befreiung des noch vom Feinde besetzten Landes herbeieilend — vom Ticino her ein regelmäßiges wohl geschultes Heer, fast um die Hälfte stärker als die Trümmer der noch vor kurzem so glänzenden österreichisch-italienischen Armee und folglich nach menschlicher Berechnung allein im Stande, sich mit Uebermacht auf diese zu werfen und sie aus dem Felde zu schlagen ... wann und wo waren je die Auspicien günstiger für das Gelingen einer allgemeinen Volkserhebung?! Wenn unter solchen Umständen der Sieg nicht glückte, dann hatte, das bombastische „Italia farà da se! für ewige Zeiten Fiasco gemacht.

Und es sollte Fiasco machen! Denn trotz aller widrigen Zeichen zitterte und verzweifelte das zusammengeschmolzene österreichische Heer und sein greiser Führer nicht, solange die Kräfte Italiens auf sich angewiesen blieben, so lange nicht, wie zeitweise verlautete, Frankreich sich treulos und feindselig in das Spiel mischte. Allein das geschah zum Glücke nicht. Denn Frankreich's Geschicke lenkte ein Mann, vor dessen Geiste schon damals der Gedanke stand, den er zehn Jahre später, als man ihn dazu bringen wollte seinen Namen auf eine Subscriptionsliste für die Feinde Oesterreich's zu setzen, in die Worte gefaßt hat: „Nein, Oesterreich stirbt nicht, und ein wahrer Politiker treibt seine Schiffe nicht gegen diese Macht!"